中国围棋年鉴

2005～2007年版

中国围棋协会　编著

成都时代出版社

刘思明　生于1954年，围棋业余5段，曾任《围棋天地》杂志社记者、编辑、编辑部主任、副主编、主编，后进入《新体育》杂志社管理层，2000年出任中国体育报业总社副社长，主抓经营管理。2007年1月17日出任国家体育总局棋牌运动管理中心主任。

棋部主任、中国围棋队领队、中国棋院副院长、中国围棋协会副主席等职。2007年1月17日出任中国棋院院长。

华以刚　1949年出生，1982年被授予八段。近年来一直从事围棋行政工作，先后担任中国棋院围棋部主任、中国围棋队领队、中国棋院副院长、中国围棋协会副主席等职。2007年1月17日出任中国棋院院长。

王汝南　1946年出生，1982年被授予八段。历任中国围棋协会专职副主席、中国棋院副院长、中日友好围棋会馆馆长、《中国围棋年鉴》编委会副主任。2003年6月出任中国棋院院长，任内中国棋手取得出色战绩。2007年1月17日卸任中国棋院院长，担任中国围棋协会主席。

马晓春　1964年出生，浙江嵊州人。1982年定为七段，1983年升为九段。在国内夺取全国个人赛、新体育杯、天元战、名人战、棋王战等大赛冠军数十次。获第5届、第7届中日围棋名人战优胜，第7届、第8届、第9届中日围棋天元战优胜。1995年在第6届东洋证券杯决赛中战胜聂卫平九段，为中国夺得第一个世界职业围棋大赛冠军。同年在第8届富士通杯决赛中战胜小林光一夺魁。后出任国家围棋队教练组组长。

俞斌　1967年出生，浙江人。1982年定为三段，1991年升为九段。在国内曾夺取新体育杯、棋王战等大赛冠军。1997年、2004年两度获得亚洲电视快棋赛冠军。2000年在决赛中战胜刘昌赫，获得第4届LG杯冠军。

常昊　1976年出生，上海人。1986年定为初段，1999年升为九段。先后获得世界青少年围棋赛冠军、世界业余围棋锦标赛冠军、中国天元战冠军、棋圣战冠军等数十个头衔。在第10届、第11届中日围棋擂台赛上分别获得五连胜、六连胜。

曾六次打进世界大赛决赛全部屈居亚军，2005年3月在第5届应氏杯决赛中3比1击败崔哲瀚，为中国第一次捧起应氏杯。2007年1月在第11届三星杯决赛中击败李昌镐，获得冠军。

罗洗河　1977年出生，湖南衡阳人。1989年定为初段，2002年升为九段。自小就被誉为“神童”，夺取过国内全国个人赛、NEC杯等多项冠军。2006年1月在第10届三星杯决赛中，2比1击败李昌镐，成为第一个在决赛中战胜李昌镐夺冠的中国棋手。

古力　1983年出生，重庆人。1995年入段，2006年升为九段。获得国内大赛天元战、名人战、理光杯、NEC杯等冠军数十次，等级分排名长期居于第一位。

2006年在第10届LG杯决赛中击败陈耀烨，获得冠军。

2007年在第6届春兰杯决赛中击败常昊，获得冠军。

目录

第三篇　2006——奠基中国时代/158

2006年中国围棋驶上快车道，三星杯罗洗河夺冠，LG杯包揽冠亚军，春兰杯垄断四强。前所未有的厚重高手层让我们底气充足，不断涌现的新锐表现杰出，世界棋坛的“中国时代”大幕开启。

第四篇　围棋文化/226

第五篇　围棋地理/264

第六篇　围棋资料/308

中国围棋年鉴

2005~2007年版

第一篇

2004——腾飞前的助跑

2004年是中国围棋崛起三部曲的第一部，这一年中国棋手在各项国际赛事中开始发力，取得了良好成绩，为来年夺取世界冠军打下了坚实基础。

2004年棋坛回顾

一群人，一些故事，一道年轮

——2004的缤纷围棋

这不是一个属于偶像的时代。玉山飞鸿，冰河洗剑，曾经令人望而生畏的铁幕渐渐撕裂，无数激情旗帜飘扬在每个角落，放眼望去，世界一片火热。

我就是英雄。刀锋如雪，剑光凛冽，痛快淋漓的撞击中，2004浴火飞腾，黑与白的交响乐振聋发聩。站在时空之颠，一条长路浓缩为一个重重的惊叹号，将过去与未来分割，风雷起处，勇者们在楼头长啸高歌。

笑颜与泪水齐飞，激越共悲壮一色，2004，这一道深深的年轮刻在弈者心底，痛并且快乐，美妙的感觉谁可叙说？

一、暴风眼中的少年

世界属于少年，这真理颠扑不破。少年不只代表一个年龄的阶段，时光的长河中谁不年少？让梦想初次放飞，让自己的名字在大地上留下痕迹，让曾经的浅浅低笑成为豪放，少年，你掌握着这年度之舟的航向。

链接： 古力2004年的国内战绩、国际战绩——NEC杯、天元头衔、名人挑战权、三星杯四强(继续进取中)、中韩天元对抗优胜

盘踞中国等级分第一宝座已有时日的古力在2004的下半年被“最好的对手”孔杰取代，但他国内头衔王的地位仍无可动摇。第九届NEC杯击败常昊夺魁，第十届已经轻松闯入四强；天元战2比0将谢赫拒于门外；名人战一路凯歌夺取挑战权，将向邱峻发起强力冲击。加上其他赛事的上乘发挥，古力在国内霸气纵横，俨然王者。

更重大的突破是在国际赛场上。以往被谑称为“古一轮”的古力一遇世界大赛就发蒙，什么样的对手都赢不下来，成为一道“迷题”。但这正是“一飞冲天”前的“三年不飞”，2004年，古力不仅在中日、中韩的双边对抗中全面胜出——中日阿含杯对抗胜加藤正夫、中韩天元对抗胜崔哲瀚，更在下半年的三星杯上大显身手，自预选赛打起，一路狂飙，本赛中淘汰了曹薰铉、崔哲瀚这样的强敌，昂首四强，为中国再掀“三星风暴”起到关键作用，半决赛他与李世石的对阵将是两件神兵的超级碰撞，倚天屠龙，锋芒谁胜？

古力的强势使得“古力实力有十三段”、“国内下十番棋无人可胜古力四局”这样的命题出现。豪爽的古力洒脱一笑，生逢当世，面对诸多豪杰避无可避，只有迎头而上——来吧，我刀划破长空。

链接： 王檄2004年在CSK杯亚洲四强赛上三连胜，打进三星杯四强

彭荃2004年打进应氏杯四强、春兰杯四强

孔杰2004年中国等级分第一，打进丰田杯四强

胡耀宇2004年打进春兰杯四强

2004年中国棋界最大的发现是王檄，这位在围甲联赛中成长起来的秀气小伙子迅速走上前台，几乎没有预兆地成为中国围棋又一员干将。

重庆建摩队在围甲中的五连冠不仅是刻下了一个后人难以超越的坐标，它更大的奉献是锤炼出一个又一个执掌大旗的栋梁，前有古力，后有王檄，重庆"教父"杨一确实是可遇不可求的帅才。

王檄在CSK杯上的三战全胜完全是突如其来，就像中国队全胜夺冠一样让我们猝不及防——幸福来得太突然了，咬一下指头，不是在做梦吧？自中日擂台赛后中国队第一次在世界最高等级的团体赛事上称雄，什么东瀛厚壁，什么高丽铁骑，统统甩在身后，王檄推了推眼镜，腼腆的笑容中满是自信。

于是不需要缘由地看好王檄，看好他将拥有天下。三星杯四强只是又一次证明，作为最本质意义上的"新人"，他有最多的机会为自己写下一个又一个纪录。

彭荃的爆发也出人意表。这位几年前在春兰杯上有过不俗表现，还夺取过中国新人王的少年从不张扬，总是在你快要将他忘记时突然发力。一年之中世界大赛两次四强的战绩已经是世界一流棋士的标志，可爱的"大脸猫"将以他独特的运行轨迹经常带给你我惊喜。

与古力双骄并称的孔杰今年不如古力风光，但他走得踏实。国内战绩的悄悄上升使他成为中国等级分实施以来又一位第一人，丰田杯上连胜刘昌赫与李昌镐更是实力的充分证明。孔杰下一步要做的就是在关键时刻的恶战中挺住身躯，这不只需要技术的提升，更需要意志的磨练。

"中华英雄"胡耀宇在春兰杯上杀入四强，半决赛被李昌镐封杀，但他在三星杯第一轮上完胜石佛，使两人的战绩仍不相上下，这也是世界棋坛少有的被李昌镐反先后还能有反手余地的例子。不过与丰田杯上的孔杰相同，跨越了李昌镐的胡耀宇下一轮即受制于李世石，没有进一步突破。真要屹立于大棋士之林，就必须将所有世界顶级强豪击倒在地，中国的追风少年们任重道远。

链接： 李世石2004年打进丰田杯决赛，三星杯四强中为韩国独擎大旗

不败少年其实已经长成，但他的模样依然清秀如中学生。作为2003年世界大赛的两冠王(富士通杯、LG杯)，2004年的李世石风光稍逊。但在李昌镐已经失去绝对权威，韩国围棋的霸主地位遭到中国强劲冲击时，李世石举剑当空，挺立成一尊守护神。

特立独行的性格注定李世石不会如李昌镐一般稳稳地长期居于最高峰，他只需要在某些赛事中证明自己是最优秀的，就不会有人敢看轻他，这一点一如多年前的藤泽秀行。如果时光倒

流，秀行老先生会把李世石的棋才排在第几位呢？

丰田杯上胜俞斌、胜周鹤洋、胜孔杰，中国这一年的风流人物几乎都折在李世石手上，这个狷狂少年面对决战时的剽悍本色令人心惊。所以尽管三星杯四强中国占据其三，但无人敢说必夺冠军，两代中国围棋的代表人物常昊和古力的分头狙击会让李世石在2004空手而归吗？在与李昌镐的韩国王位决战上都敢轻易认输的李世石微笑不语。

链接： 崔哲瀚2004年在韩国连续夺得国手、棋圣头衔，应氏杯杀入决赛

2004年的韩国最优秀棋士奖项应该颁发给崔哲瀚，他连续两次在头衔挑战赛上击败李昌镐，“崔、李十番棋大战”以崔哲瀚全面胜出落幕，世界棋坛为之一震。中日棋士苦苦寻求的“番棋战胜李昌镐”秘方轻易被这个韩国小子获取，两国棋界与李昌镐一起汗下涔涔。

崔哲瀚不只是“窝里横”，国际赛场上一样威风凛凛。应氏杯破羽根直树、克马晓春，再淘汰李昌镐，半决赛三番棋挑落彭荃，“崔毒”之名成为韩国围棋又一面旗帜。丰田杯上他成为日本杀手，彦坂直人、坂井秀至、结城聪相继成为他的刀下冤魂，幸亏中国的常昊遏止住他的势头，也为应氏杯决赛赢得了心理优势。

力量强大到让李昌镐都难以掌控的崔哲瀚是2004年一股真正的飓风。

链接： 朴永训2004年夺取富士通杯冠军
赵汉乘2004年打进LG杯四强

2004年，韩国又多了一个世界冠军——朴永训在富士通杯上夺冠，为韩国连续七年保留了这座创办最早的世界大赛金杯。

2003年底在三星杯决赛上惜败给赵治勋痛失王冠的挫折本以为会让朴永训沉寂一些时日，不料他半年有余就骄傲地站在了巅峰。富士通杯是日本棋手最重视的世界大赛，2004年依田纪基连破曹薰铉、李昌镐师徒双保险，为日本在家门口夺回桂冠呼声极高，但朴永训用极冷静的行棋粉碎了日本人的狂热，韩国少年又一次笑傲天下。

赵汉乘的LG四强其实是连续两个，第八届余韵未消，第九届再次闯入，这位被称作“美男子”的白面少年默默地开拓着自己的天空。

曾被寄予重望的宋泰坤这年的实绩只是富士通的四强，元晟溱也没有发出耀眼光芒，不过韩国少年的韧性极大，他们为了心中的目标将百折不挠。

链接： 张栩2004年夺取日本的名人本因坊，LG杯打进四强

说张栩还是少年显然不够合适了，但日本棋界的传统，同一等级的棋士总要比中韩大上几岁，将来很长的时间内，张栩必定会是古力、李世石们直接的对手。

2004年是张栩的丰收年，他在本因坊和名人两大头衔战上连续面对日本国内最强大的对手依田纪基，两次两日制七番胜负，这是中韩棋士难以体验的经历。结果张栩大获全胜，日本现代围棋史上第五位名人本因坊诞生。这是无上的荣光，张栩事实上已经是日本第一人，下一个问题是，他的时代能持续多久？

国际赛场上张栩也迎来突破。以往虽然他常入八强，表现中规中矩，但再没有更杰出的演出。2004年的LG杯张栩终于冲破樊篱闯入半决赛，这项跨年度的赛事将是他2005年更进一步的极好契机。

其他日本年青棋手在国际赛场上的表现乏善可陈，倒是在日本国内斗得不可开交。年初的日本棋圣战上演经典，挑战者羽根直树在先三连胜再三连败的形势下赢得第七局决胜局，创造了历史新纪录。卫冕失败的山下敬吾不甘就此退出"日本最强四人组"，接近年末的天元战上奋起反击，连下两城将在位天元羽根直树逼入绝境。虽然在中韩少年阵前每每折戟沉沙，但国内的精彩赛事仍让日本青年棋士们乐在其中。

链接：周俊勋富士通杯战胜古力、李世石打进八强

林至涵中环杯淘汰宋泰坤

中国台北棋手这年在更广泛的领域为大家所认识。其旗手周俊勋在富士通杯上连克大陆的古力和韩国的李世石，大爆冷门。周俊勋成名已久，也打进过世界大赛四强，但在神秘面纱被揭去后仍然有如此表现，实力的增长可见一斑。

台湾不只有周俊勋，由台湾主办的中环杯大赛使大家有更多机会了解台湾围棋。台湾本土的林至涵首轮淘汰强劲的韩国好手宋泰坤引来惊诧询问："林至涵是谁？"其实作为2003年台湾围棋的五冠王，林至涵早就具备了相当实力，只是缺乏表演的舞台。同样摩拳擦掌的台湾年青棋士还有很多，他们会一一走进我们的视野。

少年子弟江湖老。这些追风少年在阳光下挥洒笑容与汗水，不觉时空悠悠。明年、后年……他们还能年少几年？而新的少年此刻已经隐在他们身后蓄势待发。

二、青春祭

青春与少年相隔几年？没有标准。具体年纪并不是我们划分的依据，在棋界的多年浮沉是这些棋士生命中的根。每一局棋都是青春的印痕，每一次胜负都让青春变得苍凉。

唯有寂寞——李昌镐

链接：2004年李昌镐夺取LG杯冠军，打进了春兰杯决赛，富士通杯、应氏杯、丰田杯、三星杯纷纷败退

李昌镐的步履开始沉重缓慢起来，自从1996年跨越马晓春的雄关君临天下，2004年他最真切地听到了身后紧追不舍的马蹄声。毕竟马上就是三十岁的人了，青春的锐气被成熟的雍容替代，但内心怎么会有了些许莫名的恐惧？

要论战绩，2004的李昌镐依然出色，LG杯的冠军和春兰杯的决赛权让群豪艳羡。但那是对于一般高手的标准，对于他，这只是一个基本分。他赢十盘如同别人赢一盘，他输一盘如同别人输十盘，不要说什么不公，你最强，你就要承受最大的压力。

年初与崔哲瀚的十番大战令李昌镐大伤元气，国手战2比1领先最后被反超，痛失韩国围棋最具传统的国手荣衔。随后的棋圣战李昌镐又是先胜一局后被崔哲瀚连下三城，连霸11年的金

冠旁落，那一刻的感觉真是时代更替。到应氏杯上被崔哲瀚再取一城时，“崔折镐”似乎成了李昌镐挥之不去的梦魇，就像他当年对曹薰铉、对马晓春、对常昊……

真的是累了吧？纵横天下的快意后隐藏着无人述说的苍凉。西哲说：“世界上最强的人，也就是最孤独的人。”本就木讷寡言的李昌镐在巨大光圈的照耀下愈加寂寞。

但30岁不该是一个时代的终结，倒应该是全新的开始。李昌镐在慢慢习惯着不是总被作为主角关注，他默默地继续着自己的孤独之旅。在团体性质的赛事上他永远是韩国的定海神针，年初的农心杯独挡两位日本老将加藤正夫和林海峰，稳妥取胜，捍卫了“钢铁擂主”的荣誉；CSK杯虽然韩国1比4惨败于中国，但李昌镐仍为韩国拿下保持颜面的一分，总成绩三连胜。

寻常的胜负或许对李昌镐已经失去了意义，他输孔杰，输胡耀宇，输依田纪基，还在韩国国内比赛中109手速败于芮乃伟，可是他依然端坐。几个冠军的得失不是李昌镐证明自己的最佳途径了，石佛心里想些什么没有人真正知道，脸上明显多出笑意的他其实寂寞如初。

进退之间——常昊、周鹤洋

链接：2004年常昊连续获得丰田杯、应氏杯决赛权

周鹤洋获得春兰杯决赛权，国内赛事全面压制古力

常昊是长期被期待的中国围棋领军者，也是目前为止最后一位地位稳固的“中国第一人”。他的内战、外战成绩都颇出色，只可惜冲击世界冠军的最后关头无一例外失足于曹李师徒，以至心血俱损，表现一度令人失望。

但常昊毕竟是难得的英雄，以往的路太过于顺利的他在经受巨大挫折后痛定思痛，2004年终于霸气归来。他在丰田杯与应氏杯上都是上届亚军，在上届冠军李昌镐连续落马后，常昊坚持到了最后一关。这一回面对的是韩国最强两大新锐：李世石和崔哲瀚。从曹薰铉到李昌镐，常昊终于从韩国前辈到同辈再杀到了后辈阵前。胜？还是败？多数人觉得如果常昊这次再不能抓住机会，他的棋士生涯将永留遗憾。可是，常昊真的是需要一顶世界冠军的漂亮帽子才能证明自己吗？那如火的战斗青春已经在苦涩中渐渐消逝，今日泛滥的世界比赛已经不再神圣到必须仰视。

周鹤洋这一年可谓是志得意满。也曾被热切期望的他因为过于平稳而不突出的表现被棋迷遗弃，甚至出现了“面九”之说。“面”其实也是一种力量，就像当年高川秀格的“流水不争先”，那是极高的境界。不敢说周鹤洋已经达到了那个境界，但他这年的行云流水确实让人耳目一新。春兰杯他打进决赛是个意外，那时很少会有人看好将与李昌镐决战的他。但其后周鹤洋继续发挥上乘，无论战绩还是棋的内容都非常经得起推敲，尤其是国内最强悍的古力在他的太极剑下屡战屡北，完全找不到方向。依靠这样的状态，与李昌镐一战又有何惧？

与常昊、周鹤洋的衔枚疾进相比，另外几位小龙级人物裹步不前。王磊怪力未复，罗洗河只是灵光乍现，邵炜刚、刘菁则几乎要与江湖相忘了。进退之间，一个青春的时代将成为记忆尘封进棋史。

有时飞舞——依田纪基

链接：2004年依田纪基夺取富士通杯亚军，挑战本因坊失败，失去名人头衔

该说依田纪基是“荣获”富士通银碗还是说他“痛失”金杯呢？自六大超一流英雄老去后，依田就是日本围棋的最佳代表了。他强悍的话语权使人们忽略了他近几年的国际比赛成绩并不理想，总觉得这个如老虎般威武的人有一股极刚猛的气势。

富士通杯上中国棋手连续第二年的表现欠佳也使依田纪基连续第二年成为四强中唯一的非韩国棋士。与2003年要决斗李世石和李昌镐相比，2004年他的运气显然更好些，半决赛淘汰宋泰坤，决赛对阵毛头小伙朴永训，日本棋界被激起久违的热情。

可惜因为中盘一着缓手，一切努力尽负东流，一目半的微小差距成全了朴永训的世界冠军梦，却让依田老虎饮恨。日本围棋在这一年中唯一的一个夺取世界冠军的机会就此丧失，之后只好眼睁睁看着中韩争雄愈演愈烈。

日本国内群英争霸中，依田纪基本来态势良好，他3比1击退山田规三生的挑战卫冕小棋圣，又顺利拿下了本因坊挑战权，意图一统“名人本因坊”。可是在同样本格的张栩城池之下依田叩关不成，风向急转，下半年反被张栩夺走名人头衔，只差一步的五连霸梦碎。有趣的是2004年本来依田纪基有机会和张栩进行24番大战的，可惜两人在小棋圣和王座挑战权争夺战上都栽倒在最后一关，没能与拥有头衔的对方一会。

依田纪基的成败象征了这一年的日本围棋，虽然偶有飞扬之时，但最终结果只有失落。依田的青春已经逝去，当年鲜衣怒马的时光无处寻觅。是用一场大胜来告慰往昔，还是用一场大败来祭奠青春？或者，就这样平淡离去，忘掉这个江湖，也让江湖忘掉自己？

三、不死的凤凰

凤凰永远不死，因为它可以浴火重生。围棋就是一只凤凰，千年来起起落落，却永远保持着自己的迷人风姿。有些弈者也是不死的，他们与围棋同在。

图腾——吴清源、藤泽秀行

链接：著名导演田壮壮拍摄电影《吴清源》

藤泽秀行老先生再次访华，指导后进

以围棋为主题的电影并非新生事物，当年的《一盘没有下完的棋》就获得各方赞誉，电影主角的原型就是吴清源。这一次更直接，专门叙述吴老先生生平的电影《吴清源》开拍了，执导者是著名导演田壮壮，他也是位围棋爱好者。

吴清源在现代围棋史的泰斗地位近十年来愈来愈被确认并不断拔高。这既是老先生的卓越贡献应得的荣誉，也说明当代围棋，尤其是当代中国围棋真正能被各阶层所接受认可并对之由衷敬仰的人物还未出现。

吴清源先生以九十高龄成为围棋艺术的“代言人”，正符合围棋在一般人心目中仙风道骨的印象。但拍摄人马却个个现代，扮演青年吴清源的是台湾演员张震，很有分量的一位。剧组更邀请了张艾嘉、黄奕这样的明星加盟，使影片阵容相当强大。用“偶像路线”提升大家对影片的兴趣未尝不是好方法，空想一下，要是《吴清源》的上映能如当年《少林寺》掀起全国学武术热潮那样掀起学围棋的热潮，那将是何等的快意！

其实围棋可以用影视表现的形式还有很多，纪录片、故事片、动画片，只要够专业，有新意，就一定能吸引观众。希望有一天中国人不用去看日本的《棋魂》才有兴趣学围棋，我们自己的《棋魂》应该出台了。

和吴清源先生同时代的另一位巨星藤泽秀行先生不顾病后体弱，2004年再次访华，老先生对中国围棋的拳拳之心尽显无疑。

秀行先生不仅公开为中国少年棋手吴树浩评点对局，还带来了他的中文版新书《天马驰空》。老先生已经七十九岁了，身体状况堪忧，但他对围棋的执着一点也没有变化。想起十年前、二十年前先生统帅“秀行军团”访华的情景，想起先生麾下那么多能征惯战的勇将，想起那个日本围棋的黄金时期，想起中国棋手的孜孜苦学，一切仿佛就在昨天，一切又如已在天边。秀行先生说“这大概是我最后一次来中国了。”语气中有伤感有无奈。其实先生虽然人不在中国，他的精神会一直在这里保留。

吴清源、藤泽秀行，这两座现代围棋的图腾在2004年留下辉煌的剪影。

与岁月搏斗——聂卫平、马晓春、曹薰铉、赵治勋

链接： 2004年，聂卫平、马晓春出战三星杯，聂卫平进入名人挑战者决定战

曹薰铉夺得韩国王中王战凤凰组冠军，但在其他赛事中屡战屡败

赵治勋获得个人第67个冠军头衔，但在三大循环圈里踪影全无

从来没有淡出我们视线的老聂在2004再演精彩，他在围甲中一度表现上佳，在名人战上过关斩将，一直打进挑战者决定战，颇有当年雄风。三星杯主办者非常有眼光地特邀老聂参加2004年的三星杯本赛，时隔多年聂旋风再度刮向国际赛场。同时被邀请的还有“聂马时代”的另一位大豪——马晓春，他依靠的是前几届在三星杯上的出众战绩，而且他的实力至今仍被包括李昌镐在内的众多世界级高手认可。

遗憾的是聂卫平第一轮早早就被宋泰坤淘汰，坚持到第二轮的马晓春也未能躲过朴永训的飞刀，双雄再战江湖竟然未掀起一丝波澜，翘首以待的人们未免有些失望。

作为一个时代的代表，聂马的胜负实在已经不重要，他们的参赛主要也是象征意义。老聂的精力已经很难恢复到鼎盛时期，马小事实上虽然不老，但他淡然的心态不知道何时才会爆发激情。就这样超脱胜负，安然享受围棋带来的无上快乐，何尝又不是一种幸福？

一直被看作战神的曹薰铉似乎永远不知道疲倦，他犹如中国棋手的天敌一般存在着。但2004年战神突然疲倦了，那杆不用挥舞已经让对手战栗的快枪一夜之间失去了威慑力。老曹犹

如数年前老聂刚刚跌落神坛时的狼狈，每个年轻棋士遇到“曹老师”都欲屠之而后快，而精力上的不及使曹薰铉一次又一次栽倒在年轻人阵前。2004年曹薰铉唯一取得的头衔是王中王战凤凰组的第一，这个组的对手都是五十岁以上的老将，实际上是个安慰战。万马军中取上将首级如探囊取物的曹薰铉，已经沦落到在这样的鸡肋棋战中争锋的地步了，岁月之刀确实快过任何利器。

曹薰铉却依然微笑。真正的胜负师其实可以超越胜负。所以他做爱心大使，他携着妻儿在美丽的大理高歌劲舞，不赢棋的曹薰铉更有魅力。

赵治勋则继续刷新着自己的纪录，他在日本第二届JAL杯快棋锦标赛决赛中战胜三村智保，为自己戴上了第67顶金冠。但是和昔日的坂田荣男一样，赵治勋已经只能在这些快棋赛上增加自己头衔的数量了，质量已经无力追求。2004并不是赵治勋成功的一年，棋圣、名人、本因坊三大循环圈相继出局，“七番胜负之魔”离七番胜负的舞台越来越远。

说老，相比古力、李世石，48岁的赵治勋是够老的了，但藤泽秀行50岁以后才成为“日本第一人”，赵治勋何以言老?

凤凰浴火，神鸟不死，英雄们，等你归来。

四、悲怆中的进取

2004是多彩的一年，其中的黑色尤其醒目，太多的泪水与哀愁让围棋步履沉重。

链接： 刘昌赫痛失爱妻

刘钧去世

围甲联赛出现赞助商风波

定段赛少年骨龄检测存疑

龚涛状告彭时佳侵犯名誉权

加藤正夫岁末猝然辞世

有一种痛难以形容，有一种伤无法弥补。面对生离死别，再大的胜负也显得苍白无力。

最有人气的韩国天王刘昌赫与爱妻金兑姬的幸福生活曾是棋士婚姻的楷模，谁能料到这样一对璧人携手不过几年就阴阳相隔！刘昌赫的泪流在心底，他的棋不再锐利。2004年的“天下第一攻击手”只能用伤心来擦拭自己的刀锋。他依然顽强地拼争在每一项赛事上，他只有让自己深深沉浸在惨烈的竞争里才能稍减一点心头的沉重。

无法安慰刘昌赫，不管这一年他要失败多少回，他都是我们的英雄。给他时间恢复吧，天国有双美丽的眼睛在为他祈祷。

离我们更近的伤就在身边——刘钧走了，突然到没有人来得及说一声珍重。我们的业余天王，我们的楷模，我们或远或近的朋友，就这样抛开心爱的围棋不看一眼，就去了另一个时空。

那一刻不想要什么世界冠军，那一刻让胜与负走开。只想唤回那个鲜活的生命，共我们一起欢笑，一起失落。所有的一切都超越不了生命，朋友，天堂里是否有围棋伴着你?

而年末，无数棋迷的偶像加藤正夫离开了我们，已经不知道说些什么了，连泪都流得那么无力，这是彻彻底底地“结束时代”，“拔剑的加藤”再也不会重来……

悲伤难抑，这一年总有许多的不如意让我们无法尽情感受围棋的快乐。

围甲进行到第六个年头，正是阔步向前的大好辰光，但突如其来的“信联事件”使这项已经深入人心的赛事遭遇重大挫折。赞助商中途出现变故，中国棋院一时手足无措。我们善良的棋院领导一直以宽容和信任待人，这是围棋带给他们的优秀品质。但风波险恶的江湖，什么事都有可能发生，缺乏经营理念使中国棋院陷于极大的被动，围甲被迫暂停，棋手们一片茫然。

所幸，终于有人伸出援手，新的资金注入，联赛继续进行。被重庆压制多年的上海队一路凯歌，夺冠势头不可阻挡，看来这多事之秋正是要产生新王者的预兆？但如果不进行规范运作，联赛的发展之路依然模糊。中国的比赛夭折的太多了，一切都是企业行为，我们的棋院和棋手没有一点起码的主动权，这样如何是个了局？日本七大棋战运作数十年，一直有条不紊，赛制、赛程不用看计划表，普通棋迷也大致了然。或许是国情不同，但我们可以借鉴的地方应该不少吧！

定段赛竞争的惨烈已经被大家熟知，几百个孩子争夺20个名额，绝大多数人要承受失败的命运，谁不用尽全力去拼搏？但2004年的定段赛上出现骨龄检测误差风波，武汉小棋手沈戈尔被测骨龄超龄，取消了比赛资格。可以想象这是一种何样的打击，如果上战场浴血一场，即使失败了也留下悲壮。沈戈尔的母亲四处奔走，为孩子寻求支持，大批棋迷声援。有关方面最后承认骨龄检测不够严谨，表示将适当对沈戈尔进行补偿。可是机会已经失去，一个少年的梦想就此碎裂，补偿能挽回些什么？

换一个角度，我们的定段制度是不是有可商榷之处？几乎每个参加定段赛的少年都有非常之好的棋才，但既然注定能走向成功彼岸的只有小部分人，那么多的孩子和他们的家庭那么久的付出是否值得？定段比例非常小，可是我们每年增加的职业棋手绝对数并不少。一年20个，五年就是100个。把五年来成功定段的少年数一下，有多少现在经常出现在我们的视野？

中国围棋需要的不是庞大的职业棋士队伍，热爱围棋不一定非得做李昌镐、常昊，围棋那么广博，为什么我们不能用多样的视角去观察它，欣赏它呢？现在在国内业余棋界数一数二的胡煜清安然地读着自己的硕士研究生，他的前程会比大多数职业棋士更加广阔吧！

另一件沸沸扬扬的事情是武汉两位棋手引起的，龚涛以彭时佳发表贬低自己的言论为由，将彭告上了法庭。这是人们法制意识的进步，但对于温文尔雅的围棋来说，这样的纠纷近乎搞笑。其实事情很简单，两人都在教棋，难免存在竞争，一方贬低另一方自然影响人家的生源，于是只有打官司。

法院最后判定是龚涛胜诉，不过这件事给我们留下的思索并未结束。有了利益的冲突，围棋也会成为攻击别人的利器，这个时代的节奏确实让我们目不暇接。只是围棋传统的礼仪谦让被摆到了哪个角落？难道我们热爱的黑白世界已经失去了最初的纯净？

有趣的是，这两位官司的主角现在已经相逢一笑泯恩仇，在一个屋檐下从事围棋教学事业，生活比围棋更加让我们无法预期下一手。

伤痛与不快缠绕着你我，幸好，我们的围棋还在继续摸索前行，希望永远与困苦同在。

链接： 建桥杯女子赛越办越火

正官庄杯改为三国女子擂台赛

应氏集团推出倡棋杯

中国的女子比赛萎缩到近乎绝迹，幸亏还有建桥杯。

2004年的建桥杯档次提升，不仅奖金增加，参赛女棋手每人还得到漂亮纪念品，让未报名的徐莹大呼“明年我一定参加。”对于常年缺乏比赛的女棋手来说，建桥杯如同雪中送炭，温暖在心。中国女子围棋曾天下无敌，但不受关注的命运使她们后继乏力。并不是没有好苗子，可是再好的苗也得有肥沃的土壤培植。建桥杯上郑岩二段杀出重围晋级决赛，为少女棋手们点亮了心灯。尽管与国内女子最强的张璇八段的决赛难有胜算，但这样的大赛磨砺对郑二段成长为新的“金花”一定大有裨益。

另一位得到大赛磨练机会的是曹呈，这位小姑娘担任了改变赛制的正官庄杯的中方先锋，尽管首战就因为经验不足落败，但她表现出的良好棋感展示了中国女子围棋的未来希望。

正官庄杯改为三国女子擂台赛显示了韩国人的精明，只要对围棋的发展有利，怎么做都行。尤其他们让芮乃伟代表中国参赛，既提高了比赛的竞争激烈度，也让比赛的宣传效应大大提高。日本也不甘寂寞，美女梅泽由香里打头阵并力克韩国少女李玟真，顿时Fans们的尖叫响成一片。日本有美女路线，韩国有铁女路线，中国的女子围棋该为自己设计一条什么样的路线呢?

其实国内的男子赛事也很匮乏，如果这几年不是围甲联赛在支撑，男子围棋的窘境也将一览无余。传统赛事只剩天元战和名人战，当初风云一时的几大头衔战都已姿消。

好消息来了，应氏集团出资主办的倡棋杯拉开战幕，冠军奖金高达40万元人民币，确实是大手笔。这样的比赛档次既高赛制又规范，难怪聂卫平都不辞辛苦，从网络预选打起。

应氏家族为围棋确实奉献了太多，期待有更多的张氏、王氏集团为围棋投入关注，当然，这也需要围棋自身的魅力去打动他们。

五、草莽风云，放眼四海

业余围棋永远是职业围棋的基石，关注业余棋迷才会为职业围棋赢得更大的空间。而围棋的不断普及，使越来越多的“老外”对这项东方文化的瑰宝产生了浓厚兴趣，2004年，“非职业”的围棋好戏不断。

链接： 中韩网络业余围棋对抗赛韩国胜出

世界业余锦标赛西方棋手进步明显

杨晋华代表新加坡力战李昌镐

中国国内的业余围棋现在其实是走进了一个怪圈，两大业余赛事晚报杯和美罗杯的优胜名次多数都被少年棋手夺取，他们当中有要冲击职业段位，拿业余比赛练兵的；有因时运不济，未能定段，但实力绝对够职业的。和这些经过专业训练的小孩比赛，纯正的业余棋手确实压力太大，难言取胜。不只这两项，全国大学生比赛也是职业棋士横行，各高校特招的职业围棋高手们为学校争取着荣誉，也让真正业余学棋的学友们觅不到出头之日。

但这些职业的、准职业的冠军亚军们是不能代表中国参加国际业余比赛的，为国争光的事还得交给纯业余。2004年引起广泛关注的一项业余双边赛事在网络上进行，中韩两国最顶尖的业余高手对着电脑屏幕刀剑相交，撞击出一串串的火花。

韩国业余围棋的飞速发展不像他们的职业围棋那样为我们熟悉，但他们近几年在世界业余锦标赛上的出色表现，以及一些小规模的双边交流中屡胜中国业余强豪的势头让中国业余棋界如芒在背。本以为日本业余围棋也已经老迈，中国业余称雄世界也可以为多年不振的职业围棋出一口气，不料韩国人的奔马来得如此迅速，还未看清楚对方的面孔，就已经不得不拔剑相向。

在弈城网站进行的这场中韩业余擂台赛跌宕起伏，双方都有上佳表演。中国实力人物胡煜清第二个请缨出阵，连挑韩方四员大将，中方大比分领先。但个个强悍的韩国队员一城一城夺回了失地，将比分逐渐追平。此时传来中方主将刘钧不幸去世的消息，中国队失去主心骨。最后，韩国主将李康旭连胜中国李岱春和替补主将戴俊夫，韩国队10比9取胜。这样的比分可以说是不相上下，但李康旭的坚强实力使人心惊。

果然，就在这场擂台赛举行之中，李康旭代表韩国出战世界业余锦标赛，一骑决尘，全胜夺魁。中国代表傅利输掉两盘，无力争锋。

世界业余锦标赛的另一个发现是西方棋手的崛起。以往都是中、日、韩的争夺，西方棋手即使偶有不错的成绩也是靠编排上的便宜取得的。但2004年他们依靠实力与东亚高手抗衡，竟然杀得难解难分。想起南美大胡子阿基努尔在第一届丰田杯上连克两名日本九段的壮举，看来老外在围棋领域全面与三强抗衡已经不是遥远的梦。我们期待那一天早点到来，期待能看到有一天古力与一名西方棋手在世界职业大赛的决赛中相逢。

把围棋普及到世界每一个角落自然是职业棋手的职责，而潜心于教学并不一定就会让自己的技术退步。原中国职业六段杨晋华赴新加坡教棋多年，为新加坡的围棋普及作出了巨大贡献。现在新加坡常年都有各种水平的围棋比赛，参赛者众多，围棋成为花园之国极受欢迎的智力游戏。而杨晋华也在丰田杯亚洲预选赛上一展风采，夺得唯一一个参加本赛的名额，第一轮就对上了李昌镐，一番苦战仅以二目半败北。一位不知就里的老记大呼："李昌镐被新加坡不知名棋手纠缠甚苦！"等到有一天，杨晋华的学生能在比赛中与李昌镐抗衡，想必他的心里会更加惬意。

刚刚结束的世界混双围棋锦标赛上，朝鲜组合赵明星和李峰一奋勇夺冠。此前在北京，赵明星还连胜过中国女子职业高手徐莹两盘，实力绝对不低。是不是又一个神秘的国度将掀开它的围棋面纱呢？

2004的围棋年轮痕迹深深，身在其中，这远大的时代，只可承受，难以诉说。

国际大赛

第三届CSK杯亚洲围棋团体赛

第三届CSK杯亚洲围棋团体赛于2004年3月举行，中国队三连胜夺取冠军，首次在这项赛事上登顶。韩国队二胜一负列第二，中国台北队一胜二负排在第三，上届冠军日本队三战皆墨垫底。

赛程与对阵：

第三届CSK杯亚洲围棋团体赛第一轮

中国队3：2胜日本队

王磊八段(中国) 执黑中盘负　依田纪基九段(日本)

王檄四段(中国) 执白1目半胜　羽根直树九段(日本)

俞斌九段(中国) 执黑中盘胜　山下敬吾九段(日本)

孔杰七段(中国) 执白中盘胜　三村智保九段(日本)

丁伟八段(中国) 执黑中盘负　结诚聪九段(日本)

韩国队5：0胜中国台北队

宋泰坤六段(韩国) 执白5目半胜　周俊勋九段(中国台北)

崔哲瀚七段(韩国) 执黑中盘胜　林海峰九段(中国台北)

刘昌赫九段(韩国) 执黑半目胜　王立诚九段(中国台北)

李世石九段(韩国) 执白中盘胜　王铭琬九段(中国台北)

李昌镐九段(韩国) 执白中盘胜　张栩九段(中国台北)

第三届CSK杯亚洲围棋团体赛第二轮

中国队4：1胜中国台北队

孔杰七段(中国) 执白中盘胜　张栩九段(中国台北)

王檄四段(中国) 执黑中盘胜　周俊勋九段(中国台北)

丁伟八段(中国) 执白3目半胜　林海峰九段(中国台北)

王磊八段(中国) 执黑7目半胜　王铭琬九段(中国台北)

俞斌九段(中国) 执白15目半负　王立诚九段(中国台北)

韩国队4：1胜日本队

刘昌赫九段(韩国) 执黑3目半负 依田纪基九段(日本)

崔哲瀚七段(韩国) 执白中盘胜 山下敬吾九段(日本)

李世石九段(韩国) 执黑中盘胜 羽根直树九段(日本)

宋泰坤六段(韩国) 执白中盘胜 三村智保九段(日本)

李昌镐九段(韩国) 执黑中盘胜 结城聪九段(日本)

第三届CSK杯亚洲围棋团体赛第三轮

中国队4：1胜韩国队

孔杰七段(中国) 执黑中盘胜 崔哲瀚七段(韩国)

丁伟八段(中国) 执白中盘胜 李世石九段(韩国)

俞斌九段(中国) 执黑中盘胜 宋泰坤六段(韩国)

王磊八段(中国) 执白中盘负 李昌镐九段(韩国)

王檄四段(中国) 执黑1目半胜 刘昌赫九段(韩国)

中国台北队3：2胜日本队

王立诚九段(中国台北) 执白2目半胜 山下敬吾九段(日本)

王铭琬九段(中国台北) 执白半目负 结城聪九段(日本)

张栩九段(中国台北) 执白中盘负 三村智保九段(日本)

林海峰九段(中国台北) 执黑3目半胜 羽根直树九段(日本)

周俊勋九段(中国台北) 执白中盘胜 依田纪基九段(日本)

2004年第十七届富士通杯

赛程综述

由日本棋院主办、中国围棋协会和韩国棋院协办、日本富士通公司赞助的第十七届富士通杯世界职业围棋锦标赛，于2004年4月10日至7月5日分别在日本东京和中国北京之间举行。

本届比赛中国有五名选手参加，分别是邱峻、王磊、周鹤洋、古力和孔杰。结果继前一年之后中国棋手再度惨败，前两轮便全部落马，无人打进八强。代表中国台北出战的周俊勋连克古力与李世石，闯入八强。

八强战在北京中国棋院进行，韩国棋手继续展现强大实力，朴永训、刘昌赫、宋泰坤三人入围半决赛，另一个四强席位被日本依田纪基夺得。

半决赛朴永训战胜刘昌赫，依田纪基击败宋泰坤，决赛成为日韩对决。这也是继1997年小林光一获得富士通杯冠军后日本棋手又一次打进决赛，同时打破了韩国棋手连续三年对富士通杯决赛席位的垄断。

决赛中年轻的朴永训发挥出色，击败依田纪基，首次在世界大赛中登顶，韩国又一位“天王级”棋手诞生，韩国棋手获得富士通杯七连霸。

赛程与对阵：

2004年第十七届富士通杯第一轮

时间：2004年4月10日

地点：日本棋院

王磊八段(中国) 执白12目半胜　杨慧人业余6段(美国)

孔杰七段(中国) 执黑中盘胜　高尾绅路八段(日本)

朴永训五段(韩国) 执白1目半胜　结城聪九段(日本)

赵汉乘七段(韩国) 执黑中盘胜　周鹤洋九段(中国)

崔哲瀚七段(韩国) 执黑中盘胜　斯维特拉娜初段(俄罗斯)

曹薰铉九段(韩国) 执白中盘胜　邱峻六段(中国)

周俊勋九段(中国台北) 执白中盘胜　古力七段(中国)

王铭琬九段(日本) 执黑17目半胜　王森峰六段(南美)

2004年第十七届富士通杯第二轮

时间：2004年4月12日

地点：日本棋院

依田纪基九段(日本) 执白4目半胜 曹薰铉九段(韩国)

朴永训五段(韩国) 执黑5目半胜 山下敬吾九段(日本)

刘昌赫九段(韩国) 执黑4目半胜 王铭琬九段(日本)

李昌镐九段(韩国) 执白3目半胜 王磊八段(中国)

宋泰坤六段(韩国) 执白中盘胜 孔杰七段(中国)

崔哲瀚七段(韩国) 执白中盘胜 羽根直树九段(日本)

张栩九段(日本) 执黑中盘胜 赵汉乘七段(韩国)

周俊勋九段(中国台北) 执白中盘胜 李世石九段(韩国)

2004年第十七届富士通杯八强赛

时间：2004年6月5日

地点：中国棋院

依田纪基九段(日本) 执白3目半胜 李昌镐九段(韩国)

朴永训六段(韩国) 执白中盘胜 张栩九段(中国台北)

宋泰坤七段(韩国) 执黑2目半胜 周俊勋九段(中国台北)

刘昌赫九段(韩国) 执黑中盘胜 崔哲瀚八段(韩国)

2004年第十七届富士通杯半决赛

时间：2004年7月3日

地点：日本棋院

依田纪基九段(日本) 执黑中盘胜 宋泰坤七段(韩国)

朴永训六段(韩国) 执白中盘胜 刘昌赫九段(韩国)

2004年第十七届富士通杯三、四名决定战

时间：2004年7月5日

地点：日本棋院

宋泰坤七段(韩国) 执黑1目半胜 刘昌赫九段(韩国)

2004年第十七届富士通杯决赛

时间：2004年7月5日

地点：日本棋院

朴永训六段(韩国) 执黑1目半胜 依田纪基九段(日本)

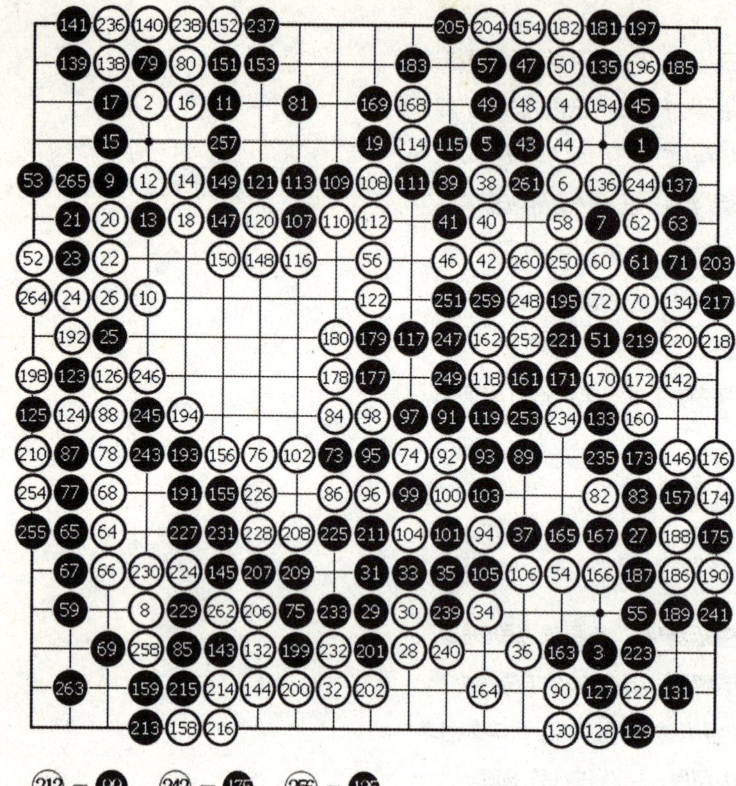

212 = 99　242 = 175　256 = 125

决赛棋谱

黑：朴永训　六段

白：依田纪基　九段

共265手

黑胜1目半

富士通杯相关评论

八强中无立足之地

——富士通杯中国棋手再遭惨败

春色渐浓，乱花迷人眼，高贵与卑微一起追逐枝头盎然的绿意。富士通杯正逢其时，每年四月之初它必在东京守侯。

CSK杯余韵未消，中、日、韩三国精英带着各自不同的心境投入这最传统的职业大赛，要给自己再一次的证明——证明什么呢？一夜的荣华代表不了一生，一生的沧桑也不是一夜就可以承担。

2003年的浮沉已经被一项项马不停蹄的赛事掩埋，若不是再战东京，谁会把它从厚厚的尘埃中翻出？所谓记忆有时不过是让分析者为自己的论点找些支撑，几天后又会被下一项赛事的回顾所替代，或者，它不该称为历史，只是一段往事。

无一人进入八强的屈辱已经没有几丝痕迹，对于中国围棋，太多的败局让我们习惯了刻薄的冷静，LG杯、三星杯、农心杯，名称换来换去，承受的结局大体相似，富士通又有什么特别？唯一不同的是我们刚刚在CSK亚洲四强赛上笑傲日韩，于是多年不见的信心再次膨胀。2003年一人一半瓜分了八强席位的日韩棋士用莫测高深的眼光看着我们，他们不知道一夜之间中国围棋是否已经成为贵族。

四月十二日，第一轮，中国五虎将全部登场，赛前的国内舆论一片乐观，三到四人过关是基本标准，按照CSK杯的势头，全线飘红也绝不奢侈。

没有悬念的一分是王磊对阵杨慧人。代表北美出战的杨慧人实力不俗，可他毕竟是业余棋手，与职业一流棋士的差距明显。放在国内，在业余选手中打选拔赛，杨慧人肯定出不了线，他的棋还带着明显的业余风格，这是多年来在美国野战中拼杀的结果。王磊不是杨嘉源，也不是长谷川章，他不会给杨慧人像阿基鲁尔那样的爆冷机会，这是中国棋手比日本本格派强的地方。

另一盘比较好下的棋是孔杰对高尾绅路。高尾并不弱，他在日本棋战中的胜率一直名列前茅，可是他没有拿过像样的头衔，霸气不足。大凡对缺乏霸气的日本棋手中国的小伙子们都是不怕的，何况孔杰现在完全可以代表中国围棋的最高水准。这一局执黑的孔杰胜得漂亮，高尾缓手迭出，气势上完全被压倒，日本青年棋手的斗志值得担忧。

但无法想象这就是中国队仅有的两场胜利，邱峻和周鹤洋分别被曹薰铉、赵汉乘击溃，全盘几无机会。老曹和小赵都是刚下完密度极高的中国围乙，鞍马劳顿，正基于此，国内棋手多数认为他们不会成为大的障碍。而且周鹤洋2003年夺取亚洲快棋赛锦标，邱峻2004年连续加冕名人与新人王，凭什么不对他们抱以充足的信心呢？可是中韩围棋的差距再次凸现，永远不知疲倦的韩国人给中国棋手上了生动的一课：顶尖高手的对决，要赢棋，精神力比技术发挥更重要。看着曹薰铉赛后满脸掩不住的疲惫，你能不心生敬意吗？

古力输给周俊勋最不能被大陆棋迷接受，堂堂中国等级分第一人竟然败在一名台湾棋士阵前，这似乎是个大冷门。其实决非如此，周俊勋三年前就打进过富士通四强，古力迄今为止世界大赛的最好成绩也不过是八强。如果说论实力古力还有一日之长，可是周俊勋对围棋的付出又岂是一般人所能体会？他如一只候鸟奔波于台湾、大陆、日本、韩国，珍惜每一项比赛的荣誉。2004年以来他在台湾已经拿下了台湾棋院杯、中环杯，CSK杯上击败依田纪基，坚强的实力早就该为我们所重视，这一次他的胜利也在情理之中，古力与中国棋迷为没有深入研究对手付出了代价。

两胜三负，中国棋手如此开局令人失望，我们追求的全胜却由韩国人达成：曹薰铉、赵汉乘之外，朴永训战胜结城聪，崔哲翰陪俄罗斯小姑娘斯维特拉娜游戏了一局，四人出战全部过关，加上四名种子选手，占据了十六强的半壁河山。另外一局王铭琬淘汰南美代表王森峰。

中国围棋刚建立起来的良好感觉尚未来得及细细品味就烟消云散，第二轮更加艰险——孔杰遭遇上届亚军宋泰坤，而王磊，我们为他祈祷吧，他的对手是李昌镐。按照赛程，八强战将在北京举行，如果两人全败……

所有的祈祷都不如把握自己有效。被寄予厚望的孔杰在与2003年中韩新人王战的手下败将宋泰坤的交手中一直以攻对攻，却在对方的妙手一击之下大棋愤死，无奈推枰。此阵一失中国队陷入危机——虽然王磊的局势一直很好把握，但是他面对的是李昌镐。

王磊终于还是在后半盘出现失误，三目半之差拱手送石佛进军八强，这也是CSK杯后二十天内他第二次冲击未果。和2003年一样，中国棋手全线姿消，CSK杯的一夜富贵已如隔世。

韩国人风云再起，他们八人出战五人胜出，朴永训胜山下敬吾、崔哲翰胜羽根直树，日本的棋界双星在更年轻的韩国虎骑面前手忙脚乱，章法全无，让我们深切怀念起赵治勋的斗魂和小林光一的执着。刘昌赫战胜王铭琬本是正常结果，但刘天王能迅速走出阴影，其中甘苦令人感动。日本由依田纪基击退曹薰铉、张栩擒下赵汉乘，依然保持了自己的风度。依田现在已经是事实上的日本第一人，他在国际赛场上的威慑力是其他日本棋手所没有的，难怪日本棋迷赞他一句："不愧是名人！"

第二轮最出人意料的结果是周俊勋中盘大胜连续两届冠军得主李世石，又一次闯进世界八强。富士通杯上三次登基的只有曹薰铉，拿过两次冠军的有四人：武宫正树、刘昌赫、李昌镐、李世石。周俊勋的出色表现使李世石三连霸梦碎，也使台湾围棋再次在世界棋坛扬起旗帜。他的胜利一出，台湾各大围棋论坛顿时祝贺声四起，欢腾一片。相形之下，大陆论坛则是骂声、嘲笑声不绝于耳。想起CSK杯的时候，台湾棋手虽然表现不佳，但棋迷无一人漫骂，满眼看去都是鼓励之词，那种氛围叫人感动。或许我们该反思的不只是比赛失败本身，还有很多很多……

中国围棋再次郁闷，CSK杯的纵情一夜已成昨日。韩国围棋依然强大，他们已经是成熟的贵族，偶尔的挫折无法撼动根基。每一次大赛都是一个过程，胜与败的悲欢持续不了太久，在这四月的富士通一夜，最光彩的贵族服饰属于周俊勋。

第五届应氏杯 常昊夺冠

第五届应氏杯

第五届应氏杯于2004年4月开战，连下三轮决出四强，中国常昊、彭荃与韩国崔哲瀚、宋泰坤入围。半决赛常昊战胜宋泰坤，与崔哲瀚一起闯入决赛。决赛中常昊3比1力擒崔哲瀚，第一次为中国棋界赢得应氏杯，这也是常昊个人的第一个世界冠军。

赛程与对阵：

2004年第五届应氏杯第一轮

时间：2004年4月20日

地点：中国上海

周鹤洋九段(中国) 执白3点胜 车敏洙四段(韩国)

彭荃五段(中国) 执黑3点胜 王立诚九段(日本)

孔杰七段(中国) 执黑3点胜 李世石九段(韩国)

宋泰坤六段(韩国) 执白3点胜 张栩九段(日本)

崔哲瀚八段(韩国) 执黑中盘胜 羽根直树(九段)

刘昌赫九段(韩国) 执黑中盘胜 刘星六段(中国)

山下敬吾九段(日本) 执白1点胜 古力七段(中国)

周俊勋九段(中国台北) 执黑9点胜 亚历山大初段(欧洲)

2004年第五届应氏杯第二轮

时间：2004年4月22日

常昊手举奖杯

地点：中国上海

王铭琬九段(日本) 执黑1点胜 周俊勋九段(中国台北)

李昌镐九段(韩国) 执白3点胜 山下敬吾九段(日本)

周鹤洋九段(中国) 执白1点胜 大竹英雄九段(日本)

孔杰七段(中国) 执黑中盘胜 林海峰九段(日本)

彭荃五段(中国) 执黑中盘胜 依田纪基九段(日本)

宋泰坤六段(韩国) 执白中盘胜 俞斌九段(中国)

崔哲瀚八段(韩国) 执黑3点胜 马晓春九段(中国)

常昊九段(中国) 执黑中盘胜 刘昌赫九段(韩国)

2004年第五届应氏杯八强赛

时间：2004年4月24日

地点：中国上海

彭荃五段(中国) 执白中盘胜 周鹤洋九段(中国)

宋泰坤六段(韩国) 执白中盘胜 王铭琬九段(日本)

常昊九段(中国) 执白中盘胜 孔杰七段(中国)

崔哲瀚八段(韩国) 执黑5点胜 李昌镐九段(韩国)

2004年第五届应氏杯半决赛第一局

时间：2004年9月6日

地点：中国贵阳

崔哲瀚八段(韩国) 执白中盘胜 彭荃五段(中国)

宋泰坤七段(韩国) 执黑中盘胜 常昊九段(中国)

2004年第五届应氏杯半决赛第二局

时间：2004年9月8日

地点：中国贵阳

彭荃五段(中国) 执白13点胜 崔哲瀚八段(韩国)

常昊九段(中国) 执黑中盘胜 宋泰坤七段(韩国)

2004年第五届应氏杯半决赛第三局

时间：2004年9月10日

地点：中国贵阳

崔哲瀚八段(韩国) 执白13点胜 彭荃五段(中国)

常昊九段(中国) 执白5点胜 宋泰坤七段(韩国)

2004年第五届应氏杯决赛第一局

时间：2004年12月26日

地点：韩国首尔

崔哲瀚九段(韩国) 执黑中盘胜 常昊九段(中国)

2004年第五届应氏杯决赛第二局

时间：2004年12月28日

地点：韩国首尔

常昊九段(中国) 执黑中盘胜 崔哲瀚九段(韩国)

2004年第五届应氏杯决赛第三局

时间：2005年3月3日

地点：中国北京

常昊九段(中国) 执白中盘胜 崔哲瀚九段(韩国)

2004年第五届应氏杯决赛第四局

时间：2005年3月5日

地点：中国北京

常昊九段(中国) 执黑3点胜 崔哲瀚九段(韩国)

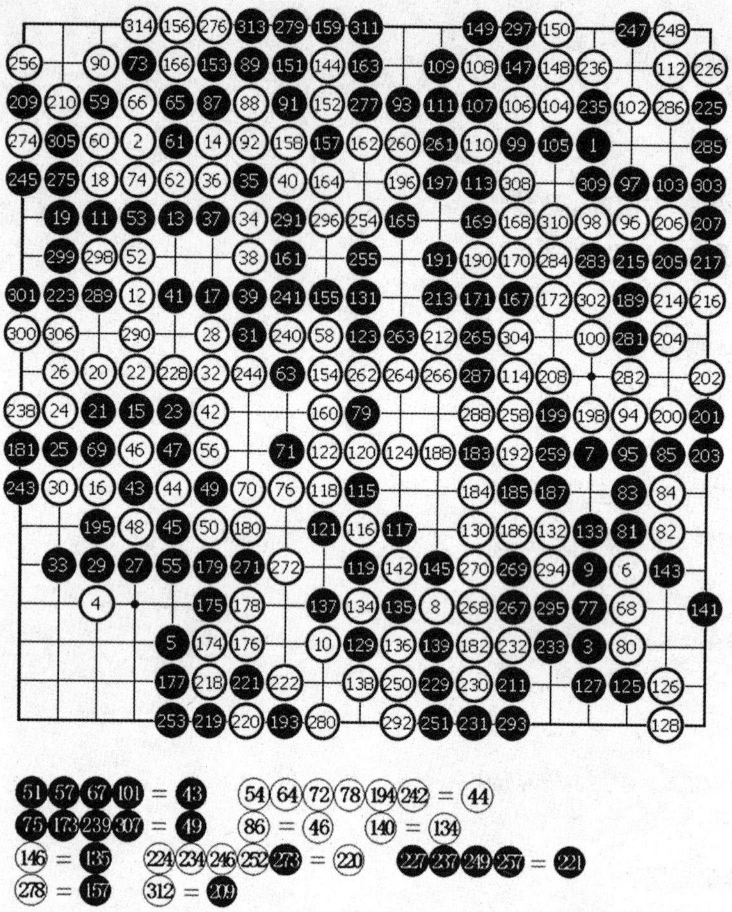

51 57 67 101 = 43　54 64 72 78 194 242 = 44
75 173 239 307 = 49　86 = 46　140 = 134
146 = 135　224 234 246 252 273 = 220　227 237 249 257 = 221
278 = 157　312 = 209

决赛第四局棋谱

黑：常　昊　九段
白：崔哲瀚　九段
共314手
黑超时罚2点
白超时罚2点
黑胜3点

相关评论

落子或者思索

——应氏杯的时代，时代的应氏杯

时代进步的一个重要标志就是人们眼界的开阔。在竞技围棋领域，近十年来风云变幻如虎，世界级的职业大赛一个接一个竖起大旗。你方唱罢我登场，所谓“世界冠军”已经不似最初一般光芒照耀整个天下，这头衔更多像是对某位棋士在某个阶段优异表现的肯定，而不是他号令宇内的霸王之鼎。这样的背景下说哪一项世界大赛超越同侪，是“最权威”、“最有影响力”的显然有些自说自话，职业棋士对每一项比赛都会全力以赴，不存在“厚此薄彼”的问题。无论富士通杯、LG杯还是农心杯，没有人会为了“另一项更大的比赛”在眼前的赛事中保留实力。

但高度相当风格却可以各异，满目繁花中总有一朵最让你流连。名目众多的世界大赛里有一项别具风情，它就是四年一届、四十万冠军奖金、意图打造成为“围棋奥林匹克”的应氏杯。

在喧嚣的时代之音中，应氏杯最值得称道的是它的坚守——坚守自己的原则，不为浮华所动。创办于“世界围棋元年”1988年的应氏杯迄今已经走过了十六年的历程，但它坚持着四年一个周期的节奏，金榜题名的只有五个人——每届换一名冠军。这显然是种大气的方式，四年看似遥遥无期，实际上往往在你未及惊觉时已倏忽而过，四年一个冠军，他们都将清晰地留存在棋史之中。相较之下，其他比赛一年一个王者，经常是还未将骄傲滋味品尽，下一届已经换了江山。如果不去查阅资料，你能脱口而出1996年的亚洲杯冠军是谁吗？2000年高举三星杯的又是哪一双手呢?

四年一届的应氏杯就这样用厚重而显得有点凝滞的步伐行进在围棋发展史上，它巨大的身影笼罩着整个棋界，光荣与梦想、痛苦与彷徨一一展示，而这一十六年的风霜凝结在它身上，应氏杯显出几许沧桑。

时代更迭的序曲

据说在很早以前应昌期先生就有了创办职业围棋世界大赛的想法，但他需要一个契机，让他下定决心的是聂卫平。

20世纪80年代前期的世界棋坛是日本棋士的当然天下，“日本第一人”就是“世界第一人”，创办世界职业大赛等于给日本棋士白送金钱和荣誉。好在中日擂台赛横空出世，聂卫平一夫当关，勇猛宛若天神。身为成功的企业家和执着的棋迷，应昌期先生敏锐地意识到：是时候了！有聂卫平在，纵使不能让高高在上的日本超级棋士折戟沉沙，至少难分难解的激斗会使这项大赛成为焦点。

尽管日本棋院为了维护自己“围棋王国样样都要是第一”的荣誉抢先一步推出了富士通杯，但几个月后登场的应氏杯仍凭借高额的奖金汇集了当时世界上最强的棋手——日本“六大超一流”中的五位：赵治勋、小林光一、武宫正树、加藤正夫、林海峰，中国的聂卫平、马晓春，韩国的曹薰铉。

说这八人最强决非信口开河，在各自的国内他们都是一个甚至几个头衔的拥有者，当时各式各样的“世界十强”排名中，这八人都是当然人选。巧合的是第一轮抽签正是这八位强豪分别迎战另八位棋手，六位闯关进入八强——落马的是武宫正树不敌江铸久的野战、马晓春在藤泽秀行的华丽阵法中迷失了方向。

八强中五位属于日本棋院，两人属于中国棋院，一人属于韩国棋院，似乎很符合当时的棋界形势。如果最后出现与第一届富士通杯相似的结局——日本棋士包揽冠亚军、一名中国棋手进入四强——那将是各方面都可以接受的，职业世界大赛将再次证明人们一直公认的世界棋坛强弱格局。

但上天注定应氏杯将是一场革命、一场颠覆，很大程度上可以说：应氏杯改变了世界围棋的发展流向——它造就了韩国，而韩国改变了世界。

曹薰铉首轮淘汰王铭琬并没有引起关注，次轮他力斩小林光一则成为一个象征：小林就是当时的王者，他代表了一个王朝，也是公认此次大赛实力最强劲的棋手。

一心盼望林海峰或者聂卫平夺冠的应昌期看到小林折戟于曹薰铉阵前也暗自松了口气——大凡大赛中淘汰最强者的黑马一般都不会奔到最终点，而同一轮聂卫平完胜与小林光一并称的赵治勋，林海峰也跨过江铸久的关隘，日本本土棋手只剩下一个老藤泽，“中国人夺冠”似乎已经是板上钉钉的事。

可是曹薰铉冲破了宿命，一条困龙挣脱锁链跃入了茫茫宇宙，从此纵横驰骋，挥洒如风。半决赛曹氏直落两局折断林海峰的“二枚腰”，决赛与聂卫平则上演了惊心动魄的五番大战。

现在回过头看去，这一场五番胜负绝对是当代棋坛的巅峰之作。两位游离于正统(日本围棋)之外开创各自门派的大师，以棋士的生命演绎了血与火的激情碰撞，无论是棋的内容还是其给世界棋坛带来的巨大影响力，这次争棋都足可与棋史上最华丽、最惨烈的争斗相媲美。

赛前中国棋迷都认定冠军非聂卫平莫属，可韩国棋迷又何尝不觉得自己的棋王曹薰铉可操胜券？当时中韩围棋的交流极少，互相间的了解都局限于表面。应氏杯的大决战给了他们拔剑相向的机会，而且不可避免地会成为两国围棋发展的分水岭。

结局当然不须赘言了，曹薰铉先下一城后连失两关，移师新加坡后发力取下最后两座价逾千金的重镇，3比2！在一个英雄的叹息与泪水中，另一个英雄昂起了高贵的头颅，昭告天下——新王登基了！

最受打击的其实是日本围棋，他们引以为傲的几大超一流竟然全部被挤出四强。尽管日本棋界一向对出身日本棋院的曹薰铉评价甚高(这是当时的中国棋迷所不了解的)，但由他夺走世界冠军仍令围棋王国上下难以接受，他们相信这只是一次偶然。应氏杯四年一届的周期使一切反应显得迟钝，随后的几届富士通杯上日本棋士一直牢牢把持着王冠，曹薰铉最好的成绩只是一次四强，他的应氏杯夺魁似乎只是一次暂时成功的农民起义。但是，四年后韩国另一位土生土长的枭雄徐奉洙出乎所有人的意料摘走第二届应氏杯金冠，那时人们才意识到——韩国围棋的王朝真的建立起来了。再过四年，刘昌赫捧走第三届应氏杯为韩国王朝的鼎盛写下注脚，至于2000年已经是公认“天下第一”的李昌镐再摘第四届应氏杯已经是这个王朝和这位王者水到渠成自然不过的业绩了。

当代围棋以应氏杯为标志划分了时代，到2005年常昊夺取第五届应氏杯之前，它是以个人名义参赛、举办不止一届的世界比赛中由某一国棋士包揽全部桂冠的唯一一个。韩国棋迷要感谢应氏杯，它在他们最需要的时候送来了甘露。其实全世界棋迷都应该感谢应氏杯，它让一种全新的境界成为棋界的主流，围棋从此更加精彩。

英雄搏命血染征衣

改朝换代是宏观上的事，从稍微小一些的角度去看，应氏杯造就了一批特别的英雄，他们不一定是站到了最高峰，但他们在这个巨大舞台上书写了传奇。

成为江湖传说中第一条好汉的是徐奉洙，这头韩国“野豹”在应氏杯上达到了自己人生的至高点。抛开国界，曹薰铉在第一届应氏杯上的夺冠说到底还是以实力为依托，出身名门的他深受日本传统围棋熏陶，加之天资聪颖，早就具备了极强的实力，他夺冠道路上胜的七局棋每一局都显示出极高的技战术素养，质量上乘，他坐拥应氏杯严格意义上不应该说是冷门。徐奉洙不同，他的棋风是日本人最看不起的“大酱”风格——又臭又硬。他的真正实力最多算得上世界一流，离超一流的差距尚很明显，在韩国国内也由于曹薰铉的压制而显不出太多光环。由这样一位棋手夺取奖金额最高的世界大赛冠军，绝对是冷门中的冷门。

徐奉洙的夺冠征程是从资格赛开始的，第一届被列为替补选手的他第二届的第一个对手是台湾旅日的郑铭煌——王铭琬的亲弟弟。真是巧合，第一届曹薰铉首轮战胜王铭琬后最终捧杯，这回徐奉洙也延续了好运。他轻松过关后第二轮淘汰首届四强之一的藤泽秀行，八强战再破武宫正树。此时其他韩国棋手早已姿消，徐奉洙半决赛面对的是最被看好夺魁的赵治勋。徐奉洙先丢一局后第二局以一点的微弱优势扳回，决胜局又在不利局势下顽强拼搏，硬生生地将胜利之果从“胜负师”手中抢了下来，哗然，一片哗然。更大的哗然在最后，决赛前四局的进程与第一届一模一样，徐奉洙身处的是四年前聂卫平的位置——先落后后反超再被扳平。不过徐奉洙的运气比聂卫平好得太多了，他在决胜局几乎陷入绝境的形势下处处施放胜负手，让“求道派”的大竹英雄慌了手脚。实战派、自由派的徐奉洙笑到了最后。高擎金杯的那一瞬，徐奉洙关于围棋的人生升高到了顶峰。尽管后来他又有三国擂台赛九连胜的壮举，但他在应氏杯上的胜利无可比拟。

另一个和徐奉洙的传奇度不相上下的是位女棋手，当然她就是巾帼英雄芮乃伟。第二届应氏杯时尚在日本、美国间与丈夫江铸久一起飘零的芮乃伟为了一个最朴素的愿望——能多下几局棋，一路连过小松英树、李昌镐、梁宰豪三关，一举打入四强，创造了女子围棋史上的奇迹。

可惜的是她在半决赛对大竹英雄下成一比一时，决胜局没有把握住形势遗憾出局。如果时空隧道回到那一天，如果芮乃伟“美人闯过英雄关”，那我们设想一下由她和徐奉洙争冠将是何样的局面？在正统高手阵前屡屡告捷的“野草”未必挡得住魔女的“胭脂柳叶刀”，那样的应氏杯决战将是何等的荡气回肠、风情万种！

胜了芮乃伟却败给徐奉洙的大竹英雄也在应氏杯上留下了浓墨重彩的一笔。作为第一届“六大超一流”中唯一没有被邀请的一位，第二届上大竹奋力杀进决赛，途中将与自己并称“竹林”的林海峰踩在脚下,一时扬眉吐气。

当然那时谁都料不到这就是至今日本棋手在应氏杯上获得的最好成绩了。八年后大竹君又在第四届应氏杯上淘汰卫冕冠军刘昌赫挤身八强，风采如昨。但再过四年，大竹再战第五届应氏杯，在年轻的周鹤洋面前精力耗尽终于难求一胜，果然是岁月催老英雄志。

成为曹薰铉征服世界之旅第一个祭旗者的王铭琬在十二年后还射一箭，淘汰了曹薰铉后又击退马晓春，昂首闯入第四届应氏杯四强。淡路修三也曾力斩曹薰铉等名将，两次在八强中露脸，他们是应氏杯不可缺少的重镇，在最耀眼的明星身边依然保持着自己特有的风度。

最具悲情色彩的或许要算是吴淞笙了。他被邀请参加第一届应氏杯时被大家视为“玩票”，但久疏战阵的吴九段给“巨无霸”赵治勋带来非常大的麻烦，在贴八点的应氏规则下执黑仅以一点之差落败。当时应氏杯首轮奖金为5000美元，第二轮则增加到15000美元，这真正是“一点价值一万金”了。更让人哭笑不得的是四年后吴淞笙卷土重来，这回横亘在他面前的大山是老虎依田纪基。又是在大有希望的局面下执黑输了一点，命乎？运乎？没赶上好时代的吴九段在上天给他的两次补偿面前又都丧失了良机，应氏杯让他口中发涩，泪中带血。

走走过场的迈克雷蒙、石井邦生等人使应氏杯的“广泛代表性”得到证明，这个沙场上，即使惨烈，即使浴血，总有一些轻松的东西让你心情愉悦——本来围棋与人生就应该如此。

规则,还是规则

说到应氏杯，一个无法回避的话题就是——应氏规则。这部穷应昌期老先生一生心力的规则以精细严密著称，号称“没有漏洞”，但对它的争议从来就没有停止过。

与各种繁琐的规定相比较，影响力最大的一条就是黑先贴八点(相当于八目)。当时的普遍规则是黑先贴五目半，应氏棋规一下子将之提高了两目半，这步伐实在是太大了吧？在职业棋手眼中半目之差往往就可以致命，应老先生身为业余棋手凭什么认定“八点”这个标准合理？还是他搞的比赛就可以随意决定？当时棋界上下不平者有之，不屑者有之，也有思路进步者愿意尝试。结果第一届应氏杯下来，执黑者的胜率超过了执白者，到了第二届时更有芮乃伟这样猜先时一心一意要拿黑棋的棋手，对贴目大小的认识大家才更多地从理性角度去分析。

韩国围棋的崛起使得“韩国流”风靡天下，而韩国流的最大特色就是好战。战斗时主动权则至关重要，所以执黑先行的价值被提高到了前所未有的高度。先是韩国将贴目提高为六目半，随后日本也加入进来，而中国的贴三又四分之三子则和应氏棋规的贴八点几无差别。此时已经很少有人再说应氏杯的贴目太大这样的话了，应氏杯造就了韩国围棋，反过来韩国围棋用自己的实战证明了应氏规则的合理性，此中意味颇为深长。

贴八点外应氏规则的另一个特色是：延时罚点，而不是我们所习惯的读秒。对这一条大家开始时不适应是肯定的，但觉得蛮有趣、很想试试看的人也不少。第一届应氏杯时这一条尚未实施，到了第二届正式施行后被罚点者可谓满天飞舞，到处可见，而且很多时候是双方都被罚点。好几盘棋都是领先一方为保住胜果不惜用罚点换取延时，最终是一点险胜，但为此颠倒胜负的尚未发生。不过有趣的是最终的决战徐奉洙对大竹英雄，两人下满五局却没有一局出现罚点的情况，看来最关键的时刻谁都不敢轻易拿“两点”的目数去开玩笑。胜负颠倒的情况产生在第三届的半决赛上，林海峰对刘昌赫的三番棋第二局，为了打赢最后的单劫，林先生时间耗尽，无奈只好罚点。虽在棋盘上胜了一点，但罚去的两点使他饮恨出局，争夺四十万冠军奖金的美梦就此破灭。刘昌赫好运闯关，决赛中一鼓作气三比一拿下依田纪基，应氏杯与韩国棋士的缘法得以延续。

以上两个规则属于技术范畴，无论赞成和反对都有它存在的依据，但应氏杯另一条人为制订的规则让人头疼——上届前八名全部作为种子选手保留，直接入围下一届，并首轮自动轮空。对于打入前八的棋手这自然是个福音，下一届只要再胜一局就又可以继续参加四年后的比赛了，这样的应氏杯颇有些给老棋手送“退休福利”的味道。四年白云苍狗，棋界变化惊人，谁能保证前八名都仍是出类拔萃的好汉？尤其近些年来，每年都有很多少年英俊光耀棋坛，他们完全有资格在世界大赛上一展风姿，可是应氏杯的硬性规定使得参赛人数范围无形变小，“江山代有才人出”被人为遏制。据说组织者也考虑到此中不妥之处，准备下届有所修正,但是四年光阴就这样过去了，多少少年又会在岁月的笛音中白了乌发？

个人感情色彩太浓是应氏棋规的一大弊端，最典型的是他们邀请棋手不由各国协会选拔，而是自己选定。这在很大程度上存在着不公平，并且直接导致了第二届应氏杯中国大陆选手的集体退出。谁是谁非现在已经不是我们关注的重点，但自我意识太过强烈会使得一项意在让最多人参与进来的活动显出小家子气。应氏杯不该只是应氏家族的赛事，它应该属于世界。

应昌期老先生曾自信地认为应氏规则是全世界最好的规则，但它的琐碎确实让人头疼。不知道职业棋手中有多少人会下功夫把厚厚的应氏规则参详透彻？围棋是用极简单的器具体验极高深的道理，所以规则当然是越简洁越好。至于不严密的地方，就当做是围棋艺术的特定趣味吧。应氏规则号称绝对不会出现和棋，其实杜绝了和棋的围棋也就减少了很多趣事。两位高手呕心沥血苦斗一天，最后因为某个珍奇形状握手言和，他们会不会是相视一笑，有一种比赢棋还要舒畅的快感呢？人为扼杀难得一见的棋形有点像一部极先进的机器，高级是高级了，但总是缺点人情味。

应昌期老先生已经作古，但现在还有许多人在研究围棋规则，相信会有更好的方案不断涌现。

前路知己在何方

十六年回首望去只为一瞬。应氏杯起点甚高，所以它很难真正超越自我。在世界职业赛事不断的今天，应氏杯上的胜与负带给棋手的影响已经不似最初一般巨大。“为了四十万美金而奋斗”，这成了现在多数职业棋手参加应氏杯的动力。他们没有错，可这或许不是应老先生创立这项大赛的本质意义。

应氏杯不应该只是作为一项赛事而存在，它应该有自己的文化，有自己不断进取的动力之源。这个时代能一见如故的朋友很多，但能让你多年以后忆起仍觉得那是自己毕生知音的很少。

少，不等于没有。所以，应氏杯还有很多事要做、要想，围棋还有很多事要做、要想，热爱围棋的人更有太多的事要做、要想。

应氏杯可以淡忘，思想将永恒。

第十六届亚洲快棋锦标赛

——2004年5月进行，中国俞斌决赛战胜韩国宋泰坤，第二次在这项比赛中夺冠。

赛程与对阵：

第十六届亚洲杯电视快棋赛第一轮

时间：2004年5月11日

地点：日本东京

宋泰坤七段(韩国) 执白6目半胜 小林光一九段(日本)

赵治勋九段(日本) 执白2目半胜 古力七段(中国)

第十六届亚洲杯电视快棋赛第一轮

时间：2004年5月12日

地点：日本东京

俞斌九段(中国) 执白中盘胜 朴炳奎四段(韩国)

第十六届亚洲杯电视快棋赛半决赛

时间：2004年5月12日

地点：日本东京

宋泰坤七段(韩国) 执白中盘胜　周鹤洋九段(中国)

第十六届亚洲杯电视快棋赛半决赛

时间：2004年5月13日

地点：日本东京

俞斌九段(中国) 执白中盘胜　赵治勋九段(日本)

第十六届亚洲杯电视快棋赛决赛

时间：2004年5月14日

地点：日本东京

俞斌九段(中国) 执黑12目半胜　宋泰坤七段(韩国)

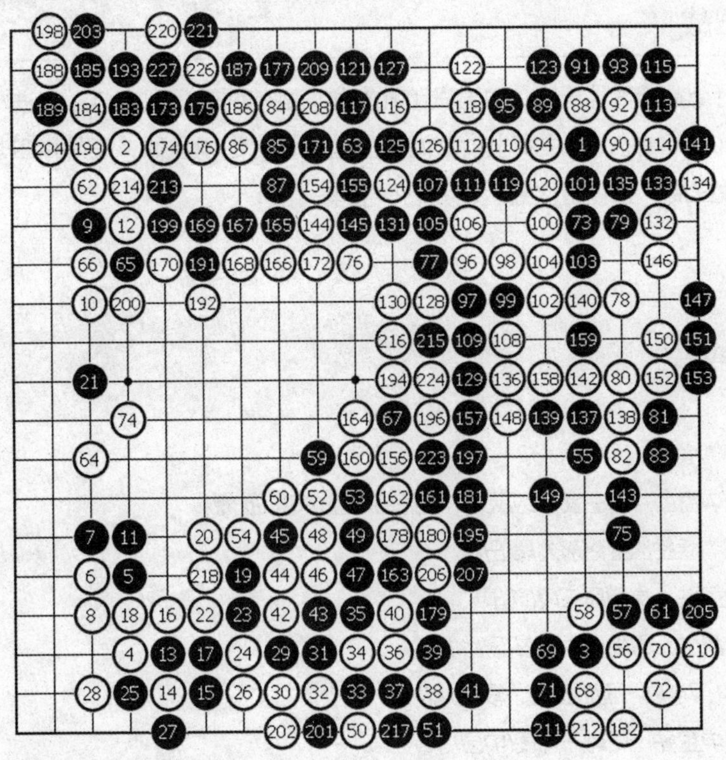

219 225 = 201　222 228 = 50

决赛棋谱

黑：俞　斌　九段

白：宋泰坤　七段

共228手

黑胜12目半

第九届LG杯 俞斌与张栩对决

第九届LG杯世界棋王战

第九届LG杯世界棋王战于2004年5月开战，中国棋手孔杰和俞斌前两轮表现出色，打进八强。10月，俞斌闯入四强。2005年1月，半决赛上俞斌淘汰李昌镐，与张栩会师。三月和四月的决赛，俞斌先胜一局后连败三局，张栩首次登上世界冠军宝座。

赛程与对阵：

第九届LG杯世界棋王战第一轮

时间：2004年5月18日

地点：韩国首尔

江鸣久七段(美国) 执黑中盘胜　弗兰茨·约瑟夫·迪克哈特业余6段(欧洲)

朴升贤四段(韩国) 执黑中盘胜　王铭琬九段(日本)

张栩九段(日本) 执白中盘胜　崔原踊三段(韩国)

孔杰七段(中国) 执白中盘胜　周俊勋九段(中国台北)

金万树五段(韩国) 执黑1目半胜　羽根直树九段(日本)

刘昌赫九段(韩国) 执黑中盘胜　周鹤洋九段(中国)

山下敬吾九段(日本) 执黑中盘胜　宋泰坤七段(韩国)

王立诚九段(日本) 执黑2目半胜　曹薰铉九段(韩国)

第九届LG杯世界棋王战第二轮

时间：2004年5月20日

地点：韩国首尔

元晟溱五段(韩国) 执黑2目半胜 金万树五段(韩国)

赵汉乘七段(韩国) 执白7目半胜 山下敬吾九段(日本)

俞斌执九段(中国) 白中盘胜 朴升贤四段(韩国)

张栩九段(中国台北) 执黑中盘胜 睦镇硕八段(韩国)

李世石九段(韩国) 执黑中盘胜 江鸣久七段(美国)

刘昌赫九段(韩国) 执黑2目半胜 古力七段(中国)

孔杰七段(中国) 执白中盘胜 崔哲瀚八段(韩国)

李昌镐九段(韩国) 执黑中盘胜 王立诚九段(日本)

第九届LG杯世界棋王战八强赛

时间：2004年10月26日

地点：韩国釜山

俞斌九段(中国) 执黑6目半胜 元晟溱六段(韩国)

赵汉乘七段(韩国) 执黑中盘胜 孔杰七段(中国)

李昌镐九段(韩国) 执黑中盘胜 李世石九段(韩国)

张栩九段(日本) 执白中盘胜 刘昌赫九段(韩国)

第九届LG杯世界棋王战半决赛

时间：2005年1月24日

地点：韩国济州岛

张栩九段(日本) 执黑中盘胜 赵汉乘八段(韩国)

俞斌九段(中国) 执黑中盘胜 李昌镐九段(韩国)

第九届LG杯世界棋王战决赛第一局

时间：2005年3月28日

地点：中国上海

俞斌九段(中国) 执白中盘胜 张栩九段(日本)

第九届LG杯世界棋王战决赛第二局

时间：2005年3月30日

地点：中国上海

张栩九段(日本) 执白1目半胜　俞斌九段(中国)

第九届LG杯世界棋王战决赛第三局

时间：2005年4月18日

地点：韩国首尔

张栩九段(日本) 执黑中盘胜　俞斌九段(中国)

第九届LG杯世界棋王战决赛第四局

时间：2005年4月20日

地点：韩国首尔

张栩九段(日本) 执白2目半胜　俞斌九段(中国)

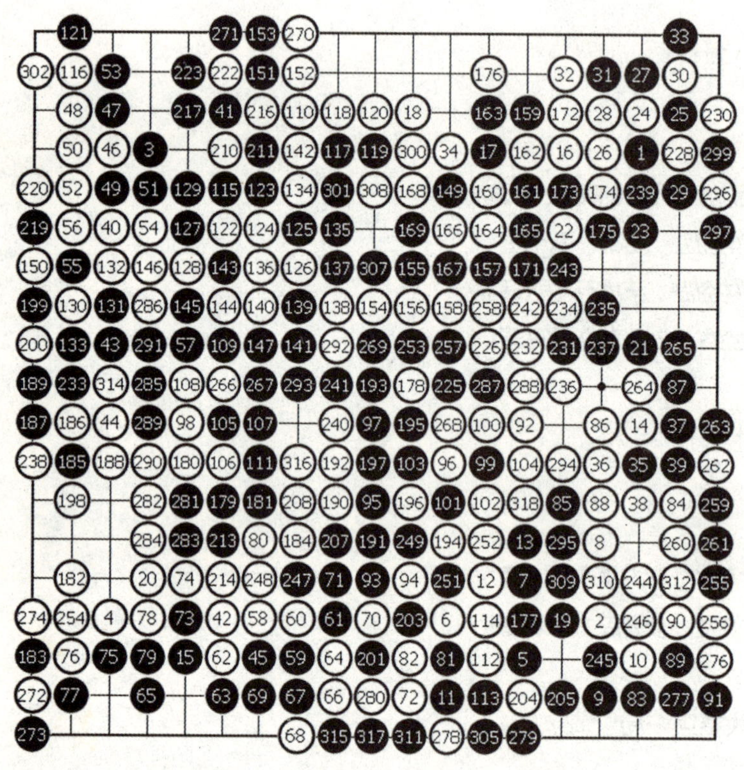

148 = 143　170 = 149　202 = 199　206 212 218 224 229 = 70
209 215 221 227 = 203　250 = 101
275 = 272　298 = 25　303 = 296　304 = 94
306 = 251　313 = 262

决赛第四局棋谱

黑：俞 斌　九段

白：张 栩　九段

共318手

白胜2目半

LG，不只有热血

LG是什么？网络新人类不屑地撇嘴——老土，LG就是laogong——老公。

上海，盛产好老公的都市，LG杯决斗正酣。中日棋界两位好男人的代表俞斌与张栩为世界棋王的荣衔埋头苦战，观者如堵，激烈而不惨烈。

由中日两国棋士争夺世界冠军已经是久违的画面了，韩国人席卷天下的铁骑在每一片黑与白构筑的疆土上踏上了痕印，当他们的旋风戛然而止，世界之颠重现大气而温和的中日对抗，我们的眼神不禁现出一丝陌生的茫然。

“越看张栩的棋我越没有信心。”“俞斌老师实力强大，我只能寄希望于好运气。”两位好男人果然温润如玉，赛前的表态几乎听不出一丝火药味，谦虚的姿态让我们对“围棋是场残酷的战争”大感怀疑。没有小林光一当年的“我代表日本，所以我绝不能输！”没有李世石飞扬的“进了决赛我就知道冠军是我的了！”这一场LG大战并未弥漫出冲天的硝烟，倒让我们忆起多年前的“友谊第一，比赛第二。”

中韩四大决战刚刚鸣金，血与火的撞击中，中国棋士一胜三负，但常昊以暴制暴勇夺应氏杯，令中国围棋一时气势如虹，也令此番出征的俞斌少了背水一战、只可胜不可败的压力。已经习惯了品尝国际赛场上失败滋味的日本棋界却不习惯强迫自己的棋士破釜沉舟，所以贵为“日本第一人”的张栩也尽显坦然心态。于是有关士气的第一战上，两人从铺地板开始，到中盘有分寸的接触战，再到后半盘精细的收束，没有满目烟尘，更像是境界与功力之争。

低调的俞斌稳健地拿下了第一局，同样低调的张栩说自己“没有机会”，战事没有进入白热化的趋势，世界大赛决战原来也可以这样和风细雨。看惯了韩国精锐的傲气与嚣张，这一回我们仿佛回到“艺术围棋”的氛围，不是痛饮烈酒，而是啜吸香茶。

这并不是LG杯的一贯风格。王立诚决胜局棋筋被吃仍不放弃，反戈一击得手，登上顶峰；刘昌赫苦战曹薰铉，功成大满贯(当时)；李世石一飞冲天，与李昌镐激斗五番棋，遭大逆转两年后卷土重来，终于雄霸天下……LG其实是热血激荡的沙场。但连续四年韩国棋士垄断决赛使这个战场被中日棋迷渐渐淡忘，俞斌、张栩的突出重围终于使另一种风格的决斗再放光芒。

“日本更需要这个冠军。”张栩说的很中肯。而俞斌胜与败都不妨碍他成为中国围棋的常青树，所以我们不妨把更多目光投入到棋局的深刻内容而不是胜负的表象上。围棋需要金石交接的光华之战，围棋也需要儒雅大气的进退自如，当李世石、崔哲瀚的剽悍成为时尚，俞斌、张栩的浪漫与灵活一样魅力十足、富丽堂皇。

每个女子都希望自己的老公是个谦谦君子，也都希望他们是行侠仗义的英雄。LG杯，有一腔澎湃热血，也有一股成熟稳重，它会成为经典。

第七届中韩新人王对抗赛

第七届中韩新人王对抗赛于2004年6月举行，中国邱峻2比0战胜韩国安祚永，为中国队取得胜利。

赛程与对阵：

第七届中韩新人王对抗赛第一局

时间：2004年6月25日

地点：韩国江原

邱峻六段(中国) 执白中盘胜　安祚永八段(韩国)

第七届中韩新人王对抗赛第二局

时间：2004年6月26日

地点：韩国江原

邱峻六段(中国) 执黑中盘胜　安祚永八段(韩国)

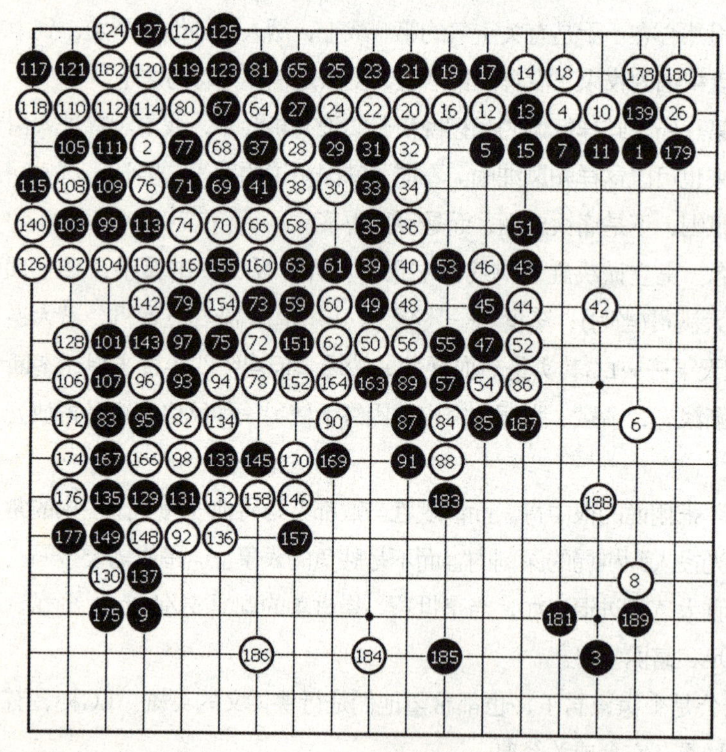

138 144 150 156 162 168 173 = 122　141 147 153 159 165 171 = 127

161 = 154

决赛第二局棋谱

黑：邱　峻　六段

白：安祚永　八段

共189手

黑中盘胜

第九届三星杯世界围棋公开赛

第九届三星杯世界围棋公开赛于2004年8月预选赛开战，中国七人出线。本赛中国棋手表现出色，三人打进四强，王檄与韩国李世石进入决赛。12月决赛，李世石2比0取胜夺冠。

赛程与对阵：

第九届三星火灾杯第一轮

时间：2004年9月1日

地点：韩国大田

王檄五段(中国) 执黑中盘胜　尹盛铉九段(韩国)

杨一五段(中国) 执黑中盘胜　赵汉乘七段(韩国)

孔杰七段(中国) 执黑中盘胜　崔圭丙九段(韩国)

古力七段(中国) 执黑中盘胜　洪旼杓三段(韩国)

王磊八段(中国) 执白中盘胜　尹赫四段(韩国)

周鹤洋九段(中国) 执黑中盘胜　睦镇硕八段(韩国)

马晓春九段(中国) 执白中盘胜　李映九三段(韩国)

罗洗河九段(中国) 执黑中盘胜　金光植四段(韩国)

胡耀宇七段(中国) 执黑中盘胜　李昌镐九段(韩国)

安达勋六段(韩国) 执黑中盘胜　谢赫五段(中国)

崔哲瀚八段(韩国) 执黑中盘胜　羽根直树九段(日本)

朴永训九段(韩国) 执白中盘胜　山下敬吾九段(日本)

李世石九段(韩国) 执黑中盘胜　曹大元九段(中国)

宋泰坤七段(韩国) 执黑中盘胜　聂卫平九段(中国)

曹薰铉九段(韩国) 执黑2目半胜　王煜辉七段(中国)

赵治勋九段(日本) 执黑1目半胜　刘昌赫九段(韩国)

第九届三星火灾杯第二轮

时间：2004年9月3日

地点：韩国大田

王檄五段(中国) 执黑中盘胜　赵治勋九段(日本)

王磊八段(中国) 执黑中盘胜　杨一五段(中国)

古力七段(中国) 执白中盘胜　曹薰铉九段(韩国)

周鹤洋九段(中国) 执黑中盘胜　安达勋六段(韩国)

宋泰坤七段(韩国) 执黑中盘胜　孔杰七段(中国)

崔哲瀚八段(韩国) 执黑中盘胜　罗洗河九段(中国)

李世石九段(韩国) 执黑中盘胜　胡耀宇七段(中国)

朴永训九段(韩国) 执黑中盘胜　马晓春九段(中国)

第九届三星火灾杯八强赛

时间：2004年10月6日

地点：韩国蔚山

李世石九段(韩国) 执白中盘胜　王磊八段(中国)

王檄五段(中国) 执白2目半胜　宋泰坤七段(韩国)

第九届三星火灾杯八强赛

时间：2004年10月7日

地点：韩国蔚山

古力七段(中国) 执白中盘胜　崔哲瀚八段(韩国)

周鹤洋九段(中国) 执黑中盘胜　朴永训九段(韩国)

第九届三星火灾杯半决赛第一局

时间：2004年11月16日

地点：韩国大田

王檄五段(中国) 执黑3目半胜　周鹤洋九段(中国)

李世石九段(韩国) 执白中盘胜　古力七段(中国)

第九届三星火灾杯半决赛第二局

时间：2004年11月18日

地点：韩国大田

王檄五段(中国) 执白中盘胜　周鹤洋九段(中国)

古力七段(中国) 执白中盘胜　李世石九段(韩国)

第九届三星火灾杯半决赛第三局

时间：2004年11月19日

地点：韩国大田

李世石九段(韩国) 执黑中盘胜　古力七段(中国)

第九届三星火灾杯决赛第一局

时间：2004年12月7日

地点：韩国首尔

李世石九段(韩国) 执黑中盘胜　王檄五段(中国)

第九届三星火灾杯决赛第二局

时间：2004年12月9日

地点：韩国首尔

李世石九段(韩国) 执白中盘胜　王檄五段(中国)

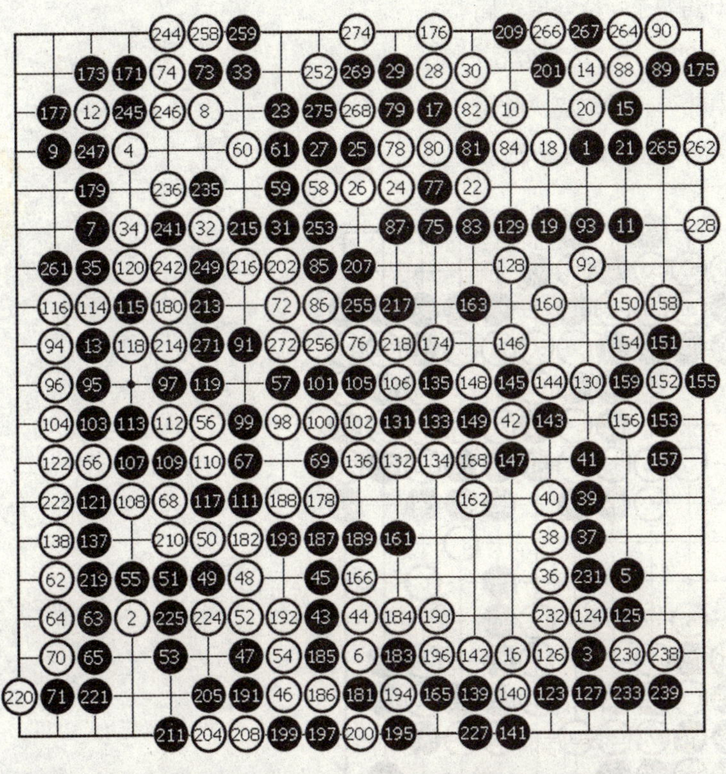

164 170 226 234 240 248 254 260 = 152　167 223 229 237 243 251 257 263 = 159

169 = 145　172 = 42　198 = 194

203 = 181　206 = 200　212 = 56　250 = 241

270 276 = 266　273 = 267

决赛第二局棋谱

黑：王　檄　五段

白：李世石　九段

共276手

白中盘胜

第八届中韩天元对抗赛

第八届中韩天元对抗赛于2004年8月举行，中国古力2比1战胜韩国崔哲瀚。这是古力第二次在这项比赛中获胜，至此，总比分为中方3比5落后。

赛程与对阵：

2004年8月10日，第八届中韩天元对抗赛第一局

古力七段(中国) 执黑中盘胜　崔哲瀚八段(韩国)

2004年8月12日，第八届中韩天元对抗赛第二局

崔哲瀚八段(韩国) 执黑中盘胜　古力七段(中国)

2004年8月13日，第八届中韩天元对抗赛决胜局

古力七段(中国) 执白中盘胜　崔哲瀚八段(韩国)

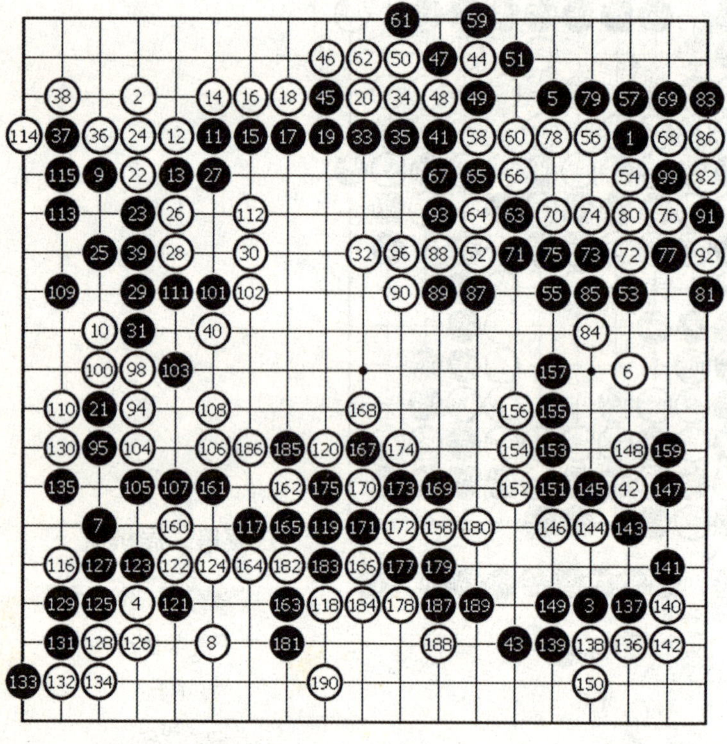

97 = 91　176 = 167

决赛第三局棋谱

黑：崔哲瀚　八段

白：古　力　七段

共190手

白中盘胜

第二届丰田杯世界围棋王座战

第二届丰田杯世界围棋王座战于2004年8月举行，连战四轮决出两强，中国常昊与韩国李世石携手决赛。2005年1月的决赛中，常昊1比2不敌李世石，李世石夺得冠军。

赛程与对阵：

第二届丰田杯世界王座战第一轮

时间：2004年8月21日

地点：日本东京

孔杰七段(中国) 执白中盘胜 安得列·古尔科夫业余6段(俄罗斯)

常昊九段(中国) 执黑中盘胜 丰云九段(北美)

王磊八段(中国) 执黑中盘胜 阿基鲁尔业余6段(南美)

俞斌九段(中国) 执白中盘胜 小林光一九段(日本)

古力七段(中国) 执白中盘胜 山下敬吾九段(日本)

周鹤洋九段(中国) 执白中盘胜 沟上知亲七段(日本)

李昌镐九段(韩国) 执黑2目半胜 杨晋华六段(新加坡)

刘昌赫九段(韩国) 执黑3目半胜 彭荃五段(中国)

李世石九段(韩国) 执黑中盘胜 周俊勋九段(中国台北)

宋泰坤七段(韩国) 执白中盘胜 高尾绅路八段(日本)

崔哲瀚八段(韩国) 执白2目半胜 彦坂直人九段(日本)

苏耀国七段(日本) 执白中盘胜 弗兰克·洋森业余6段(荷兰)

依田纪基九段(日本) 执白中盘胜 江鸣久七段(美国)

第二届丰田杯 常昊与李世石对决

坂井秀至六段(日本) 执白中盘胜　亚历山大·迪那·史塔因初段(俄罗斯)

结城聪九段(日本) 执白中盘胜　曹薰铉九段(韩国)

张栩九段(日本) 执黑中盘胜　王檄五段(中国)

第二届丰田杯世界王座战第二轮

时间：2004年8月23日

地点：日本东京

孔杰七段(中国) 执黑中盘胜　刘昌赫九段(韩国)

常昊九段(中国) 执白半目胜　苏耀国七段(日本)

周鹤洋九段(中国) 执白半目胜　张栩九段(日本)

李昌镐九段(韩国) 执黑中盘胜　古力七段(中国)

宋泰坤七段(韩国) 执黑2目半胜　依田纪基九段(日本)

崔哲瀚八段(韩国) 执黑中盘胜　坂井秀至六段(日本)

李世石九段(韩国) 执黑2目半胜　俞斌九段(中国)

结城聪九段(日本) 执白中盘胜　王磊八段(中国)

第二届丰田杯世界王座战八强赛

时间：2004年8月25日

地点：日本东京

孔杰七段(中国) 执白半目胜　李昌镐九段(韩国)

常昊九段(中国) 执白中盘胜　宋泰坤七段(韩国)

李世石九段(韩国) 执黑中盘胜　周鹤洋九段(中国)

崔哲瀚八段(韩国) 执黑2目半胜　结城聪九段(日本)

第二届丰田杯世界王座战半决赛

时间：2004年8月27日

地点：日本东京

李世石九段(韩国) 执白中盘胜　孔杰七段(中国)

常昊九段(中国) 执黑中盘胜　崔哲瀚八段(韩国)

第二届丰田杯世界王座战决赛第一局

时间：2005年1月5日

地点：日本名古屋

李世石九段(韩国) 执白中盘胜　常昊九段(中国)

第二届丰田杯世界王座战决赛第二局

时间：2005年1月7日

地点：日本名古屋

常昊九段(中国) 执白中盘胜 李世石九段(韩国)

第二届丰田杯世界王座战决赛第三局

时间：2005年1月8日

地点：日本名古屋

李世石九段(韩国) 执白中盘胜 常昊九段(中国)

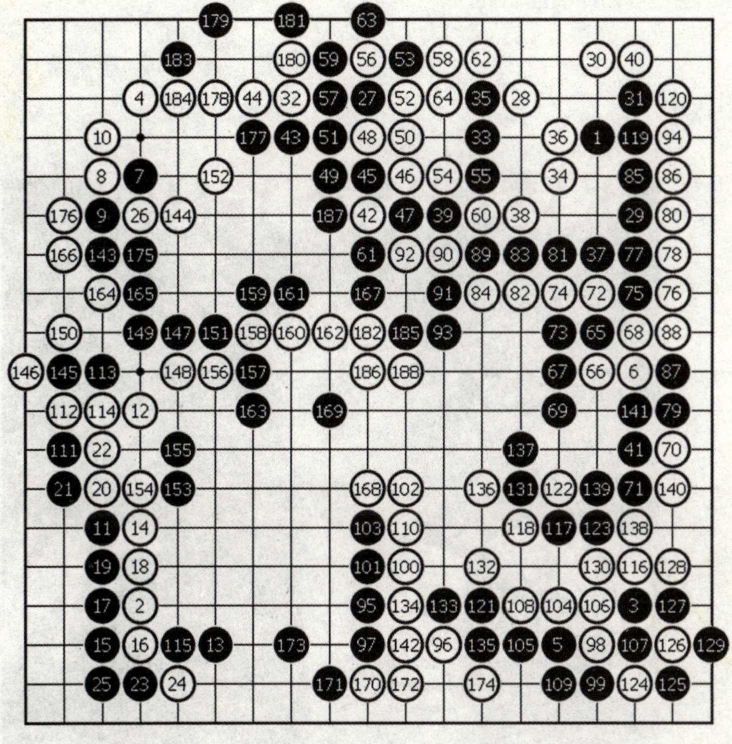

决赛第三局棋谱

黑：常 昊 九段

白：李世石 九段

共188手

白中盘胜

第六届农心杯世界职业围棋团体赛

第六届农心杯世界职业围棋团体赛于2004年10月开赛，中日韩三国棋手进行角逐。比赛分三个阶段进行，延续到2005年三月，韩国主将李昌镐最后时刻以惊人的五连胜帮助韩国队达成六连霸。

赛程与对阵：

第六届农心杯三国擂台赛第一局

时间：2004年10月12日

地点：中国北京

三村智保九段(日本) 执黑中盘胜　韩钟振五段(韩国)

第六届农心杯三国擂台赛第二局

时间：2004年10月13日

地点：中国北京

周鹤洋九段(中国) 执黑中盘胜　三村智保九段(日本)

第六届农心杯三国擂台赛第三局

时间：2004年10月14日

地点：中国北京

周鹤洋九段(中国) 执白中盘胜　安达勋六段(韩国)

第六届农心杯三国擂台赛第四局

时间：2004年10月15日

地点：中国北京

高尾绅路八段(日本) 执白中盘胜　周鹤洋九段(中国)

第六届农心杯三国擂台赛第五局

第六届农心杯世界职业围棋团体赛　李昌镐手捧奖杯

时间：2004年11月24日

地点：韩国釜山

高尾绅路八段(日本) 执白4目半胜 刘昌赫九段(韩国)

第六届农心杯三国擂台赛第六局

时间：2004年11月25日

地点：韩国釜山

彭荃五段(中国) 执白1目半胜 高尾绅路八段(日本)

第六届农心杯三国擂台赛第七局

时间：2004年11月26日

地点：韩国釜山

崔哲瀚九段(韩国) 执白中盘胜 彭荃五段(中国)

第六届农心杯三国擂台赛第八局

时间：2004年11月27日

地点：韩国釜山

赵治勋九段(日本) 执白中盘胜 崔哲瀚九段(日本)

第六届农心杯三国擂台赛第九局

时间：2004年11月28日

地点：韩国釜山

罗洗河九段(中国) 执白中盘胜 赵治勋九段(日本)

第六届农心杯三国擂台赛第十局

时间：2004年11月29日

地点：韩国釜山

李昌镐九段(韩国) 执白中盘胜 罗洗河九段(中国)

第六届农心杯三国擂台赛第十一局

时间：2005年2月23日

地点：中国上海

李昌镐九段(韩国) 执黑中盘胜 张栩九段(日本)

第六届农心杯三国擂台赛第十二局

时间：2005年2月24日

地点：中国上海

李昌镐九段(韩国) 执白中盘胜　王磊八段(中国)

第六届农心杯三国擂台赛第十三局

时间：2005年2月25日

地点：中国上海

李昌镐九段(韩国) 执白中盘胜　王铭琬九段(日本)

第六届农心杯三国擂台赛第十四局

时间：2005年2月26日

地点：中国上海

李昌镐九段(韩国) 执黑中盘胜　王檄五段(中国)

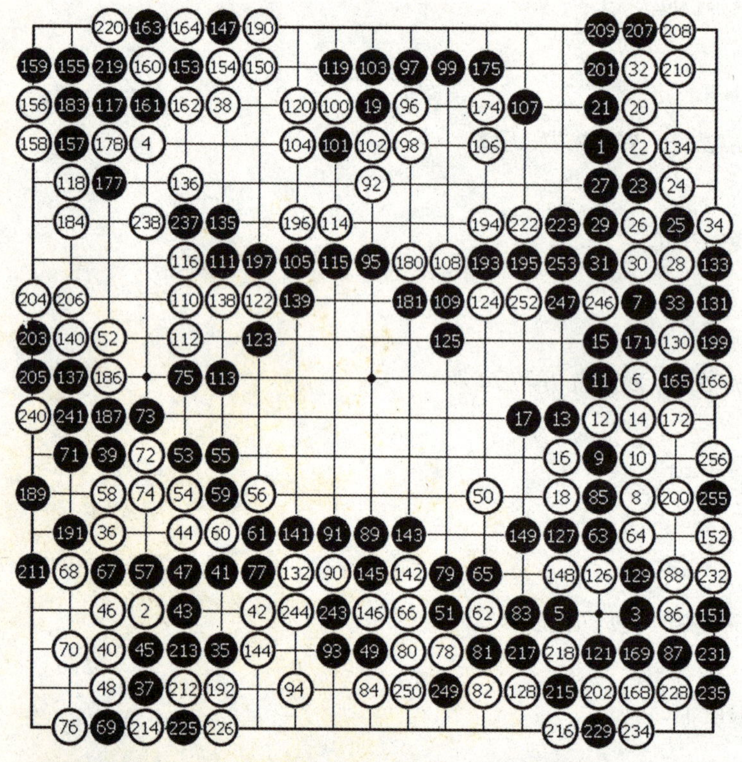

167 173 179 185 = 153　170 176 182 188 = 164　198 = 25

221 227 233 239 245 251 257 = 215　224 230 236 242 248 254 = 218

决赛第十四局棋谱

黑：李昌镐　九段

白：王　檄　五段

共257手

黑中盘胜

第三届正官庄杯世界女子围棋团体赛

第三届正官庄杯世界女子围棋团体赛于2004年11月开战。这是这项比赛首次采用打擂台的团体赛制，与农心杯形式一致。中国队发挥出色，叶桂取得五连胜，最后的主将决战，芮乃伟击败韩国朴智恩，中国队获得冠军。

赛程与对阵：

第三届正官庄杯三国擂台赛第一局

时间：2004年11月9日

地点：中国北京

李玟真四段(韩国) 执黑5目半胜　曹呈初段(中国)

第三届正官庄杯三国擂台赛第二局

时间：2004年11月10日

第三届正官庄杯　中国队夺得世界女子团体赛冠军

第三届正官庄杯 徐莹建功

地点：中国北京

梅泽由香里五段(日本) 执白中盘胜　李玟真四段(韩国)

第三届正官庄杯三国擂台赛第三局

时间：2004年11月11日

地点：中国北京

叶桂五段(中国) 执黑中盘胜　梅泽由香里五段(日本)

第三届正官庄杯三国擂台赛第四局

时间：2004年11月12日

地点：中国北京

叶桂五段(中国) 执白6目半胜　玄味真三段(韩国)

第三届正官庄杯三国擂台赛第五局

时间：2004年12月19日

地点：韩国首尔

叶桂五段(中国) 执白中盘胜 矢代久美子五段(日本)

第三届正官庄杯三国擂台赛第六局

时间：2004年12月20日

地点：韩国首尔

叶桂五段(中国) 执白2目半胜 金恩善初段(韩国)

第三届正官庄杯三国擂台赛第七局

时间：2004年12月21日

地点：韩国首尔

叶桂五段(中国) 执白中盘胜 铃木步三段(日本)

第三届正官庄杯三国擂台赛第八局

时间：2004年12月22日

地点：韩国首尔

尹暎善四段(韩国) 执白3目半胜 叶桂五段(中国)

第三届正官庄杯三国擂台赛第九局

时间：2004年12月23日

地点：韩国首尔

尹暎善四段(韩国) 执黑5目半胜 万波佳奈三段(日本)

第三届正官庄杯三国擂台赛第十局

时间：2004年12月24日

地点：韩国首尔

徐莹五段(中国) 执黑中盘胜 尹暎善四段(韩国)

第三届正官庄杯三国擂台赛第十一局

时间：2005年1月17日

地点：中国上海

徐莹五段(中国) 执白中盘胜 小林泉美六段(日本)

第三届正官庄杯三国擂台赛第十二局

时间：2005年1月18日

地点：中国上海

朴智恩五段(韩国) 执白8目半胜　徐莹五段(中国)

第三届正官庄杯三国擂台赛第十三局

时间：2005年1月19日

地点：中国上海

朴智恩五段(韩国) 执白4目半胜　张璇八段(中国)

第三届正官庄杯三国擂台赛第十四局

时间：2005年1月20日

地点：中国上海

芮乃伟九段(中国) 执黑中盘胜　朴智恩五段(韩国)

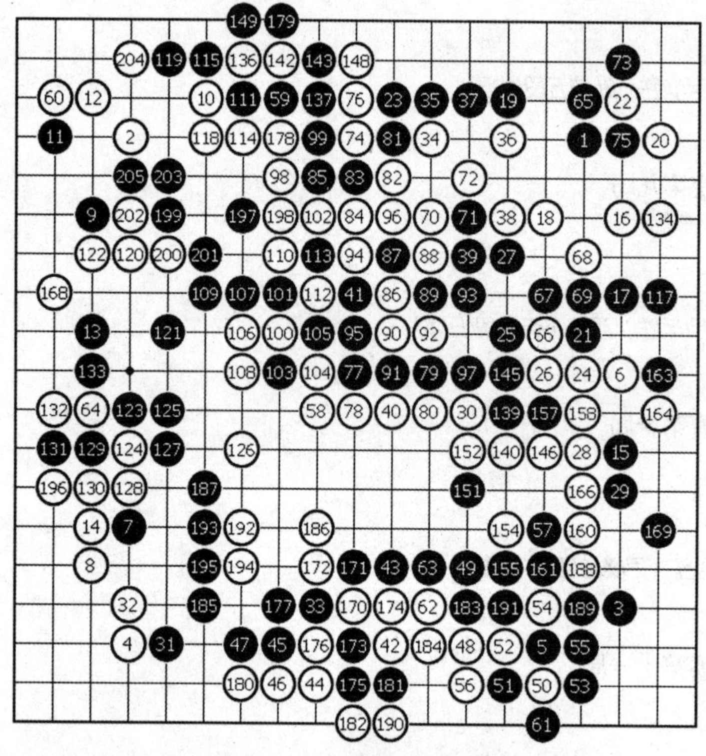

决赛第十四局棋谱

黑：芮乃伟　九段

白：朴智恩　五段

共205手

黑中盘胜

第六届阿含·桐山杯中日对抗赛

2004年12月13日进行，中国周鹤洋战胜日本羽根直树获得优胜。

赛程与对阵：

第六届阿含·桐山杯中日对抗赛

时间：2004年12月13日

地点：日本东京

周鹤洋九段(中国) 执黑2目半胜　羽根直树九段(日本)

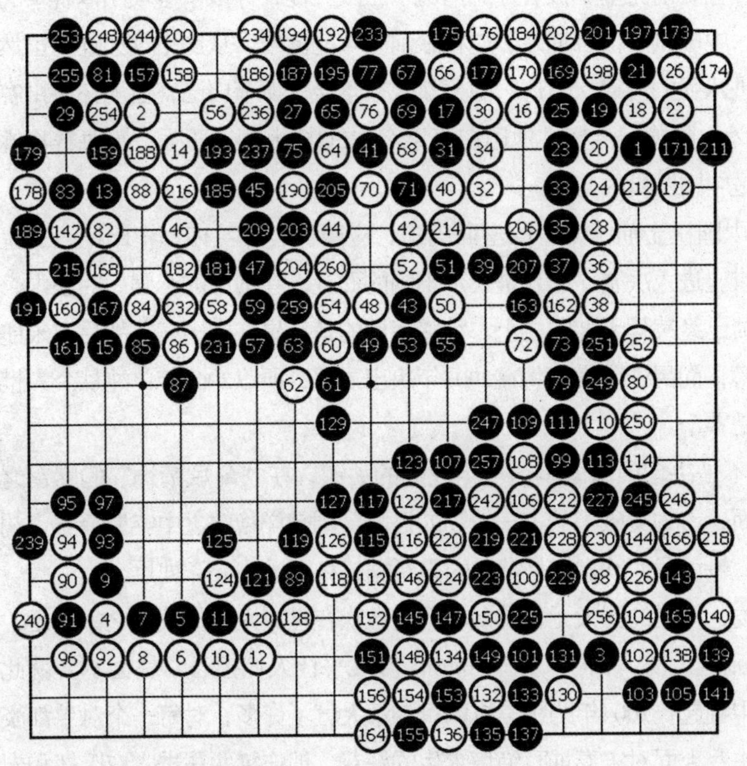

74 = 68　78 = 41　180 196 210 235 = 66

183 199 213 = 177　208 = 190　238 = 147　241 = 136

243 = 100　258 = 205

决赛棋谱

黑：周鹤洋　九段

白：羽根直树　九段

共260手

黑胜2目半

争雄

——2004年围棋国际赛事综述

看惯了韩国铁骑的独舞，2004年国际棋坛面目一新。真正的对抗时代隐然成型，围棋不再寂寞。

中国兵团全面抢滩

中国围棋郁闷了太多的年头，所有能量仿佛在2004全部爆发。三月的CSK杯亚洲四强赛上，五位中国棋手个个神勇，在赛前完全不被看好的情况下三战三捷，夺取了这项团体赛事的优胜。这是振奋人心的一胜，中国棋手仿佛捅开了遮在眼前多年的薄纸，从此士气如虹。虽然很快又经历了富士通无人打进八强的惨痛，但这一回显然大家学会了调节自己，亚洲杯快棋赛俞斌再露笑颜，连续第二年为中国捧回金杯。他还在跨年度的LG杯上闯进四强，半决赛将挑战李昌镐，这位勤勉的老将是中国围棋的楷模。

个人性质的世界大赛上中国棋士前所未有的全面出击，应氏杯、春兰杯、丰田杯、三星杯，四项大赛竟然都有中国棋士进入决赛，而且是三个不同的面孔。在前面的八强、四强中，中国棋手表现更佳，综合成绩已经凌驾于韩国之上。稍感遗憾的是三星杯中国三英战吕布未能合围成功，被李世石拔了头筹，而另三项赛事将在2005年决出冠军，所以2004年单纯从个人世界冠军的数量上看，中国还是零个。

其实，得到冠军与否并不是决定中国围棋这一年成败的关键，在“俞斌精神”的感召之下，中国棋手个个能独当一面，古力突破了“古一轮”的怪圈，周鹤洋稳健之中突显霸气，胡耀宇将李昌镐杀得丢盔卸甲。最让我们欣喜的是常昊的重新崛起和王檄的天降神兵。

作为中国围棋的代表人物，常昊的强大无人置疑，但是数次在世界大赛的决赛之颠失足，使他自己也使支持他的棋迷元气大伤，相当一段时间的沉寂几乎让人们担心常昊会不会就此淡出。好在英雄总会在逆境中崛起，2004年的常昊棋内棋外都大气了许多，对每一个对手都淡然处之，于是有了应氏杯半决赛上面对宋泰坤时绝境求生的好戏。他连续两届进入应氏杯和丰田杯决赛，与上一届都是遭遇李昌镐不同，这一回虽然对手崔哲瀚和李世石都很强大，但常昊心理上一点也不怵他们，你说像常昊这样级别的棋手，只要心理不落下风，有谁是他不可战胜的？应氏杯决战前两局马上打响，相信常昊一定可以为中国围棋一挠五年无世界冠军之痒。

王檄对中国围棋似乎是“天赐的礼物”，他的爆发几乎没有征兆。亚洲四强战上的三连胜只是个开端，他在三星杯上的杰出表现完全有资格参加本年度中国最优秀棋士奖的角逐。假设一下，如果三星杯半决赛是由王檄对阵李世石，以当时王檄的心态和“神秘感”，获胜的可能性当在五成以上，到了决赛，毕竟少了李世石的经验和洒脱。但这一败不应该是王檄的遗憾，一步登天固然值得羡慕，给自己留一节继续攀升的台阶何尝又不是好事呢？

韩国年轻风暴强劲

韩国围棋这一年其实强势依旧，只是他们争冠夺亚的点更加分布。李昌镐夺取的上一年度延续过来的LG杯竟然是他这一年来唯一的世界冠军，打进决赛的春兰杯要等到2005年才进行决赛。倒是更年轻的“韩国四虎”李世石、崔哲瀚、朴永训、宋泰坤气势咄咄逼人。

朴永训2003年底痛失三星杯被认为是遭遇了重大打击，恢复元气不易，想不到的是他这么快就又一次冲到了决斗场上，而且这一次他胜利了——富士通杯力擒依田老虎，成为韩国围棋第六位世界冠军称号拥有者。这个成绩对中日棋士都是一个很大的刺激——李昌镐拿世界冠军大家都已经习惯了，可是怎么这些韩国小孩个个都这么厉害，世界冠军似乎想拿就拿？朴永训在其他大赛上并没有过人表现，其他韩国小兄弟和他分头作战，各自闯开一条金光大道。

崔哲瀚不仅在韩国国内威势惊人，国际赛场上依然威风八面，应氏杯上再次淘汰李昌镐，这一成绩简直让对李昌镐无从下手的中日棋士目瞪口呆。打进应氏杯决赛意味着捍卫韩国棋士独霸应氏杯荣誉的重任全压在了小崔肩上，他毫不在意，对自己信心满满。

比崔哲瀚更狂的是李世石，他单骑突围问鼎三星杯，面对即将来临的丰田杯决赛更放出了“胜面在六成以上”的大话。或许这就是韩国围棋的性格，直率，无顾忌。其实，强者都是这样的，当年日本围棋全盛时期不也经常有“三人荡平中国队”之类的狂言出现吗？这个时代，有实力者就拥有话语权，与其和他斗嘴，不如用更强的实力打垮他。

日本步履蹒跚

2003年日本夺得CSK杯和三星杯一度让人们看到了日本围棋复苏的希望，但所谓积重难返，与剽悍的中韩棋手角力，优雅的日本人显然还没有找到感觉。

亚洲四强战三战皆墨预示了这一年日本围棋的弱势，此后的国际赛场上日本棋士几乎已经被遗忘。最经典的失败是连续第三年派出大队人马参加的三星杯预选赛全军覆没，日本围棋似乎成了中韩围棋的垫脚石。

稍微像样点的成绩是依田纪基的富士通杯亚军。本来老虎是很有机会为日本夺回这座自家制作的奖杯的，可是决赛的不发挥成就了韩国人的富士通七连霸。张栩打入延续到明年的LG杯四强也是一个突破，日本围棋要想真正在国际赛场上与中韩比肩，还是需要这些大头衔拥有者的全力出击，一些非一线棋士的偶露峥嵘不可能带来最后的笑意。

三强之外

台湾围棋在2004年更大限度地为大家所认知，很重要的一个原因是他们创办了中环杯国际大赛。尽管中国大陆因故没有参赛，但李昌镐、朴永训、赵治勋、王立诚等世界冠军级别的棋士仍使这项比赛倍受关注。台湾本土的林至涵战胜宋泰坤一时轰动，而台湾围棋的旗帜人物周俊勋在富士通杯上力克两连冠的李世石闯进八强更显示出这“世界围棋第四极”不可低估的实力。此外台湾围棋在与日本关西棋院的对抗中也取得了不俗战绩，照此势头，用不了几年，台湾围棋就会拥有自己的大棋士，而不用总是拿着几位旅日高手来充脸。

2004年欧美棋士没有像阿基努尔在第一届丰田杯上的神奇表现，倒是代表新加坡出征的杨晋华惊出了李昌镐一身冷汗。

第一英雄

尽管2004年各路豪杰都有上佳表现，没有谁拥有绝对优势，但要选出国际棋战的第一英雄仍非李昌镐莫属。

在世界大赛多得让人目不暇接的今天，拿一两个世界冠军其实更多的已经只是象征意义，只有在身陷绝境的关键时刻奋起才是真正的英雄。李昌镐2004年虽然在个人性质的世界大赛上表现一般(这也只是相对于他以前太过耀眼的光芒)，但他在农心杯上的一夫当关震撼了所有对手。年初连克两员日本老将为韩国取得五连冠，年末再次成为韩国的最后屏障，虽然还要面对四员中日虎将，但李昌镐真想赢棋时谁能挡住?

受农心杯启发也改成擂台赛制的正官庄杯成为女子围棋唯一一项国际赛事，叶桂的五连胜加上芮乃伟的加盟，使中国夺魁几无悬念，只是这美妙的时刻我们要等到2005年才能享受。

2004的世界棋坛有一点乱，但是乱得精彩。乱世争雄，我们静静地享受这份快意。

国内比赛

围甲联赛

2004年全国围棋男子甲级联赛成绩表

编号	队名	队员	总场分	总局分	名次	备注
1	京西新兴地产	罗洗河、刘星、黄奕中、彭荃、吴新宇、韩晗	31	57	2	
2	云南红酒业	丁伟、王垚、段嵘、付冲、曹恒梃、邱继红	15	37	11	降乙级
3	山东鲁抗医药	曹大元、马晓春、刘昌赫、谢赫、张学斌、陶忻	18	40	7	
4	重庆建设摩托	周鹤洋、古力、王檄、龚世运、王雷、岳嵩	31	55	3	
5	上海移动通信	常昊、胡耀宇、刘世振、邱峻、孙梦厦	35	60	1	
6	贵州咳速停	邵炜刚、王磊、刘菁、邹俊杰、李世石、时越	23	46	6	
7	北京大宝	张文东、孔杰、汪洋、王伯刚、陈耀烨、李轶	23	46	5	
8	四川娇子	宋雪林、余平、杨一、李劼、郑策、古灵益	17	38	9	
9	武汉人福	褚飞、李喆、周逵、庄园、金承俊、林锋	16	37	10	
10	贵州卫视	聂卫平、俞斌、周俊勋、王煜辉、赵哲伦	24	46	4	
11	北京海淀亿城	王群、赵守洵、张立、马笑冰、梁博超、周睿羊	18	36	8	
12	平煤集团	王东亮、朱毅、周波、朴升哲、张东岳、岳亮	12	30	12	降乙级

第十七届中国围棋名人战

2004年4月开赛，古力在挑战者决定战中2比0战胜聂卫平，又在挑战五番棋中3比0击败卫冕名人邱峻，第一次登上名人宝座。

赛程与对阵：

第十七届中国名人战第一轮

时间：2004年4月17日

地点：中国棋院

罗洗河九段　执黑1又3/4子胜　曹大元九段

丁伟八段　执黑3/4子胜　刘星六段

吴树浩业余5段　执白中盘胜　王垚五段

第十七届中国名人战第一轮

时间：2004年5月6日

地点：中国棋院

聂卫平九段　执白中盘胜　常昊九段

刘世振六段　执白中盘胜　周鹤洋九段

古力七段　执白中盘胜　刘小光九段

彭荃五段　执黑中盘胜　孔杰七段

第十七届中国名人战第二轮

时间：2004年5月8日

地点：中国棋院

俞斌九段　执白中盘胜　丁伟八段

彭荃五段　执白中盘胜　古灵益初段

邵炜刚九段　执黑中盘胜　吴树浩业余5段

聂卫平九段　执黑中盘胜　张文东九段

第十七届中国名人战八强赛

时间：2004年6月20日

地点：山西晋城

聂卫平九段　执白1又1/4子胜　刘世振六段

邵炜刚九段　执白中盘胜　王磊八段

俞斌九段　执白中盘胜　彭荃五段

古力七段　执白中盘胜　罗洗河九段

第十七届中国名人战半决赛

时间：2004年6月22日

地点：山西晋城

聂卫平九段　执黑中盘胜　邵炜刚九段

古力七段　执白4又1/4子胜　俞斌九段

第十七届中国名人战挑战者决定战第一局

时间：2004年9月6日

地点：中国棋院

古力七段　执白中盘胜　聂卫平九段

第十七届中国名人战挑战者决定战第二局

时间：2004年9月21日

地点：山西晋城

古力七段　执黑中盘胜　聂卫平九段

第十七届中国名人战决赛第一局

时间：2004年12月23日

地点：中国棋院

古力七段　执白中盘胜　邱峻七段

第十七届中国名人战决赛第二局

时间：2004年12月25日

地点：中国棋院

古力七段　执黑中盘胜　邱峻七段

第十七届中国名人战决赛第三局

时间：2004年12月27日

地点：中国棋院

古力七段　执白中盘胜　邱峻七段

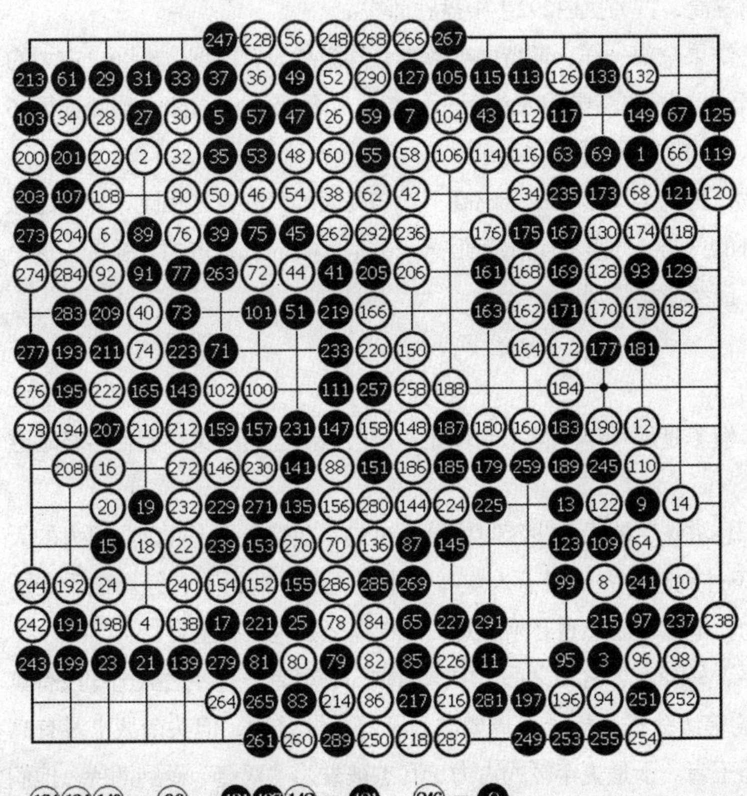

决赛第三局棋谱

黑：邱　峻　七段

白：古　力　七段

共292手

白中盘胜

相关评论

古力·名人·中国棋战

2004的年末，第十七届中国名人战挑战赛对决京城，杀出重围的古力面对卫冕名人邱峻，快刀如风，直落三局完胜登顶。新名人诞生，或许一个新的王朝也将就此真正建立起来。

飞夺名人

古力拿下本届名人挑战权可谓众望所归，他在国内棋战中的所向披靡已经成为“现象”，而名人，目前应该还算是中国最具分量的头衔，能否攻下这一城关系到王者称谓是否实至名归。

12月23日，名人挑战赛第一局，古力执白200手中盘胜邱峻。

12月25日，名人挑战赛第二局，古力执黑275手中盘胜邱峻。

12月27日，名人挑战赛第三局，古力执白292手中盘胜邱峻。

一局比一局手数多，但是结果全部一样，期待中难解难分的激战没有出现，3比0，古力的胜利水到渠成，毫无悬念。至此，国内围棋四大头衔——名人、天元、NEC杯、招商银行杯尽入古力囊中，“中国第一人”的地位无可撼动。

同为小虎辈中的杰出人物，古力与邱峻一战分出高下。与高大帅气的古力相比，邱峻还像个大孩子，从棋的内容到棋外的气势、气度都显出差距——不是邱峻弱，是古力太强了，这个风华正茂的青年经岁月磨练，已经玉树临风。

涅槃之胜

胜利后的古力笑脸飞扬，但不是那种年少得志的轻狂，是自信而坚定的笑，眉目中略略透出几丝沧桑。

少年子弟江湖老，“不识愁滋味”的天才少年时代已经过去，在整个天下面前，再大的天才也要收敛起狂傲。经历过声誉鹊起，经历过万人欢呼，也经历过一败再败，经历过千夫所指，古力已经不是最初的古力，他已经成熟也必须成熟，他选择坚强也只有坚强。

说第一谁是第一，聂卫平、马晓春、常昊之后，中国围棋的领军者一直呼之欲出却没有真正出现。作为重要衡量标准的等级分排名榜上，周鹤洋、王磊相继登顶，但头衔战上没有高人一等的战绩使他们无力成为王者。于是更年轻的古力、孔杰被誉为“双璧”受到期待，他们也确实很快表现出了超出同侪的技艺和精神力，一个在国内，一个在国际，掀起了一波波的狂飙。几年围甲联赛下来，古力作为五连冠的霸主重庆队的绝对主力，实力飞速提升，在中国棋界已经罕遇对手。他等级分攀升至第一，力夺天元位、NEC金杯，一切如此自然，“古力时代”雏形已成。

偏偏有根世界大赛的标杆横亘在古力身前，让他压抑，难以顺畅呼吸。身为中国内战成绩最出色者，自然有很多参加国际比赛、直面日韩强豪的机会，可是力量剽悍的古力面对这些异域高手却总是找不到感觉，见谁输谁，全没了国内的风光。“古一轮”之称不胫而走，“古力成不了大器”也逐渐成为许多人的共识。

在中国，对世界大赛的重视远远超出了国内赛事，这并不是一种健康的心态。棋迷们由期望到失望累积出的不满情绪化为刻薄的言论，成为沉重的压力压在国手们的肩膀上。古力内战再强势也没用，他必须在世界大赛上证明自己。而且，因为他是古力，进八强、进四强这样对普通棋手来言非常不错的战绩，对他来说都是失败，他唯一的“出头之路”就是直取世界冠军。

三星杯半决赛1比2不敌李世石使古力再次遭遇“信任危机”，但正是这次失利证明了古力的成长——他没有强调任何客观理由，而是由衷地赞叹对手李世石的出色表现，言语间尽显惺惺相惜的大将胸襟。这才是一个王朝创建者的素质，这样的古力才是我们可以期待的大棋士。

说古力现在已经超越了国内前辈和同辈棋士的高度并不是过誉之辞，拿得起、放得下，心头永远驻满阳光，古力带给我们一个朝气健康的领军者形象。名人战是他的涅槃之战，一统国内棋坛，古力为自己的王朝夯实了基础。

名人之王

中国名人战创办于1988年，迄今已经举办了十七届，和天元战一样，是中国最具传统的头衔战。十七年一共产生了五位冠军，马晓春自第二届起到第十四届，独霸十三年，创下了中国棋战史的奇迹。另外四年的名人头衔分别被刘小光、周鹤洋、邱峻、古力瓜分。从获得次数来看，马晓春无疑是最当之无愧的“大名人”，不过中国围棋现在好像还没有设立名誉称号，不然以马晓春的业绩，随时可以被称为“马名誉名人”。

“马名人”时代的大多数年度中，他在其他棋战中也大放光芒，是中国围棋的绝对代表，也维护着“名人”头衔的威严。第一届名人得主刘小光和刚刚退位的邱峻虽也都是棋坛一时之雄杰，但并没有达到“第一人”的高度；结束马晓春连霸记录的周鹤洋有棋圣、亚洲快棋赛锦标等实绩，可离最高层也还有一步之遥。这样，新登基的古力就因国内所向无敌的战绩成为新一任“名人之王”，也再次证明了“得名人者得天下”的说法。

用日本围棋史上的诸位名人大家类比，马晓春的才华及棋界地位堪比道策，古力则可以比作力大无穷的丈和，他们也是历代日本名人中最被推崇的几位中的两位，可以称作“名人之王”。

中国的名人战与天元战其实都是借鉴的日本头衔名，而名人更有着深刻的历史内涵，是日本围棋史上至高无上的荣誉。中国的名人战也以其稳定和规范运作一直是国内棋战中的翘楚，当年的中日名人对抗赛更是见证了中国围棋艰难进取直至超越日本的沧桑岁月。尽管后来中国有了许多奖金额更高也更热闹的围棋赛事，但名人战的地位从来不可替代。虽然没有小林光一那句“日本名人代表日本，我绝不能输”的豪言壮语，但中国名人的强烈自豪感与荣誉感同样让棋士梦寐以求。所以淡泊了胜负的马晓春仍会多年坚守着名人宝座，舍不去那份牵挂。

“名人”可以称为中国围棋第一头衔吗？有人赞同，有人摇头。但至少有一点可以确定，要想制霸国内棋坛，没有名人头衔是不完整的。这么多年来，“中国第一人”地位最巩固的不是聂卫平，不是常昊，正是“永远的名人”马晓春。现在古力来了，他将划出何样的轨迹？

喜欢喝酒的古力豪迈的一仰头，一扎啤酒痛饮如鲸。名人，会在他手中更加闪光。

谁与争锋

十七年岁月悠悠，与世界大赛创建同步的中国名人战四下望去，满心傲然。至今仍记得首届名人决战时刘小光大战俞斌，中央电视台居然在晚上黄金时间挂盘讲解，当时围棋的红火思之可羡。

此后中日名人战的登场使中国名人的头衔成为一种象征。马晓春在与小林光一的多年苦斗中破茧而出，为棋史留下了一段追赶者的奇迹。再后来，日方避战，韩国名人李昌镐参与进来，以“世界最强战”的名义进行了一次事实上的“三国名人战”，双循环李昌镐四战全胜，比赛就此终结。没有了与日本、韩国名人的对抗，中国名人的光环突然之间黯淡下去。彼时我们才发现，“名人”的至尊地位其实还是与国际战绩维系在一起的，在中国，赢一盘外战比赢十盘内战更有价值。

没有了“对外任务”，细品中国名人战，蓦然发觉，登上决战舞台的反反复复就是那几个人。马晓春的十三连霸中有四次是战胜刘小光，击退罗洗河、常昊各两次，其他挑战者俞斌、曹大元、张文东、邵炜刚都不是当时的最强者，“巅峰对决”的说法颇显牵强。只有1991年，聂卫平怀着对中日名人战中方三连败的不忿直冲金冠而来，与马晓春苦斗五局以2比3惜败，可以称作真正的“双雄会”。

附：中国名人战十七年决赛对阵者

届数	年份	冠军	亚军	比分
1	1988	刘小光	俞　斌	3:2
2	1989	马晓春	刘小光	3:0
3	1990	马晓春	俞　斌	3:2
4	1991	马晓春	聂卫平	3:2
5	1992	马晓春	张文东	3:1
6	1993	马晓春	曹大元	3:0
7	1994	马晓春	罗洗河	3:2
8	1995	马晓春	刘小光	3:0
9	1996	马晓春	刘小光	3:2

10	1997	马晓春	罗洗河	3:1
11	1998	马晓春	刘小光	3:2
12	1999	马晓春	常昊	3:0
13	2000	马晓春	邵炜刚	3:2
14	2001	马晓春	常昊	3:2
15	2002	周鹤洋	马晓春	3:1
16	2003	邱峻	周鹤洋	3:2
17	2004	古力	邱峻	3:0

横向看去，这十七年间，日本名人战却是风云际会，大手笔迭出。小林光一的七连霸、武宫正树的大破夙敌、赵治勋重返名人、依田纪基终成大器，直到去年张栩一统名人本因坊，这些年来日本棋坛最风流的人物轮番登场，名人战一直是吸引日本棋迷的绝妙大戏。从在位名人到挑战者，除了1989年异军突起的淡路修三以独特的“泥泞流”向小林城堡发起冲击未果，其余主角无一不是当时公认的“超级棋士”，更有赵治勋与王立诚弈出无胜负名局的经典战役流传，日本名人战的底蕴令人赞叹。

附：近十七年来日本名人战决赛情况

届数	年份	冠军	亚军	比分
13	1988	小林光一	加藤正夫	4:1
14	1989	小林光一	淡路修三	4:1
15	1990	小林光一	大竹英雄	4:2
16	1991	小林光一	林海峰	4:1
17	1992	小林光一	大竹英雄	4:3
18	1993	小林光一	大竹英雄	4:1
19	1994	小林光一	林海峰	4:0
20	1995	武宫正树	小林光一	4:1
21	1996	赵治勋	武宫正树	4:2
22	1997	赵治勋	小林光一	4:2
23	1998	赵治勋	王立诚	4.5:2.5(一局无胜负)
24	1999	赵治勋	依田纪基	4:1
25	2000	依田纪基	赵治勋	4:0
26	2001	依田纪基	林海峰	4:2
27	2002	依田纪基	赵治勋	4:1
28	2003	依田纪基	山下敬吾	4:1
29	2004	张栩	依田纪基	4:2

争锋，其实不只是技艺的直接对抗，名人战折射出的围棋环境或许能让我们理解曹薰铉说“日本最强”的一些道理。突然就怀念起20世纪90年代初的中日名人决斗，马晓春在小林光一的铁腕下苦苦挣扎，欲哭无泪，那样的伤感场面却是中国围棋不懈前进的无穷动力。

什么时候古力与张栩再来一场中日名人对抗呢？两国的青年才俊是不是能体会当初前辈们的心情？

尴尬遭遇

其实2004年的名人战本来是要有个大变脸的，由文化公司出面操办，网上投票选定代言人，著名影视红星李亚鹏与围棋美女唐莉当选，开幕式上大牌明星云集，与昔年的平淡冷清相比真有今夕何夕之感慨。

随后的网络选拔赛也是高潮迭起，少年吴树浩、张弛黑马狂奔，老聂奋勇杀进挑战者决定战，一时本届名人战亮点不断。

已经说不清什么时候名人战的热潮开始退去，中国棋士在2004年的世界大赛中光彩夺目的表现完全抢走了中国棋迷的眼球，名人战，对不起，我们顾不上关注你。

于是不经意间，决战回到了中国棋院，赛程安排是五盘棋每相隔一天连续下完。这不像是重大头衔的决赛了，倒有点像是国家队内部的交流比赛。虎头蛇尾的缘由众说纷纭，并没有统一的结论，但操作上的不规范，赞助商、中间人、中国棋院之间的不协调肯定是重要原因。

如此遭遇颇与2004的围甲联赛赞助商风波有相似之处，中国棋院大度为人不加追究，中国棋迷也为常昊在世界大赛上的失利捶胸顿足，无暇顾此，只有媒体几声淡淡的叹息。

原来，号称最稳定的国内棋战的名人战也可以说变就变，没什么大不了的。

更大隐患

何止是名人战？比较起来，名人战的遭遇其实算是好的。至少，十七年来它没有中断，比赛日期、地点更改一下对中国棋手早已司空见惯。

另一个坚持不倒的是天元战，在中国也只有这两项比赛勉强能称作“新闻棋战”了。天元战的好处是中日天元对抗比名人对抗多支撑了好些年，而现在的中韩天元战更有对抗的意味。不过天元国内挑战赛由五番棋降为三番棋，无论如何也是不景气的一个表现。天元战一直不温不火，维持下去不成问题，要想大热也是不易。

在中国围棋因擂台赛和马晓春两夺世界冠军而格外喧嚣的辉煌时期，国内棋战如雨后春笋，一个接一个，好一副繁荣景象。十强战、棋王战、大国手战、王位战、霸王战，一直到气势恢弘的棋圣战，细数下来比日本的七大棋战还要热闹。

可惜如今已是云散雪消花残月缺风流人去也。大国手战改为搞笑的擂台挑战赛制后，一届未完就没了踪影。棋王战说下就下说停就停，找到赞助可以再随便玩上一届。七番胜负的霸王战三届过后改换门庭，变身成了五番胜负的乐百氏杯——原来人家叫霸王赛不是要和韩国接轨，只是因为赞助商是小霸王集团，而乐百氏也没支持多久就偃旗息鼓。曾经有过两项赛事被称为王位战，都是无疾而终，而大张旗鼓公开拍卖冠名权的十段战更是将比赛形式只留在纸上。曾被当作中国棋战突破之大手笔的棋圣战也是越办越没劲，拖来拖去，还不知道下届比赛何时开始。俞斌头顶棋王棋圣两大头衔，却迟迟等不来挑战者，他是该欣喜还是尴尬？

中国的大多数棋战都是赞助商的个人行为，人家想玩就陪你多玩几年，厌倦了随时会撤走。号称中国第一个自己主办的国际赛事“绅士杯”昙花一现，现在的春兰杯能维持多久谁也不好妄言。

倒是日本赞助的NEC杯一直漂漂亮亮，气派不凡。后来的阿含·桐山杯也规规矩矩地运作着，让中国的国内棋战仍有几分谈资。

放眼未来

中国棋界上下似乎一致认为国内比赛只是练兵，国际比赛取得好成绩才是硬道理。所以我们说日本围棋行将就木，因为他们只能在国内瞎折腾，老一套的东西毫无活力，他们的最大棋战棋圣战决赛的对局谱被中国棋迷斥为“耻辱”。日本棋圣羽根直树听不懂这样的语言，仍恬然端坐那里，享受着“日本第一人”的待遇，什么国际赛事的十三连败，只要守住棋圣宝座，再连输三十盘也无所谓。

如果一夜之间，所有世界大赛烟消云散，中国棋手会不会感到茫然？韩国棋手也会有同样的困扰，他们成名的主要途径也是世界比赛。日本棋手可能察觉不到什么变化，他们按部就班地照早已制定好的一年的赛程，参加着各项比赛，是不是有点迂腐和教条？但谁能否认他们的幸福？

看轻国内比赛绝对是舍本逐末的近视行为，支撑中国围棋大厦的往大处说是基层棋迷，往小处说正是这些给棋手展现自己风采并获得物质利益的国内赛事。中国的职业棋手以每年20个的速度增加着，真正能在世界大赛上出人头地的不会超过10个。围甲联赛的红火从另一个角度证明了国内赛事的重要与必要——其实对以个人竞技分高低的围棋比赛而言，联赛并不是最好的形式，但围甲的持续与稳定仍使它的影响力超越了国内任何一项头衔战。

之所以还有相当一部分人对古力“中国第一人”的地位持怀疑态度，正说明国内赛事的分量不足与不被重视。在中国棋手冲击世界冠军的四大战役陆续受阻时，清理一下我们的思路尤其重要。客观说来，现在的各项世界大赛也都还不是规范完善的比赛，世界冠军的价值对于中国棋手来说，更大程度是象征意义上的。相信至今多数日本棋士的最高目标仍是“夺取三大冠”而不是世界冠军，没有一个自身发展的良好环境，一切的表面浮华都没有依托之处。

国内棋战最新的亮点是倡棋杯，高达40万元人民币的冠军奖金远超以往任何一项国内比赛。中国并不是没有人愿意出资搞国内比赛，但缺乏规范运作使很多赛事沦为中看不实用的“商业邀请赛”。倡棋杯将作为传统赛事搞下去，这是中国围棋的福音，也是中国围棋需要认真把握的绝好机会。

三代积累才成贵族。日本围棋虽衰落，他们的气质永远高高在上。什么时候古力昂然说出“我是中国的名人”，骄傲之情不下当年的小林光一；什么时候名人、天元的分量比一个世界大赛四强、赢李昌镐、李世石一局让棋迷看重的多；什么时候中国棋院也可以在年初列出一张全年比赛的时间表不会随意改动，中国围棋的贵族气质将修养而成。

爱中国围棋，不只为世界冠军。

第十八届中国围棋天元战

2004年1月至3月进行，谢赫夺得挑战权，挑战赛三番棋古力2比0获胜，达成天元二连霸。

赛程与对阵：

第十八届中国天元战第一轮

时间：2004年1月15日

地点：中国棋院

邵炜刚九段　执黑中盘胜　常昊九段

第十八届中国天元战第二轮

时间：2004年1月17日

地点：中国棋院

孔杰七段　执白中盘胜　邱峻六段

第十八届中国天元战半决赛

时间：2004年2月26日

地点：江苏吴江

谢赫五段　执白中盘胜　刘世振六段

俞斌九段　执白中盘胜　孔杰七段

第十八届中国天元战挑战者决定战

时间：2004年2月28日

地点：江苏吴江

谢赫五段　执黑中盘胜　俞斌九段

第十八届中国天元战决赛第一局

时间：2004年3月29日

地点：江苏吴江

古力七段　执白中盘胜　谢赫五段

第十八届中国天元战决赛第二局

时间：2004年3月31日

地点：江苏吴江

古力七段 执黑1又3/4子胜 谢赫五段

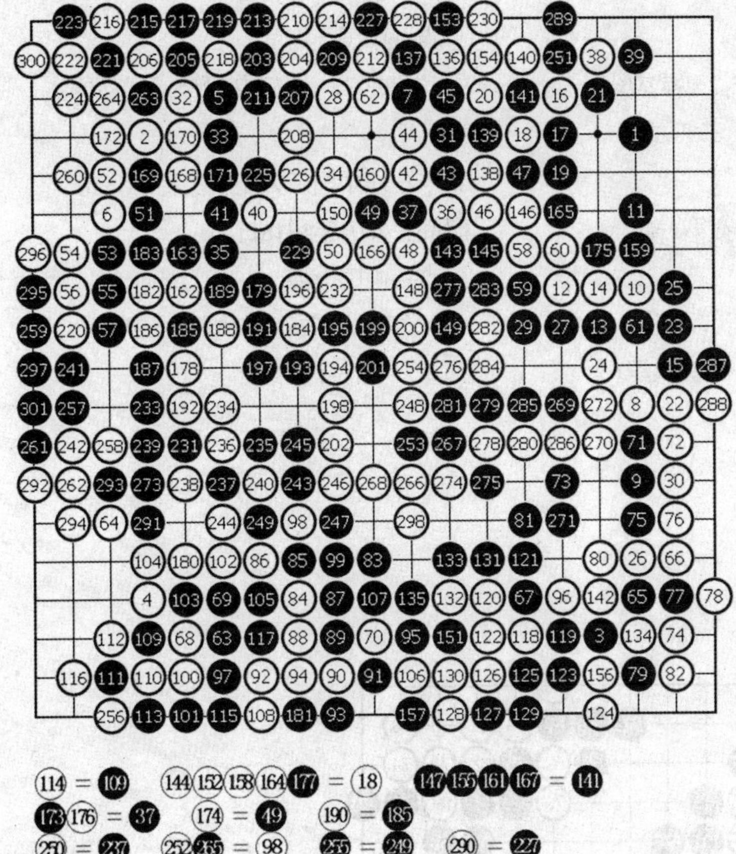

决赛第二局棋谱

黑：古 力 七段

白：谢 赫 五段

共301手

黑胜1又3/4子

第十一届中国围棋新人王战

2004年2月举行，邱峻与王檄打进决赛，决赛三番棋邱峻以2比1取胜，获得新人王头衔。

赛程与对阵：

第十一届中国新人王战八强赛

时间：2004年2月2日

地点：中国棋院

孔杰七段 执白中盘胜 彭荃五段

第十一届中国新人王战半决赛

时间：2004年2月3日

地点：中国棋院

王檄四段　执黑3/4子胜　刘星六段

邱峻六段　执白中盘胜　孔杰七段

第十一届中国新人王战决赛第一局

时间：2004年3月5日

地点：中国上海

王檄四段　执白中盘胜　邱峻六段

第十一届中国新人王战决赛第二局

时间：2004年3月6日

地点：中国上海

邱峻六段　执白中盘胜　王檄四段

第十一届中国新人王战决赛第三局

时间：2004年3月8日

地点：中国上海

邱峻六段　执白中盘胜　王檄四段

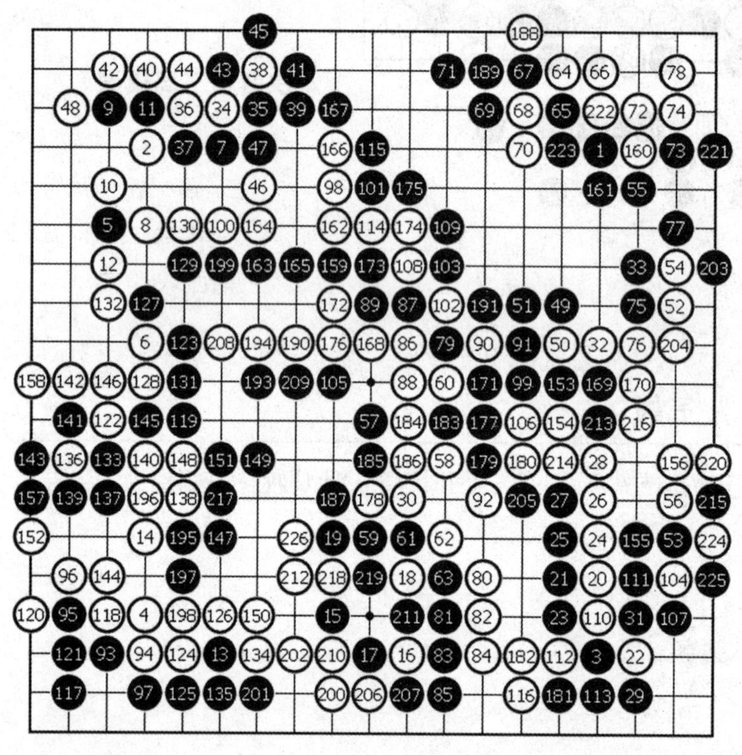

192 = 79

决赛第二局棋谱

黑：王　檄　四段

白：邱　峻　六段

共226手

白中盘胜

第十届NEC杯围棋赛

2004年6月至2005年1月进行，常昊和古力会师决赛，常昊在决赛里中盘胜出，捧得NEC杯。

赛程与对阵：

第十届NEC杯围棋赛第一轮
时间：2004年6月26日
地点：中国大连

王雷三段　执黑中盘胜　丁伟八段
王檄四段　执黑1又3/4子胜　余平六段
罗洗河九段　执白中盘胜　邱峻六段
王磊八段　执白中盘胜　胡耀宇七段

第十届NEC杯 常昊捧杯照

第十届NEC杯围棋赛八强赛

时间：2004年11月6日

地点：中国呼和浩特

古力七段 执黑中盘胜 王磊八段

常昊九段 执白中盘胜 王檄四段

孔杰七段 执白4又1/4子胜 王雷三段

周鹤洋九段 执白中盘胜 罗洗河九段

第十届NEC杯围棋赛半决赛

时间：2004年12月11日

地点：中国福州

常昊九段 执白中盘胜 孔杰七段

古力七段 执黑2又3/4子胜 周鹤洋九段

第十届NEC杯围棋赛决赛

时间：2005年1月22日

地点：中国北京

常昊九段 执白中盘胜 古力七段

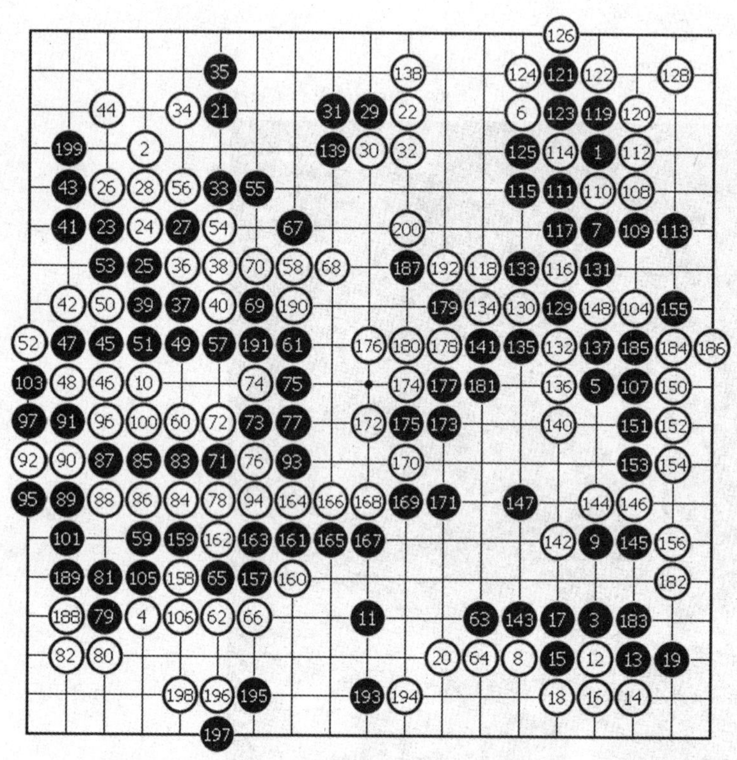

98 102 = 90　99 = 92　127 = 114　149 = 116

决赛棋谱

黑：古 力 七段

白：常 昊 九段

共200手

白中盘胜

第五届“理光杯”中国围棋国手邀请赛

2004年12月开赛，谢赫与王檄携手决赛，谢赫击败王檄，获得冠军。

赛程与对阵：

第五届理光杯邀请赛十六强赛

时间：2005年1月17日

地点：中国棋院

马晓春九段 执白中盘胜　彭荃五段

胡耀宇七段 执黑1又3/4子胜　王煜辉七段

邵炜刚九段 执黑3/4子胜　古力七段

孔杰七段 执白1/4子胜　丁伟八段

常昊九段 执白1/4子胜　黄奕中六段

王磊九段 执黑1又3/4子胜　罗洗河九段

谢赫五段 执白中盘胜　周鹤洋九段

王檄五段 执白中盘胜　俞斌九段

第五届理光杯邀请赛八强赛

时间：2005年1月18日

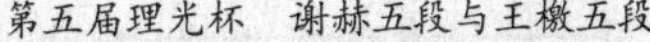
第五届理光杯　谢赫五段与王檄五段

地点：中国棋院

马晓春九段 执白中盘胜 孔杰七段

王檄五段 执黑中盘胜 常昊九段

谢赫五段 执白3又1/4子胜 邵炜刚九段

王磊八段 执黑中盘胜 胡耀宇七段

第五届理光杯邀请赛半决赛

时间：2005年3月11日

地点：中国西安

王檄五段 执黑中盘胜 马晓春九段

谢赫五段 执黑中盘胜 王磊八段

第五届理光杯邀请赛决赛

时间：2005年4月5日

地点：中国北京

谢赫五段 执白中盘胜 王檄五段

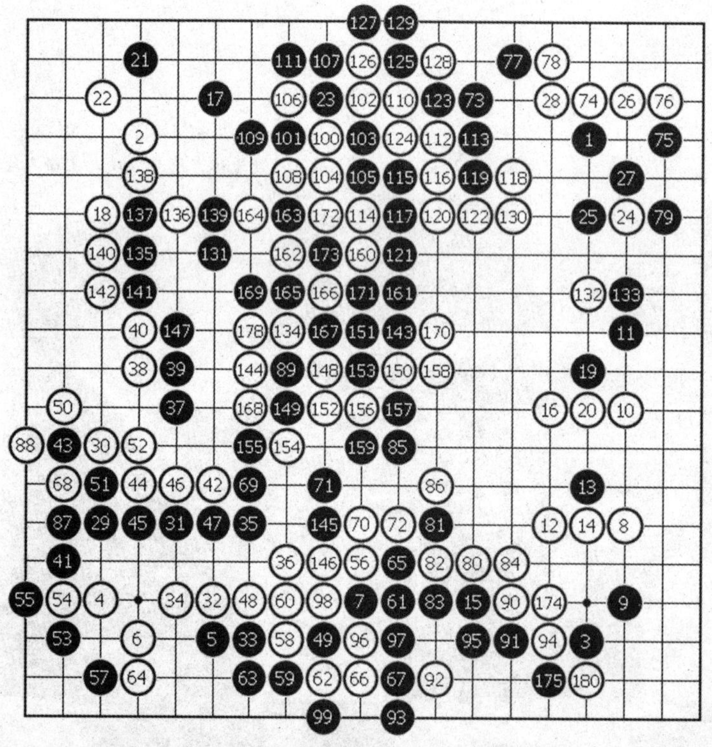

176 = 166　177 = 89　179 = 173

决赛棋谱

黑：王　檄　五段

白：谢　赫　五段

共180手

白中盘胜

第六届“阿含•桐山杯”中国围棋快棋赛

2004年7月举行，决赛中周鹤洋战胜邵炜刚夺冠。

赛程与对阵：

第六届阿含・桐山杯快棋赛

时间：2004年7月8日

地点：中国棋院

李劼四段 执白中盘胜　孟昭玉二段

孟昭玉二段 执黑3又3/4子胜　廖桂永九段

徐莹五段 执白中盘胜　聂卫平九段

第六届阿含・桐山杯快棋赛

时间：2004年7月9日

地点：中国棋院

张维二段 执白中盘胜　陈耀烨三段

常昊九段 执白中盘胜　张学斌四段

陈耀烨三段 执黑3又3/4子胜　古灵益初段

常昊九段 执黑中盘胜　李喆三段

第六届阿含・桐山杯快棋赛半决赛

时间：2004年10月17日

地点：中国棋院

周鹤洋九段 执白中盘胜　古力七段

邵炜刚九段 执黑3/4子胜　彭荃五段

第六届阿含・桐山杯快棋赛决赛

时间：2004年10月30日

地点：中国棋院

周鹤洋九段 执黑中盘胜　邵炜刚九段

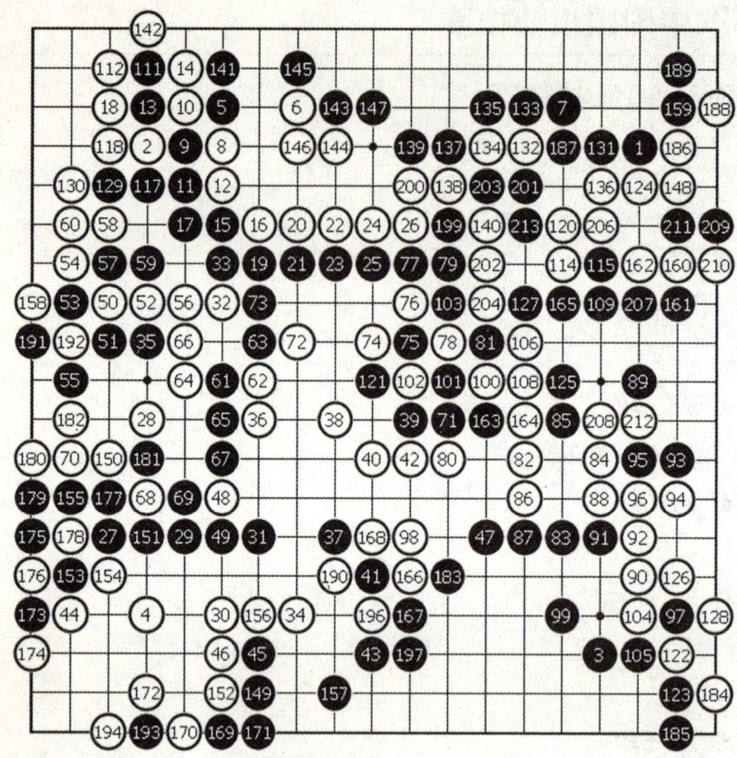

107 113 119 = 75　110 116 205 = 78　195 = 53
198 = 192

决赛棋谱

黑：周鹤洋　九段
白：邵炜刚　九段
共213手
黑中盘胜

2004年全国围棋段位赛

全部升段记录：

7月11日

王檄第2轮起升为五段：22局，总分1510，平均分68.63636

边志文第2轮起升为二段：12局，总分840，平均分70.0

7月12日

岳亮第3轮起升为四段：12局，总分900，平均分75.0

7月13日

王隽第4轮起升为四段：21局，总分1425，平均分67.85714

付冲第4轮起升为三段：19局，总分1290，平均分67.89474

钟文靖第4轮起升为二段：8局，总分600，平均分75.0

7月15日

周逵第5轮起升为三段：8局，总分725，平均分90.625

王宏伟第5轮起升为二段：8局，总分600，平均分75.0

7月16日

张英挺第6轮起升为五段：16局，总分1210，平均分75.625

7月17日

李康第7轮起升为五段：13局，总分1065，平均分81.923

张维第7轮起升为三段：15局，总分1065，平均分70.0

马笑冰第7轮起升为三段：15局，总分1065，平均分70.0

崔宁第7轮起升为二段：16局，总分1095，平均分68.4375

郭天瑞第7轮起升为二段：16局，总分1080，平均分67.5

古灵益第7轮起升为二段：6局，总分540，平均分90

崔灿第7轮起升为三段：10局，总分780，平均分78

7月19日

林锋第8轮起升为六段：23局，总分1605，平均分69.78261

王雷第8轮起升为四段：10局，总分845，平均分84.5

邬光亚第8轮起升为二段：7局，总分570，平均分81.42857

柁嘉熹第8轮起升为二段：7局，总分570，平均分81.42857

晏宁第8轮起升为二段：8局，总分605，平均分75.625

7月20日

牛雨田第9轮起升为六段：15局，总分1190，平均分79.333336

陈耀烨第9轮起升为四段：15局，总分1115，平均分74.333336

王昊洋第9轮起升为三段：14局，总分1030，平均分73.57143

黄晨第9轮起升为二段：8局，总分600，平均分75.0

朱元豪第9轮起升为二段：8局，总分600，平均分75.0

贾小宇第9轮起升为二段：8局，总分600，平均分75.0

毛睿龙第9轮起升为二段：8局，总分600，平均分75.0

7月21日

张学斌第10轮起升为五段：18局，总分1270，平均分70.55556

孙梦厦第10轮起升为三段：10局，总分785，平均分78.5

张立第10轮起升为三段：10局，总分780，平均分78.0

蓝天第10轮起升为二段：8局，总分600，平均分75.0

周睿羊第10轮起升为二段：8局，总分600，平均分75.0

7月23日

张东岳第11轮起升为五段：24局，总分1620，平均分67.5

郭明鑫第11轮起升为二段：8局，总分600，平均分75.0

王幼侠第11轮起升为二段：8局，总分600，平均分75.0

腾程第11轮起升为二段：8局，总分605，平均分75.625

尹航第11轮起升为二段：8局，总分605，平均分75.625

王鹭第11轮起升为二段：8局，总分600，平均分75.0

7月24日

刘星第12轮起升为七段：22局，总分1555，平均分70.681816

王垚第12轮起升为六段：21局，总分1485，平均分70.71429

吴麒第12轮起升为三段：15局，总分1055，平均分70.333336

韩晗第12轮起升为二段：11局，总分810，平均分73.63636

孟磊第12轮起升为二段：11局，总分810，平均分73.63636

陈栋如第12轮起升为二段：8局，总分605，平均分75.625

7月25日

陶忻第12轮后升为三段：12局，总分900，平均分75.0

庄园第12轮后升为二段：12局，总分840，平均分70.0

时越第12轮后升为二段：12局，总分840，平均分70.0

唐奕第12轮后升为二段：8局，总分600，平均分75.0

2004年全国围棋定段赛定段名单

男子18人：檀啸、许振宇、娄玺、秦悦欣、陈博雅、罗德隆、张涛、彭立尧、李东阳、吴树浩、胡帅、朱仁坤、蒋天棋、胡跃峰、严欢、孙力、王异新、刘云龙。

女子2人：王倪乔、蔡碧涵。

第一届倡棋杯

赛程综述

首届倡棋杯共有216名职业棋手报名参加，其中192人参加了网络预选。参加倡棋杯本赛的共有24名棋手，其中，中国等级分前14位的棋手、女子等级分第1位的棋手、中国台北1名棋手共16名棋手，直接进入本赛。此外，经过复赛出线的8名棋手，也获得进入本赛的资格。

首届倡棋杯本赛2004年10月23、25日在北京进行第一轮、第二轮比赛，决出古力、周鹤洋、罗洗河、王磊、常昊、胡耀宇、俞斌、孔杰八强。

此后，八强战11月9日在北京中国棋院进行，王磊、常昊、孔杰、周鹤洋晋级四强。

半决赛1月15日在宁波南苑饭店举行，王磊、孔杰先后中盘胜获得争夺40万元奖金的机会。

2005年3月27日上午9时30分，首届倡棋杯决赛三番棋在上海应氏大厦十八楼开战。结果孔杰后来居上在首届倡棋杯决赛中在先失一局的情况下连扳两局以2比1夺得冠军赢得国内头衔战最高奖金。

赛程与对阵：

第一届倡棋杯第一轮

时间：2004年10月23日

地点：中国棋院

张璇八段 执白中盘胜 刘世振六段

彭荃五段 执白中盘胜 丁伟八段

刘星七段 执黑中盘胜 刘小光九段

黄奕中六段 执白中盘胜 王雷四段

周俊勋九段 执黑中盘胜 刘菁八段

罗洗河九段 执白中盘胜 王垚六段

牛雨田六段 执黑中盘胜 聂卫平九段

邵炜刚九段 执黑中盘胜 邱峻七段

第一届倡棋杯第二轮
时间：2004年10月25日
地点：中国棋院

常昊九段 执白中盘胜 张璇八段

王磊八段 执白中盘胜 周俊勋九段

古力七段 执黑3点胜 彭荃五段

孔杰七段 执黑2点胜 刘星七段

胡耀宇七段 执白9点胜 邵炜刚九段

罗洗河九段 执黑中盘胜 王檄五段

周鹤洋九段 执白中盘胜 牛雨田六段

第一届倡棋杯八强赛
时间：2004年11月9日
地点：中国棋院

孔杰七段 执黑中盘胜 俞斌九段

王磊八段 执白中盘胜 罗洗河九段

常昊九段 执黑中盘胜 胡耀宇七段

周鹤洋九段 执白7点胜 古力七段

第一届倡棋杯半决赛
时间：2005年1月15日
地点：中国宁波

王磊八段 执白中盘胜 周鹤洋九段

孔杰七段 执黑中盘胜 常昊九段

第一届倡棋杯决赛第一局
时间：2005年3月27日
地点：中国上海

王磊八段 执白中盘胜 孔杰七段

第一届倡棋杯决赛第二局
时间：2005年3月29日

地点：中国上海

孔杰七段 执白5点胜 王磊八段

第一届倡棋杯决赛第三局

时间：2005年3月31日

地点：中国上海

孔杰七段 执黑中盘胜 王磊八段

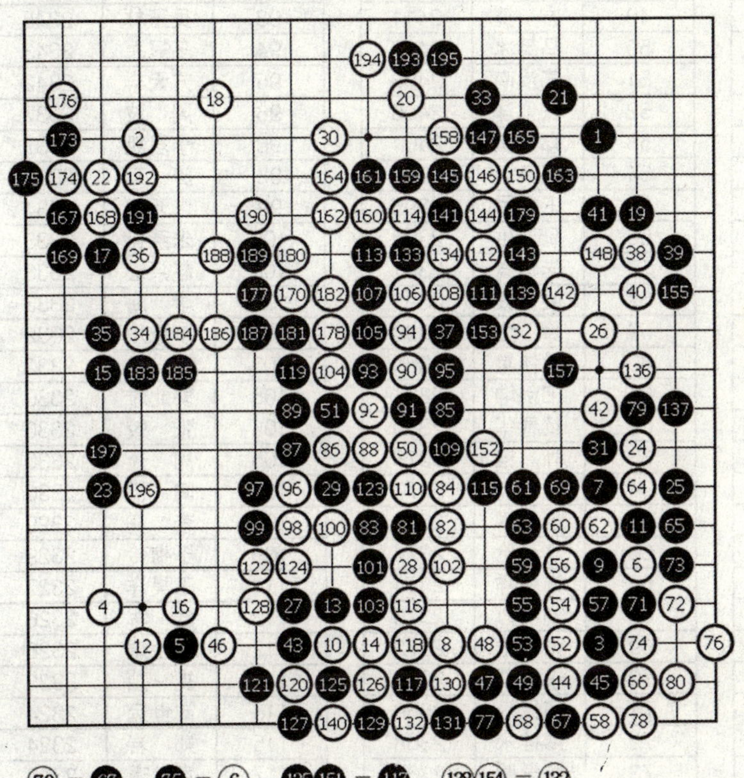

70 = 67　75 = 6　135 151 = 117　138 154 = 132
149 172 = 129　156 = 140　166 = 120　171 = 125

决赛第三局棋谱

黑：孔 杰 七段

白：王 磊 八段

共197手

黑中盘胜

2004年中国职业棋手等级分排名

(2004年12月31日为止)

1	古　力	2773
2	周鹤洋	2704
3	孔　杰	2700
4	胡耀宇	2685
5	王　磊	2670
6	俞　斌	2655
7	常　昊	2652
8	王　檄	2641
9	彭　荃	2638
10	邱　峻	2630
11	罗洗河	2594
12	丁　伟	2589
13	邵炜刚	2587
14	谢　赫	2579
15	刘　星	2575
16	牛雨田	2568
17	马晓春	2564
18	黄奕中	2559
19	王煜辉	2550
20	王　垚	2543
21	刘世振	2536
22	刘小光	2531
23	董　彦	2498
24	聂卫平	2495
25	刘　菁	2493
26	张　璇	2492
27	李　喆	2490
28	李　康	2487
29	杨　一	2481
30	王　雷	2479
31	李　劼	2477
32	林　锋	2474
33	余　平	2473
34	邹俊杰	2472
35	林朝华	2468
36	古灵益	2467
37	张文东	2460
38	曹大元	2458
39	岳　亮	2452
40	陈耀烨	2449
41	宋雪林	2444
42	张学斌	2443
43	段　嵘	2439
44	陈祖德	2433
45	杨士海	2426
45	朱　毅	2426
47	朱松力	2424
48	孙梦厦	2418
49	方　捷	2411
50	马笑冰	2410
51	王汝南	2408
52	汪　洋	2406
53	郑　弘	2404
54	张英挺	2398
55	王亦民	2395
56	阮云生	2392
57	李华嵩	2391
57	吴肇毅	2391
59	徐　莹	2390
60	梁伟棠	2389
61	王剑坤	2387
62	黎春华	2380
63	叶　桂	2378
64	王东亮	2377
65	杭天鹏	2375
66	赵哲伦	2374
66	许书祥	2374
68	刘　力	2373
69	张　维	2372
70	李永刚	2371
71	汪见虹	2369
72	廖桂永	2368
73	华学明	2367
73	王海军	2367
75	张东岳	2365
76	陈临新	2364
77	赵守洵	2362
78	周睿羊	2361
78	朴文尧	2361
80	容坚行	2359
81	罗建文	2357
82	罗建元	2356
83	曾炳权	2354
83	吴新宇	2354
85	刘　熙	2350
85	鲁　健	2350
85	张　立	2350
88	褚　飞	2348
88	潘　峰	2348
90	金渭斌	2347
91	陈　瑞	2346
91	王洪军	2346
93	吴玉林	2345
94	王冠军	2343
95	方天丰	2342
96	周　波	2337
96	李君凯	2337
98	庞　延	2336
99	朱元豪	2334
100	朱燕铭	2333
100	赵余宏	2333
100	李　海	2333
103	李豫川	2332
103	蓝　天	2332
105	郭北雅	2330
105	张　蛟	2330
105	周　逵	2330
105	陶　忻	2330
109	李　亮	2329
109	于梅玲	2329
111	王昊洋	2327
112	陆　军	2326
112	金生煜	2326
114	崔　灿	2325
115	龚世运	2324
115	郑　岩	2324
117	袁　曦	2322
118	王　群	2320
118	祝励立	2320
120	冯　伟	2318
120	付　冲	2318
122	阎　安	2317
123	黄　晨	2316
124	金茜倩	2315
125	张　欣	2314
125	孟泰龄	2314
125	李亚春	2314
128	时　越	2312
129	张　伟	2311
129	吴　锴	2311
131	陈兆峰	2310
132	薛　磊	2309

133	杨 晖	2307
134	周振宇	2305
135	柁嘉熹	2304
135	吴道明	2304
137	桂文波	2301
138	王 隽	2298
139	丁 烈	2296
139	邱继红	2296
141	孙 远	2295
142	曹恒梃	2294
143	梁雅娣	2292
143	姚小敏	2292
145	田 舟	2291
146	吴 麒	2290
146	钟文靖	2290
148	张成华	2289
149	孟 磊	2286
150	黄希文	2284
151	郑 策	2283
152	韩 晗	2282
153	杜宇峰	2275
154	孟昭玉	2274
155	谭炎午	2273
156	史锦帛	2272
156	葛凡帆	2272
156	丁 明	2272
156	邬光亚	2272
160	刘 涛	2270
161	李 魁	2269
162	尹 廓	2268
163	岳 嵩	2267
163	韩 晔	2267
165	陈栋如	2265
166	回敬辰	2264
166	唐 兢	2264
168	孙 力	2261
168	张亚博	2261
170	施 洲	2260
170	李 轶	2260
172	庄 园	2259
172	彭小峰	2259
172	陈潇楠	2259
175	刘 帆	2257
176	王一飞	2255
177	崔 宁	2254
177	郭天瑞	2254
179	尹 航	2253
180	荆 上	2252
180	贾小宇	2252
180	景 石	2252
183	甘思阳	2251
183	彭立尧	2251
183	毛睿龙	2251
186	吴振宇	2248
186	赵兴华	2248
188	杨 潜	2243
188	韩 钢	2243
190	朱剑舜	2242
190	李 莹	2242
192	张斐斐	2241
192	王 鹭	2241
194	许振宇	2240
194	陈博雅	2240
194	吴树浩	2240
194	蒋天棋	2240
194	刘云龙	2240
194	姚 征	2240
194	娄 玺	2240
194	罗德隆	2240
194	胡 帅	2240
194	胡跃峰	2240
194	檀 啸	2240
194	秦悦欣	2240
194	李东阳	2240
194	朱仁坤	2240
194	王异新	2240
209	朱阿逸	2239
209	曹 呈	2239
209	王宏伟	2239
209	王倪乔	2239
213	严 欢	2238
213	孟繁雄	2238
213	白光源	2238
216	蔡碧涵	2234
217	许斐然	2233
217	孙明杰	2233
219	董亦沛	2231
219	腾 程	2231
221	张 森	2230
222	张 涛	2229
222	郭明鑫	2229
224	闵 娜	2228
224	唐 奕	2228
224	范蔚菁	2228
227	王 蕊	2225
227	小李莹	2225
229	唐 盈	2224
230	金 靖	2222
231	王幼侠	2221
232	李嘉麒	2219
232	汪 慧	2219
234	李 凡	2216
235	杨 冬	2215
235	佟禹林	2215
237	王 昊	2212
238	潘文君	2210
238	胡文松	2210
240	涂 清	2208
241	刘 曦	2207
242	王伯刚	2203
243	李天竹	2202
243	栾秋成	2202
245	卢 笛	2199
245	陶汉文	2199
247	黄 贲	2198
248	杨 梓	2197
249	徐金阳	2194
250	田 野	2193
250	边志文	2193
252	黄 佳	2192
252	贾 倩	2192
254	殷 鉴	2188
255	胡 磊	2185
255	晏 宁	2185
257	苏 苏	2184
258	鲁 佳	2182
258	许 顿	2182
260	李 昂	2181
261	唐 莉	2179
262	韩 恂	2178
263	赵子骥	2175
264	张 瑞	2174
265	马清清	2171
265	李云生	2171
267	王志国	2169
268	马媛媛	2168
269	刘元博	2164
270	梁博超	2162
270	杨 爽	2162
272	黎 剑	2161
273	刘雅洁	2158
274	陈 盈	2155
274	毛佳君	2155
276	于 璇	2153
276	仇丹云	2153
278	曹宏宇	2138
279	袁卫红	2127
280	刘禹欣	2110
281	唐锦潮	2070

未列入名册的有等级分棋手(不活跃棋手)名单：

钱宇平	2483
沈果孙	2480
华以刚	2459
王　辉	2443
黄德勋	2441
雷贞倜	2434
陈明川	2431
陈志刚	2430
车泽武	2426
邵震中	2423
倪林强	2422
黄进先	2420
陈安齐	2415
徐荣新	2406
丰　云	2401
陶坚海	2400
程征宇	2400
裘瑜民	2400
梁鹤年	2400
王　谊	2390
刘乾利	2389
程晓流	2388
赵　栋	2381
季荣强	2373
李　钢	2364
谢裕国	2360
沈曼蓉	2359
中辰光	2357
黄良玉	2357
王　元	2352
洪　艳	2351
马　石	2347
施　敏	2344
吴　琪	2342

蒋　峰	2336
谢　峰	2327
李　星	2327
刘青琳	2323
庄玫缤	2320
廖勇夫	2320
黄忠英	2320
高　峰	2320
朱宝训	2320
梁志敏	2315
叶锦锦	2303
章文华	2297
朱菊菲	2295
唐　毅	2291
张文耀	2291
丁　波	2284
陈晓昕	2280
梅　艳	2280
王　慧	2280
郝明霞	2280
管一昕	2280
黄妙玲	2279
宁　军	2275
何旭光	2274
王业辉	2271
刘　波	2270
陈慧芳	2268
余晓丹	2266
陈　佳	2262
胡晓苓	2261
朱文馨	2253
陈倩薇	2251
王　斌	2244
李晨硕	2242

徐中华	2240
张晏秋	2240
苏　磊	2240
郭田农	2240
张　启	2240
许　莽	2240
杨　戎	2234
沈　颖	2234
牛　歌	2223
高又彤	2221
樊　麾	2216
苏琪伟	2215
陈　为	2214
钱春雷	2212
于　飞	2208
孙湛博	2205
沈学文	2202
王　凡	2202
姜志强	2202
许　鑫	2201
沈　静	2198
帅迎春	2189
王　骥	2184
杨　硕	2181
张　玟	2181
梁春晨	2177
付斌芳	2172
孙　丹	2165
王　程	2164
顾　平	2156
张　祺	2136
林雪芬	2114

日本风云

王者与诸侯

——2004年日本围棋回顾

近几年来日本围棋群雄并起，没有谁拥有不可动摇的霸主地位。这种秩序有待重整的局面显示出日本棋界的盛景逝去，也是他们重新焕发朝气的必由之路。2004年，各路诸侯纷纷发力，为争夺棋界制高点短兵相接，一场场血与火的鏖战之后，新王者呼之欲出。

称霸之路

2004年日本围棋收入最高者是张栩，这标志着他事实上已经成为日本第一人。张栩这一年来收获颇丰，七大棋战他一人独霸名人、本因坊、王座三大头衔，在众位强手中一枝独秀。

张栩的强劲可谓水到渠成，作为很早就被期待的棋士，他稳定而快捷地前行着。与小林泉美结婚后，张栩似乎更加有了感觉，尤其是在面对顶峰决战的大胜负时，他明显沉着了许多，顺境与逆境都可以坦然，这是当年雄霸天下的小林光一与赵治勋具有的气质。

2004张栩最该感谢的是依田纪基，正是与依田的两次七番胜负大碰撞成就了张栩的“名人本因坊”殊荣。从实力上讲，依田纪基与张栩是目前日本棋界真正的“好胜负”，他们两个谁能胜出很大程度上要看天意。名人、本因坊两大头衔互相挑战在以前绝对是轰动事件，现在虽然聚焦不了全世界棋迷的眼球，但仍是日本围棋具有象征意义的决斗。本因坊战张栩顶住巨大压力奋战，4比2卫冕成功，这一战奠定了他大棋士的地位，只有战胜依田这样的对手才能体现出王冠的分量。名人战张栩挑战依田时心理上已经占据了优势，而本年度谋求名人五连霸的依田迎来最不愿意遇到的挑战者，终于没能获得“名誉名人”与小林光一、赵治勋并肩。双雄对峙，张栩全面胜出，两人的明日之路也分出了明暗。

其实张栩与依田纪基本来该有更多的决胜机会的，可惜的是他们在对方把持的小棋圣与王座战上，各自都只差一步未获得挑战权，这也使两人的卫冕都显得顺畅。如果这两项比赛他们再相互挑战，那一年之中将有四大头衔在两个人之间展开，这样的壮观场景就连小林光一与赵治勋争霸的时期也未出现过。

张栩2004年还连霸了王座，3比1击退山下敬吾，三冠王！他在挑战赛上的失利是十段战1比3不敌王立诚，为华裔前辈保留了颜面。有点遗憾的是张栩没有能在棋圣挑战赛上脱颖而出，一统大三冠至少还要等到2006年。其实这样也好，留一个目标，让张栩不敢懈怠，日本围棋的王者宝座迟早是他的囊中之物。

巅峰斗剑

张栩的强势使坐拥棋圣者才是日本第一人的说法被普遍置疑，这难免让在位棋圣羽根直树有些郁闷。棋圣是日本第一大棋战，又是每年最早登场的头衔决战，这使得棋圣获得者如果在全年后面的赛事中没有过人表现，最后衡量全年成绩时往往会处于一个比较尴尬的位置。当初小林光一和赵治勋登临棋圣时手中都同时握有其他几大头衔，第一人地位稳固。到了王立诚就稍微有一点摇晃了，2003年的山下敬吾登基则被视为意外，“第一人”只是习惯性的称呼。羽根直树2004年更为尴尬，因为他夺取棋圣后的战绩乏善可陈，尤其是国际棋战的连败给棋迷留下了太深的印象，大有“日本棋圣名不副实”之感叹。

事实上这样的评价对羽根直树并不公平，他的实力绝对还是一流，而且抛开时间远近，棋圣决战才是2004年日本围棋最精彩的一幕。被誉为“双璧”的羽根直树与山下敬吾联袂为全世界棋迷演出了一场跌宕起伏、荡气回肠的顶级大戏。三连败后三连胜，三连胜后三连败，从一边高歌猛进到另一边铿锵反击，大家的心随着比赛进程强烈跳动。至终局羽根直树在极大的压力下出手如电，155手中盘屠龙大胜，犹如凤凰浴火再生，这一局也应该作为2004年日本围棋最有意义和分量的一局永留棋史。

羽根直树同时还获得了阿含·桐山杯冠军，并且在中部王冠战上称雄。被羽根夺走棋圣的山下则在年底的天元战上奋起，3比0零封羽根，告别无冕，也聊解心头之恨。他们两个与张栩、依田纪基现在是日本的“最强四人组”，谁也谈不上有绝对优势。相比之下，羽根直树的棋更扎实，而山下敬吾更为奔放，谁会在巅峰长久立足，既要看各自的努力，也要看他们的时运。

不老的沧桑

七大棋战被“四人组”占了六个，剩下的一个十段在王立诚手里，他已经是“老将”了。与两年前还高居日本第一人相比，2004年的王立诚成为焦点的机会并不多。十段战击退张栩的挑战达成四连霸，显示出王立诚的实力仍然坚强，但岁月留痕，这个时代不是藤泽秀行六十岁成为棋圣的时代，王立诚能在众多年轻英豪的环视下自保一块疆土已经极为不易，英雄最怕见白头，世事沧桑，大致如此。

比王立诚更年长的小林光一和赵治勋也在坚持着自己前行的脚步。小林拿下NEC杯和NHK杯两大快棋头衔，赵治勋在JAL快棋赛上封王，夺取自己的第六十七冠，两位传奇人物继续着自己的传奇，但精力上的差距使他们现在也只好在快棋赛上一露峥嵘了。他们曾是诸侯之王，现在则站在比胜负更高的高度笑看风云变幻。他们的年纪会老，但他们的辉煌时代永远青春，就如沧桑其实也是一道永远年轻的河流。

有时飞舞

高尾绅路获得龙星战冠军，沟上知亲称雄新人王，山田规三生夺取小棋圣挑战权，被期待的坂井秀至遗憾的在新人王和关西棋院第一位战两项决赛中败北，日本的年轻棋士在国内依然缤纷。也许他们现在不习惯在国际棋战上和中韩的铁血少年们刺刀见红，只好在国内追寻并继承着日本围棋的优雅感觉。不可否认，他们与同年龄段的中韩棋士实力上略有差距，但围棋是一辈子的梦想，日本棋士在自己的世界里感受快意，他们对围棋的理解一样精彩。

女子方面，小林泉美虽然丢掉了女子本因坊，但女流名人和JAL女子快棋赛的荣誉仍使她成为公认的日本女子第一人。和小林最堪称为对手的是知念薰，不知道她们能不能也开创一个女子围棋的“双英”时代。

年末，结城聪出人意料地夺取棋圣挑战权，2005年初他将与羽根直树决战日本之颠，那将是一场何样的战斗？能不能掩住2004日本围棋虽不甚耀眼，但七彩斑斓的美丽光芒？

2004年日本21项职业棋战全记录(后为冠军奖金额)

	棋战	冠军	奖金额
1	棋圣战	羽根直树	4200万日元
2	名人战	张栩	3700万日元
3	本因坊战	张栩	3200万日元
4	十段战	王立诚	1400万日元
5	天元战	山下敬吾	1400万日元
6	王座战	张栩	1350万日元
7	碁圣战	依田纪基	777万日元
8	NEC杯	小林光一	1500万日元
9	NEC俊英战	秋山次郎	300万日元
10	阿含・桐山杯	羽根直树	1000万日元
11	新人王战	沟上知亲	328万日元
12	NHK杯	小林光一	500万日元
13	JAL快棋赛	赵治勋	500万日元
14	龙星战	高尾绅路	500万日元
15	JAL新锐快棋赛	河野临	150万日元
16	女子本因坊战	知念熏	580万日元
17	女子名人	小林泉美	510万日元
18	女子棋圣	万波佳奈	350万日元
19	女子最强战	新海洋子	450万日元
20	JAL女子快棋赛	小林泉美	250万日元
21	王冠战	羽根直树	150万日元

加藤正夫去世，世界棋坛痛失股肱，棋迷无不哀悼。

剑魂

——痛悼加藤正夫

“朋友你今天就要远走，干了这杯酒。忘掉那天涯孤旅的愁，一醉到天尽头……”

耳畔飘着这首歌，看一眼日历——2004年12月30日，天气很冷，但有阳光。坐在这寒冷与温暖交融的时空，心头有一点恍惚—— 一年就要过去了，那么多的快乐与哀愁就要贴上“来自2004”的标签封入历史，说不清是解脱还是不舍，这岁末总是有深深或浅浅的感伤让我们有痛哭一场的冲动。

随意地在各个网站转悠着，眼前飘过的文字其实都没有映入大脑，只是想感受那些喧嚣。热闹的世界也该有一些孤独的角落，是谁隔着千里万里投过来一个会心的眼神?

突然就有一行黑体字刺痛了眼睛——“加藤正夫去世！”

那一瞬不知道是什么滋味流淌在嘴里与心里，震惊？悲伤？无奈？都有，又都不完整。从金兑姬到刘钧，我们的心已经被痛的麻木，就要翻过这充满黑色的一年了，居然还有这样的噩耗!

2004，太多的幸福与伤痛交错，我不知道该感谢你还是诅咒你。

拿起电话满世界的打——“加藤走了……”

“什么？！”

“真的？太难过了！”

“哦，知道了……”

“关你什么事？”

各式各样的反应可以想象他们各式各样的表情，不知道再说什么了，挂线，话机里“嘟嘟嘟”的声音有种绝望的急促。

翻出《加藤正夫对局集》，扉页上是七年前写的四个字——剑气浩然。七年，那时加藤50岁，他55岁重登本因坊的壮举还没有发生。在他57岁的时候，传奇终于戛然而止，现在该重新修订完善他的对局集了，巨星划过天空的轨迹深深刻在围棋的史册上，美丽到凄凉。

当然要去喝酒。是祭奠吗，还是怀念？或者只是一种情绪的宣泄？一杯一杯的白酒灌下去，眼前就朦胧起来。

两年前加藤正夫4比2击败王铭琬，时隔二十二年重戴本因坊金冠，成就了现代围棋一段经典，颂声四起。那时我也为他写了《所有的梦都仍然无恙》，遥想这位宿将的风姿：

“有的歌听一次就深印脑海，有的人看一眼就倾盖如故。

静立楼头，把酒临风，看那夕阳虽晚，映出的漫天红光却与朝霞一样绚美，心底蓦然升腾的是一腔感动。多想与知音相对，听他诉说梦想，他的，也是自己的。在那首老歌的旋律中，一种液体渐渐弥漫成你的、我的、所有追梦人的前尘与未知。”

两年，梦想仍在，斯人已远。“老兵永远不死，他只会慢慢消逝。”加藤却如他刚烈的棋风一样，走得如此决绝，抛开所有浮华，不回头，不看一眼。即使转型成了“半目加藤”，即使高居日本棋院理事长宝座，“天煞星”的个性仍是那柄宁折不弯的宝剑。

剑——“剑正”。

这两个字其实并不代表一个时代，但它的威严凌驾于很多风光无限的时代之上。加藤正夫第一次夺得本因坊是1977年挑落武宫正树，按惯例改名时他选择了“剑”字而不是多数本因坊选用的“秀”。这应该是最适合他的吧？棋与人一样刚直不阿，正是棋界名剑。

加藤并不以天才著称，十七岁入段在木谷门下群英中“晚熟”得有点刺目。身边的师兄弟是大竹英雄、武宫正树、石田芳夫这样惊才绝艳的人物，加藤要出人头地就得付出十倍的艰辛。1967年20岁的加藤以四段身份闯进本因坊循环圈，两年后更是冲劲十足地手握本因坊挑战权，向当时的棋界王者林海峰发起冲击，激斗六局才以2比4败退，成为一时轰动的话题。

可是此后就是八次进入冠亚军决赛全部无功而返，飞扬的加藤沦为“万年老二”。谁能真正体会彼时加藤的心境呢？人在陋巷不改其志，说起来何等容易，做到的能有几人？就像挖井，总有一锹下去可以看到清泉，但你无法知道那一锹是第几千几万下。既然看不到终点，就凭借意志跑下去吧，再锋利的剑，只有不断挥舞才能闪现光芒。

终于破茧成蝶。1976年的第一期小棋圣战成为加藤正夫的里程碑，他3比2擒下师兄大竹英雄，所有的阴霾一扫而去，天空豁然开朗。紧接着，十段、本因坊、天元、王座……大头衔滚滚而来，加藤被冠以“日本最强手”的美誉，于是有了那句著名的“与加藤下棋和与天皇下棋一样困难”。

1986年，马上就是40岁的加藤正夫零封小林光一问鼎名人，宝剑的光芒达到了极至。然后是王座八连霸、共十一次登顶；50岁夺取十段；55岁笑傲本因坊……

原来已经有几十年的光阴如飞而逝了，我们的英雄已经留下了太多的传奇，而我们就这样傻傻地看着，在那些辉煌的时刻不知道去珍惜。

去鸟不归啊，天煞一刀成绝响，剑正两字忆豪雄。

加藤是无数棋迷的偶像，不只是因为他的战绩，更因为他的棋风和人格魅力。永存棋史的“六大超一流”中，最有人气的就是加藤正夫和武宫正树，他们的华丽与执着正是每一个爱棋者心底的梦想。

从战绩论，加藤的棋士生涯并不完美，日本七大棋战他夺取过六项王冠，唯独最大的棋圣头衔一直与他无缘，四度挑战，三次3比4惜败，其中两次曾3比1领先，更有决胜局半目败北的惨痛，顶峰就在眼前，却无论如何也迈不动最后的一步，这样的缺憾是对加藤的残忍还是造物的必然？世界大赛上加藤也无缘染指桂冠，最好的成绩只是富士通杯打进半决赛。但他两次在世界大赛上完胜李昌镐，三国擂台赛上将曹薰铉挑翻，英雄从来就没有消沉过，他的剑一直锐利。

正在进行中的第六届农心杯，加藤是日方的主将，本来很快要面临与李昌镐或者中国年轻棋士的决战。他的猝然离去让日本棋界大乱，谁来顶替加藤？

其实，要什么顶替？一届比赛的胜负如何比得上一位英雄的生命？为了表达对加藤先生的敬意，这届农心杯就到此为止吧，没有胜负，只有哀思。李昌镐绝地反击的神勇还有很多机会表现，而我们的加藤先生永远不会再回到棋盘边……

带着一身酒意又爬上网，已经过了夜里12点，2004的最后一天，网上已经满是纪念加藤的文字。想说些什么，却感觉心里空空荡荡。

朋友发过来劝慰："加藤不是整个世界。"

是的，没有了加藤我们还有武宫正树，还有赵治勋，还有曹薰铉，可是，可是，心里怎么总是遏制不住的痛？也许不只是为加藤的离去而痛，我们曾经的青春岁月，我们曾经的万丈豪情，都在这寒风中飘逝……

加藤离去的前后几天，应氏杯、丰田杯两大决战正激斗如虎，中国围棋对世界冠军的渴求，韩国围棋年轻的张扬都精彩无限，但是我心黯然。胜与负都只是一个表象，有些东西无可替代。加藤走了，我们心爱的围棋是否无恙？我们的梦想是否无恙？忍不住再读一遍那歌词，忍不住有泪滴落：

注定要奋力飞翔抚平所有创伤
所有的梦都必须无恙
走过的路刹那间成永远
落泪的时候别回头
往事历历
海已枯石已烂
所有的梦都仍然无恙……

韩国战事

二分明月

——2004年韩国围棋回顾

冠军得主：

LG精油杯	李昌镐
王中王战	金成龙
王位战	李昌镐
国手战	崔哲瀚
天元战	崔哲瀚
棋圣战	崔哲瀚
KBS棋王战	宋泰坤
新人王战	宋泰坤
新锐十杰战	朴正祥
麦馨杯九段最强战	芮乃伟
女子名人战	赵惠莲
女子国手战	赵惠莲
新锐连胜最强战	宋泰坤
职业元老快棋赛	徐奉洙

不看国际赛事，只看韩国国内比赛，2004年就是两个人的天下，一个当然是“永远不变的主角”李昌镐，另一个是异军突起的崔哲瀚。他们两个瓜分了韩国棋界多数金冠，将其他人远远甩在了身后。

最强的挑战者

李昌镐还是不是天下第一？这个问题近几年被屡屡提起。有疑问的主要是韩国后起的年轻棋士们，以李世石为代表，他们在各项赛事中向李昌镐发起了冲击，但一直没有人真正动摇石佛的至尊地位，直到2004年崔哲瀚横空出世。

崔哲瀚年少时被称为“李昌镐四世”，一般“小★★”、“★★几世”的成就都不会超过被参照者，何况参照的对象是李昌镐。但韩国少年实在不能小视，先是李世石在世界大赛番棋决战上将李昌镐拉下马，2004年崔哲瀚又有更惊人的表现。

年初崔哲瀚连夺国手战与棋圣战两项挑战权时，一般的舆论认为这不过是他得到了两次在李昌镐佛刀之下淬火的机会。韩国国内的番棋赛事，李昌镐面对比自己年轻的棋士时总是快刀斩乱麻，崔哲瀚虽然实力早已得到公认，但要想凌驾于石佛之上实在是太过于理想化了。所以当国手战李昌镐先下一城，再到2比1领先时，崔哲瀚已经被多数人判了“死刑”。此时崔哲瀚爆发神奇力量，在第四、五局连续两个中盘胜后来居上，夺取韩国围棋具有象征意义的国手头衔，一时哗然。对李昌镐来讲，这样被逆转实在是太少见了，尤其是面对的是年轻的崔哲瀚。他还没有来得及回味这失败滋味，棋圣战接踵而来，李昌镐第一局胜出后又是连丢三局，1比3，连霸十一年的棋圣桂冠就此旁落，失冕的那一瞬，石佛的脸上不禁透出几许茫然。

与李昌镐的十番大战以6比3完美取胜，再加上年底蝉联天元宝座，崔哲瀚一跃成为韩国围棋的最强者之一，顾盼之间霸气十足。这飞扬的少年事实上已经可以挤掉曹薰铉或者刘昌赫进入四大天王行列。

最有分量的一局

2004年韩国棋战最重的一局应该属于崔哲瀚挑落李昌镐的国手战第五局决胜局。国手头衔在韩国并非奖金最高，但历史渊源使它最被棋士们看重。崔哲瀚的胜利并没有结束一个时代——李昌镐仍然是强者，他的重大意义在于韩国新一代已经可以全面接班。就像李世石在世界大赛LG杯上的胜利一样，崔哲瀚夺得国手的意义远远超出了一个头衔那简单的涵义。如果崔哲瀚一直保持这样的强势，这一局将成为他的里程碑。

石佛的不动心

2004上半年李昌镐显然很不如意，要是评半程冠军，他恐怕要被崔哲瀚拉得很远。但强者的强就在于他随时能够调节自己，所谓低潮决不会漫漫无期。熬过惨淡季节的李昌镐再度起飞，王位战击退李世石的强劲挑战，在目前韩国奖金最高的赛事LG精油杯上又零封朴永训，“第一人”的面目依然清晰。

多年的称雄之后，李昌镐赢棋已经吸引不了大家的目光，尤其是在韩国国内赛事上。大家都想看到新人辈出的场景，潜意识里盼望着李昌镐的败局，这使得李昌镐肩上的压力愈来愈重。能在这样的局面下保持几项大头衔和高胜率，李昌镐确实具有超强的神经。2004年他不再是韩国围棋唯一的主角，甚至不一定是第一主角，但他很坦然，因为在可以预见的若干年中，能暂时领先他的棋士或许有，但想全面超越他甚至取代他，除非李昌镐自我调节失败，出现控制不住的崩溃局面，否则无法想象。

表面看起来李昌镐的国内冠军数量一年少于一年，似乎是衰败的兆头，其实以他目前的成就，多几个少几个头衔又有什么实际意义？棋圣十一连霸或者二十连霸都不是关键，拥有一颗纯净的围棋之心，李昌镐不仅在2004，往后很多年，他仍会是我们可以看见的最高山峰。

失意与执着

另一个头衔较多的是宋泰坤，不过他获得的都是快棋和新锐比赛的优胜，分量稍嫌不足。宋泰坤也是韩国新锐中的代表人物，他的国内战绩一直很突出，但在国际赛场上的威慑力大大不如李世石和崔哲瀚，甚至比不上朴永训，可能是他还缺少与李昌镐这样的巨人在大胜负中生死相搏的经历。

2004韩国棋界几乎被遗忘的是几位曾经的巨星。曹薰铉只在王中王战的凤凰组中称雄，对年轻棋士再没有了当初的快剑如风。说来老曹已经是过了五十的人，不该再对他有更高的要求，但大英雄一夜之间锋芒尽失难免叫人伤感。

如果说曹薰铉是躲不过岁月之刀，那刘昌赫就是受制于人祸。爱妻意外去世使刘天王柔肠寸断，状态一落千丈，全年胜率勉强过半，天下第一攻击手的风采无处寻觅。2004对围棋来说是残忍的一年，刘昌赫承受了最大的悲痛。这位无数业余棋手心中的偶像，相信他还能再振作起来，带给我们更多的华丽篇章。

另一位老天王徐奉洙在岁末将至时传出了与越南新娘的婚讯。作为围棋史上有独特魅力的一位重量级人物，徐奉洙淡出第一线数年，但他对围棋的热爱从未稍减。

新创立的形式独特的赛事“王中王”桂冠意外被金成龙夺得，显示出韩国棋士的厚度。而芮乃伟在麦馨杯九段最强战上力克刘昌赫夺魁则是她的又一个奇迹。芮乃伟还连胜李昌镐，对这位“世界第一人”保持着6比2的高胜率，她对围棋的执着让人动容。除了技艺还要有精神力，芮乃伟用自己的经历阐述着竞技围棋的真谛。

韩国女子围棋依然稳步推进，赵惠莲与朴智恩不仅在女子棋战中威风八面，与男棋手竞争也屡有上佳表现，如果围棋界有小波尔加那样的人物出现，她们会是最佳人选。

2004年韩国推出的联赛也饶有趣味，不像中国联赛那样惨烈，观赏性却更强。韩国围棋沉淀多年，已经拥有了雍容华贵的气度，围棋的各种魅力都可以尽情展示，所谓天下三分明月夜，二分明月是韩国。

第二篇

2005——巨龙冲天

2005年在中国围棋史上具有划时代的意义，常昊夺取第五届应氏杯冠军标志着中国围棋经多年沉淀后，终于屹立在世界之颠。丰田杯、春兰杯、LG杯的亚军则昭示了我们整体实力的空前雄厚。

国际大赛综述

2005年国际比赛冠军录：

1月8日，第2届丰田杯，李世石九段2比1胜常昊九段，获得冠军，3500万日元。

1月15日，第1届中环杯，朴永训九段1比0胜王立诚九段，获得冠军，200万新台币。

1月20日，第3届正官庄杯女子围棋擂台赛，芮乃伟九段1比0胜朴智恩五段，中国队获得冠军，7500万韩元。

2月26日，第6届农心杯三国擂台赛，李昌镐九段1比0胜王檄五段，韩国队获得冠军，15000万韩元。

3月5日，第5届应氏杯，常昊九段3比1胜崔哲瀚九段，获得冠军，40万美元。

3月18日，第5届春兰杯，李昌镐九段2比1胜周鹤洋九段，获得冠军，15万美元。

4月20日，第9届LG杯，张栩九段 3比1胜俞斌九段，获得冠军，25000万韩元。

5月3日，第4届CSK杯亚洲四强赛，韩国队 10胜5负，获得冠军，2000万日元。

5月26日，第8届中韩新人王对抗赛，古力七段 2比1胜朴永训九段，获得冠军，500万韩元。

6月17日，第17届亚洲电视快棋赛，张栩九段 1比0胜赵汉乘八段，获得冠军，250万日元。

7月4日，第18届富士通杯，李世石九段1比0胜崔哲瀚九段，获得冠军，1500万日元。

7月22日，第9届中韩天元对抗赛，古力七段 2比1胜崔哲瀚九段，获得冠军，1万美元。

8月20日，第2届中环杯，崔哲瀚九段1比0胜李世石九段，获得冠军，200万新台币。

10月19日，第6届国际新锐围棋对抗赛，韩国队3战3胜，获得冠军。

日月星杯中韩对抗赛

2005年2月举行，共下五轮，战至第四轮暂停，中国队以11比9领先。

铁与铁的撞击

——中韩对抗今又来

个人世界冠军争夺的四大战役使中韩围棋之争进入白热化，但三星杯和丰田杯的相继失陷又证明着韩国人近十年来制霸棋坛绝非幸至，他们已经积累了足够的贵族气质。中国棋士现在是追赶者，谋求一切与最强者碰撞的机会，闪亮登场的日月星杯中韩对抗赛正逢其时。

谁是团体老大?

两三年前中国棋界还有一个比较普遍的说法：中日韩三强，韩国就是拥有了一两个顶尖棋手，所以才成绩突出，要论厚度他们或许还不如中日。那时大家眼里只有曹李师徒，对韩国新锐们偶尔露峥嵘的表现颇有些不屑。的确，崔明勋、睦镇硕这批曾被韩国棋界寄予厚望的“准超一流”并没有对中国棋士造成心理威慑，很多人内心对他们的评价是“不过如此”。直到李世石、崔哲瀚、朴永训这些更年轻的生力军横空出世，夺世界冠军如探囊取物，擒李昌镐也是家常便饭，中国围棋才真正正视起韩国围棋的整体实力，无奈接受了韩国围棋全面领先的事实。

其实韩国围棋在团体性质的比赛上的强势早已延续多年，三国擂台赛就是他们雄瞰天下力举的第一座宝鼎。不过擂台赛制仍是由一场场单挑组成，队里只要有一位孤胆英雄就能绝境求生，虽然更刺激，却未必能恰如其分地体现整体实力的高低，倒是中规中矩的对抗赛更显得公平些。早在1994年就曾进行过

日月星杯中韩围棋对抗赛合影

日月星杯中韩对抗赛 周鹤洋取得两连胜

中韩对抗赛，延续了四年。中国队在第一届上以微小差距失利后连扳三城，而且有两次是9比5大胜，一时令中国围棋军心大振。在近几年进行的CSK杯亚洲四强团体对抗赛上，韩国、日本、中国各获一次冠军，看来这一字排开、捉对厮杀的对抗形式比赛并不是惯于突出奇兵的韩国人所擅长。

李昌镐、曹薰铉、刘昌赫、李世石、崔哲瀚、朴永训……拥有这些最强棋豪的韩国队能够席卷个人赛和擂台赛，却不能保证在对抗赛上获胜，这是因为不可能每位棋士都在同一时刻达到竞技高峰。当年四届中韩对抗，只有李昌镐保持不败，曹薰铉、刘昌赫都有失手。CSK杯上则有李昌镐、李世石同时落马的场景出现。由此可见，整体实力并不完全等同于团体战绩，尽管目前韩国围棋在顶尖水平和超一流棋士的厚度上都有一日之长，但团体对抗谁是王者并不能妄下结论。此次中韩对抗赛前，有媒体借李世石之口说出的“韩国队将在前三轮取胜”完全是缺乏对围棋竞技的理解而故作惊人之语，即使韩国队这次败了，谁又能说他们已经被中国棋士超越了呢？

富有争议的阵容

既然是两国间的最高级别对抗，自然该遣出最强的棋手，可是双方上场名单出炉后却引来一片喧哗——最能代表两国水平的几位棋士竟然都未名列其中，这样的阵容比出的战果会有多大的说服力？

中国队的五员战将是周鹤洋、王磊、胡耀宇、王檄和罗洗河。这是经过选拔比赛产生的阵容，2004年以来为中国连续五次打进世界大赛决赛的四位高手中只有周鹤洋和王檄入围，常昊、俞斌都被淘汰，目前国内最闪亮的双子星座古力和孔杰也未能入选，置疑这个阵容的含金量也在情理之中。

以往中国棋手参加团体赛事人选多为指定，基本是当时国内棋界最有实力和最受拥护者。凭借此方法，中国队在中日擂台赛上取得了辉煌的胜利。后来CSK杯上采取了选拔制度，也意外取得了不俗战绩，关于两种制度的优劣一时难以判断。如果综合一下，像韩国队的农心杯阵容那样，李昌镐免选，其他人比赛选拔，可能会更符合广大棋迷的心愿。古力、常昊这样的棋手不出场，不谈实力，从影响上似乎也不能代表中国围棋的最好水平吧？

韩国队的人员组成更是惹起波澜——李昌镐、李世石竟然都不出场！这样的阵容显然不是韩国围棋实力的最强展现，难道他们认为对付中国队用不着全力以赴就可以轻松拿下？还是怕二李出马也没有把握取胜，不如保留这最强的两人？官方的解释是二李都因为私人原因不出场，而且现在的五员大将——崔哲瀚、刘昌赫、宋泰坤、朴永训、金成龙都是韩国棋坛炙手可热的人物，或拥有头衔或奖金额名列前茅，实力绝对不差。说实话，从团体赛角度来看，李昌镐上还是金成龙上可能确实无碍大局，但缺乏了二李的韩国队从影响力与号召力来讲明显低了一个档次则是不争的事实。

棋迷热切期待的中韩对抗赛还未开战就被浇了一盆凉水，双方的出场阵容往两年前放放几乎就是中韩青年对抗赛了。当年第一届中日擂台赛，日本围棋与中国围棋的实力对比差距比今日的中韩之比犹胜几分，但他们还是派出了豪华阵容，不只是为了争胜，保证比赛的档次是重要原因。这次的中韩对抗赛不可能造成如中日擂台赛一样的影响，一个不小心还有沦为普通商业比赛的危险，我们只能期待棋手们用自己的上佳表现挽回这不利的“开局”了。

难分轩轾的青铜与黑铁

比赛的形式也是前所未有，双方各五人要分别与对方所有棋士交手，总成绩计算胜负。这与一两轮定胜负相比，最大限度减少了偶然性，颇有些类似20世纪的中日对抗赛了，战线拉长，上驷对下驷的妙计无处可用，这是此次中韩对抗赛的一大亮点。

前两轮的战斗在中国农历新年前夕展开，有点为新一年两国围棋走势定下基调的意味。不管有谁缺阵，出战的每位将士都必然全力以赴，职业棋士的天职就是尽力下好每一着棋，为后世留下精彩的棋谱。

2月4日第一轮的重头戏是“中华英雄”胡耀宇对阵刚夺取中环杯的朴永训。胡耀宇的国际战绩明显好于国内战绩，这也算是中国棋界的一个“困惑”了。朴永训在韩国的情况也颇相似，目前已经夺取两个世界冠军一个世界亚军，是优秀的“国际战士”。两强对决，胡耀宇再显英雄本色，仅用127手就让朴永训签了城下之盟。

快刀罗洗河则出现意外失误，在与被看作此次韩国队最弱一环的金成龙的较量中，胜局已定时没有注意时间，以超时的方式意外告负。这大概是天才的“小猪”给我们制造的一幕轻喜剧了，如果这一局影响到了最后的胜负就更有趣了——胜之不武，败得窝囊。

王檄战胜宋泰坤显示了他从三星杯决赛失利的阴影中已走了出来，依然是值得我们期待的未来中国棋王。而宋泰坤尽管国内外战绩一直不错，爆发力却似乎总嫌不足，有点像当年的崔明勋，是中坚力量，但不容易跨越巅峰。

王磊输给崔哲瀚无话可说，既是崔哲瀚的强大也是王磊几年来没有新的突破。周鹤洋大胜刘昌赫为中国队第一轮奠定胜局，他的大棋士风范已越来越足了。

3比2，中国队小胜。这与1994年第一届中韩对抗赛时的情景何其相似，那时中国队首轮是4比3，不过第二轮输了个2比5，总分失利。十一年后，景物依旧还是江山已改？

2月5日，第二轮连续作战。经过一场“热身”后大家都已经活动开了，落子也更显奔放。胡耀宇再度快胜金成龙，状态与气势显然都在高峰。王磊与刘昌赫的遭遇是“力之决斗”，结果一年多来都比较低迷的刘昌赫在复杂的战斗中把握了机会，王磊遗憾二连败。实力对决，王檄不敌朴永训使中国队陷入困境，因为崔哲瀚这一分是韩国队计划内的。果然崔毒强攻得手，擒下罗洗河。还好，周鹤洋发挥稳定，没让宋泰坤反扑，为中国队赢得了宝贵的一个局分，2比3，中国队小败。

两轮下来暂时战成平手，中国的胡耀宇、周鹤洋两连胜，罗洗河、王磊两连败，王檄一胜一负。韩国则是崔哲瀚两连胜，宋泰坤两连败，刘昌赫、朴永训、金成龙都是一胜一负。这与十位棋手目前的实力和状态基本相符，没有什么意外出现。回到同一起跑点意味着后面三轮的争夺会更激烈。

拥有青铜兵器的韩国棋士和拥有铁一般热血的中国棋士不分高下，两国围棋的实力差距细微，气势将成为最终胜负的关键。

扬眉剑出鞘

——中韩对抗赛第三、四轮综述

个人战罢斗团体，五月上演中韩整体实力大碰撞。CSK杯上中日韩下出“三劫循环”，中国队以差一个胜局屈居第三，但他们在与韩国的直接对抗中3比2胜出，显示出自己对这支霸者之师已经没有了心理上的畏惧。不几日，日月星杯中韩对抗赛续战，中国不再是等级分排名前五的强劲人马，韩国也少了定海神针二李，双方以更纯粹意义的“中坚实力”展开角逐。这一战的胜负或许不足以确定两国整体实力的高低，却可以更客观地反映出两国将士在广度、深度以及未来走势上的发展。

大胜——情理之中的惊喜

5月12日，第三轮。客场作战的中国队此轮非常关键，一旦失手，第四轮将被逼到非胜不可的地步，压力极大。按照对阵，这也是旗鼓相当的一轮，无论谁胜出都将会在士气上大占上风。

罗洗河对阵刘昌赫具有最大的不可预测性，因为“小猪”发挥的好坏总让人捉摸不定。他在第一阶段连失两局，对手一个是韩国阵中最强的崔哲瀚，另一个是最弱的金成龙。但三个月过后罗洗河的“快刀”是不是又到了挥洒自如的时候呢？刘昌赫此次已经被中国棋手视为韩国队中比较薄弱的一环了，这位当年的“天下第一攻击手”这两年确实状态低迷。一方面是家庭生活变故的影响未消，另一方面随着年岁渐长，精力也大不如前了。客观说来，刘昌赫目前在韩国国内要排进前五名是比较困难的，而且他已经在国际赛场上纵横驰骋多年，中国棋手对他的风格比较了解，对战起来更有底气。刘昌赫应该也是韩国队最大的变数，他一旦下疯了谁也挡不住，但没有“手感”时也很容易轻易崩溃。

果然是快刀如风，罗洗河只用了一个多小时，186手就将刘昌赫斩于马下。这是奠定本轮基调的一局，中国队已经很难输出去了，因为韩国还有一个状态更差的宋泰坤。

宋泰坤是第一阶段韩国队唯一两连败的选手，进入2005年后，他几乎已经从棋战第一线消失，无论国际还是国内赛场都无声无息，平静如水。连崔哲瀚都直言“宋泰坤状态太差”，看来队友对他能否拿分也没抱太大希望。

迎战宋泰坤的是王磊，第一阶段也是二连败在身。不过王磊的血性不会因为输棋而泯灭，宋泰坤正是让他调整状态的好对手——此战的胜负对两人都至关重要，是就此重新昂起骄傲的头颅还是往更低处滑落？

残酷的对决后是王磊绽开了笑脸——161手，屠戮大龙，最痛快的赢棋方式，“力王”回归了。宋泰坤黯然垂首，三连败，那一刻胜负世界对他冷得胜过寒冰。

王檄的胜利是“计划内”的。金成龙一直被认为是韩国堡垒最大的缺口，其实他的实力并不低人一筹，不过较少在国际赛场上出阵，心态与斗志确实还有欠缺。CSK杯的三连败对他也必定造成了一定的心理阴影，实力坚强而又稳健扎实的王檄正适合拿这样的对手开刀。

周鹤洋擒下朴永训是一场价值颇高的胜利。刚连续夺得韩国新人王和棋圣头衔的朴永训士气正旺，而周鹤洋在CSK杯上力胜李昌镐也是一扫心中阴霾。这一役本是鹤洋苦战，但已经在不断的大胜负中锤炼得宠辱不惊的他平静地等待着机会，终于在后半盘逆转，一举超越。4比0！中国队的大胜已成定局。

胡耀宇和崔哲瀚在第一阶段都是两连胜，士气高昂。崔哲瀚是这支韩国队事实上的“主将”，他如果再败，基本可以提前宣布本届比赛的结局了——0比5不仅是比分上的巨大差距，更是心理上的全面崩溃。

还好，崔哲瀚挺住了，他鏖战到最后一个，终于让“中华英雄”胡耀宇推枰，为韩国队保住了尊严，也留住了翻盘的希望。当年的“乐天杯”中韩对抗赛上中国队也曾有6比1的大胜，为韩国队坚守城池的是李昌镐。如今，同样的重任交到了崔哲瀚手中，要想成为韩国围棋的代表人物，他责无旁贷。

4比1。中国围棋扬眉一胜。

小败——遗憾，却不失望

没有休息日，5月13日，第四轮战火连燃。

理论上，这一战中国队有提前结束战斗的可能，如果再来一个4比1，我们将在客场笑饮庆功酒。韩国队自然无法接受这样的现实，虽然排阵对他们并不有利，但他们仍然拼劲全力，尽显高丽民族在逆境中的顽强。

罗洗河这一轮对上宋泰坤。可怜的小宋显然是在失败的噩梦中还未醒来，被“小猪”杀得尸横遍野，第一个举起了白旗。四连败，宋泰坤是四轮过后中韩两队唯一没有胜绩的选手，他将来会以何种方式找回自己的状态？罗洗河显然是第二阶段最春风得意的人了，他一定想在这个时候会一会李昌镐、李世石。

王磊一样表现抢眼，怪刀起处朴永训应声倒地。中国队第一阶段两位连败者在第二阶段都是两连胜，这从另一角度表明这次中国队阵容的实力均衡。

胡耀宇不敌刘昌赫稍微有点意外，看来输给崔哲瀚让小胡失去了平和的心态，急于收复失地。刘昌赫毕竟不是等闲之辈，他一旦用上了力量，这世界上依然无人可轻撄其锋。

周鹤洋败给金成龙被看作冷门。其实能参加这样的比赛，谁也不是好相与的。单从一局棋而论，谁可以说自己能稳赢金成龙？鹤洋的失手不应该承受什么责备，唯一遗憾的是他这一败，中国队已经没有全胜的选手了。

王檄对阵崔哲瀚应该说是“冲击”了。刚刚将棋圣拱手让与朴永训的崔哲瀚在国际赛场上却是所向披靡，联想到李昌镐挑战国手惨败后在农心杯上一杀到底，看来韩国棋手也有“内外不一”的习惯。这一战王檄没有充分发挥实力，以几乎完败的方式成就了“崔毒”四连胜的殊荣。

2比3，第四轮是韩国队利剑出鞘一展风姿。中国队小败，但仍以多胜一局的优势在首尔满载而归。

决战——胜败只是起点

第五轮将回到中国，中国队只需赢下两局就可以取得总分的胜利。但没有人会愿意看到2比3失利后捧杯的情景，所以中国队仍必须全力争胜。最关键的一战是周鹤洋对撼崔哲瀚。只要此局拿下，中国队没有理由不胜，而且扼杀了崔哲瀚的五连胜可以避免中国棋士在“恐李”之后再患上“恐崔症”。

能在客场取得6比4的战绩，此次中韩对抗赛中国队的表现已经足可满意。不过缺了二李的韩国队竞争力明显差了很多，即使最后我们胜了，这也只是中国围棋赶超韩国的一个起点。

中韩对抗，不只是在几次个人对决，也不只是在几次团体比赛，从高度到厚度，从职业顶尖到业余普及，全面的较量刚刚开始。

第十届LG杯世界围棋棋王战

2005年3月举行预选赛，中国队六人出线。本赛5月举行，中国棋手在八强中占据六席。10月，三名中国棋手晋级四强。古力战胜李世石，与陈耀烨会师决赛。决赛五番棋古力先胜两局，陈耀烨奋力扳回两城，决胜局古力顶住压力拿下，初次登上世界冠军宝座。

赛程与对阵：

第十届LG杯世界棋王战第一轮

时间：2005年5月16日

地点：韩国首尔

李昌镐九段(韩国) 执白中盘胜 王檄五段(中国)

朴永训九段(韩国) 执白中盘胜 刘世振六段(中国)

朴文尧三段(中国) 执白2目半胜 王立诚九段(日本)

金成龙九段(韩国) 执黑3目半胜 刘星七段(中国)

朴正祥五段(韩国) 执白7目半胜 俞斌九段(中国)

罗洗河九段(中国) 执白中盘胜 崔明勋九段(韩国)

王煜辉七段(中国) 执黑中盘胜 金起用二段(韩国)

周鹤洋九段(中国) 执白中盘胜 沙沙初段(欧洲)

陈耀烨四段(中国) 执黑中盘胜 杨慧人业余6段(美国)

邱峻七段(中国) 执白中盘胜 周俊勋九段(中国台北)

古力七段(中国) 执白15目半胜 尹炫晳八段(韩国)

苏耀国七段(日本) 执黑中盘胜 崔哲瀚九段(韩国)

张栩九段(日本) 执白中盘胜 孔杰七段(中国)

山下敬吾九段(日本) 执黑中盘胜 常昊九段(中国)

小林光一九段(日本) 执黑中盘胜 朴炳奎五段(韩国)

第十届LG杯世界棋王战第二轮

时间：2005年5月18日

地点：韩国首尔

朴文尧三段(中国) 执白中盘胜 苏耀国七段(日本)

朴正祥五段(韩国) 执白中盘胜 罗洗河九段(中国)

李世石九段(韩国) 执白中盘胜 山下敬吾九段(日本)

周鹤洋九段(中国) 执黑1目半胜 张栩九段(日本)

王煜辉七段(中国) 执白中盘胜 金成龙九段(韩国)

陈耀烨四段(中国) 执黑中盘胜 李昌镐九段(韩国)

邱峻七段(中国) 执白中盘胜 朴永训九段(韩国)

古力七段(中国) 执白中盘胜 小林光一九段(日本)

第十届LG杯世界棋王战八强赛

时间：2005年10月17日

地点：中国北京

古力七段(中国) 执黑中盘胜 周鹤洋九段(中国)

陈耀烨五段(中国) 执黑中盘胜 邱峻七段(中国)

朴文尧四段(中国) 执白中盘胜 朴正祥五段(韩国)

李世石九段(韩国) 执白中盘胜 王煜辉七段(中国)

第十届LG杯世界棋王战半决赛

时间：2005年10月19日

地点：中国北京

古力七段(中国) 执黑中盘胜 李世石九段(韩国)

陈耀烨五段(中国) 执黑中盘胜 朴文尧四段(中国)

第十届LG杯世界棋王战决赛第一局

时间：2006年3月6日

地点：韩国首尔

古力七段(中国) 执白中盘胜　陈耀烨五段(中国)

第十届LG杯世界棋王战决赛第二局

时间：2006年3月8日

地点：韩国首尔

古力七段(中国) 执黑中盘胜　陈耀烨五段(中国)

第十届LG杯世界棋王战决赛第三局

时间：2006年4月17日

地点：韩国首尔

陈耀烨五段(中国) 执黑2目半胜　古力七段(中国)

第十届LG杯世界棋王战决赛第四局

时间：2006年4月19日

地点：韩国首尔

陈耀烨五段(中国) 执白中盘胜　古力七段(中国)

第十届LG杯世界棋王战决赛第五局

时间：2006年4月21日

地点：韩国首尔

古力七段(中国) 执黑中盘胜　陈耀烨五段(中国)

第十八届富士通杯世界职业围棋锦标赛

2005年4月到7月举行，中国棋手发挥欠佳，再度无人进入四强，韩国包揽四强，李世石最终夺冠。

赛程与对阵：

第十八届富士通杯第一轮

时间：2005年4月9日

第十八届富士通杯　李世石九段捧杯照

地点：日本棋院

王檄五段(中国) 执白中盘胜　江铸久九段(韩国)

俞斌九段(中国) 执黑8目半胜　石田芳夫九段(日本)

古力七段(中国) 执黑中盘胜　卡塔林五段(欧洲)

王铭琬九段(日本) 执白半目胜　金成龙(九段)(韩国)

山城宏九段(日本) 执白中盘胜　常昊九段(中国)

结城聪九段(日本) 执黑中盘胜　洛佩斯业余6段(南美)

张栩九段(日本) 执黑3目半胜　周鹤洋九段(中国)

李世石九段(韩国) 执黑中盘胜　中小野田智己九段(日本)

第十八届富士通杯第二轮

时间：2005年4月11日

地点：日本棋院

古力七段(中国) 执白中盘胜　李昌镐九段(韩国)

俞斌九段(中国) 执白3目半胜　周俊勋九段(中国台北)

宋泰坤七段(韩国) 执黑1目半胜　山城宏九段(日本)

王檄五段(中国) 执白中盘胜　羽根直树九段(日本)

刘昌赫九段(韩国) 执白中盘胜　结城聪九段(日本)

王铭琬九段(日本) 执黑中盘胜　朴永训九段(韩国)

李世石九段(韩国) 执白1目半胜　依田纪基九段(日本)

崔哲瀚九段(韩国) 执白1目半胜　张栩九段(日本)

第十八届富士通杯八强赛

时间：2005年6月4日

地点：韩国首尔

李世石九段(韩国) 执黑2目半胜　俞斌九段(中国)

崔哲瀚九段(韩国) 执黑6目半胜　王铭琬九段(日本)

宋泰坤七段(韩国) 执白中盘胜　古力七段(中国)

刘昌赫九段(韩国) 执白中盘胜　王檄五段(中国)

第十八届富士通杯半决赛

时间：2005年7月2日

地点：日本棋院

李世石九段(韩国) 执白11目半胜　刘昌赫九段(韩国)

崔哲瀚九段(韩国) 执黑中盘胜　宋泰坤七段(韩国)

第十八届富士通杯三、四名决定战

时间：2005年7月4日

地点：日本棋院

刘昌赫九段(韩国) 执白3目半胜　宋泰坤七段(韩国)

第十八届富士通杯决赛

时间：2005年7月4日

地点：日本棋院

李世石九段(韩国) 执白2目半胜 崔哲瀚九段(韩国)

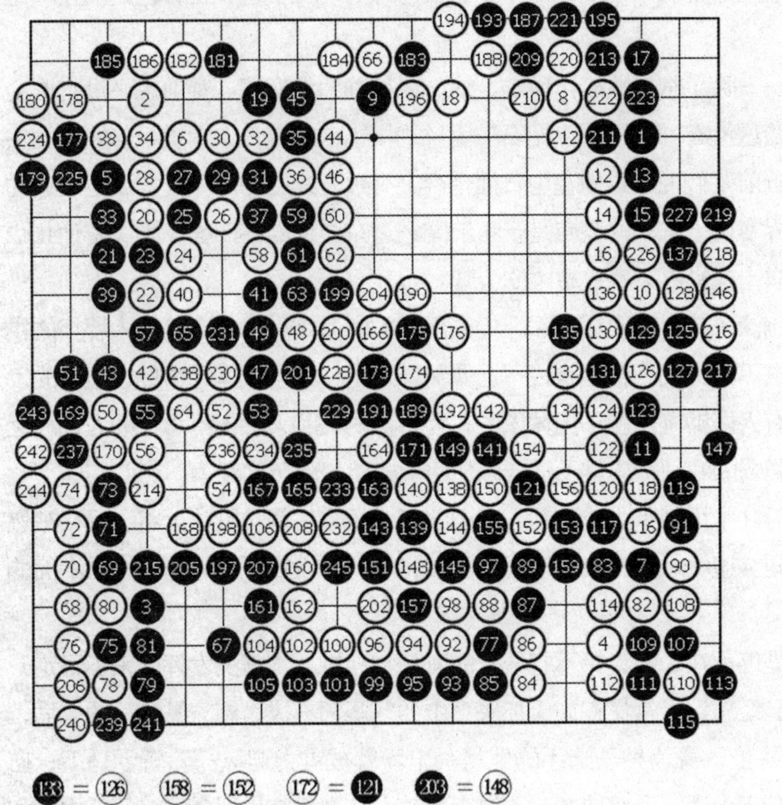

133 = 126　158 = 152　172 = 121　203 = 148

决赛棋谱

黑：崔哲瀚 九段

白：李世石 九段

共245手

白胜2目半

富士通杯——渐行渐远的灿烂

四月来了，樱花开了，映出东京街头略带寒意的繁华。富士通杯是千万樱花中绚烂的一朵，十八年来风雨无阻为棋迷绽放。岁月悠悠，它起初那浓郁的香味已变得淡雅，灿烂的容颜后透出一丝风尘浸染过的倦意。

激情碰撞的三月，应氏杯、春兰杯、LG杯如火如荼。金戈霜未洗，铁马破惊雷，从2004年年末开始的三国围棋大决斗恰好告一段落，最后一个决出的LG冠军也已呼之欲出，富士通杯作为另一个轮回的开端静默地走来，在最传统的盛宴上聚集起当今围棋的新贵们，怀旧的音乐响起，让我们忆起那白衣飘飘的年代。

4月9日，第十八届富士通杯第一轮。火爆了好几个月的中国兵团全面出击，五人全部登场，既是为此前连续两年无人打进八强买单，也是从头开始、一往无前的气势展示。自1998年以来连霸七届富士通杯的韩国人因为在这项赛事上杰出的表现，已经习惯了第一轮做一个旁观者。他们七人参赛，只有两人在首轮亮相，其中包括实力位居世界前两位的李世石。喧闹的日本阵营里有当红的张栩、结城聪，有曾经的贵族石田芳夫、山城宏，也有在中国棋迷眼中默默无闻的中小野田智己，他们和代表南美、北美、欧洲出战的选手们一样屏气凝神，迎接考试般的满脸郑重。在自己的地盘上日本棋士也不再嚣张了，实力为尊的胜负世界里，他们现在不是老大。

第一轮没有什么意外——除了常昊败给山城宏，这一局被称为大冷门。赛前想必没有谁会把山城宏当成障碍的，尽管这位有“名古屋小钻石”美誉的棋士曾经离日本围棋至尊的棋圣头衔只差半目。新棋迷只是听前辈们说起过他在中日擂台赛上有过五连胜的辉煌，那还是遥远的20世纪80年代。山城在世界赛场上唯一的亮点是十年前闯进过东洋证券杯四强，半决赛他1比2不敌聂卫平，成全了中国棋士在世界大赛决赛中的会师。

就是这样一名棋手，淘汰了新科应氏杯冠军、中国围棋的骄傲常昊，为自己已入暮年的棋士生涯增添了一抹绚丽。这不是冷门，甚至也说不上偶然。这是一个小概率的事件，但它的发生毫不意外。这世界上没有人能够确定赢下山城宏的，为常昊的失利大呼不可思议的人们缺乏对胜负的基本认识，他们脆弱的心理根本就不适合以任何形式参与胜负的竞争。

周鹤洋在势均力敌的对冲中折戟于张栩阵前，中国队第一轮损失两员股肱大将，近来被燃烧到了沸点的中国围棋如同突遭冰水浇头，富士通似乎又将成为滑铁卢。几天前还灿烂满面的中国围棋僵住了脸。

所以我们的灿烂还只是停留在表面，禁不起一丝的颠簸与挫折。“常昊发挥向来不稳定”又成“共识”，此时众人已经忘记了常昊在应氏杯决赛中如何坚韧不拔、霸气纵横。两天后，同样的命运降临到李昌镐头上，身为种子选手的他甫一出场就被古力迎风一刀斩于马下，自1998年夺冠后连续第七年在富士通上没有佳绩。不过李昌镐没有遭遇常昊那样的诘问，中国和韩国棋迷一样理解他的失手。毕竟现在已经不是某个强者全面制霸的时代了，“李昌镐城堡”的倒塌引不起棋坛的地震。同一轮韩国队还损失了上届冠军朴永训，但他们没有显出丝毫的慌张。他们还有四员大将挤身八强，两个世界冠军，两个世界亚军。现在的韩国早已不是靠一两杆重机枪打天下的时候了，他们从容并且雍容，谁输了都不紧张，他们剩下的每一个人都有夺冠的可能。这样的大气我们已经久违了，很久以前的第二届富士通杯上，日本的旷世双雄小林光一与赵治勋在第二轮双双落马，一起失守的还有加藤正夫，但日本棋迷没有惊慌失措，因为他们还有武宫正树，还有林海峰。只有占据了绝对高度才会如此镇定，韩国围棋确实成熟了。不过一个乔丹和十个科比哪个更让人神往？李昌镐表面仍如当初一样木讷，他的内心还有年少时无限的灿烂吗？

第二轮全线闯关让中国围棋又绽开了笑颜。古力的神勇，俞斌的沉稳，王檄的朝气，其实中国围棋自身的底气相当充足，只是旁观者过多的关心往往让他们乱了方寸。这么多年还把事业的兴衰维系在一两次比赛的胜负上，这样的笑容即使是发自心底也很难坚持长久。

山城宏的灿烂也只是昙花一放，他在第二轮和日本围棋一起遭遇失败。八强中只余一人，这样的惨境日本人并不陌生，甚至他们已经习惯，已经默默认可了这个格局。日本围棋真的落伍了，对不起，尽管这样说对曾经强盛如汉唐的围棋王国无比残忍，尽管我们许多人至今沉醉在六大超一流联手织就的黄金梦里不愿醒来，但冷酷的现实让我们避无可避。LG杯决战前两局，绝对代表如今日本最高水平的张栩展现出的前半盘构思令人忧虑。在中国国内只排在五六位的俞斌在第二盘形势大好的局面下稍一疏忽而败北，大家盯着的是张栩的“官子神功”，几乎完全忽视了他前面的处处制肘。到这次富士通首轮，周鹤洋再次在官子大战中被张栩搜刮的欲哭无泪，我们飞速将张栩“神话”，可是很快，第二轮崔哲瀚用一目半的细微优势让这个神话破灭。落后的现实不是用口舌之争可以改变的，即使张栩在LG决赛后三局中成功问鼎，也只能表明他在与俞斌的个人对抗中获得了胜利，不能代表日本围棋的复兴。

连曾经让韩国棋手闻之色变的老虎依田纪基都已威势不再，这个当初的帝国羸弱得叫人不忍心细看。刚刚在日本最大棋战棋圣战上轰轰烈烈斗满七局的羽根直树和结城聪在中韩棋士的铁骑前无从抵抗，轻易俯首称臣。如果棋圣战对中韩开放，不知道十二人的循环圈里还能剩下几个日本人？日本人在世界大赛中的辉煌自富士通杯开始，连霸五届后的十二年里只有小林光一在1997年登顶过一次。富贵如云烟，沧海已变桑田，一个王朝衰落的无声无息，它还会在无声无息中再次崛起吗？

新鲜出炉的应氏杯、春兰杯两大冠军全部一战即溃，富士通杯真的是要给围棋一个全新的开始。灿烂或者忧郁我们无法预知，只有伴着心爱的围棋奋力而行。

第四届CSK杯亚洲围棋团体赛

2005年5月举行，中国队名列第三，韩国夺冠。

赛程与对阵：

第四届CSK杯亚洲围棋团体赛第一轮

时间：2005年5月1日

地点：韩国首尔

张栩九段(中国台北) 执黑中盘胜 金成龙九段(韩国)

山下敬吾九段(日本) 执黑中盘胜 周鹤洋九段(中国)

王磊八段(中国) 执黑5目半胜 高尾绅路八段(日本)

结城聪九段(日本) 执黑中盘胜 胡耀宇七段(中国)

羽根直树九段(日本) 执白2目半胜 孔杰七段(中国)

依田纪基九段(日本) 执白中盘胜 古力七段(中国)

崔哲瀚九段(韩国) 执白胜 王铭琬九段(中国台北)

朴永训九段(韩国) 执黑胜 周俊勋九段(中国台北)

第四届CSK杯 中国五名棋手合影

李昌镐九段(韩国) 执黑2目半胜 林海峰九段(中国台北)

李世石九段(韩国) 执白中盘胜 王立诚九段(中国台北)

第四届CSK杯亚洲围棋团体赛第二轮

时间：2005年5月2日

地点：韩国首尔

胡耀宇七段(中国) 执黑中盘胜 王铭琬九段(中国台北)

林海峰九段(中国台北) 执黑中盘胜 孔杰七段(中国)

周鹤洋九段(中国) 执黑半目胜 王立诚九段(中国台北)

古力七段(中国) 执白中盘胜 张栩九段(中国台北)

李世石九段(韩国) 执白中盘胜 羽根直树九段(日本)

崔哲瀚九段(韩国) 执黑4目半胜 依田纪基九段(日本)

结城聪九段(日本) 执黑中盘胜 金成龙九段(韩国)

朴永训九段(韩国) 执黑3目半胜 高尾绅路八段(日本)

王磊八段(中国) 执白中盘胜 周俊勋九段(中国台北)

李昌镐九段(韩国) 执黑7目半胜　山下敬吾九段(日本)

第四届CSK杯亚洲围棋团体赛第三轮

时间：2005年5月3日

地点：韩国首尔

依田纪基九段(日本) 执黑中盘胜　张栩九段(中国台北)

羽根直树九段(日本) 执白1目半胜　王立诚九段(中国台北)

高尾绅路八段(日本) 执黑中盘胜　周俊勋九段(中国台北)

结城聪九段(日本) 执黑5目半胜　林海峰九段(中国台北)

山下敬吾九段(日本) 执白中盘胜　王铭琬九段(中国台北)

崔哲瀚九段(韩国) 执白中盘胜　王磊八段(中国)

孔杰七段(中国) 执白中盘胜　朴永训九段(韩国)

胡耀宇七段(中国) 执黑2目半胜　金成龙九段(韩国)

周鹤洋九段(中国) 执白中盘胜　李昌镐九段(韩国)

李世石九段(韩国) 执白2目半胜　古力七段(中国)

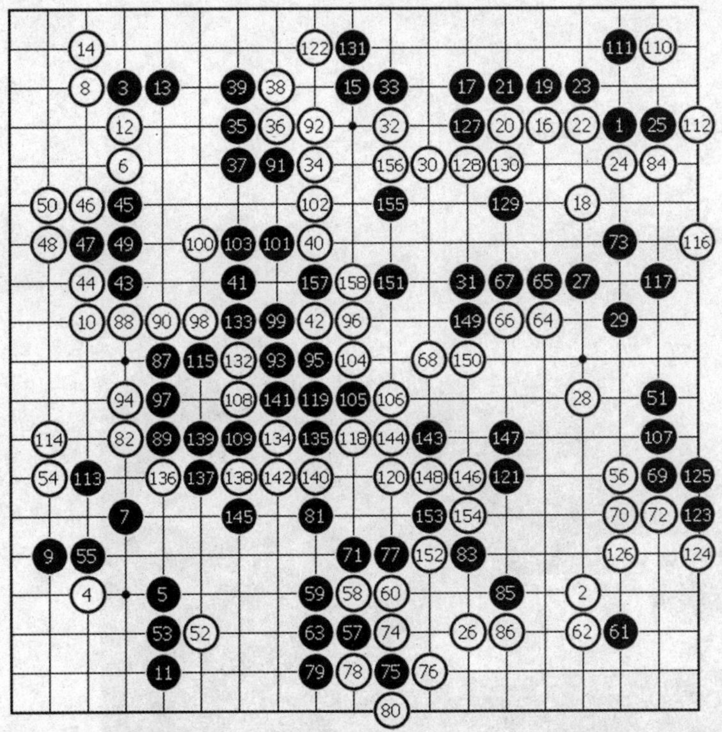

第三轮

中国队VS韩国队

黑：李昌镐　九段

白：周鹤洋　九段

共158手

白中盘胜

第八届中韩新人王对抗赛

2005年5月举行，中国古力2比1战胜韩国朴永训获得优胜。

赛程与对阵：

第八届中韩新人王对抗赛第一局

时间：2005年5月24日

地点：中国黄山

朴永训九段(韩国) 执黑1又3/4子胜　古力七段(中国)

第八届中韩新人王对抗赛第二局

时间：2005年5月26日

地点：中国黄山

古力七段(中国) 执黑3/4子胜　朴永训九段(韩国)

第八届中韩新人王对抗赛第三局

时间：2005年5月27日

地点：中国黄山

古力七段(中国) 执白中盘胜　朴永训九段(韩国)

中韩新人王对抗赛　古力与朴永训

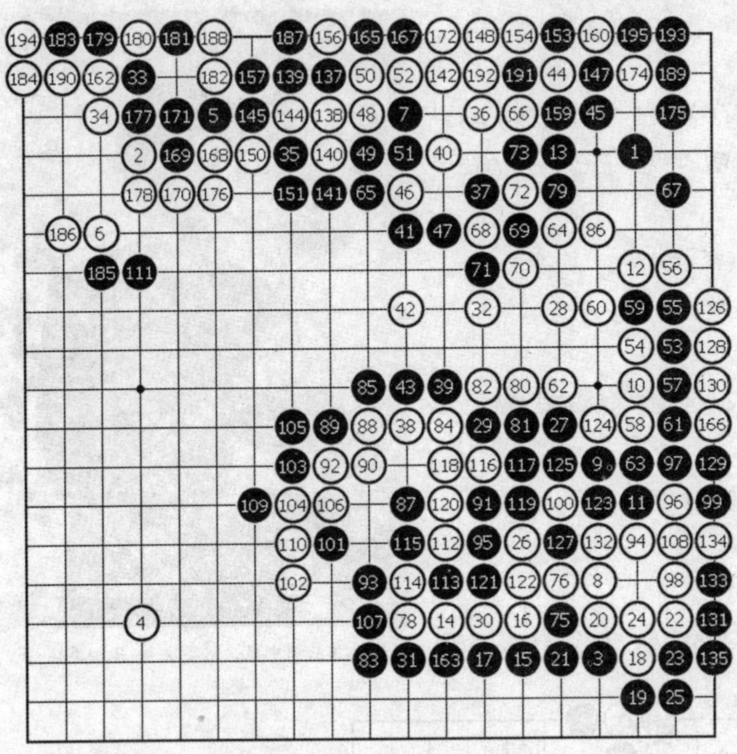

74 = 68　77 = 69　136 146 152 158 164 = 100

143 149 155 161 = 127　173 = 165　196 = 180

197 = 179　198 = 183

第三局棋谱

黑：朴永训　九段

白：古　力　七段

共198手

白中盘胜

第十七届亚洲快棋锦标赛

2005年6月举行，日本张栩决赛战胜韩国赵汉乘夺冠。

赛程与对阵：

第十七届亚洲杯电视快棋赛第一局、第二局

时间：2005年6月14日

地点：中国北京

赵汉乘八段(韩国) 执白1/4子胜　刘星七段(中国)

依田纪基九段(日本) 执白中盘胜　古力七段(中国)

第十七届亚洲杯电视快棋赛第三局、半决赛

时间：2005年6月15日

地点：中国北京

张栩九段(日本) 执白1又1/4子胜　李昌镐九段(韩国)

赵汉乘八段(韩国) 执白5又1/4子胜　依田纪基九段(日本)

第十七届亚洲电视快棋赛决赛 张栩捧杯

第十七届亚洲杯电视快棋赛半决赛

时间：2005年6月16日

地点：中国北京

张栩九段(日本) 执白1又1/4子胜　俞斌九段(中国)

第十七届亚洲杯电视快棋赛决赛

时间：2005年6月17日

地点：中国北京

张栩九段(日本) 执白1又1/4子胜　赵汉乘八段(韩国)

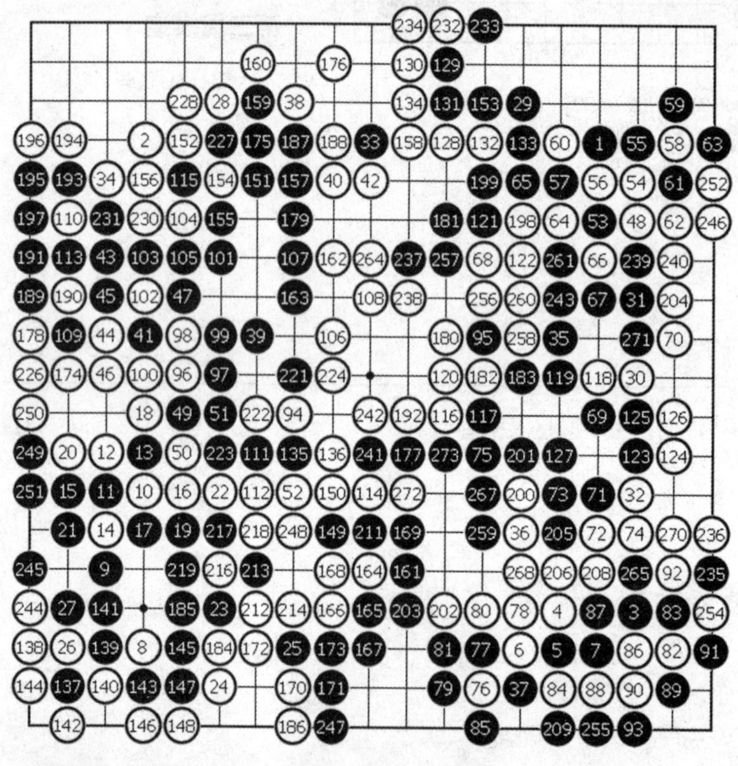

207 215 225 = 109　210 220 = 190　229 = 115

253 = 58　262 = 53　263 269 = 235　266 275 = 254

274 = 41　276 = 154

决赛棋谱

黑：赵汉乘　八段

白：张　栩　九段

共276手

白胜1又1/4子

第十七届亚洲电视快棋赛决赛　参赛七名棋手合影

第九届中韩天元对抗赛

2005年7月举行，中国古力2比1战胜韩国崔哲瀚取得优胜。

赛程与对阵：

地点：中国同里

第九届中韩天元对抗赛第一局

时间：2005年7月19日

崔哲瀚九段(韩国) 执黑中盘胜　古力七段(中国)

第九届中韩天元对抗赛第二局

时间：2005年7月21日

古力七段(中国) 执黑3/4子胜　崔哲瀚九段(韩国)

第九届中韩天元对抗赛第三局

时间：2005年7月22日

古力七段(中国) 执黑3/4子胜　崔哲瀚九段(韩国)

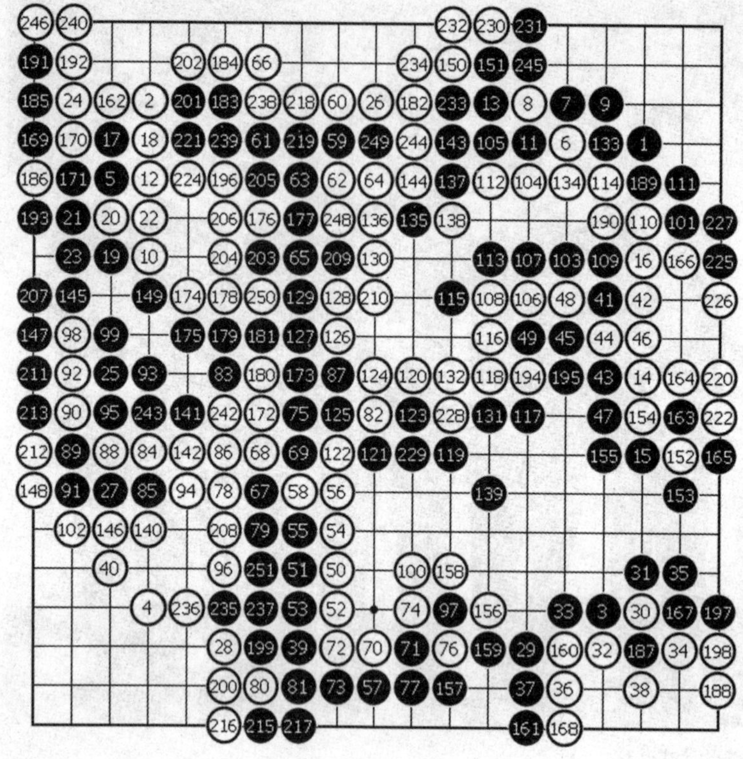

第三局棋谱

黑：古 力 七段

白：崔哲瀚 九段

共251手

黑胜3/4子

第十届三星杯世界围棋公开赛

2005年8月开始预选赛，中国四人出线。9月本赛，中国胡耀宇、罗洗河打进八强。随后罗洗河一路高歌，直闯决赛。决赛中罗洗河2比1力克李昌镐，获得冠军，为中国围棋取得意义重大的一次胜利。

赛程与对阵：

第十届三星火灾杯第一轮

时间：2005年9月28日

地点：韩国大田

朴文尧四段(中国) 执黑5目半胜 李廷宇五段(韩国)

金明完七段(韩国) 执白3目半胜 王雷五段(中国)

王檄五段(中国) 执黑中盘胜 陈诗渊三段(韩国)

羽根直树九段(日本) 执黑中盘胜 尹峻相四段(韩国)

依田纪基九段(日本) 执黑2目半胜 金志锡二段(韩国)

刘秝豪初段(韩国) 执白1目半胜 赵治勋九段(日本)

鹤山淳志六段(日本) 执黑4目半胜 芮乃伟九段(韩国)

李世石九段(韩国) 执黑中盘胜 高尾绅路九段(日本)

曹薰铉九段(韩国) 执白中盘胜 沟上知亲八段(日本)

李昌镐九段(韩国) 执白中盘胜 李熙星六段(韩国)

宋泰坤七段(韩国) 执黑中盘胜 孔杰七段(中国)

崔哲瀚九段(韩国) 执白中盘胜 李喆四段(中国)

胡耀宇八段(中国) 执黑中盘胜 朴永训九段(韩国)

古力七段(中国) 执黑中盘胜 白洪淅四段(韩国)

刘昌赫九段(韩国) 执白中盘胜 周鹤洋九段(中国)

罗洗河九段(中国) 执黑中盘胜 赵汉乘八段(韩国)

第十届三星火灾杯第二轮

时间：2005年9月30日

地点：韩国大田

金明完七段(韩国) 执黑中盘胜 鹤山淳志六段(日本)

刘昌赫九段(韩国) 执白中盘胜 朴文尧四段(中国)

崔哲瀚九段(韩国) 执黑中盘胜 羽根直树九段(日本)

胡耀宇八段(中国) 执白中盘胜 刘秝豪初段(韩国)

曹薰铉九段(韩国) 执黑中盘胜 王檄五段(中国)

李昌镐九段(韩国) 执黑半目胜 古力七段(中国)

罗洗河九段(中国) 执白中盘胜 宋泰坤七段(韩国)

李世石九段(韩国) 执黑中盘胜 依田纪基九段(日本)

第十届三星火灾杯八强赛

时间：2005年11月16日

地点：韩国三星研修院

崔哲瀚九段(韩国) 执白中盘胜 曹薰铉九段(韩国)

胡耀宇八段(中国) 执黑中盘胜 金明完七段(韩国)

李昌镐九段(韩国) 执黑5目半胜 刘昌赫九段(韩国)

罗洗河九段(中国) 执白中盘胜 李世石九段(韩国)

第十届三星火灾杯半决赛第一局

时间：2005年12月13日

地点：韩国三星研修院

罗洗河九段(中国) 执黑中盘胜　崔哲瀚九段(韩国)

李昌镐九段(韩国) 执白中盘胜　胡耀宇八段(中国)

第十届三星火灾杯半决赛第二局

时间：2005年12月15日

地点：韩国三星研修院

崔哲瀚九段(韩国) 执黑中盘胜　罗洗河九段(中国)

胡耀宇八段(中国) 执白1目半胜　李昌镐九段(韩国)

第十届三星火灾杯半决赛第三局

时间：2005年12月16日

地点：韩国三星研修院

罗洗河九段(中国) 执白7目半胜　崔哲瀚九段(韩国)

李昌镐九段(韩国) 执黑中盘胜　胡耀宇八段(中国)

第十届三星火灾杯决赛第一局

时间：2006年1月10日

地点：韩国首尔

罗洗河九段(中国) 执黑中盘胜　李昌镐九段(韩国)

第十届三星火灾杯决赛第二局

时间：2006年1月12日

地点：韩国首尔

李昌镐九段(韩国) 执黑3目半胜　罗洗河九段(中国)

第十届三星火灾杯决赛第三局

时间：2006年1月13日

地点：韩国首尔

罗洗河九段(中国) 执黑5目半胜　李昌镐九段(韩国)

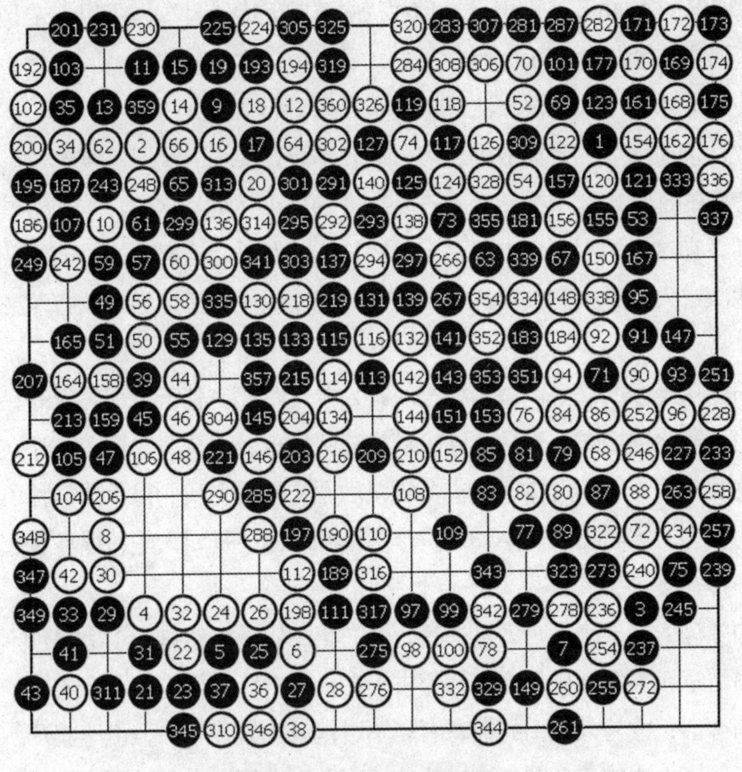

128 = 117　160 166 331 = 120　163 179 = 157　178 = 174
180 = 172　182 188 196 202 208 214 220 226 232 238 244 250
256 262 268 274 280 = 170　185 191 199 205 211 217 223 229
235 241 247 253 259 265 271 277 = 169　264 = 258
269 = 263　270 = 227　286 = 171　289 = 203
296 = 293　298 = 125　312 318 324 330 = 122
315 321 327 = 309　340 = 17　350 = 80
356 = 146　358 = 309

决赛第三局棋谱

黑：罗洗河　九段

白：李昌镐　九段

共360手

黑胜5目半

三星之路

现在说三星杯是中国棋迷最关注，也是和中国围棋关系最密切的世界大赛估计没有什么人会反对了。从2001年的第六届开始，每一届三星杯都让中国围棋上演大喜大悲，回头看这一路风尘，如同看一个寓言，看一场宿命。

三星杯创办于1996年，当时还是三国鼎立之火正炽，谁都没有把握拿世界冠军，谁又都有那样一份渴望。同年推出的还有LG杯世界棋王赛，当时我们似乎并没有指望这两项比赛可以维持多少年，毕竟围棋的国际赛事说到底还算不上正规的世界大赛，主办者的人为意愿严重。

但有比赛总是好的，我们就这样踏上征程。第一届三星杯中国棋手表现非常一般，早早就踪影全无，最后进入决赛的是日本的依田纪基和韩国的刘昌赫，同年他们还携手打进应氏杯决赛。当时的三星杯冠军奖金和应氏杯的40万美元相当，时称“80万美元大决斗”。围棋上帝是公平的，痛失应氏杯的依田纪基在三星杯决赛上力胜刘昌赫，显示出日本围棋的力量。当然，彼时我们想不到，这顶金冠将在七年之后才会再次让日本棋手捧起，而中国……

第二届三星杯中国曾有“八仙过海”的经典战役，可惜后劲不足，四强只剩了马晓春。半决赛他栽在李昌镐手下，是宿命的延续。和李昌镐携手进入决赛的是小林觉。这位日本本格棋士一直介于一流和超一流之间，在这样的大胜负中面对李昌镐这样的对手，连爆冷的心情估计都没有。0比3，这是小林觉两次进入世界大赛决赛的相同比分，另一次是东洋证券杯被曹薰铉零封。

第三届就是马晓春和中国围棋至今的痛了。奋勇打进决赛，并且首局完胜苦手李昌镐的马晓春，在两度领先的大好局面下最终被逆转。无数次胜机从指缝间溜走，“妖刀”只能徒呼奈何。当时我们都指责韩国人擅改赛程，玩小动作，其实多年以后回头看看，我们得承认，胜负主要还是取决于对局者本人的实力。不需要任何小动作，李昌镐的胜面还是要大些，很多看起来由偶然引发的事件其实是一种必然。

要说三星杯历史上最黑的黑马，赵善津是有力候选者，他在第四届上竟然打进了决赛！不过他面对的也是李昌镐，0比3是意料中的比分。这位韩裔棋士在日本棋坛也算是大器晚成，一举打破赵治勋的本因坊十连霸神话，成为大头衔的拥有者。不过他就如昙花一朵，迅速盛开，然后就没了影踪。李昌镐在三星杯上达成三连霸，这样的伟绩至今没有第二个人做到。那时我们以为三星杯就是为李昌镐而设，想不到的是从第二年开始他就将远离决战舞台六年之久。

之所以说赵善津是最大的黑马“之一”，是因为第五届又杀出了个山田规三生。他的黑马成色应该更加充足，因为他在日本国内的最大成就也不过是一期王座。他决赛遇到的不是李昌镐而是刘昌赫，不知道算是山田好运还是刘昌赫好运？结果是刘昌赫获胜，一解首届比赛负于依田纪基的郁闷。至此我们意外的发觉，日本棋手在前期三星杯上的战绩相当好，而中国棋手的表演尚未正式开始。

2001年的第六届三星杯曾经距离中国围棋只有半目的距离。常昊、马晓春双双打进四强，半决赛常昊2比1淘汰李昌镐几乎成为里程碑式的胜利。可惜的是决赛上曹薰铉的老到让常昊品尝了苦酒。先胜一局后在第二盘拥有无数次可以一举制胜的机会却又一一错失，终于憾负半目。决胜局的再败可以预料，常昊的炼狱之路还在继续。

2002年是王磊的爆发。一路杀进决赛的他面对的是上届冠军曹薰铉。被中国棋迷期望的王磊在经验上明显还有差距，0比2，比赛的进程可谓波澜不惊。

2003年，第八届三星杯上演真正的传奇，中国两员小将胡耀宇和谢赫在半决赛上双双折戟叫人遗憾，但老将赵治勋的神勇唤起了我们另一种兴奋。韩国新锐朴永训在决胜局中放跑了必胜的机会，赵治勋于国际比赛中证明了自己，从此真的可以笑看胜负了。

2004年的三星杯成为中韩大战，三英战吕布的中国棋手最终没能拦住李世石的铁骑，古力和王檄在半决赛和决赛上相继落败，“不败少年”的威风膨胀到了极点。

十载三星如风过，中日棋手联手抗韩成为这项比赛的主旋律。不管过程如何跌宕起伏，最终获得三星杯冠军的都是棋坛最风流的人物，这使这顶桂冠的成色十年之后依然充足。英豪并起，王者登顶，棋界至尊，唯我三星。

双雄心语

李昌镐：平凡是一种难得的美丽

时隔六年，我再入三星决赛，四周望去，一片苍茫，心头不禁恍惚。这么多年，一直站在棋界巅峰，别人只看到我的风光，有谁体会我心深处的寂寞？

选择围棋是一种宿命，我无可回避，如果说最初只是因为热爱，当我成为国人的骄傲，成为棋迷的热爱，围棋已经变成责任，即使厌倦，即使心悸，我必须承担。

拿了太多的冠军，被塑造成神话般的佛，我的内心也很满足。三星杯曾带给我在世界大赛上最大的辉煌———项赛事中三连冠，在群雄并起的当代棋坛，这就是奇迹。

可是任何传说与奇迹都会成为过往，三星杯也罢，世界第一人也好，当你饥饿的时候，好听的名头比不上一块面包。

围棋并不是我生命的全部，说我为棋而生的人只看到表象。我和你们一样有很多别的追求，可是我无法恣意表达自己。当万人仰望我的时候，可知我也在羡慕你们的平凡？

我的棋朴实无华，和我的人一样。但无数人以我的棋为圭臬，是他们向往平凡吗？当然不是，他们向往的是我的辉煌战绩，因为战绩，我的平凡也成了不平凡。

平凡也是美丽的，如果站在围棋上帝的高度，你们会发现我就是个平凡的人。

以平凡的眼光看我吧，无论我胜还是败，那样我们都可以享受更多的属于围棋本质的美丽。

罗洗河：我只管飞行，不问归程

飞，在天空自由翱翔的感觉真是惬意。

你问我将飞向何方？呵呵，我也不知道，我享受这过程，从不过多去考虑结果。所以你们一直看到我的快乐，不曾知道我也有痛苦和压抑。

既然上天给了我们这样辽阔的天空，为什么我们不去尽情徜徉？努力或者懈怠不是判断一个人是不是人物的标准，倦卧高岗时的卧龙先生也许比鞠躬尽瘁的诸葛军师更能领会生命的乐趣。

很多事情不需要亲身体验，只要有思想，通感将无处不在。

赢得三星杯，我还是我。输掉三星杯，用不了多久你们就会再度将我抛在记忆的角落。

而我，总是要继续飞翔的，迎着千万人的目光，或者前面一片空旷，我一样的飞。

扑面有风，我闭上眼睛，深吸一口新鲜的空气——这世界，好美！

一杯，两佛，三星

一场万人瞩目的世界围棋巅峰之战。

三星杯。

一座奖杯，两个争夺者——也许他们正是这世界上最应该拿这座奖杯的两个人。一个是石佛，另一个一直被称作“小猪”，但他现在浑身金光，也像是一尊佛。

李昌镐坐在那里，依然木讷，不过表情丰富了少许。他也有皱眉，也有流汗，也有局促的脸红，他还是佛，只是已经食了许多人间烟火。

罗洗河还是一副漫不经心的模样，胖胖的脸上有点狡黠，也有一点不经意的深沉。他也像佛，酒肉穿肠过的活佛。

两个表象差别巨大的人坐在一起，却蓦然让人产生一种感觉——他们很像。是的，像，思想上的相像，也许他们能够互相读懂，也许他们该是知音。

如果和李昌镐相对而坐的是常昊，或者是古力，我们感受到的将是浓浓的杀意和惨烈的竞争——三星杯毕竟是一项比赛，它也要以胜负论英雄。谁将对方打倒谁就是王者，这个世界很残酷，竞技之中没有温情。

但这次是罗洗河。多年前的天才，然后因为一再让棋迷失望而被漠视，早已不是棋界光环聚集的焦点。他此番杀进三星杯决赛被很多人视为黑马——之前的世界大赛上他只有一次四强的实绩。

要不是半决赛上和崔哲瀚杀出了名局，罗洗河还是不会被重视——就像2005年春兰杯上的周鹤洋，大家期望他的突破，但只是成绩上的突破，别的，我们不知道该要求什么。

罗洗河不同，首先我们希望看到的竟不是他能获胜，而是下出漂亮的棋，只有罗洗河才能下出的漂亮棋。

罗洗河的漂亮和常昊不一样，和古力也不一样，他的漂亮在思维上，或者更确切地说是在思想上。只有罗洗河的思想才能产生那样的火花，虽未必能绚烂到最后，但是光芒万丈。

我们只能在事后说：啊，小猪的棋真漂亮！谁能从一开始就理解罗洗河的用心，和他共同缔造那思想的和谐呢？李昌镐，也许只有李昌镐。

他们两人下棋，不像是竞技，倒像是谈哲学。虽然也刀光剑影，虽然也锱铢必较，但况味就是不同。我们在他们对局时激动，在他们对局后思索，我们在享受精神上的盛宴。

不知道该期待谁胜利，喜欢罗洗河，也喜欢李昌镐，不想因为失败让他们其中任何一个黯然。第一局波澜壮阔，罗洗河的才气如大海惊澜；第二局纷繁复杂，李昌镐的定力似高山耸立。“精彩”已经不足以形容，赞叹也显得苍白，我们该庆幸自己能够看到第三局。

只有一座三星杯，但它为我们塑造了两尊佛。

三星决赛的几个关键词

本届三星杯决赛可称为近年难得一见的超级大戏，棋里棋外都妙味无穷。有几个简单的词在这里显出了意境。

哲学

这场大胜负首先让人想到的不是精彩，不是激烈，而是——哲学。

围棋本就透着浓浓的哲学意味，但我们一直紧盯着胜负和锦标，很少静下心去品味那虚拟的境界问题。

罗洗河为我们打开了围棋的哲学之门。他的棋才华横溢，但又绝不能只用“才子”来形容他。他的才华很大程度上体现在深层的思想上。他不勤奋，所以很多人会觉得他也懒于思想。其实思想是个很玄妙的东西，它重视的是感觉，而不是单纯的时间付出。罗洗河有灵气，他能从日常的事情上看出哲学来——当然，他不一定是用这个词来形容那些看法。从这个角度看，他的境界已经超越了曾经的老师马晓春。

哲学是需要对话的，心灵的对话。一直如老僧一般出现在我们视野的李昌镐正是这样一个合适的对话者。这世界上有无数人研究李昌镐的棋，但很少有人能懂他的内心。都说他是为棋而生的，其实棋只是他生命的一部分，抛开围棋他同样会是个优秀的思想者。

把残酷的争棋下出哲学意味，不知道以后还有多少人可以做到。

疲惫

李昌镐累了，这次是真的。看他在第一局结束时满脸的倦容，不禁有些心疼。

这个曾让人以为如机器一样永远不知疲倦的“夺冠专业户”现在也感受到了重重压力。从李世石到崔哲瀚，到朴永训，再到今天的罗洗河，对手越来越多，越来越强，让他在围棋的各个领域都不再可以独美。

有人说李昌镐已经不是世界第一了，只是新的世界第一还没有产生。其实不是李昌镐变弱了，也不是他的某个对手已经超过了他的水平。实在是围棋太广博了，即使是李昌镐也只能弄明白其中一部分的因果。对手们从不同角度去突破围棋的神秘堡垒，从全面性上看，他们还没有一个可以达到李昌镐的高度，但是在自己擅长的领域，已经足可令李昌镐无比头疼。

刘小光说：“人是斗不过妖的。”李昌镐说：“一个人是斗不过一群人的。”

疲惫的李昌镐，辛苦了。

表情

表情丰富多彩，石佛也不再是安坐如山。

最经典的是第一局结束时马晓春走进对局室和两位对局者一起指点江山时的表情。面对战胜自己的罗洗河，李昌镐倒可以坦然，面对曾是自己手下败将的马晓春，李昌镐的尴尬无法掩饰。

马晓春的表情还是很"妖"，有得意也有怅惘——当年的自己风华正茂，就是折在这个韩国人手上。现在自己的学生打败了他，自己是该欣慰还是失落？

罗洗河脸上挂着笑意，但还是漫不经心的表情。或许他还是在"玩"，毕竟第一局不决定最后的胜负。他很清醒，这是长处，有时也会叫人痛苦。

韩国棋手的表情是复杂的，他们大概还没有想好该用什么样的心情迎接李昌镐的失利，所以显得有些"木"。

表情也许是心灵所想的反映，也许毫不相干。

随意

罗洗河很随意，至少表面上看起来是这样。

他赢的时候没有喜不自禁，输的时候也没有垂头丧气。他总是乐呵呵的，一身的随和，像个邻家男孩，没有距离感。

在棋盘上他也很随意，第二局被众人炒得重要无比，他仍是随意出手，啪啪啪啪，上午就落后了一大截。不过他没有像半决赛上那样就此放弃，下午的反击让李昌镐费尽了心力。输掉这一盘，罗洗河还是无所谓的神态，这种时候紧张又有什么用呢？

其实，随意是最好的姿态。对了，马晓春题的扇面上就是这两个字。

定力

相比罗洗河的总是脸上荡漾笑意，李昌镐就是恬淡到木讷了。

第二盘罗洗河的反击极为激烈，优势的李昌镐一时也很显得手忙脚乱。那个时候，他的心理压力应该是最大的，因为对手输了还有决胜局，可以毫无顾忌地任意挥洒，而自己身后就是悬崖。

李昌镐没有让棋迷失望，他稳稳立在那里，顽强挡住罗洗河一波又一波的冲击。或许从技术上讲，能做到这点的棋士有很多，但在这样的场合，能守得住的或许只有李昌镐。

定力也是技术的一种，李昌镐是这个技术领域的王者。

未知

其实一切都是未知，包括最后一局的胜负，包括罗洗河和李昌镐的未来走势。

未知才是世间的正道吧，什么都知道了，我们活着还探索什么？

很多事情是不需要知道结果的，任他发展吧，该什么样就是什么样。所以我们不去预测三星杯最后一盘的胜负，1月13日，我们愿意和大家一起等着谜底自己揭开。

罗洗河引发的狂热可以维持多久呢？

李昌镐还会带给我们多少传奇？

未知，未知是一种幸福，因为我们永远会期待明天。

三星璀璨 猪已成佛

中国围棋期盼已久的胜利在不经意间到来。2006刚刚拉开序幕，光芒眩目的三星杯就为我们送来狂喜。罗洗河以自己特有的天才战法将看上去永远不动如山的李昌镐击倒在地，“轰”一声巨响，旧偶像坍塌激起的尘土和新偶像升天腾起的云雾让我们如神仙一般飘飘然。

胜利，做一个大大的“V”字手势，此刻我们只需要宣泄心中的喜悦。不以成败论英雄，李昌镐仍是围棋的骄傲，是我们尊敬和感谢的大师；罗洗河不会因为一场胜利就成就完美人生。我们早就说过，这次三星杯决赛，胜负不该是我们视线聚集的焦点，我们要看到的是用心灵对话方式完成的争棋。我们的喜悦，我们的扬眉吐气，不仅在于我们获得了冠军，也不仅在于我们战胜了李昌镐，更大程度上，我们为之骄傲的是我们终于又看到这样漂亮的围棋，终于又看到这样荡气回肠的精彩对抗。胜利，不只是中国围棋在战绩上的胜利，更是围棋本身美丽的胜利。

罗洗河是胜利者，与他共同导演这场绝妙大戏的李昌镐又何尝不是胜者？

围棋的胜利。罗洗河用天才让围棋不再是枯燥艰深的功力之争。他的每一手都在常规之外，都充满哲学般的智慧。李昌镐用自己的天才竭力配合，与其责怪石佛的失误，不如欣赏他敢于为了棋谱的精彩将棋局纳入自己并不擅长领域的勇气。从技术角度看，决赛三盘棋都有这样那样的不足，但站在更高的地方俯身，我们会发现，这些不足才真正成就了名局——双方都没有失误的对局肯定不会波澜壮阔，不是每个棋迷都是境界高深的评审大师，我们愿意看到的是飞跃的思想，有创造力的飞跃思想，即使不完美，我们可以在其中体会各自追求的况味。

这一刻我们不要听什么冷静的分析、理性的总结。人生得意须尽欢。我们已经久违了这样的快乐。20世纪80年代日本六大超一流以天才的构思为我们献上一幅幅美妙的围棋画卷时，我们如痴如醉。那时我们不去想围棋是哪一个人的胜利，甚至在内心也让围棋超越了国界。韩国流的横空出世让围棋的现实性增强到空前的高度，胜负师一个接一个，围棋的“深”得到前所未有的发掘。在技术上围棋无疑大步前进了，可是普通棋迷很难再找到以前因为一步棋的构想和顶尖高手相似而产生的强烈共鸣。各项国际、国内，职业、业余的大赛遍地开花的时候，围棋离我们近了还是远了？

总要有天才在我们需要他的时刻挺身而出，罗洗河不但尽情挥洒了自己的才气，也激发了李昌镐心底的狂野。他们今后的路还长，各自还将取得何样的成就无法预期，但这一回创造的经典将是围棋永远的光芒。

胜利，让我们更热爱围棋。

第七届农心杯世界职业围棋团体赛

2005年10月开战，三国混战激烈。最后关头日本主将依田纪基奋起神威连胜三局，包括击败了在农心杯上已经达成十四连胜的李昌镐，第一次为日本队捧得农心杯冠军。

赛程与对阵：

地点：中国北京

第七届农心杯三国擂台赛第一局

时间：2005年10月11日

羽根直树九段(日本) 执白中盘胜　姜东润三段(韩国)

第七届农心杯三国擂台赛第二局

时间：2005年10月12日

羽根直树九段(日本) 执白中盘胜　王垚六段(中国)

第七届农心杯三国擂台赛第三局

时间：2005年10月13日

柳才馨七段(韩国) 执黑中盘胜　羽根直树九段(日本)

第七届农心杯三国擂台赛第四局

时间：2005年10月14日

刘星七段(中国) 执黑中盘胜　柳才馨七段(韩国)

地点：韩国釜山

第七届农心杯三国擂台赛第五局

时间：2005年11月23日

三村智保九段(日本) 执白中盘胜　刘星七段(中国)

第七届农心杯三国擂台赛第六局

时间：2005年11月24日

元晟溱六段(韩国) 执黑中盘胜　三村智保九段(日本)

第七届农心杯三国擂台赛第七局

时间：2005年11月25日

谢赫六段(中国) 执白半目胜 元晟溱六段(韩国)

第七届农心杯三国擂台赛第八局

时间：2005年11月26日

谢赫六段(中国) 执黑中盘胜 山田规三生八段(日本)

第七届农心杯三国擂台赛第九局

时间：2005年11月27日

赵汉乘八段(韩国) 执黑中盘胜 谢赫六段(中国)

第七届农心杯三国擂台赛第十局

时间：2005年11月28日

赵汉乘八段(韩国) 执黑2目半胜 高尾绅路九段(日本)

地点：中国上海

第七届农心杯三国擂台赛第十一局

时间：2006年2月21日

赵汉乘八段(韩国) 执黑中盘胜 常昊九段(中国)

第七届农心杯三国擂台赛第十二局

时间：2006年2月22日

依田纪基九段(日本) 执白中盘胜 赵汉乘八段(韩国)

第七届农心杯三国擂台赛第十三局

时间：2006年2月23日

依田纪基九段(日本) 执白中盘胜 孔杰七段(中国)

第七届农心杯三国擂台赛第十四局

时间：2006年2月24日

依田纪基九段(日本) 执黑中盘胜 李昌镐九段(韩国)

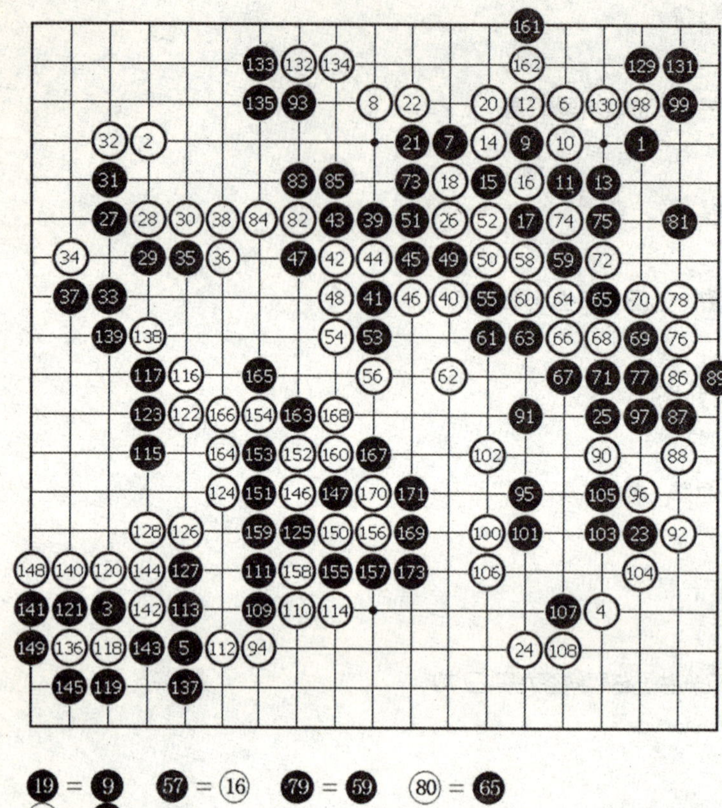

第十四局棋谱

黑：依田纪基　九段

白：李昌镐　九段

共173手

黑中盘胜

挥别李昌镐时代

李昌镐终于黯然低下了头，农心杯的连胜神话在第十五局划上了终止符。所有人都长出了一口气——我们不用再等待了，奇迹已经成为历史，以后石佛所有的胜与败我们都可以淡然以待。

我知道，这一天迟早会来，我知道，这世上从没有永恒。即使是李昌镐，他也抗拒不了岁月，抗拒不了胜负的轮回。高高屹立的石佛轰然坍塌，一段漫长的梦想之旅被生硬地打上了封条。

十年孤剑沧海盟。不知怎么，心底蓦地升起这七个字来。从1996年连续在东洋证券杯和富士通杯决赛上击败马晓春、真正登临世界棋坛巅峰，李昌镐雄霸天下整整十年。在高手辈出、英豪云集的当代，他创造了惊人的传奇。

这十年是怎么样的一个时代啊——曾经的王者日本逐步衰落、韩国铁骑荡平四野构建棋界新秩序、难求一冠的中国不甘沉沦苦苦支撑……这是围棋史上极为重要的十年，从围棋理论到围棋思想，都充满了新时代的光辉。作为这十年来最杰出的代表，李昌镐竭尽全力，提升着这个时代的高度，也维护着这个时代的秩序，所以，这十年，在围棋史上被命名为——李昌镐时代。

我们的青春在李昌镐时代与李昌镐一起闪烁光芒。从二十岁到三十岁，我们的梦想起起落落，有过幸福，有过悲伤，但我们对心底的追求从来不离不弃。围棋陪伴我们度过生命中每一个漆黑的长夜，像我们最爱的人，像最爱我们的人。青涩，但是飞扬；孤独，但绝不迷茫。我们的青春和李昌镐一样伟大，那是我们最美好的岁月。

多不愿失去那么美丽的梦啊！即使我们成熟了，即使我们成功了，再厚重的成就也无法替代那单薄的青春。李昌镐力压马晓春、李昌镐按住常昊不让他翻身、李昌镐大战依田纪基从连败到连胜、李昌镐一次次忍受被刘昌赫淘汰的痛苦、李昌镐苦斗李世石等来大逆转的良机……一幕幕在眼前流动，每一幕恍如就在眼前。我们傻傻回味咀嚼着，脸上有笑，笑里有泪。

打破李昌镐金身的依田纪基说："李昌镐还是最强的，一盘棋说明不了太多问题。"是的，胜负只是表象。但是对于李昌镐，对于陪着李昌镐苦苦支撑了这么久的我们，这一次真的不同。他当然还可以重新屹立，他当然还会笑傲巅峰，这不，今天他就力胜"克星"崔哲瀚，重返韩国国手宝座。是的，他可以继续做棋界第一人，但他的时代结束了。就像赵治勋，他的时代在20世纪80年代，1996年后虽然他再度独揽大三冠，成为日本围棋的王者，但那不是他的时代。

"死去的英雄往往比活着的勇士更受尊敬"，李昌镐没有权利"死去"，他必须继续战斗，做一名勇士。今后的棋界将有更多的精彩故事上演，我们依然会欢呼，会失落。

只是，李昌镐的时代终究与我们挥别了，伴着我们张皇的青春。

不由唱起那首老歌：点亮一盏灯，温暖我无悔青春，燃尽我所有无怨的认真。

农心杯的连胜英雄们

孤单的依田纪基这次做了英雄，他连克韩国副将赵汉乘和中国主将孔杰，让第七届农心杯三国擂台赛进入了日韩主将的决斗。如果依田老虎最后能够战胜韩国主将李昌镐，那他将以三连胜的优异战绩结束本届比赛。而如果李昌镐最终取胜，他在历届农心杯上的累计连胜纪录将达到15连胜。

擂台，连胜，这是围棋比赛中最让人激动的两个字眼。回首已经进行的七届农心杯，连胜英雄们在历史的长河中闪耀着光芒。他们的最终结局各有不同，有迎风傲啸的快意，也有功亏一篑的悲壮。有壮志得酬的狂喜，也有英雄失落的凄惶。刀锋是冷的，但血是热的。连胜英雄们，在风中展开战神的大旗。

图腾

我们这里谈的是农心杯的连胜英雄，此前被冠以"SBS杯"和"真露杯"的六届三国擂台赛不在统计范围。这是为了让比赛名目更加清晰，不至于带给读者资料上的混乱。但是有一个人我们却无法避开，如果谈连胜英雄不谈他，相信每一个被提及的英雄自己都会汗颜。

徐奉洙，这位至今在围棋史上该如何定位仍被争论不休的韩国“土著英雄”，在一个最适合自己的舞台上，将全身力量倾泻而出，用血与肉铸造了一尊当代围棋的图腾，让那些尊贵的大棋士仰之弥高。

在SBS杯和真露杯上，徐奉洙的总成绩是恐怖的19胜2负。其中获得二连胜一次、四连胜两次，尤其是第五届真露杯，他以一人之力独擒九员中日大将，伟绩震烁当世。因为徐奉洙太过杰出的表现，真露杯停办，中日围棋被韩国围棋完全凌驾。

遗憾的是，两年后，农心杯创办，赛制与真露杯完全相同，但徐奉洙已经被时代的步伐抛弃。他竟然一次也没有在农心杯上露面，再强大的英雄也要被岁月的风沙尘埋。

其实，不出场未必就是坏事，徐奉洙留在我们记忆里的永远是那个力取九连胜的桀骜汉子。他不要让以后的失败抹去自己身上沧桑的辉煌。

拍拍身上的灰尘，振作疲惫的精神，远方也许尽是坎坷路，也许要孤孤单单走一程。徐奉洙的目光有些迷离，他佝偻的腰身仿佛承受不住生活的重压。现在的棋界还有多少人发自内心地尊敬这株春风吹又生的“野草”呢？即使他曾是万千人心中的图腾，也得承受被漠视的失落。

就像那座漂亮的应氏杯，现在是不是更适宜用来盛酒？

我赢，但梦仍断

连胜英雄们并不都是能像徐奉洙一样一杀到底，他们一般是在某个阶段奋起神威，连挑数人。但他们往往不是主将，在他们的连胜受阻后，自己的战友能不能将自己打下的大好江山守到最后也是未知数。

很多连胜英雄在最后依然是失败者——个人的失败，团队的失败。他们能力挽奔马，扯烂雕弓，却无法扭转残忍的现实。

农心杯上第一个达成三连胜的棋手估计很多人猜不到——常昊，这位中国围棋的代表人物，一出场非主将即副将，怎么会到他才有三连胜？

事实就是这样，第一届农心杯三国战得难解难分，从一开始比分就很胶着，竟然没有一个人达成三连胜。直到中国副帅常昊登台。那时中国队形势最为严峻，常昊肩负重担。他甫一出手就擒下韩国老皇帝曹薰铉，然后又连克日本山田规三生和韩国刘昌赫，神勇三连胜！

可惜的是，在与日本主帅赵善津的较量中，常昊意外失手，错失了与马晓春合围李昌镐的机会。最终这届比赛以李昌镐连胜赵善津、马晓春告终。

自小就与常昊双星并称的罗洗河在第三届农心杯上也展示了风采。作为中国第二将出场的他，一上来就擒下二连胜的韩国先锋崔哲瀚。不知道数年后他们在三星杯半决赛上相逢时有没有想起彼时的搏杀？

罗洗河接着连挫日本山下敬吾和韩国崔圭丙，眼看顺风之路一望无际，不料在和日本不知名九段中野宽也的较量中中盘落败，这也正符合小猪的性格吧？

中国小虎辈的代表棋手胡耀宇在第四届农心杯上威镇山林。他在中国队开局不利的形势下登场，第一个对手就是连胜两局的小林光一。结果面对前辈，胡耀宇毫不畏惧，执白三目半小胜。随后小胡狂飙突起，连胜金承俊、加藤正夫、曹薰铉和依田纪基，直杀到李昌镐帐前！

这是令人瞠目结舌的大捷，胡耀宇也凭此神勇，一举获得“中华英雄”雅号，这位文静的少年在最高的天空展开了翅膀。

虽然最终未能冲开李昌镐的铁壁，但胡耀宇的壮举至今仍是中国棋手在农心杯上最荡气回肠的一幕。

日本棋手在三国擂台赛上一直表现欠佳，他们农心杯的英雄是昔日王者小林光一。

从“日本第一人”位置上退下后，小林光一开始以普通九段的身份参加各项国际比赛。他坚强的实力仍不时闪烁寒光，让中韩的年轻棋手们不敢轻视。第五届农心杯上，小林光一在女婿张栩之后第二个出场，他先是力擒中国的“怪腕”王磊，随后再下朴智恩与周鹤洋两城，让日本队遥遥领先。可惜的是随后小林光一被韩国悍将元晟溱拉下马来，也失去了与李昌镐碰面的机会。

这几位连胜英雄虽然在自己登场的时候尽情挥洒，夺去了舞台全部的灯光，但他们终于没有笑到最后。连胜的光芒在全队的失利阴影下黯然失色，他们是悲壮的英雄。

连胜后绽开的欢笑

因为迄今所有届次农心杯的最后优胜者都是韩国队，所以他们的队员在比赛途中创造的连胜都成为全队胜利的重要组成，与最后的金杯一起熠熠放光。

成名于农心杯的韩国强豪是崔哲瀚。第二届比赛，尚是个青涩少年的小崔悄然登场，一出手就将中国余平、日本王铭琬、中国刘菁三人摔下擂台，引起惊呼。他剽悍的杀手气质从此走进中国棋迷的视野。而小崔也没有辜负大家的赞誉，此后他不仅在农心杯上继续有出色表现，更成为韩国最强者之一，以“李昌镐的刺客”名扬天下。那一次比赛，小崔最后被日本老到的小林觉阻挡，但失败让他悟出的道理也许比胜利后的自得更有价值。

下一个闪亮登场的是小王子朴永训。第四届农心杯，朴永训作为韩国生力军出战先锋，力克中国古力。接着他有更惊人的表演：连胜日本队最具实力的王立诚、中国强大的常昊和日本新贵张栩，几乎凭一己之力，将中日最豪华的阵容扫荡殆尽，当时就有人预言：“此子前途不可限量。”果然，虽然下一场被孔杰阻挡，未能冲击五连胜，但朴永训从此真正成熟，国内国外比赛全面开花，已经成长为稳定的超一流大豪。

第五届农心杯韩国队面临前所未有的困难局面——前三将一局不胜。但副帅元晟溱危难之际挺身而出，他奋力阻挡住小林光一的三连胜，然后再克中华英雄胡耀宇、生擒日本大将柳时熏，为主将李昌镐赢得了喘息之机。尽管小元最后折在中国主将古力的手上，但他这三胜价愈千金。

几位韩国小将在农心杯上成长，农心杯成为韩国围棋的“造星梦工厂”。他们把握住了历史的机遇，他们阳光的笑容肆意而畅快。

神话

如果说徐奉洙是图腾，李昌镐就是神话。关于他在农心杯上出神入化的表演已经不须赘言，14连胜，面对一人也好，面对两人也罢，哪怕是五员大将的大逼宫，石佛总是那张从容淡定的脸。

不笑，但也不畏惧。静静坐在那里，全身弥漫的不是杀气，但比杀气更瓦解你的斗志，李昌镐是农心杯的守护神。

近来大李在各种比赛中一再失手，不败纪录接连被打破，但是农心杯的全胜伟绩仍握在手中。失败的那一天迟早会来的，是明天的依田纪基吗？还是明年的古力、张栩？其实这些都不重要，李昌镐的目光纯净，他忠于的是棋道，而不是胜负之道——来赢我吧，可是你们不会真正理解我心中的围棋。

我们张皇地期待着，期待着神话被打破的那一刻。

可是，李昌镐是不朽的，没有人可以替代，永远。

第四届正官庄杯世界女子围棋团体赛

2005年11月开战，中国队先锋王祥云开局取得五连胜，最后由叶桂战胜韩国主将朴智恩，再次为中国队夺取冠军。

赛程与对阵：

地点：中国北京

第四届正官庄杯三国擂台赛第一局

时间：2005年11月1日

王祥云初段(中国) 执黑4目半胜　新海洋子五段(日本)

第四届正官庄杯三国擂台赛第二局

时间：2005年11月2日

王祥云初段(中国) 执白2目半胜　金恩善二段(韩国)

第四届正官庄杯三国擂台赛第三局

时间：2005年11月3日

王祥云初段(中国) 执黑3目半胜 万波佳奈三段(日本)

第四届正官庄杯三国擂台赛第四局

时间：2005年11月4日

王祥云初段(中国) 执白中盘胜 李多慧三段(韩国)

地点：韩国首尔

第四届正官庄杯三国擂台赛第五局

时间：2005年12月18日

王祥云初段(中国) 执白中盘胜 大泽奈留美三段(日本)

第四届正官庄杯三国擂台赛第六局

时间：2005年12月19日

李玟真四段(韩国) 执白中盘胜 王祥云初段(中国)

第四届正官庄杯三国擂台赛第七局

时间：2005年12月20日

知念薰四段(日本) 执白半目胜 李玟真四段(韩国)

第四届正官庄杯三国擂台赛第八局

时间：2005年12月21日

知念薰四段(日本) 执黑中盘胜 范蔚菁初段(中国)

第四届正官庄杯三国擂台赛第九局

时间：2005年12月22日

知念薰四段(日本) 执白中盘胜 李英信四段(韩国)

第四届正官庄杯三国擂台赛第十局

时间：2005年12月23日

芮乃伟九段(中国) 执白中盘胜 知念薰四段(日本)

地点：中国上海

第四届正官庄杯三国擂台赛第十一局

时间：2006年1月16日

朴智恩六段(韩国) 执黑1目半胜　芮乃伟九段(中国)

第四届正官庄杯三国擂台赛第十二局

时间：2006年1月17日

朴智恩六段(韩国) 执黑4目半胜　小山荣美六段(日本)

第四届正官庄杯三国擂台赛第十三局

时间：2006年1月18日

叶桂六段(中国) 执黑半目胜　朴智恩六段(韩国)

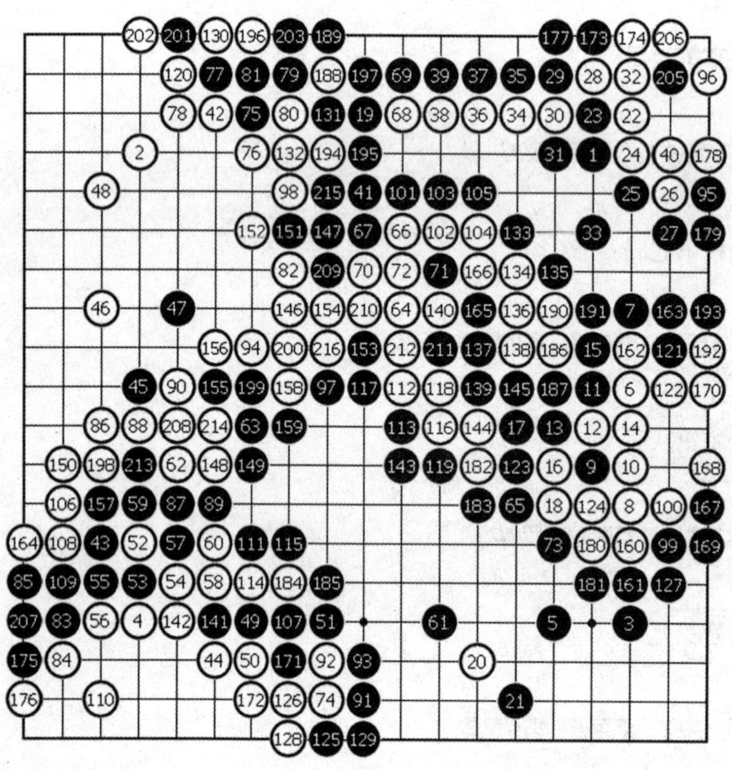

204 = 201

第十三局棋谱

黑：叶　桂　六段

白：朴智恩　六段

共216手

黑胜半目

万紫千红才是春

幸福要么不来，要来就一个接一个。

罗洗河带给我们的巨大幸福感还在持续中，又一项胜利接踵而至。正官庄杯中国队依靠叶桂力克朴智恩的壮举蝉联了冠军，女子围棋也骄傲地昂起了头。

本届正官庄杯因为王祥云完全超常的神勇，中国队早早确立了绝对的优势，我们从没有过“可能会输”的想法。直到第三阶段首局，提前上阵的芮乃伟被朴智恩逆转击败，我们才陡然紧张。谁都知道芮乃伟是中国队的定海神针，她一旦失手，后面任有多少战将怕是都不能叫人放心。“先上芮乃伟是排阵失误”，有人总喜欢以结果来推定过程的对错，这样的急燥与短视无异。

上阵搏杀的斗士和观众的心态是不同的，当叶桂再次登上这熟悉的擂台，她想的不是2005年的辉煌。对手的强大有目共睹，豪言壮语不如冷静地拔剑。奔放的布局昭示出叶桂火热的激情，而职业赛事参加过少造成的生疏使她中局陷入困境，可是对胜负的敏锐感觉和强烈的国家荣誉感让叶桂在逆境中坚持，一步一步，终于拼来了半目的胜局。

比起三星杯，正官庄的胜利平淡了许多，但正是这个看似不甚起眼的胜利让中国女子围棋也和男子围棋一起笑逐颜开。一花独放不是春，如果三星杯刚拿到手，正官庄杯就被韩国人上演大逆转，我们的欢乐心情将蒙上阴影。在愈加重视表面战绩的时代，女子围棋有成为点缀的趋势。只有国际赛场上的胜利能吸引人们对女子围棋的重视，正官庄的胜利让中国女子围棋不用仰仗男子围棋的光芒也能撒下一片灿烂，双星闪耀，中国围棋春意满园。

由叶桂来获得最后的胜利其实是最佳的结果。芮乃伟虽然很强，虽然值得每个爱棋者去尊敬，但她最辉煌的成就毕竟是在韩国棋界取得。不是我们缺乏开阔的心胸，而是我们需要更多元的胜利方式。芮乃伟在韩国锤炼出了朴智恩、赵惠莲，她们的存在使我们现在也许无缘“女子世界最强个人”的称号，但我们自己的女将依然可以打造出一支世界最强的女子团体队伍。

我们有芮乃伟，我们也有叶桂、王祥云，我们还有徐莹、张璇、范蔚菁、郑岩、鲁佳……中国女子围棋的不景气尽人皆知，可是我们从未缺乏美丽的花朵。只要给她们阳光雨露，给她们良好的土壤，群芳争艳是指日可期的画卷。

相比于男子围棋，女子围棋的国际竞争性没那么强的剑拔弩张气息。叶桂取胜之前，朴智恩漂亮的二连胜也是亮点。再往前，日本美女知念熏连下三城，让被我们习惯以“花瓶”看待的日本女子围棋一样耀出了夺目光芒。

当初中国女子围棋天下无敌，却因为寂寞终于衰落。现在我们需要的不只是自己的强盛，还有对手的强盛。每个人都有着自己独特的美丽，这世界才会迷人无比。

万紫千红，春意盎然。这春天，属于男子围棋，属于女子围棋。属于中国围棋，属于世界围棋。

国内赛事

2005年中国棋战冠军录：

1月22日，第10届NEC杯快棋赛，常昊九段1比0胜古力七段，获得冠军，20万元人民币。

2月22日，第12届新人王战，古力七段2比0胜尹航二段，获得冠军，3万元人民币。

3月2日，第4届西南棋王赛，王磊八段1比0胜朱元豪二段，获得冠军，5万元人民币。

3月31日，首届倡棋杯，孔杰七段2比1胜王磊八段，获得冠军，40万元人民币。

4月5日，第5届理光杯，谢赫五段1比0胜王檄五段，获得冠军，10万元人民币。

4月5日，第19届天元战，古力七段2比1胜周鹤洋九段，卫冕成功，5万元人民币。

5月13日，“飞扬杯”第2届女子精英赛，于梅玲四段2比1胜鲁佳初段，获得冠军，3万元人民币。

5月31日，第4届招商银行杯快棋赛，刘星七段1比0胜古力七段，获得冠军，8万元人民币。

7月1日，“中国石化加油卡杯”第3届女子名人战，叶桂五段2比0胜黎春华四段，获得冠军，3万元人民币。

9月25日，2005全国围棋个人赛，男子组冠军为陈耀烨五段、女子组冠军为王祥云业余5段。

11月17日，第3届建桥杯女子围棋公开赛，张璇八段2比0胜郑岩二段，获得冠军，10万元人民币。

第18届名人战，古力七段战胜俞斌九段，获得冠军，5万元人民币。

第7届阿含·桐山杯快棋赛，古力七段战胜邱峻七段，获得冠军，20万元人民币。

第十八届中国围棋名人战

第十八届中国围棋名人战预选赛第一轮于2005年4月18日在京开战。比赛成绩如下：

张　璇 胜 张　蛟　　邬光亚 胜 杨　潜　　王煜辉 胜 方　捷　　贾　倩 负 曹大元
黄奕中 胜 孙　力　　朱元豪 负 陈耀烨　　牛雨田 胜 孟泰龄　　段　嵘 胜 时　越
董　彦 负 冯　伟　　崔　灿 胜 王东亮　　刘　菁 负 张学斌　　华学明 负 桂文波
王　雷 胜 李华嵩　　马笑冰 负 张　立　　杨　一 负 周振宇　　周睿羊 胜 古灵益
赵哲伦 胜 李　康　　张东岳 胜 徐　莹　　李　劼 负 田　舟　　容坚行 负 张文东
刘小光 胜 王海钧　　柁嘉熹 负 吴新宇　　余　平 胜 陈栋如　　杭天鹏 负 郑　弘
林　峰 胜 王　鹭　　汪　洋 胜 白光源　　王　垚 胜 王剑坤　　孙梦夏 胜 赵守洵
吴肇毅 胜 李　喆　　张　维 胜 朱松力　　邬俊杰 负 张英挺　　朴文尧 胜 陶　忻

2005年4月19日下午第十八届中国围棋名人战预选赛第二轮在京结束。比赛成绩如下：

黄奕中 胜 陈耀烨　　赵哲伦 负 张东岳　　周睿羊 胜 周振宇　　邬光亚 胜 张　璇
曹大元 负 王煜辉　　张　立 负 王　雷　　田　舟 负 张文东　　张　维 负 吴肇毅
孙梦厦 负 王　垚　　吴新宇 胜 刘小光　　桂文波 负 张学斌　　朴文尧 负 张英挺
牛雨田 胜 段　嵘　　崔　灿 胜 冯　伟　　郑　弘 负 余　平　　汪　洋 胜 林　锋

2005年4月25日，第十八届中国围棋名人战本赛第一轮在中国棋院结束，名人战十六强全部产生。经过一番激烈厮杀，从两轮预赛辛辛苦苦打入本赛的聂卫平、张文东、吴肇毅等“老九段”几乎全军覆没，只有刚刚从LG杯归来的俞斌侥幸过关，十六强阵容几乎成了“小

第十八届名人战八强赛 王雷四段与俞斌九段弈出少见的模仿棋

龙”、“小虎”甚至“小豹”的年轻人的天下。

本赛第一轮成绩如下：

聂卫平 负 邵炜刚　牛雨田 负 刘世振　张文东 负 谢 赫　刘 星 负 胡耀宇
俞 斌 胜 彭 荃　邬光亚 负 王 垚　汪 洋 负 王 雷　黄奕中 负 周鹤洋
孔 杰 胜 崔 灿　王煜辉 胜 王 檄　余 平 负 张东岳　张英挺 负 常 昊
王 磊 胜 吴新宇　吴肇毅 负 张学斌　罗洗河 胜 周睿羊　丁 伟 负 邱 峻

2005年4月26日，第十八届中国围棋名人战本赛第二轮在中国棋院结束，常昊、俞斌等八位棋手分别击败各自的对手，杀进八强。

上周刚刚夺得LG杯棋王战亚军的俞斌九段回到国内依然是威风八面，继25日淘汰彭荃后，在当天的比赛中，又战胜了王垚，顺利杀进名人战八强赛。

在一场重庆“德比战”中，王雷击败了春兰杯亚军周鹤洋九段，他在八强赛中将挑战俞斌。

上轮出人意料淘汰了老将聂卫平后，邵炜刚在当天的比赛中“丢了”运气，被昔日上海队队友刘世振挑落马下。前不久刚刚夺得理光杯冠军的谢赫在比赛中继续奏凯，击败了胡耀宇七段，顺利晋级。八强赛中，刘世振和谢赫将捉对厮杀。

在另外一场比赛中，继前不久杀进了LG杯的本赛后，王煜辉终于有了一次新的爆发，淘汰了孔杰七段。在25日的三十二强赛上，王煜辉是在战胜三星杯亚军王檄后晋级的。在八强赛中，他将挑战淘汰了张东岳的常昊九段。

此外，王磊击败了张学斌，罗洗河战胜了邱峻，也分别杀入了八强赛。

中国围棋名人战是人民日报社与中国围棋协会联合主办的传统赛事，是国内棋坛历史最久、规格最高的重大赛事之一。在前十七届比赛中共产生了五位名人，他们是刘小光、马晓春、周鹤洋、邱峻和古力。其中，马晓春连续称霸达十三年之久。在第十七届名人战中，古力七段取代邱峻成为中国围棋新“名人”。

本赛第二轮成绩如下：

刘世振 胜 邵炜刚　谢 赫 胜 胡耀宇　俞 斌 胜 王 垚　王 雷 胜 周鹤洋
王煜辉 胜 孔 杰　常 昊 胜 张东岳　王 磊 胜 张学斌　罗洗河 胜 邱 峻

“中体传媒杯”第十八届中国围棋名人战八强赛，2005年6月20日上午在中国棋院特别对局室开战。罗洗河、刘世振、俞斌、常昊杀入四强。快刀罗洗河再显轻灵之功，没花费多少时间，便中盘将怪腕王磊拿下。刘世振对谢赫一盘也很快结束，刘世振胜出。

余下的两盘棋都格外难熬，小棋手王雷执白杀了俞斌中腹一条大龙，棋盘中央白花花的一大片，俞斌的黑棋在右下占据大片，形势直到下午6点多还依然不明朗。这也是一盘经典的大杀小输赢棋局，鏖战一天后，执黑的俞斌以盘面最小胜负四分之三子的优势杀入四强。另一盘棋，执白的常昊也惊险地以最小差距四分之一子战胜了王煜辉。本届名人战四强赛将于6月22

日进行。

6月20日八强赛成绩如下：

刘世振 执白中盘胜 谢 赫　俞 斌 执黑3/4子胜 王 雷

常 昊 执白1/4子胜 王煜辉　罗洗河 执白中盘胜 王 磊

2005年6月22日，“中体传媒杯”第十八届中国围棋名人战半决赛在中国棋院落子，获胜二人将通过三番棋争夺挑战权，获胜者将挑战现中国名人古力七段。

结果

罗洗河九段执黑中盘战胜常昊九段，俞斌九段执黑中盘战胜刘世振六段

第十八届中国名人战挑战者决定战三番胜负9月3日至6日在武夷山进行，结果俞斌在先失一局的情况下后来居上，以2比1抢得挑战权获得向现任名人古力七段挑战的权利。

第十八届中体传媒杯名人战五番棋决战于2005年12月13、15日，2006年1月12日在中国棋院进行，结果俞斌惨遭零封，古力3比0击败对手卫冕成功。

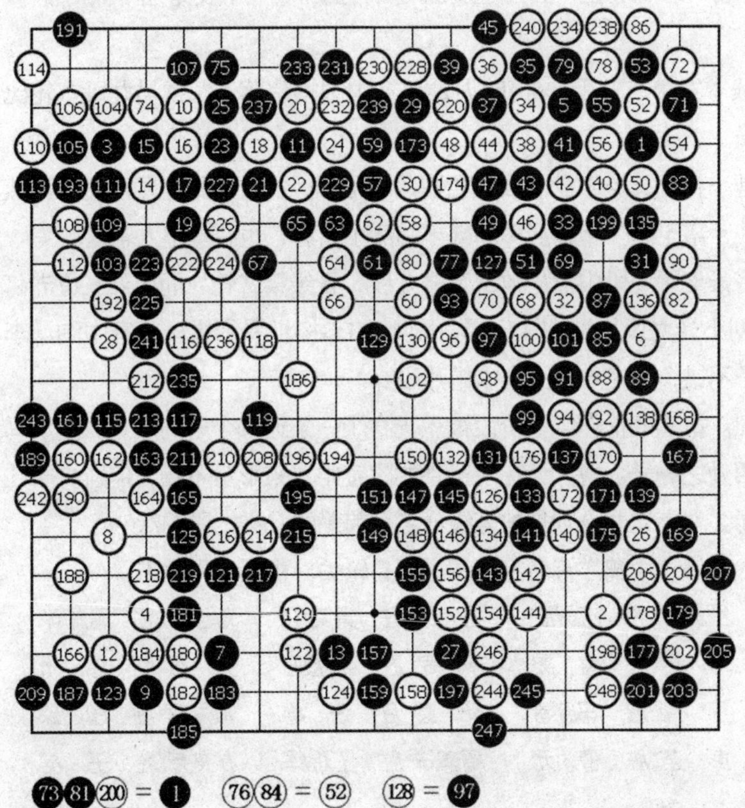

决赛第三局棋谱

黑：俞 斌 九段

白：古 力 七段

共248手

白中盘胜

第十九届中国围棋天元战

2005年1月25日第十九届“同里杯”中国围棋天元战在北京中国棋院开战。48名中国一流围棋好手捉对厮杀，争夺向上届“天元”古力七段挑战的资格。聂卫平九段击败邹俊杰，与另外两位老将曹大元、刘小光携手闯入本赛。

黑白世界风云变幻。因为等级分下滑，聂卫平、曹大元、刘小光这些昔日的冠军级棋手如今都必须从预选赛打起。在25日的预选赛中，这三位老将分别战胜邹俊杰、王雷和岳亮，在32人的本赛大名单中占据了各自的席位。

张璇和徐莹是仅有的两位参加预选赛的女将，但她们分别负于朴文尧和段嵘，双双被淘汰出局。国少队的几位小将发挥出色，周睿羊、陈耀烨、古灵益和张维击败各自对手，闯入本赛。近来状态不佳的小将李喆负于余平，无缘本赛。

孔杰、古力、常昊等名将凭借较高的等级分排名直接入围本赛。结果如下：

余 平 胜 李 喆	古灵益 胜 林 锋	黄奕中 胜 时 越	陈耀烨 胜 杨 一
周睿羊 胜 李 康	陶 忻 胜 张学斌	牛雨田 胜 朱 毅	刘小光 胜 岳 亮
刘 菁 胜 汪 洋	王 垚 胜 张东岳	张 维 胜 李 劼	段 嵘 胜 徐 莹
聂卫平 胜 邹俊杰	曹大元 胜 王 雷	王煜辉 胜 孟泰龄	朴文尧 胜 张 璇

第十九届中国围棋天元战本赛第二轮于2005年1月27日在中国棋院落子，常昊九段本轮比赛中负于小将陶忻，爆冷出局。

本轮的另外一个大冷门是小将朴文尧中盘击败大名鼎鼎的王磊，朴文尧是在预选赛中淘汰张璇八段而晋级本赛的。此外，富士通少年赛冠军周睿羊淘汰了谢赫，也有些出人意料。

通过预赛进入本赛的老将聂卫平九段中盘击败邵炜刚九段，晋级第二轮。而另外三位老将马晓春九段、曹大元九段和刘小光九段均被淘汰出局。刚刚在LG杯世界围棋棋王赛中淘汰李昌镐进入决赛的俞斌九段调子不错，他在本轮比赛中击败段嵘。

马晓春九段输得十分惨烈。执黑的他在中盘阶段被王垚吃了一条近20个子的大龙。此后马晓春苦苦追赶，最后仍输了四分之一子。曹大元在对彭荃的比赛中本来形势不错，但连打了几个“勺子”，结果断送了好局。刘小光九段则是被等级分名列前茅的孔杰七段淘汰。

此外，胡耀宇、罗洗河、丁伟、周鹤洋等名将都闯过了首轮关。棋局结果如下：

胡耀宇 胜 余 平	罗洗河 胜 古灵益	王 檄 胜 黄奕中	刘世振 胜 陈耀烨
周睿羊 胜 谢 赫	陶 忻 胜 常 昊	丁 伟 胜 牛雨田	孔 杰 胜 刘小光
刘 菁 胜 刘 星	王 垚 胜 马晓春	邱 峻 胜 张 维	俞 斌 胜 段 嵘
聂卫平 胜 邵炜刚	彭 荃 胜 曹大元	周鹤洋 胜 王煜辉	朴文尧 胜 王 磊

第十九届中国围棋天元战本赛第三轮于2005年1月29日在中国棋院落子，老将聂卫平九段

在本轮比赛中惜败于彭荃，无缘八强。

在首轮比赛中，马晓春九段执黑以四分之一子的劣势输给王垚。今天，聂卫平不多不少也输了四分之一子。另一位老将俞斌九段此轮也未能过关，他中盘负于邱峻。

首轮爆冷击败王磊的小将朴文尧没能继续前进，周鹤洋九段驯服了这匹“黑马”。首轮掀翻常昊的小将陶忻和淘汰谢赫的周睿羊在本轮相遇，结果周睿羊中盘获胜。十三岁的周睿羊是晋级八强棋手中年龄最小的一位。

此外，胡耀宇七段、王檄五段、孔杰七段和王垚五段也击败各自对手，晋级下一轮。棋局结果如下：

胡耀宇 胜 罗洗河　王 檄 胜 刘世振　周睿羊 胜 陶 忻　丁 伟 负 孔 杰

刘 菁 负 王 垚　邱 峻 胜 俞 斌　聂卫平 负 彭 荃　周鹤洋 胜 朴文尧

第十九届中国围棋天元战八强赛于2005年1月31日在中国棋院落子，周鹤洋执白144手中盘屠杀巨龙胜彭荃，率先打入半决赛；胡耀宇执白102手快胜王檄，亦进入半决赛；在另两局比赛中，王垚执黑中盘胜邱峻；孔杰执黑四分之三子胜周睿羊。

第十九届中国围棋天元战四强赛于2005年2月2日在中国棋院落子，结果周鹤洋执黑中盘胜王垚，孔杰执白中盘胜胡耀宇。先后进入挑战者决定战。

第十九届中国围棋天元战挑战者决定战于2005年2月6日在中国棋院落子，最近七天连下五盘棋的周鹤洋九段执黑中盘胜以逸待劳的孔杰七段，夺得天元挑战权。

4月3日至5日，第十九届“同里杯”天元战三番棋决战比赛在江苏同里古镇结束，卫冕冠军古力七段2比1战胜挑战者周鹤洋九段，实现了天元三连霸。

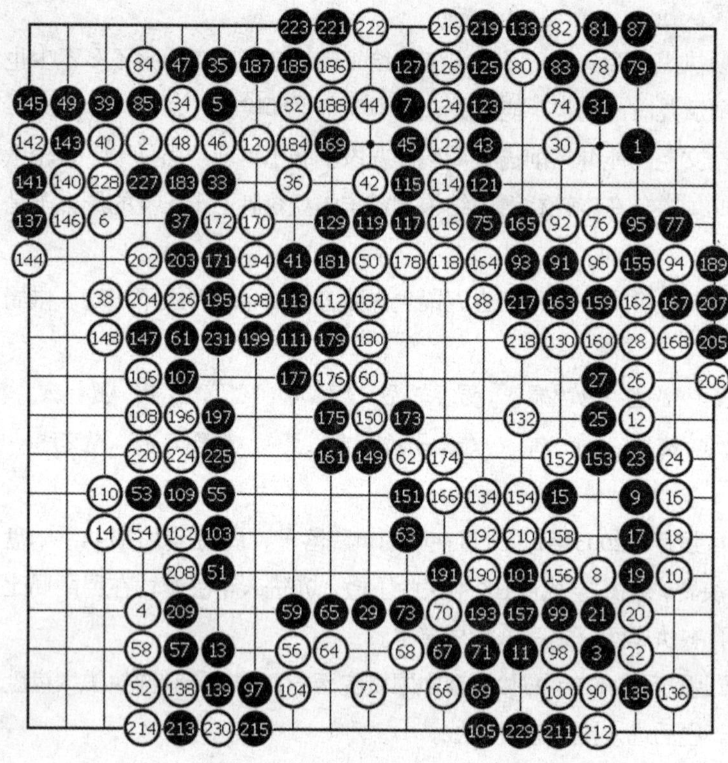

决赛第三局棋谱

黑：周鹤洋　九段

白：古　力　七段

共231手

白胜1又1/4子

第十二届中国围棋新人王战

2005年2月21、22日举行，新人尹航出人意料地打进决赛，但在强大的古力面前无功而返。古力2比0取胜，夺得新人王。

赛程与对阵：

第十二届中国新人王战决赛第一局

时间：2005年2月21日

地点：中国合肥

古力九段 执白2目半胜　尹航二段

第十二届中国新人王战决赛第二局

时间：2005年2月22日

地点：中国合肥

古力九段 执黑中盘胜　尹航二段

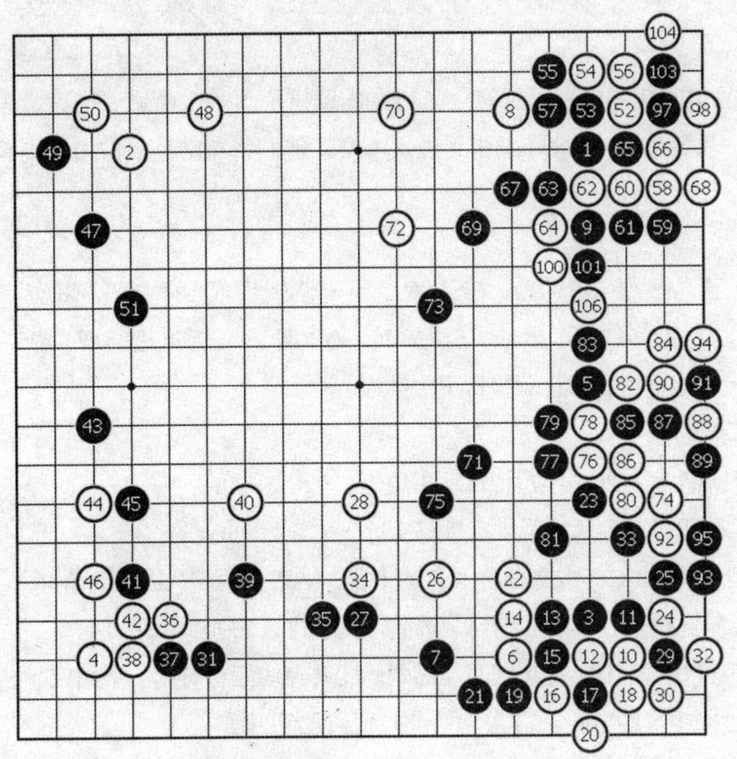

96 102 107 = 88　　99 105 = 91

决赛第二局棋谱

黑：古　力　七段

白：尹　航　二段

共107手

黑中盘胜

第十一届NEC杯围棋赛

2005年3月8日，第十一届NEC杯围棋赛预选赛在中国棋院开幕，上午、下午各进行一轮比赛，3月9日上午继续进行第三轮比赛。等级分列前16名作为预选种子直接进入第二轮：胡耀宇、王磊、俞斌、王檄、彭荃、邱峻、罗洗河、丁伟、邵炜刚、谢赫、刘星、牛雨田、黄奕中、王煜辉、王垚、刘世振。通过本次预选赛将决出8名棋手进入本赛，同时，上届冠亚军常昊和古力以及等级分前两名的周鹤洋和孔杰直接获得本赛资格。在上午的第一轮比赛中，老将聂卫平负于刘菁，陈祖德负于董彦。而下午的第二轮比赛更是冷门不断，胡耀宇、王磊、王檄、彭荃等高手都被淘汰，胡耀宇和王磊分别输给了年轻的王雷和古灵益。月底将出战LG决赛的老将俞斌则顺利过关。

第二轮比赛成绩如下：

牛雨田 胜　曹大元　　俞　斌 胜　杨　一　　李　康 胜　王　檄　　刘　菁 胜　彭　荃

王 垚 胜 李 喆　朱松力 胜 王煜辉　丁 伟 胜 杨士海　邵炜刚 胜 王昊洋
黄奕中 胜 董 彦　刘世振 胜 李 劼　刘 星 胜 岳 亮　王 雷 胜 胡耀宇
古灵益 胜 王 磊　谢 赫 胜 林 锋　马笑冰 胜 罗洗河　邱 峻 胜 徐 莹

2005年3月9日，第十一届NEC杯围棋赛预选赛第三轮在中国棋院落子，俞斌、李康、朱松力、邵炜刚、王雷、谢赫、马笑冰、刘世振8名棋手进入本赛，他们将和常昊、古力、周鹤洋、孔杰在本赛中一较高低。

第三轮比赛成绩为：

牛雨田 负 俞 斌　李 康 胜 刘 菁　王 垚 负 朱松力　丁 伟 负 邵炜刚
黄奕中 负 刘世振　刘 星 负 王 雷　古灵益 负 谢 赫　马笑冰 胜 邱 峻

第十一届NEC杯本赛杭州站比赛，2005年6月4日下午结束。

谢赫胜李康，朱松力胜邵炜刚。

第十一届NEC杯本赛沈阳站比赛，2005年7月2日下午结束。

刘世振执白四分之三子战胜王雷，俞斌执黑中盘胜马笑冰。

2005年9月10日下午，第十一届NEC杯本赛乌鲁木齐站比赛，结束了两场八进四的争夺。

谢赫执黑中盘胜孔杰，周鹤洋执黑胜俞斌。谢赫、周鹤洋携手进入四强。

2005年11月19日，第十一届NEC杯围棋赛八进四最后两场比赛在广西首府南宁市结束。

古力中盘胜朱松力，刘世振中盘胜常昊。古力、刘世振顺利晋级四强。

2005年12月17日，第十一届NEC杯半决赛在武汉开战。近来好调的古力七段执白88手中盘胜周鹤洋九段，比赛仅用时25分钟；在另一局比赛中，刘世振中盘战胜谢赫。这样，古力、刘世振携手晋级决赛。

第十一届NEC杯围棋赛决赛于2006年1月14日在广州结束。古力七段执黑中盘战胜刘世振六段夺得冠军。

第十一届NEC杯围棋赛 集体照

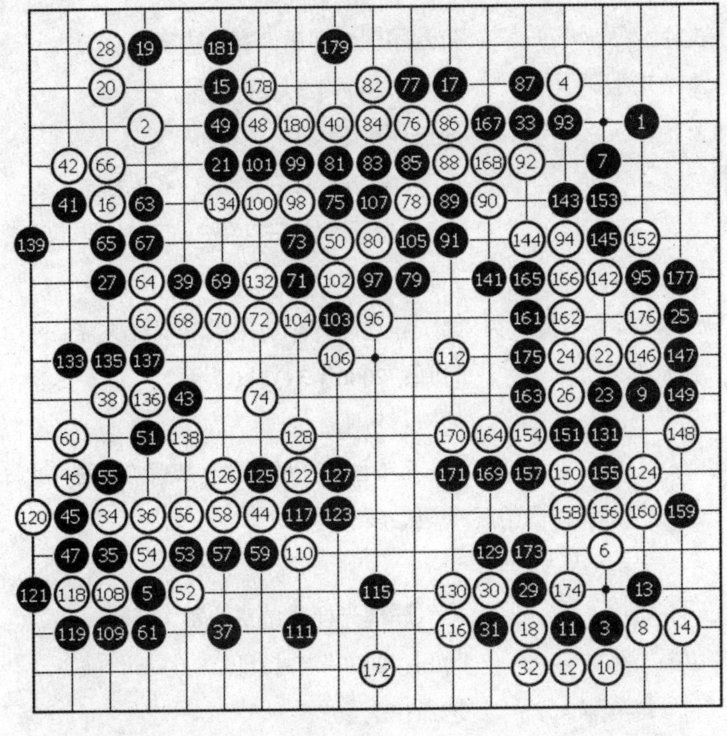

113 = 103　114 = 102　140 = 50

决赛棋谱

黑：古　力　七段

白：刘世振　六段

共181手

黑中盘胜

第六届“理光杯”中国围棋国手邀请赛

2005年11月开赛，上届亚军王檄再度打进决赛，这一次他战胜了常昊，获得冠军。

赛程与对阵：

第六届理光杯邀请赛第一轮

时间：2005年11月29日

地点：中国棋院

陶忻三段　执白中盘胜　张璇八段

董彦七段　执白中盘胜　彭立尧二段

时越二段　执白中盘胜　聂卫平九段

第六届理光杯邀请赛第二轮

时间：2005年11月30日

地点：北京深圳大厦

常昊九段 执黑中盘胜 朴文尧四段

马晓春九段 执白中盘胜 刘小光九段

第六届理光杯邀请赛第三轮

时间：2006年1月4日

地点：北京

古力七段 执白中盘胜 马晓春九段

罗洗河九段 执黑中盘胜 俞斌九段

第六届理光杯邀请赛八强赛

时间：2006年2月14日

地点：中国棋院

古力七段 执黑3/4子胜 王磊八段

常昊九段 执白中盘胜 刘世振六段

孔杰七段 执黑1又3/4子胜 周鹤洋九段

王檄五段 执黑中盘胜 罗洗河九段

第六届理光杯邀请赛半决赛

时间：2006年3月2日

地点：贵阳

常昊九段 执白中盘胜 孔杰七段

王檄五段 执白中盘胜 古力七段

第一届理光杯职业围棋混双赛决赛

时间：2006年3月3日

地点：贵阳

孔杰七段/叶桂五段 执黑中盘胜 俞斌九段/郑岩二段

第六届理光杯邀请赛决赛

时间：2006年4月2日

地点：南京

王檄五段 执白中盘胜 常昊九段

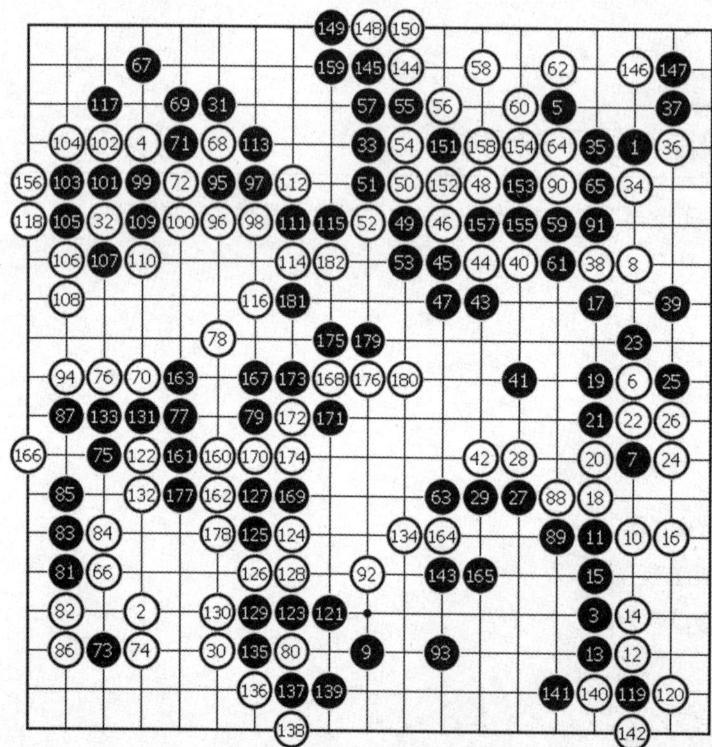

决赛棋谱

黑：常 昊 九段

白：王 檄 五段

共182手

白中盘胜

第七届阿含·桐山杯围棋赛

2005年6月6日第七届阿含·桐山杯预选赛在中国棋院落子，本次比赛从6月6日至6月9日将进行四轮比赛决出8名优胜者，与周鹤洋、邵炜刚、常昊、王檄、俞斌、古力、邱峻、孔杰8名直接入选本赛的棋手比赛，最终决出冠军。16名业余棋手参加的预选赛第一轮战绩如下：

陈博雅 胜 唐韦星　孙乃经 胜 张磊　白宝祥 胜 赵剑　鲍云 胜 秦致轩
王鹭 胜 陈一鸣　蒋天琪 胜 荆上　朱剑舜 胜 刘晗　孙力 胜 吴树浩
陈潇楠 胜 赵兴华　王迦南 胜 梁宵　杨潜 胜 贾小宇　彭立尧 胜 李轶
胡子真 胜 黄小牧　胡煜清 胜 李华　檀啸 胜 秦悦欣　庄园 胜 夏茂杰

下午职业棋手全部参战本选赛。聂卫平九段在本选赛第一轮比赛中不敌岳嵩出局，胡煜清7段战胜韩晗初段进入本选赛第二轮。第一轮战绩如下：

彭荃 胜 郑弘　柁嘉熹 胜 孟泰龄　邬光亚 胜 方捷　邹俊杰 胜 李君凯
张学斌 胜 陈博雅　杨晖 胜 陈瑞　吴麒 胜 孙乃经　黄奕中 胜 罗建元
谢赫 胜 汪洋　王东亮 胜 曹恒梃　王剑坤 胜 华学明　陈耀烨 胜 李华嵩
李劼 胜 刘熙　赵守洵 胜 白宝祥　郑策 胜 鲍云　刘菁 胜 杭天鹏
王磊 胜 陆军　朴文尧 胜 蒋天琪　吴肇毅 胜 王海军　赵哲伦 胜 张文东
张伟金 胜 张璇　王鹭 胜 朱燕铭　马笑冰 胜 金渭斌　王垚 胜 张欣
胡耀宇 胜 周振宇　孙力 胜 吴新宇　孙远 胜 朱剑舜　丁烈 胜 岳亮
曹大元 胜 李豫川　钟文靖 胜 朱毅　陶忻 胜 王隽　刘世振 胜 吴楷
罗洗河 胜 王群　张东岳 胜 王迦南　周睿羊 胜 朱元豪　林峰 胜 崔灿
王雷 胜 吴道明　陈潇楠 胜 李海　张立 胜 潘峰　王煜辉 胜 龚世运
丁伟 胜 郑岩　孟昭玉 胜 袁曦　付冲 胜 时越　古灵益 胜 徐莹
余平 胜 王昊洋　杨潜 胜 彭立尧　冯伟 胜 杨士海　马晓春 胜 丁明
刘星 胜 邱继红　周逵 胜 胡子真　胡煜清 胜 韩晗　李亮 胜 杨一
李喆 胜 张蛟　张维 胜 孙孟夏　褚飞 胜 容坚行　岳嵩 胜 聂卫平
牛雨田 胜 孟磊　黄晨 胜 田舟　檀啸 胜 陈兆峰　庄园 胜 李康
段嵘 胜 桂文波　李永刚 胜 祝励力　张英挺 胜 蓝天　董彦 胜 朱松力

2005年6月7日下午，第七届阿含·桐山杯中国围棋快棋公开赛的本赛选拔赛冷门迭爆。在7日进行的第二轮比赛中，胡耀宇、罗洗河、马晓春等名将均意外翻船。

胡耀宇七段负于名不见经传的孙力无疑是本轮最大的冷门，而马晓春也被没什么名气的冯伟淘汰。此外，罗洗河不敌张东岳，刘星倒在周逵刀下。

首轮比赛过后硕果仅存的业余棋手胡煜清本轮负于李亮。两位女将杨晖、孟昭玉也未能更进一步，她们分别被张学斌和丁伟终结。第二轮继续在中国棋院进行，全部比赛结果如下：

彭　荃 胜 柁嘉熹　　邬光亚 胜 邬俊杰　　张学斌 胜 杨　晖　　吴　麒 负 黄奕中
谢　赫 负 王东亮　　王剑坤 负 陈耀烨　　李　劼 胜 赵守洵　　郑　策 负 刘　菁
王　磊 胜 朴文尧　　吴肇毅 负 赵哲伦　　张伟金 负 王　鹭　　马笑冰 胜 王　垚
胡耀宇 负 孙　力　　孙　远 负 丁　烈　　曹大元 胜 钟文靖　　陶　忻 负 刘世振
罗洗河 负 张东岳　　周睿羊 胜 林　峰　　王　雷 负 陈潇楠　　张　立 负 王煜辉
丁　伟 胜 孟昭玉　　付　冲 胜 古灵益　　余　平 胜 杨　潜　　冯　伟 胜 马晓春
刘　星 负 周　逵　　胡煜清 负 李　亮　　李　喆 胜 张　维　　褚　飞 负 岳　嵩
牛雨田 负 黄　晨　　檀　啸 负 庄　园　　段　嵘 负 李永刚　　张英挺 负 董　彦

2005年6月8日，第七届阿含·桐山杯快棋公开赛本选赛第三轮继续在中国棋院进行。头天马晓春出局后，当天曹大元九段中盘不敌刘世振，宣告老同志在预选赛中全部“消失”。

全部比赛结果如下：

彭　荃 胜 邬光亚　　张学斌 胜 黄奕中　　陈耀烨 胜 王东亮　　刘　菁 胜 李　劼
王　磊 胜 赵哲伦　　马笑冰 胜 王　鹭　　丁　烈 胜 孙　力　　刘世振 胜 曹大元
周睿羊 胜 张东岳　　陈潇楠 胜 王煜辉　　付　冲 胜 丁　伟　　余　平 胜 冯　伟
周　逵 胜 李　亮　　李　喆 胜 岳　嵩　　黄　晨 胜 庄　园　　董　彦 胜 李永刚

第七届阿含·桐山杯快棋公开赛预选赛，2005年6月9日本选赛第四轮继续在中国棋院进行，胜者进入本赛。在上午提前举行的两场比赛中，刘世振、周睿羊获胜率先进入本赛。

全部比赛结果如下：

彭　荃 胜 张学斌　　陈耀烨 胜 刘　菁　　王　磊 负 马笑冰　　刘世振 胜 丁　烈
周睿羊 胜 陈潇楠　　付　冲 负 余　平　　周　逵 胜 李　喆　　黄　晨 负 董　彦

2005年7月31日，第七届阿含·桐山杯中国围棋快棋公开赛在北京结束了两场十六进八的比赛，王檄、周睿羊率先晋级八强。

王檄五段执白188手中盘胜董彦七段，周睿羊三段执白胜马笑冰四段。

2005年8月31日，在中国棋院二楼特别对局室，进行的两场阿含杯十六进八的比赛。结果，陈耀烨五段战胜孔杰七段，彭荃六段战胜俞斌九段。

2005年9月5日，第七届阿含·桐山杯本赛十六进八的比赛，在中国棋院特别对局室结束。结果常昊、邱峻、刘世振进入八强。

常昊九段执黑中盘胜周逵三段，邱峻七段执黑中盘胜邵炜刚九段，刘世振执黑四分之三子胜周鹤洋九段。

2005年9月6日下午，古力七段对余平六段的十六进八的比赛。古力执黑四又四分之三子胜余平，争得了八强最后一个席位。

第七届阿含・桐山杯本赛

八强赛2005年9月6日在中国棋院进行了两场比赛，结果，邱峻七段执黑133手中盘击败常昊九段，刘世振六段执黑中盘击败王檄六段。

2005年9月9日，第七届阿含・桐山杯中国围棋快棋公开赛两场半决赛在中国棋院结束，古力胜彭荃，陈耀烨胜周睿羊晋级四强。

2005年11月2日，第七届阿含・桐山杯快棋公开赛半决赛在海南三亚落幕，古力、邱峻分别击败刘世振、陈耀烨会师决赛。

古力七段执白中盘胜刘世振六段，邱峻七段执黑一又四分之三子胜陈耀烨五段。

决赛于11月22日在杭州举行，执白的古力疯狂屠杀了邱峻大半个棋盘的巨龙，194手中盘获胜，第二次夺得本项快棋赛冠军。

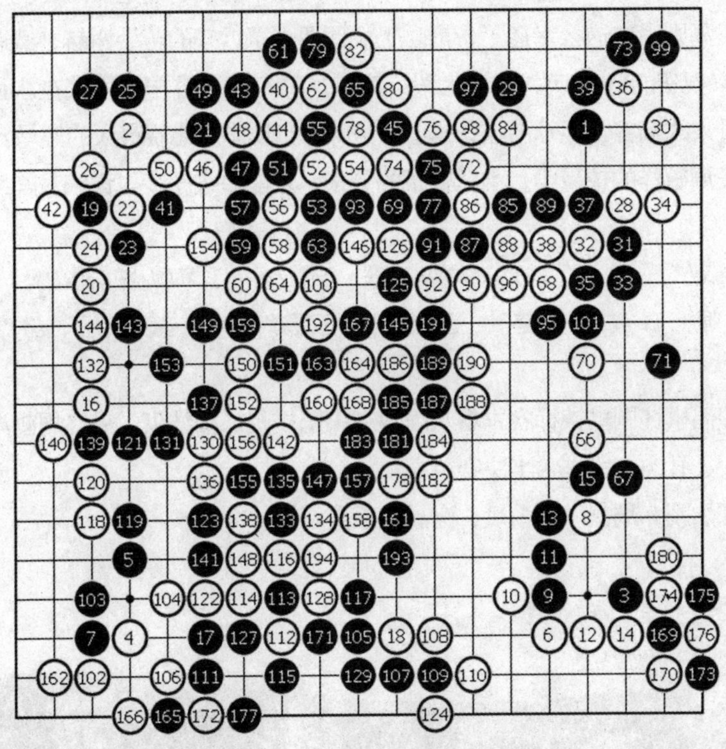

决赛棋谱

黑：邱　峻　七段

白：古　力　七段

共194手

白中盘胜

第二届倡棋杯围棋赛

2005年10月23日，第二届倡棋杯围棋锦标赛本赛第一轮在中国棋院结束。本轮除上届冠亚军孔杰、王磊轮空外，进入本赛的28名棋手均在首轮进行角逐。从本赛一路打上来的老将聂卫平九段淘汰了近来风头正盛的新锐刘星七段，在围甲联赛中表现不俗的小将周睿羊三段将王檄五段淘汰出局亦令人颇感惊喜。年初应氏杯得主常昊九段本轮发挥不佳，不敌曹恒梃三段，遗憾出局。详细对阵结果如下：

罗洗河 胜 张　璇　　丁　伟 胜 马晓春　　刘　菁 胜 胡耀宇　　古　力 胜 黄奕中

周睿羊 胜 王　檄　　邵炜刚 胜 董　彦　　曹恒梃 胜 常　昊　　周鹤洋 胜 方　捷

聂卫平 胜 刘　星　　彭　荃 胜 王　垚　　俞　斌 胜 牛雨田　　王　雷 胜 邱　峻

王煜辉 胜 周俊勋　　谢　赫 胜 刘世振

2005年10月25日，第二届倡棋杯围棋锦标赛本赛第二轮在中国棋院结束。上届冠军孔杰今天的对手是素有快刀之称的罗洗河九段，这盘棋是当天最早结束的，不过倒了的是快刀，孔杰得以顺利的进入八强。亚军王磊则没有这么幸运了，甫一上场便遇上了近来的苦手谢赫，遭遇淘汰。刚刚在开幕式接受大家祝贺的LG杯英雄古力七段，意外的被小将周睿羊三段挡在八强门外，从网络预选赛一路打过来的周睿羊显示出强劲的上升势头，当属本届比赛最大的黑马。

老将聂卫平九段在与弟子周鹤洋的较量中，难抵昏招的到来，未能更进一步。详细对阵结果如下：

孔　杰 胜 罗洗河　　刘　菁 胜 丁　伟　　周睿羊 胜 古　力　　邵炜刚 胜 曹恒梃

周鹤洋 胜 聂卫平　　俞　斌 胜 彭　荃　　王　雷 胜 王煜辉　　谢　赫 胜 王　磊

2005年10月27日，第二届倡棋杯围棋锦标赛本赛八强战在中国棋院二楼结束，最终周鹤洋九段、周睿羊三段、谢赫六段、孔杰七段进入半决赛。

孔杰胜刘菁，周睿羊胜邵炜刚，周鹤洋胜俞斌，谢赫胜王雷。

2005年12月8日，第二届倡棋杯半决赛三番棋首局在中国棋院进行，后两盘在广西南宁结束，最终龙虎辈棋手代表周鹤洋与孔杰均以2比1战胜对手，携手进入决赛。

孔杰2比1胜周睿羊，周鹤洋2比1胜谢赫。

2006年1月7日，第二届倡棋杯决赛三番棋在重庆结束，周鹤洋执黑中盘战胜孔杰，以2比0的比分夺冠，同时夺得40万元人民币的奖金；孔杰获得亚军，获得10万元人民币奖金。

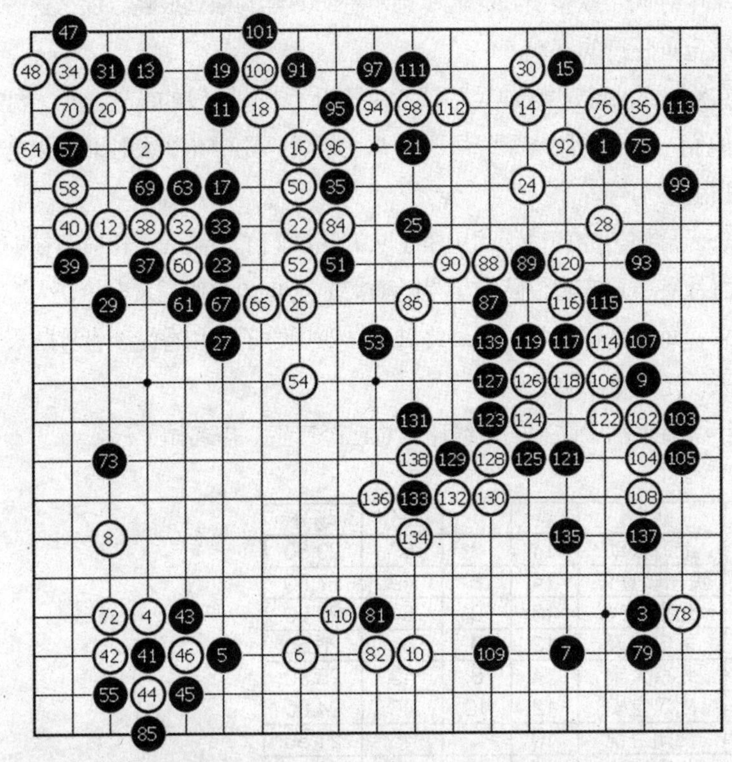

49 59 65 71 77 83 = 41　56 62 68 74 80 = 46

决赛第二局棋谱

黑：周鹤洋　九段

白：孔　杰　七段

共139手

黑中盘胜

2005年围甲联赛

经过一年时间的激烈争夺，2005年12月31日，2005年澳特来围棋甲级联赛在上海、北京等主场进行了最后一场比赛，结果上海移动通信队主场依靠主将胡耀宇的胜利，2比2战胜了香港新世界队，以总分29.5分的成绩蝉联冠军。

贵州咳速停队、北京新兴地产队分列二、三位。

由于在末轮比赛开始前，冠军的归属仍然扑朔迷离，贵州咳速停队仅仅比上海队低了0.5分，不论谁获胜都有可能问鼎冠军。使得比赛更加扣人心悬。也许在这样的情况下，贵州咳速停队反而发挥有些失常，很早主将王磊就输给了武汉队小将李喆。紧接着邹俊杰、邵炜刚也败下阵来，这样，贵州咳速停队已经失去了和上海争夺冠军的资格。上海队则凭借着常昊、胡耀宇的胜利更加巩固了第一的位置。

七年围甲联赛，重庆队蝉联了五届冠军，老牌强队上海队在2004年终于获得冠军以后，2005年在围甲联赛改为主将制之后仍然夺冠显示了其强大的综合实力。如果说2004年的这个时候上海队成功的从重庆建设队手中夺回了众望所归的冠军预示着2005年的雄鸡报晓，那么这一天他们的卫冕或许还将继续上演金狗旺运的好戏。

这一天最高兴的应该属北京海淀的四名“娃娃兵”了。在经历了上一阶段的低迷之后，凭借着主将周睿羊的出色表现，他们一步步的脱离了降级圈，并在最后一轮中4比0大胜北京大宝队，为2005年的围甲画上一个圆满的句号。

相比夺冠队伍的喜悦，这一天最痛苦的莫过于四川娇子队的队员们了。最后一轮曹薰铉前来助阵，娇子队也一鼓作气3比1战胜了重庆建设队。但是随着海淀队4比0战胜了大宝队，大连队2比2胜贵州卫视队的消息传来，娇子队保级的希望最终破灭。四川娇子队和香港新世界队最终降级，对于娇子队来说这一天一定是个不眠之夜。

随着比赛全部结束，2005年澳特来围甲联赛的最终座次也已经产生。排名如下：

排位	队名	胜	负	局分	场分
1	上海移动	14	8	57	29.50
2	贵州咳速停	14	8	49	27.50
3	北京新兴	13	9	51	27.00
4	重庆建设	13	9	51	26.50
5	北京大宝	14	8	43	25.50
6	武汉宝安	12	10	46	24.00
7	贵州卫视	10	12	45	21.50
8	北京海淀	11	11	38	19.00
9	山东鲁抗	10	12	38	18.50
10	大连上方	9	13	41	18.00
11	四川娇子	8	14	39	17.00
12	香港新世界	4	18	30	10.00

当联赛成为习惯

不是亲身感受，很难想象已经在中国棋界占据了重要分量的围甲联赛这一次如此被忽视——火红三月，应氏杯、春兰杯的惊天大战掳去了中国围棋所有的激情，棋界上下全部沉浸在多年不遇的无边兴奋中，为常昊、周鹤洋落下的每一颗子牵肠挂肚、欢欣鼓舞。本该按部就班运作的围甲联赛各项前期准备工作一拖再拖，到了已经被延迟的“最后截止期”3月15日，围甲各队的名单尚没有最后上报到中国棋院。

2005已经是围甲联赛进行的第七年了，在中国围棋对外战绩羸弱不堪的几年里，国内赛事全面萎缩，围甲勉力支撑着中国围棋的场面，为众多棋手提供了宝贵的比赛机会和重要的收入来源，并且以各种苦心的创意与意外的风波维持着中国围棋的亮点。2005，中国围棋终于熬过严冬，迎来春色，围甲在这一年将会以什么样的"身份"走进棋手与棋迷的生活？依然是"固根之本"的主旋律还是世界大赛阴影下的一个点缀？

变脸——本质突破和形式主义

其实2005年的围甲联赛将会比以往任何一年都更有看点，因为这一年的赛制将有重大调整：比赛日从每周四改为每周六，各队设立主将，在双方场分打平(即比赛场分2比2)时，将依据主将的胜负决定双方得分，主将胜者得1.5分，主将负者得0.5分。

赛期的改变自然是一个进步。几乎国际上所有重要体育比赛都放在周末黄金时间进行，围甲挤进这个"黄金时段"显示了自己地位的提高。以前在周四举行比赛就是为了避开足球、篮球等强势项目的风头，但这首先承认自己影响力低人一等的做法毕竟不是长久之计，经历了几年的风云激荡后，围甲有信心与这些"强豪"分一杯羹，在黄金时间占据自己的一片领地。赞助商澳特来的负责人说："报道篇幅再大，没人看也没价值。报道篇幅小，收视率高，看的人多就行。就像做广告，黄金时间广告再短，大家都要抢，宣传围甲何尝不是这样？"应该说此话深谙经营之道。中国围棋虽然起伏多年，也颇有些红火的日子，但底蕴和底气一直不足。既然已经走进市场，就该勇敢搏击。改变赛期是一步带有风险的妙手，也许不一定取得最好的效果，但要想留下名局就必须如此。

设立主将制在各支队伍中掀起轩然大波。预料到反对的呼声必定强烈，中国棋院干脆取消了商议新赛制的领队会议，直接宣布决定，不给大家反对的机会。此举虽稍显霸道，却是提升围甲观赏度的一着强手。

由于围甲比赛每轮每队各出四人，平局的几率非常大。设立主将，强行杜绝平局虽有斧凿痕迹，却可以让比赛激烈度大为增加，让棋迷观众更有兴致。主将制有点像篮球联赛中平局后的加时赛，更扣人心弦，而分出胜负比平分秋色也更符合竞技的本质。

有点遗憾的是，2005年围甲施行的主将制除了对积分上的影响重大外，在主将的确立上依然流于形式。主将，顾名思义，就该是队伍里实力最强者。可是赛制规定，各队每轮出场的主将并不要求固定，而且对主将的确定没有任何段位、等级分上的要求，也就是说，谁都可以来做这名主将。这看似留给了各位领队斗智斗勇的好机会，其实是使得主将制失去了原本意义。如果一些整体实力不足的队伍故意派最弱的棋手坐镇主将位，放弃那0.5分，其他几台则拼死相搏，最后的胜负会是什么结果且先不说，主将战的精彩度必将大大打上折扣。曹大元九段指出：这个主将制度并没有解决问题。以前棋手随便坐哪一台，现在设立主将，主将只能选择一台或者二台。强队为保成绩，主将相对固定，弱队反而容易认准对手，上演田忌赛马，这和设立主将的本意显然不相符。

不论设立主将与否，两军遭遇，如果双方最强者不能刀剑相交，来一场血与火的巅峰对决，那将是一种遗憾。前年围甲引进特邀外援时，强行规定每队遇到对方的特邀棋手时必须派遣最具实力者出阵，这既使比赛更加激烈，也是中国围棋的门面问题。现在设立主将，是不是也该有相似的规定来保证其实际意义呢？

主将制度另一个冲突在于，联赛一直规定双方外援不能相遇，目的当然是想让国内棋手多些锻炼的机会。可是现在如果有外援的两支队伍都把外援设为主将，那该如何？强行要求一方重新选择吗？其实以现在中国围棋的水平，做事完全可以大气一些，就算让曹薰铉和李世石在中国的围甲上碰撞一次又如何？倒是一道特别的风景呢！

名单——稳定与新意

虽然各队的参赛棋手名单迟迟没有报到中国棋院，但大致人选和2004年比不会有什么大的变动。除了外援，其他有影响力的棋手动作很小，数年积累，各支队伍都有了相对稳定的阵容。

最有新意的自然是升班马了，因为他们此前的背景一清二白，上谁都是新阵容。数年聘请韩国强力外援辛苦冲甲的香港新世界队到了甲级后倒是打起了国内品牌。他们与侠气十足的董彦签约，而此前董彦为获“自由身”放弃注册，一年不参加正式比赛曾引起各方关注。香港队自然是想用董彦的实力和魅力冲击各路强豪，但主将制的推出使董彦的位置有点微妙——他并不能保证稳坐主将位置，因为香港队签下的另一位大将是等级分在他之上的王垚。王垚虽然年少，但近来在各项赛事中发挥稳定，成绩不俗，由他出任主将也合情合理。由于主将出场费大大高于其他台次棋手，这其中颇有些讲究。香港队2005年引进的“外援”是台湾第一高手周俊勋，他的实力在大陆棋手中也足够一流，这样的阵容香港队或许难以名列前茅，但也绝非好相与，当无保级之忧。有趣的是抽签结果，香港队第一轮碰上了2004年一同在乙级比赛中拼杀出来的大连上方地产队，易地相逢该是什么样的结局呢？

2004年夺得三甲的上海移动通信、北京新兴地产、重庆建设摩托的阵容基本没有变动，主力稳固本来就是他们长期鼎盛的根本。这三支队伍最大的优势就是没有“软肋”，人人都可以攻城拔寨。不过这带来的另一个头疼问题就是选谁做主将。在别的队伍为没有强有力的主将人选犯愁时，他们却因为几员主力水平相当而难以取舍。重庆的古力贵为国内等级分第一人，但周鹤洋、王檄也绝对是分量够足。上海队常昊刚夺取世界冠军，不过胡耀宇的实力谁又敢小觑？新兴地产的四员大将罗洗河、黄奕中、彭荃、刘星更是实力非常平均，主将人选更加难定。他们三家是“富人有富人的烦恼”，估计会让各位强手轮流出任主将。

马晓春九段加盟武汉人福是个大动作。也许马九段现在的精力不能保证他在与最强手的抗衡中占优，但他巨大的影响力以及号召力一定会为年年苦拼到最后一轮才在悬崖前保级的武汉队发挥超强作用。马九段现在很少参加国内各项大赛，在围甲上却连续数年倾尽全力，这是对围甲的一个重大肯定。

外援方面，最抢眼的是曹薰铉入川。围棋皇帝也抵御不住岁月的侵蚀，2004年一年成绩平平，但他的力量无人可以轻视。四川娇子队一向比上不足比下有余，但2005年的主将制给他们带来危机，如果没有一员扛鼎大将护住帅旗，与群雄逐鹿恐有忧患。请曹薰铉是下了很大决心的，胜一局10万元人民币的报酬也创造了围甲新纪录。老曹在中国参加过围甲和围乙，成绩都很突出，而且此际他身处低谷，自然会搏命以证明自己宝刀未老。如果老曹发挥上乘，四川队超越历史大有希望。

比老曹更具分量的是李世石，这位近期连夺三星杯和丰田杯的飞扬青年在世界棋坛炙手可热。不过他2004年加盟贵州咳速停队战绩之差叫人不可思议，爱票子更爱面子的小李2005年主动要求降低身价，继续为咳速停队效力。与他成为队友的还有他的“前任”——“李昌镐二世”睦镇硕。这位曾经的重庆队金牌外援改换门庭重返围甲，贵州咳速停顿成夺冠大热门。

山东鲁抗医药队签下了韩国年轻棋手洪旼杓，显然是重视实用胜过重视名气。几年围甲的经验表明，外援名头越大，成绩往往越不尽人意。作为中坚队伍，与其花大堆银子请世界冠军级的外援装点门面，不如请有实力的年轻外援多挣点分。

观点——如何看待联赛?

联赛走到第七年，所谓“七年之痒”，该有一些总结性的东西了。

首先必须承认，围甲联赛的效果已经超出了最初的预期。最初推出联赛制度，是一种尝试，多少还带着点无可奈何。当时的一个观点是：联赛形式不适合围棋，联赛的影响力不足以推动围棋在中国的普及与发展。这是从计划经济时代的团体赛身上得出的经验之谈，不能说没有道理。世界大赛创办后，围棋的锦标主义逐渐膨胀，个人表演成为吸引棋迷眼球的最重要方式，联赛会受到何种程度的关注确实不容乐观。有人认为联赛可以作为非最一线棋手锻炼的舞台，为他们提供比赛机会和提高收入，不要求轰轰烈烈倍受关注。应该说这是一种务实的想法，那时无人能预料联赛之路能走上几年，能走成什么样子。

这几年中国围棋在国际赛场上的不振客观成就了联赛。从中国棋院到地方棋院到参赛棋手再到棋迷，在面对一波接一波的失败打击时，有点无奈地把关注的目光转移到了联赛身上。当然，棋手和棋迷的感觉是完全不一样的。棋手会珍惜每一次比赛的机会，棋迷最关心的则是比赛是否好看刺激。这样，当棋手全身心投入到联赛中去，联赛的看点自然不断增加，棋迷也就越发对联赛有了兴趣。相辅相成，联赛以预想不到的速度发展起来，很快成为国内赛事中最有人气的一项，压倒了逐渐萎缩的各项头衔战。随着外援的引进，随着一批以古力为代表的“联赛之男”的涌现，围甲在全国各大媒体上的宣传力度不断加强，它已经成为中国围棋的标志之一。

当一种感觉慢慢成为习惯，你会觉得它本来就存在于你的生命里。时至今日，置疑联赛是否应该存在的声音已经消失，代之的是各种为它如何办得更好提出的建议或者批评。最顶尖的棋手也绝不会轻视任何一盘联赛对局，这不只是集体荣誉、个人荣誉，也是责任心、凝聚力的体现。中国围棋在低谷徘徊的这几年，联赛潜移默化让国手们坚守着一份信念。彼此的信任与期待使得中国围棋一败再败仍昂然向前，终于在多年以后迎来姹紫嫣红的春天。我们说常昊与周鹤洋在应氏杯和春兰杯上表现极为出色的动力来源于联赛绝非牵强之辞，某种程度上，联赛让中国围棋坚强、刚强。

有了果实，该如何对待最初的花枝？中国围棋不该依靠几个世界冠军来维持发展，但世界冠军的影响力与推动力绝不可少。随着新一代国手全面崛起，随着“恐韩”的怪圈被打破，可以想象今后的国际赛场上中国棋士的风姿将愈来愈耀眼。那么，联赛呢？我们还会有多少目光投入在它身上？

2005的国甲联赛于4月16日开战，但接近3月下旬，第一轮赛会制的地点还未确定。除了各支参赛队伍和赞助商，棋界上下都忙于接踵而至的应氏杯、春兰杯、LG杯三大决赛。如果最初创办联赛的目的就是为了世界大赛上的辉煌，当辉煌已经降临，最初的星光会依然照耀我们心中还是已经成为太阳的万丈光芒下的点缀？

就如同昨天不知道联赛的今天会风云激荡一样，现在我们也难以预料它是不是将有一段黯淡的明日之路。

其实，主旋律还是点缀并不重要，毕竟，联赛已经成为我们的习惯。

2005年中国职业棋手等级分排名

(2005年12月31日为止)

1	古　力	2720
2	孔　杰	2677
3	周鹤洋	2670
4	胡耀宇	2654
5	谢　赫	2650
6	罗洗河	2631
7	王　磊	2627
8	邱　峻	2621
9	常　昊	2616
10	王　檄	2609
11	俞　斌	2601
12	马晓春	2592
13	刘　星	2588
14	陈耀烨	2582
15	刘世振	2573
16	彭　荃	2572
17	周睿羊	2560
18	黄奕中	2558
19	丁　伟	2555
20	朴文尧	2533
21	王煜辉	2530
22	牛雨田	2525
23	李　喆	2517
24	董　彦	2515
24	邵炜刚	2515
26	王　垚	2512
27	刘小光	2508
28	王　雷	2496
29	聂卫平	2486
30	古灵益	2485
31	张学斌	2483
32	杨　一	2479
33	李　康	2474
34	林　锋	2468
35	曹大元	2466
35	张　璇	2466
37	刘　菁	2465
38	邹俊杰	2461
39	余　平	2457
40	林朝华	2451
41	李　劼	2450
42	段　嵘	2439
43	汪　洋	2437
44	陈祖德	2426
45	杨士海	2423
46	马笑冰	2422
46	孙梦夏	2422

46	赵哲伦	2422
49	岳亮	2417
50	张文东	2415
51	张维	2414
52	朱松力	2413
53	赵守洵	2411
54	王昊洋	2408
54	朱毅	2408
56	方捷	2405
57	张英挺	2401
58	郑弘	2399
59	吴肇毅	2397
60	王剑坤	2387
61	黎春华	2385
62	华学明	2382
62	叶桂	2382
64	彭立尧	2366
64	王海军	2366
64	许书祥	2366
64	张立	2366
68	朱元豪	2365
69	丁烈	2364
70	李华嵩	2361
71	张东岳	2360
72	李永刚	2359
73	黄晨	2357
74	冯伟	2355
74	蓝天	2355
76	罗建元	2354
77	陶忻	2353
78	吴新宇	2352
79	王东亮	2350
80	龚世运	2348
81	时越	2347
81	徐莹	2347
83	孙力	2346
84	曹恒梃	2344
84	柁嘉熹	2344
86	付冲	2343
86	金渭斌	2343
88	崔灿	2342
88	于梅玲	2342
90	陈瑞	2340
91	潘峰	2337
92	陈潇楠	2332
92	韩晗	2332
94	朱燕铭	2331
95	郭北雅	2330
96	张亚博	2328
97	李海	2327
97	邬光亚	2327

99	褚飞	2326
99	金生煜	2326
99	张伟	2326
102	陆军	2325
102	薛磊	2325
104	李豫川	2324
105	祝励立	2320
106	方天丰	2318
106	王幼侠	2318
108	杭天鹏	2317
109	王鹭	2316
109	袁曦	2316
109	周波	2316
112	周振宇	2314
113	甘思阳	2312
113	李君凯	2312
113	周逵	2312
116	吴锴	2311
117	刘熙	2309
117	郑岩	2309
119	金茜倩	2308
119	孟泰龄	2308
121	毛睿龙	2307
121	吴麒	2307
121	庄园	2307
124	陈兆峰	2304
125	钟文靖	2303
126	李亮	2302
126	王群	2302
126	吴道明	2302
129	杨晖	2298
130	邱继红	2294
130	孙远	2294
132	张欣	2293
133	梁雅娣	2292
134	王隽	2289
134	吴树浩	2289
136	郭天瑞	2288
136	孟磊	2288
138	郑策	2281
139	檀啸	2280
140	韩晔	2279
141	贾小宇	2277
142	李魁	2275
143	葛凡帆	2272
143	史锦帛	2272
145	尹航	2271
146	刘涛	2270
146	田舟	2270
148	桂文波	2269
148	王祥云	2269

150	尹廓	2268
151	罗德隆	2267
152	胡跃峰	2266
152	张蛟	2266
154	范蔚菁	2265
155	唐兢	2263
156	陈慧芳	2261
157	彭小峰	2259
157	许斐然	2259
159	白光源	2258
159	张涛	2258
159	赵兴华	2258
162	李轶	2256
162	岳嵩	2256
164	朱剑舜	2255
165	王一飞	2254
166	荆上	2252
166	刘曦	2252
168	江维杰	2251
168	王异新	2251
170	郭明鑫	2250
171	刘帆	2249
172	王磐	2248
172	杨潜	2248
174	鲁佳	2247
174	张策	2247
176	孟昭玉	2246
176	杨啸天	2246
178	陈德龙	2245
178	王倪乔	2245
178	张斐斐	2245
181	曹呈	2244
181	景石	2244
183	崔宁	2243
184	潘非	2242
185	胡帅	2241
186	韩钢	2240
186	秦悦欣	2240
188	唐嘉隆	2239
188	韦明瑞	2239
188	朱阿逸	2239
191	陈博雅	2238
191	娄玺	2238
191	孟繁雄	2238
194	吴振宇	2237
195	魏子翔	2236
195	武君	2236
197	李莹	2233
197	栾秋成	2233
197	孙腾宇	2233
197	杨戎	2233

197	张　弛	2233
202	方　昊	2232
202	汪　涛	2232
202	王迦南	2232
205	沈　颖	2231
205	许振宇	2231
205	严　欢	2231
208	闵　娜	2229
209	丁　明	2227
209	李　赫	2227
211	王　蕊	2226
211	郑淼鑫	2226
213	唐　奕	2225
214	施　洲	2223
215	金　靖	2222
216	李　聪	2221
217	汪　慧	2220
217	王宏伟	2220
219	孙明杰	2219
219	徐金阳	2219
221	杨　冬	2218
221	张　森	2218
223	张　昊	2214
224	涂　清	2213
225	唐　盈	2212
226	陈栋如	2209
226	谢少博	2209
226	张　强	2209
229	姚　征	2208
230	蒋天棋	2207
230	苏琪伟	2207
232	董亦沛	2206
232	李　凡	2206
234	王　昊	2205
235	蔡碧涵	2203
236	腾　程	2202
237	赵子骥	2201
238	潘文君	2200
238	佟禹林	2200
240	胡　磊	2198
240	黄　贲	2198
240	苏　苏	2198
240	王伯刚	2198
244	黄　佳	2196
245	刘云龙	2193
245	朱仁坤	2193
247	殷　鉴	2192
248	小李莹	2186
249	卢　笛	2185
250	晏　宁	2183
251	李　昂	2181
252	李嘉麒	2180
253	李天竹	2179
254	田　野	2177
255	唐　莉	2175
256	韩　恂	2173
257	边志文	2171
257	李云生	2171
259	贾　倩	2170
259	陶汉文	2170
261	王志国	2169
262	杨　爽	2168
263	胡文松	2163
264	李东阳	2157
265	仇丹云	2153
266	张　瑞	2150
267	梁博超	2148
268	杨　梓	2147
269	刘元博	2146
269	毛佳君	2146
271	许　顿	2141
272	曹宏宇	2138
273	马清清	2129
274	黎　剑	2124
275	陈　盈	2121
276	袁卫红	2109
277	刘禹欣	2093
278	唐锦潮	2070

未列入名册的有等级分棋手(不活跃棋手)名单：

钱宇平	2483
沈果孙	2480
华以刚	2459
宋雪林	2444
王 辉	2443
黄德勋	2441
雷贞倜	2434
陈明川	2431
陈志刚	2430
车泽武	2426
邵震中	2423
倪林强	2422
黄进先	2420
陈安齐	2415
王汝南	2408
徐荣新	2406
丰 云	2401
陶坚海	2400
程征宇	2400
裘瑜民	2400
梁鹤年	2400
王亦民	2395
阮云生	2392
王 谊	2390
梁伟棠	2389
刘乾利	2389
程晓流	2388
赵 栋	2381
刘 力	2373
季荣强	2373
汪见虹	2369
廖桂永	2368
陈临新	2364
李 钢	2364
谢裕国	2360
容坚行	2359
沈曼蓉	2359
罗建文	2357
中辰光	2357
黄良玉	2357
曾炳权	2354
王 元	2352

洪 艳	2351
鲁 健	2350
马 石	2347
王洪军	2346
吴玉林	2345
施 敏	2344
王冠军	2343
吴 琪	2342
蒋 峰	2336
庞 延	2336
赵余宏	2333
谢 峰	2327
李 星	2327
刘青琳	2323
庄玫缤	2320
廖勇夫	2320
黄忠英	2320
高 峰	2320
朱宝训	2320
阎 安	2317
梁志敏	2315
李亚春	2314
叶锦锦	2303
章文华	2297
朱菊菲	2295
姚小敏	2292
唐 毅	2291
张文耀	2291
张成华	2289
黄希文	2284
丁 波	2284
陈晓昕	2280
梅 艳	2280
王 慧	2280
郝明霞	2280
管一昕	2280
任宏宇	2280
黄妙玲	2279
宁 军	2275
杜宇峰	2275
何旭光	2274
谭炎午	2273

王业辉	2271
刘 波	2270
余晓丹	2266
回敬辰	2264
胡晓苓	2261
陈 佳	2259
朱文馨	2253
陈倩薇	2251
王 斌	2244
李晨硕	2242
徐中华	2240
张晏秋	2240
苏 磊	2240
郭田农	2240
张 启	2240
许 莽	2240
牛 歌	2223
高又彤	2218
樊 麾	2216
陈 为	2214
钱春雷	2212
于 飞	2208
孙湛博	2205
沈学文	2202
王 凡	2202
姜志强	2202
许 鑫	2201
沈 静	2198
帅迎春	2189
杨 硕	2187
王 骥	2184
张 玟	2181
梁春晨	2177
付斌芳	2172
马媛媛	2168
孙 丹	2165
王 程	2162
刘雅洁	2158
顾 平	2156
于 璇	2153
张 祺	2136
林雪芬	2114

日本风云：

3月5日，第24期NEC杯快棋锦标赛，张栩九段 1比0胜柳时熏九段，获得冠军，1500万日元。

3月9日，第17期女子名人战，小山荣美五段 2比1胜小林泉美六段，挑战成功，510万日元。

3月17日，第29期棋圣战，羽根直树九段 4比3胜结城聪九段，成功卫冕，4200万日元。

3月20日，第52届NHK杯快棋锦标赛，张栩九段 1比0胜依田纪基九段，获得冠军，500万日元。

4月27日，第43期日本十段战，赵治勋九段 3比2胜王立诚九段，挑战成功，1400万日元。

6月28日，第60期本因坊战，高尾绅路八段 4比1胜张栩九段，挑战成功，3200万日元。

7月26日，第30期日本碁圣战，依田纪基九段 3比0胜结城聪九段，成功卫冕，777万日元。

9月23日，第30届日本新人王战，金秀俊七段 2比0胜井山裕太四段，获得冠军，328万日元。

9月30日，第14届龙星杯赛，结城聪九段 1比0胜张栩九段，获得冠军，500万日元。

10月8日，第12期阿含·桐山杯，井山裕太四段 1比0胜小林觉九段，获得冠军，1000万日元。

10月20日，第24期女子本因坊战，矢代久美子五段3比0胜知念熏四段，挑战成功，580万日元。

11月10日，第30期名人战，张栩九段 4比3胜小林觉九段，成功卫冕，3700万日元。

第30期日本天元战，山下敬吾 2比3负于河野临七段，卫冕失败，1400万日元。

第52届日本王座战，张栩九段 3比0胜山下敬吾九段，卫冕成功，1350万日元。

韩国战事：

1月4日，第6届女子名人战，芮乃伟九段2比0胜赵惠莲五段，挑战成功，800万韩元。

2月19日，第48届国手战，崔哲瀚九段3比0胜李昌镐九段，卫冕成功，3300万韩元。

2月24日，第6届麦馨杯九段最强战，李世石九段2比1胜梁宰豪九段，夺得冠军，1500万韩元。

4月9日，第10届女子国手战，赵惠莲五段2比0胜尹暎善四段，夺得冠军，1000万韩元。

5月6日，第15届新人王战，朴永训九段2比1胜金东熙初段，夺得冠军，2000万韩元。

5月9日，第16届棋圣战，朴永训九段3比2胜崔哲瀚九段，挑战成功，1800万韩元。

5月22日，大师赛女神组，金善美初段弃权胜赵惠莲六段，夺得冠军，900万韩元。

5月22日，大师赛战神组，朴正祥五段1比0胜元盛溱六段，夺得冠军，900万韩元。

7月11日，第2届 王中王战，李昌镐九段2比0胜崔哲瀚九段，夺得冠军，4000万韩元。

7月15日，第39届KT杯王位战，李昌镐九段3比1胜玉得真二段，卫冕成功，4500万韩元。

8月21日，第5届 新锐连胜最强战，姜东润三段2比1胜李映九四段，夺得冠军，1800万韩元。

9月21日，第5届 韩国围棋元老赛，金东烨八段2比1胜张秀英九段，夺得冠军，1500万韩元。

10月11日，第1届物价情报杯，朴永训九段2比0胜李昌镐九段，夺得冠军，2000万韩元。

10月13日，第24届KBS棋王战，李昌镐九段2比0胜刘昌赫九段，夺得冠军，2000万韩元。

11月1日，大师杯三国志职业棋战，赵汉乘八段1比0胜李昌镐九段，TYGEM队夺冠，5000万韩元。

11月17日，第8届新锐十杰战，姜东润四段2比0胜高根台三段，夺得冠军，1000万韩元。

第1届 十段战，朴永训九段胜李昌镐九段， 2500万韩元。

第1届 职业最强战，朴永训九段胜赵汉乘八段， 2500万韩元。

第10届LG精油杯，李昌镐九段2比1胜崔哲瀚九段， 5000万韩元。

第10届韩国天元战，高根台三段胜朴正根初段，1300万韩元。

第三篇

2006——奠基中国时代

2006年中国围棋驶上快车道，三星杯罗洗河夺冠，LG杯包揽冠亚军，春兰杯垄断四强。前所未有的厚重高手层让我们底气充足，不断涌现的新锐表现杰出，世界棋坛的“中国时代”大幕开启。

中国红背景下的七色棋坛

——回望2006年国际棋坛

每个时刻都是一次开始，每个时刻也都是一次结束，如果说历史是一场美丽的剑舞，2006就是宝剑挥出的那一道耀眼光芒。红与黑，泪与笑，悲与壮，太多种情绪弥漫于人们在这伟大时代的心灵，太多领域将“震撼”当成了本年度的主题词。既冷且静的围棋也融入了这场喧嚣，黑子与白子的敲击声汇成了一部古典与现代相结合的交响乐。回顾2006的世界棋坛，我们感受到的不再只是胜与负的惨烈，更多种况味拓宽了我们的思维，围棋这幅画卷展开了它的广博。

整体的力量 中国军团歌声嘹亮

如果说2005年常昊夺下应氏杯是他本人和中国围棋压抑了太久以后的一次大爆发，概念上的意义比实际价值更加巨大，那么2006年的中国围棋就是全面崛起，“理所当然”地成为世界棋坛主流力量。

在中国棋手于国际赛场上屡败屡战，屡战屡败的时候，我们总会回味曾经的荣光。昔年聂马的神勇被我们津津乐道，仿佛我们的盛世曾是何等辉煌。事实上，以前的我们从未摆脱对某个领军人物的“依赖症”，一荣俱荣，一损俱损。2006年中国围棋的最大收获不是几顶世界冠军的漂亮帽子，而是一群棋手的活跃，是整体力量的强大，是东方不亮西方亮的从容。

无论怎么设计排行榜，罗洗河笑捧三星杯都该是2006年围棋界最具轰动效应的大事。鬼魅般的行棋，哲人般的言语，永远淡然慵懒的表情，这样的罗洗河不只是一名棋士，他是思想家，是大师。当罗洗河与李昌镐对决于三星之颠，两个都超越了传统天才定义的天才撞击出的思想火花让围棋更加绚烂与深邃。当年钱钟书评价著名海外女作家於梨华“She is very clever”，评张爱玲则是“She is more than clever”，2006的罗洗河与李昌镐也给我们类似的感觉——李昌镐非常聪明，而罗洗河不止是聪明。

惊鸿一瞥的罗洗河并没有在其他棋战中带给我们惊喜，或者他也无意如此，他本就不是领袖型的人物。但我们还有别人，古力与陈耀烨垄断LG杯决赛使中国围棋愈加朝气逼人。作为地位已经稳固的国内第一人，古力在国际赛场上一样光芒四射。LG杯冠军只是他的开端，再添几分沉稳之后，他的成就将不可限量。

常昊则愈发像是一位“国际战士”了，在国内等级分排名一跌再跌的他，国际赛场上出手必杀，中韩擂台赛力斩曹李师徒成为终结者，而且因为韩国方面将不再把这项比赛办下去，与当年的中日擂台赛一样，常昊是擂台之上最后一位胜利者。如果说打进春兰杯决赛因为中国棋手包揽了四强而显得不那么瞩目，那三星杯单骑叩关，顺利晋级决赛约战石佛就是他成熟的明显标志。

王檄的亚洲快棋赛冠军属于意料之外情理之中，谢赫、胡耀宇、刘星、彭荃、周鹤洋，这些大将个个可以独当一面。个人的强势使得团体比赛的胜利顺理成章，亚洲四强赛中国夺冠看上去相当轻松，相形之下，国际新锐对抗赛的大胜竟显得无足轻重了。

女子方面中国巾帼们也有建树，正官庄杯蝉联冠军，而且这次我们并没有依靠芮乃伟把关。虽然韩国女棋手依然显得比我们强悍，在大理女子世界赛上包揽四强，但鲁佳、郑岩、王祥云这些小姑娘踏实前进的脚步使我们相信，“后芮乃伟时代”的中国女子围棋也会姹紫嫣红。

十年磨一剑，霜刃未曾试。今日把示君，谁有不平事？2006的中国围棋一抒胸中不平，中国红成为国际赛场上的主色调。

风继续吹 韩国围棋展现雍容

中国围棋大面积丰收，但并未独霸天下，韩国棋手在遭遇全面狙击之时虽显慌乱却未溃败。

风头强劲的中国棋手在2006年也有郁闷之处，富士通杯半决赛周鹤洋力挫李世石，却在一片“冠军到手”的欢呼声中不敌韩国小将朴正祥，空留遗憾。“朴正祥是谁？”富士通杯之前默默无闻的他一跃过龙门，排名在韩国国内高居第五，成为又一位“韩国新式武器生产线”上的成功者。

朴正祥的胜利不能说是一次偶然，其实他是韩国围棋多年沉淀的成果。在韩国流席卷天下的最初，不可否认他们是带有一些“暴发户”气质的，但“三代养成贵族”，十年雄霸，韩国围棋积累了深厚底蕴，他们的举手投足间颇显贵族气息。

二李不再可怕，却仍无人可以轻视，他们也许不能再于每个战场上剑指巅峰，但某一次的爆发仍可震撼世人。丰田杯上“韩流”倒袭，阻中国棋手于四强之外，李世石昂首决赛，欲圆蝉联之梦。年底的三星杯李昌镐卷土重来，连续两年在决赛中面对中国棋手的挑战，这一次他必将全力以赴。还有2005年夺取天元的小将高根台，虽然再无其他过人表演，却突施冷箭，在中韩天元对抗上擒下古力。

如果客观盘点，2006年韩国围棋的总体国际战绩其实只比中国略逊，让人感觉他们大踏步后退的原因是前些年他们的基点太高。

事实上我们也并不希望看到韩国围棋大厦的瞬间崩溃，一个强大对手的存在才能让我们有更高的目标追求。败而不乱，韩国围棋依然与我们并肩而行。

有时跳舞 日本围棋不言放弃

三国鼎立已经渐成笑谈，可是日本围棋并未放弃。“加藤新政”之后，日本围棋在国际赛场上昭显出一定的活力。

2006年李昌镐的诸多神话被打破，其中很重要的一项就是农心杯的不败金身。曾被视为将最早出局的日本队凭借最后关头的主将发威，硬是逆流而上，第一次笑傲三国擂台，这位主将正是依田纪基。

曾经的“虎痴”，曾经的“李昌镐克星”，依田纪基的威势一度被认为会号令天下，但是日本围棋的整体衰落使个人的力量显得虚弱。依田孤独地战斗着，身边没有可以依靠的战友，所以他只能偶露峥嵘，在中韩虎骑围攻之下，他早生的华发印出世事沧桑。

张楚唱“孤独的人是可耻的”，而易卜生说“那最孤独的人恰恰是最有力的”。如果说日本围棋堕落到了可耻的地步，那依田纪基就要用自己的有力挽回江山。

当然，一个依田纪基救不了日本围棋，更何况他早已不是当年的风华少年。幸好还有张栩，日本围棋新的代表者。2006年张栩在日本国内颇不得志，“第一人”荣耀旁落，但他在丰田杯上力杀四门，以不可阻挡之势闯进决赛，照亮日本围棋暗淡的国际大赛征程。

一个依田纪基加一个张栩，日本围棋凭借两个人苦撑门面，他们的目光露出疲倦，但职责所在，即使日暮途穷，也只有一往无前。

台湾第一高手周俊勋打进LG杯四强，朝鲜棋手在国际业余大赛上表现抢眼，这一切都昭示着围棋正向多元化进军。2006年亚运会吸纳了国际象棋，到2010年，围棋将铿锵登场。围棋国际化大势所趋，七彩斑斓的棋坛将呈现于我们眼前。

国际大赛

第一届江原大世界杯中韩围棋擂台赛

2006年2月开战。3月25日，中国常昊战胜韩国李昌镐，中国队获得优胜。

赛程与对阵：

第一届江原大世界杯中韩围棋擂台赛第一局

时间：2006年2月6日

地点：韩国江原道

李世石九段(韩国) 执白中盘胜 朴文尧四段(中国)

第一届江原大世界杯中韩围棋擂台赛第二局

时间：2006年2月7日

地点：韩国江原道

陈耀烨五段(中国) 执白1目半胜 李世石九段(韩国)

第一届江原大世界杯中韩围棋擂台赛第三局

时间：2006年2月8日

地点：韩国江原道

陈耀烨五段(中国) 执白2目半胜 洪性志四段(韩国)

第一届江原大世界杯中韩围棋擂台赛第四局

时间：2006年2月9日

地点：韩国江原道

安祚永九段(韩国) 执白中盘胜 陈耀烨五段(中国)

第一届江原大世界杯中韩围棋擂台赛第五局

时间：2006年2月10日

地点：韩国江原道

安祚永九段(韩国) 执白半目胜 王檄五段(中国)

第一届江原大世界杯中韩围棋擂台赛第六局

时间：2006年3月20日

地点：中国杭州

安祚永九段(韩国) 执黑半目胜　罗洗河九段(中国)

第一届江原大世界杯中韩围棋擂台赛第七局

时间：2006年3月21日

地点：中国杭州

常昊九段(中国) 执黑中盘胜　安祚永九段(韩国)

第一届江原大世界杯中韩围棋擂台赛第八局

时间：2006年3月22日

地点：中国杭州

常昊九段(中国) 执白中盘胜　金东烨九段(韩国)

第一届江原大世界杯中韩围棋擂台赛第九局

时间：2006年3月23日

地点：中国杭州

常昊九段(中国) 执黑5目半胜　曹薰铉九段(韩国)

第一届江原大世界杯中韩围棋擂台赛第十局

时间：2006年3月24日

地点：中国杭州

常昊九段(中国) 执白3目半胜　李昌镐九段(韩国)

十年两擂，一笑沧桑

捅破窗户纸本就是不经意之间。

常昊与李昌镐大战于中韩擂台的绝顶之时，我正在旅途。朋友的短信不停发来："常昊开局不错。""好像是优势了。""不出勺子要赢！""胜利了！常昊赢了李昌镐！"

我微笑着，在火车的轰鸣声中为中国围棋又一个胜利喝干了一瓶啤酒。前一天与同事谈起常李之争时，我说："常昊的胜面有七成。"他惊诧："有那么大？"我说："是，常昊赢了老曹，而且是以这种方式赢了老曹，这世界上已经没有人挡得住他了。"从胜负角度讲，此时的常昊已经能够自己把握住进与退的分寸，他单方面的发挥就可以基本决定一盘棋的结局。

当然，我并没有完全的把握，我甚至有些期待着李昌镐能够打破我的预测。毕竟，石佛的强在很多时候是超越了寻常概念的，他有能力让"规律"成为"废律"。可惜的是，这一次正碰上李昌镐状态不好，总体来看，常昊的胜利波澜不惊。

又一次成为擂台终结者，今天的常昊和十年前在中日擂台赛上意气风发的少年相比，多了几分沉稳的大家风范，也多了几分沧桑之感。不知道他内心的喜悦与十年前相比，是多了还是少了？中日擂台赛在常昊登场的时候，已经不似最初几届光辉灿烂、万众仰望。随着职业世界大赛的推出，"世界冠军"比"擂台终结者"在棋迷心中的分量重了许多。常昊十年前的五连胜、六连胜有一点"生不逢时"，耀出的光芒很快被他不断遭受李昌镐打压、世界大赛决赛中屡屡失手的沮丧掩盖。在日本围棋逐渐失去锋芒的年代终结中日擂台赛，常昊仿如经历了命运的一个玩笑。

客观地说，这届中韩擂台赛的"含金量"和"说服力"比不上当初的中日擂台赛。但常昊这次是在韩国围棋的巅峰期冲破了他们的屏障，与2005年的应氏杯一样，意义非凡。日后看，说不定这一战会成为分水岭，韩国围棋将就此步入一个"夕阳时期"亦未可知。

常昊突破了自身潜力，他也突破了中国围棋的心魔。在团体赛上让李昌镐找不到感觉，这里有李昌镐自己状态的问题，但更多显示了我们棋手自身综合实力的提升。在逆境中不轻言放弃，在顺境中能牢牢把握方向，中国围棋在竞技方面达到了前所未有的高度。常昊是一个代表，可他不是中国围棋唯一的希望。中韩擂台赛不会因为常昊的连胜而就此终结，韩国方面在以后也会发起强力反击，但中国围棋整体的崛起谁也无法否认。不以一盘棋的胜负评定全面的得失，多年的浮沉，我们终于可以笑看得失。

当我们逐渐习惯了胜利，让我们激动的已经不仅仅是胜利本身。浮云一别，流水十年，两座擂台记载了世界围棋最强三国的起落悲欢。常昊成为一个标志性人物，他年轻的笑脸，他成熟的笑脸，重叠在一起，岁月仿佛倒流，时光如同停滞。

人间正道是沧桑。

第六届春兰杯世界职业围棋锦标赛

2006年3月举行，中国棋手占据八强中的六席，并包揽四强，古力与常昊会师决赛。2007年的决赛中，古力2比0取胜，再夺一项世界冠军。这也是中国围棋又一次重大胜利，举国上下无不欢腾。

赛程与对阵：

第六届春兰杯第一轮

时间：2006年3月11日

地点：中国北京

谢赫六段(中国) 执黑中盘胜　崔哲瀚九段(韩国)

陈耀烨五段(中国) 执黑3/4子胜　朴永训九段(韩国)

李世石九段(韩国) 执白中盘胜　卡塔林五段(欧洲)

赵治勋九段(日本) 执白1又1/4子胜　俞斌九段(中国)

河野临八段(日本) 执黑4又3/4子胜　林圣贤七段(中国台北)

结城聪九段(日本) 执白中盘胜　周俊勋九段(中国台北)

高根台四段(日本) 执白1又1/4子胜　麦克雷蒙九段(美国)

依田纪基九段(日本) 执白中盘胜　孔杰七段(中国)

第六届春兰杯第二轮

时间：2006年3月13日

地点：中国北京

古力七段(中国) 执白中盘胜　河野临八段(日本)

彭荃六段(中国) 执黑1又3/4子胜　高根台四段(日本)

常昊九段(中国) 执白中盘胜　结城聪九段(日本)

谢赫六段(中国) 执黑3/4子胜　羽根直树九段(日本)

胡耀宇八段(中国) 执白中盘胜　依田纪基九段(日本)

周鹤洋九段(中国) 执黑中盘胜　赵治勋九段(日本)

李昌镐九段(韩国) 执黑中盘胜　陈耀烨五段(中国)

李世石九段(韩国) 执白中盘胜　罗洗河九段(中国)

第六届春兰杯八强赛

时间：2006年9月28日

地点：中国广州

谢赫六段(中国) 执黑中盘胜　李世石九段(韩国)

彭荃七段(中国) 执白中盘胜　周鹤洋九段(中国)

常昊九段(中国) 执白1/4子胜　胡耀宇八段(中国)

古力九段(中国) 执黑中盘胜　李昌镐九段(韩国)

第六届春兰杯半决赛

时间：2006年9月30日

地点：中国广州

古力九段(中国) 执黑中盘胜　谢赫六段(中国)

常昊九段(中国) 执黑中盘胜　彭荃七段(中国)

第六届春兰杯决赛三番棋第一局

时间：2007年3月23日

地点：中国南京

古力九段(中国) 执白1/4子胜　常昊九段(中国)

第六届春兰杯三、四名决定战

时间：2007年3月25日

地点：中国南京

谢赫六段(中国) 执黑中盘胜 彭荃七段(中国)

第六届春兰杯决赛三番棋第二局

时间：2007年3月25日

地点：中国南京

古力九段(中国) 执黑中盘胜 常昊九段(中国)

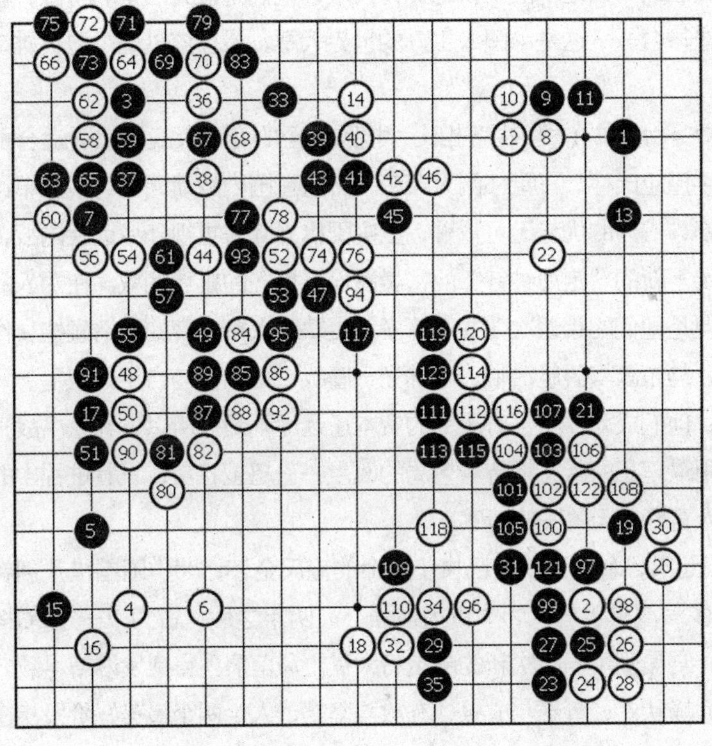

决赛第二局棋谱

黑：古 力 九段

白：常 昊 九段

共123手

黑中盘胜

古力青春无敌笑摘春兰
常昊坚韧不改仍堪期待

六朝如梦鸟空啼，古都南京在沧桑古朴之外别有一番清丽雅致。秦淮风物自古孕育才子佳人无数，虎踞龙盘今日迎来围棋至尊对决。

古力常昊争霸春兰，一个青春奔放，气势如虎；一个厚重大气，龙腾于天。与其说这是“中国围棋第一人”之争，不如将之看作当代围棋两大极具个性的风格流派印证技艺的华丽表演。当气吞天下十年的剽悍韩流被我们逐渐掌握发力的节奏，当旷世英才李昌镐、李世石不再高高在上只可仰视，古力与常昊已经不只是中国围棋的优秀代表，他们是世界围棋的骄傲，春兰杯决赛是他们一决雌雄的最佳舞台——这是中国人主办的世界大赛，最应该见证中国英雄缔造盛世的辉煌一刻。

与争夺激烈却未展现最高技术水平的LG杯决赛相比，接踵而至的春兰大战显然更适合赋予“巅峰对决”的称谓。常昊手握应氏杯、三星杯两大荣衔，古力在国内战绩无人可匹。单论在所有赛事中的整体胜局、胜率，古力的优势无可置疑，但中国棋界向来重视外战远胜内战，已经成长为中国围棋在国际赛场上新的“定海神针”的常昊赢得了更多的棋迷拥戴。在两人的直接对话中，常昊占据上风，但是他们的相遇次数并不算多，更缺乏大赛决赛的激情碰撞，作为被视作一时瑜亮的龙兄虎弟，与东瀛双骄赵治勋、小林光一鏖战二百局，与当年聂卫平、马晓春屡屡斗剑于最高舞台相比，他们成为“一生对手”的资本还远远不足。所以，春兰决战正逢其时。作为棋迷，我们可以用最理想的状态期待着名局的诞生——超越胜负，只看进程中的精彩，谁胜谁负，情绪唯在个人喜好，无关民族情感。

记得2005年3月，常昊破茧而出，拿下证明自己棋士生命的应氏金杯，为中国围棋开创新时代拉开序幕之时，国内的许多一流棋手仍认为“古力最强”。两年之后，古力以一个LG杯冠军证明自己的“内外双修”，常昊则用一次次新的超越将大棋士风范展现得愈发淋漓尽致。他们都达到了个人竞技水平的巅峰状态，青春与成熟，奔放与坚韧，人生两个最美好阶段相逢于春兰盛开的季节。

最强者之间的番棋对抗，往往第一战的结果就会分了明暗。古力以心理素质好著称，无论面对什么样的大豪，他都可以坦然一战。而常昊已经攻克了原本是生命中不可承受之重的“李昌镐高地”，与自己的同胞小兄弟拔剑相向时，估计很难凝聚出全身心的力量殊死一搏，所以赛前我看好古力的第二个世界冠军加冕礼。首战两人完全放开手脚，为我们演绎了近来少见的势均力敌之超级对抗，半目胜负看似天意，却是最合情理的结局。

就如同当年马晓春多次半目饮恨李昌镐阵前，与世界冠军一再擦肩而过，古力的这个半目胜从竞技角度看，对常昊的打击更甚于中盘大捷。第二局的进程意外的快，意气风发的古力出手如电，早早被压制的常昊在错失一个反击良机之后无心恋战，123手便爽快投子，此时时钟刚指到下午一点五十分。

古力青春飞扬，在春风中恣意着笑颜。他再度站在世界之颠，享受着俯瞰天下的美妙感觉。这是一次精彩却不惨烈的决战，古力的胜利显示着中国围棋的蓬勃朝气，即使来日的征途中我们还有无数坎坷，无数失败，我们都将不再迷茫与沮丧。青春就是太阳，青春无敌，青春属于古力，青春又不仅仅属于古力，中国围棋大批与古力一样青春，以及更多比他更年轻的俊杰，还有无数尚不知名的学弈少年，将高昂着头颅在这值得我们一生付出的黑白之路上奋力跋涉，向着一个个高峰攀登。刀和剑，风与烟，泪和笑，悲与欢，支撑我们奋进的动力不是世界冠军的荣耀，而是围棋本身的美丽，是我们追求心灵放逐的理想。

对于常昊，这是他第七次在世界冠军决赛中失守，但这也是他痛苦最少的一次。不仅因为古力同为中国棋手，也不仅因为他已经有两座世界冠军金杯在握。在黑白之旅上，常昊一路风尘，感受了太多的快意与失落，太多的人情冷暖。沉与浮之间，相信他已经领悟了更多的人生真谛。常昊是自小就被视为中国围棋领军人物而培养的大才，与李昌镐同处一个时代曾被看作是他人生的悲哀，但他沉沦中没有放弃，无数次跌倒换来的不是激流勇退，而是深思后更加有力的站立。即使是“世界大赛决赛中打败李昌镐”这样的无上荣光也没有让他发出“终不负少年头”的感慨，常昊的人生境界显然提升到了全新的高度。如今回头看当年小林觉对常昊“你现在最重要的不是拿世界冠军，而是普及围棋”的劝戒，真是别有洞天。世事难解，“一局争来千秋业”只是文人的咏叹，任你王霸雄图，六朝春水自漂流，只要内心梦想不泯，表象上的成就大小只由他人评价，又何妨自身对“道”之感悟的欣喜？虽然常昊此番失利让他未能如韩国四大天王李昌镐、李世石、曹薰铉、刘昌赫般夺取的世界冠军数在两个以上，但他的棋界地位仍无可置疑。而且以常昊的坚韧，以他今日心态之豁达，他带给我们的惊喜将仍然不断。

芬芳春兰，七年之后重回繁华金陵，当日马晓春独自一人在黑暗中承受憾败凄凉的悠悠往事，如今依旧令我们嗟叹不已，今日古力与常昊胜负俱圆满的皆大欢喜更让我们感慨时代变迁的沧桑。悲也好，喜也好，中国围棋前进步伐永不停歇。烟雨湖山六朝梦，英雄儿女一枰棋，在这个英雄时代，我们无语微笑。

我和春天有个约会

春兰！春兰!! 春兰!!!

此刻我不知该如何表达自己的情感，只有高声呼喊，让激情随着空气向四周荡漾。

已经逐渐习惯了中国围棋的胜利，总是说“胜负只是个过程，不必太在意”，但是这一回，心底的澎湃无法隐藏。

我们有着太多的“春兰情殇”，从1998年底春兰杯创办，八年时光，这项赛事浓缩了中国围棋的跌宕起伏。我们用各种方式向峰顶冲刺，却总是被命运之手残酷扼杀满腔热望，哪怕一只脚已经迈入胜利之门，也会有无形的力量将我们硬生生拉回。

应氏杯我们等到第五届，春兰杯我们足足等到第六届。中国人主办的这两项世界大赛是中国围棋的名片，多年以来却印着别人的名字。其中酸楚、忧伤，乃至屈辱，又怎是言语可以尽述？等到我们终于振衣而起，将沧桑抛于身后，不禁要大声喊出：我想在雪地撒点野！

冰雪已经融化。世界大赛包揽四强，这是中国围棋的第一次。更让人解气的是，这次我们是在强强对抗中战胜了屡屡阻碍我们登顶的最强对手——李昌镐和李世石。中国围棋提升的不只是实力，还有士气、信心、胆略。我们崛起的不只是某一个特定的英雄，而是一个英雄的集体。

中国时代来了吗？中国时代来了！这样说绝不仅仅是因为我们近期拿下了几个世界冠军，而是因为我们已经找到了打开围棋宝库之门的钥匙。阳光的古力、文静的谢赫、沉稳的常昊、淡然的彭荃，还有周鹤洋、胡耀宇、罗洗河、王檄、孔杰……天哪，曾几何时，我们拥有了这么多可以与任何对手角技而丝毫不惧的才俊?！有了这样的英雄集体，难道我们还不能拥有一个“中国时代”？

中国时代不是称王称霸的时代，而是青春飞扬的时代，是让古老的围棋艺术焕发无穷活力的时代。这是属于春天的时代，一切都那么新鲜而朝气蓬勃。我们依然要面对许多强大的对手，我们依然会在大大小小的失败之中穿行，但我们已经不会再有畏惧。无论赢棋还是输棋，古力都会灿烂地一笑，他的笑容是今日中国围棋的招牌表情——输了，下次我会努力；胜了，呵，我本就对胜利充满信心。

其实，即使古力和谢赫输了，中国围棋仍在春天中穿行。我们的春天需要和煦的风，我们也需要偶尔的雨丝。真正让人激情满怀的时代不是无敌的时代，而是最壮阔、内涵最丰富的时代。1986年的世界杯不属于巴西，但那支与法国共同演绎了足球史上最经典战役的桑巴军团，远比1994年捧杯时如机器般冷静的巴西队受人拥戴。

我们有幸生活在这样的时代。我们伴随中国围棋走过风雨，为它伤心过，为它愤怒过，但我们从未放弃。因为，我们一直相信，春天就要来到，我们和中国围棋的春天早已有了约定。

春天花会开，鸟儿自由自在。中国围棋如同自由的鸟儿，在这伟大时代振翅飞翔。

且歌且泪待花开——春兰杯的一路风尘

2006年9月28日，捷报传来，中国排名第一、第二的古力与谢赫分别击败世界顶级两强李昌镐与李世石，中国棋手包揽第六届春兰杯四强！

八年风霜一朝尽洗，中华棋界上下欢颜。在大捷之日我们蓦然回首，回味春兰征程上的一路风尘，有泪也有歌。

中国之杯

1988年职业围棋世界大赛创办以来，由中国人出资举办的只有应氏杯，而中国大陆主办的世界大赛一直是个空白。1998年12月，坚冰被打破，江苏春兰集团出巨资与中国围棋协会共同创办“春兰杯”世界职业围棋锦标赛。这是中国之杯，是中国围棋兴盛的又一标志。

春兰杯采用中国围棋竞赛规则，冠军奖金为15万美元、亚军5万美元、第三名3万美元、第四名1万5千美元，最低出场费2千美元。

春兰奖杯的设计也非常具有中国特色，由当代陶艺名家、高级工艺师邱玉林先生亲手制作。奖杯高30厘米，直径30厘米，杯的主体为“仰韶陶器”模型。仰韶文化已有七千余年历史，是中华文明的象征之一。围棋也有同样悠久的历史，是中国的国粹，寓意“历史悠久”、“源远流长”。春兰杯的设计贯彻中国古典哲学“大智若愚、大巧若拙”的思想，杯身的造型为大肚圆形，古朴庄重，高贵雍容，显示出了“博大胸怀”和“朴实本色”，含有“大气磅礴”、“厚重沉稳”、“包容兼蓄”之意。圆形陶器肚上用春兰“CL”标识组成图案，图案后是经纬线组成的变形围棋棋盘，与地球仪相似，寓意“走向世界的春兰”、“世界级的围棋大赛”。春兰杯上部为圆形，下部为方形，与中国古代“天圆地方”的学说吻合。左右两耳是黑、白围棋子造型，黑、白意为“阴”、“阳”。杯上24K“金”字，红木底座，陶器是盛“水”器皿，红色为“火”色，陶以“土”为本，“金木水火土”阴阳五行隐藏其中，吻合围棋变化无穷、玄妙深奥之道。

春兰杯文化底蕴深厚，格调高雅大方，内涵凝重深沉，具有鲜明的民族风格、强烈的艺术色彩，堪称中华艺术宝库中不可多得的精品。

第一届　墙外花香

第一届春兰杯阵容强盛，共有24名世界级高手参赛。名额分配如下：中国9名、日本6名、韩国5名、中国台北2名、美洲1名、欧洲1名。中国参赛棋手采用推荐与选拔相结合的方式，聂卫平九段、马晓春九段、常昊八段和邵震中九段为推荐参赛，邵炜刚九段、俞斌九段、宋雪林九段、周鹤洋七段和邱峻四段是在选拔赛中产生。

在北京进行的前两轮比赛中，中国棋手发挥一般，只有常昊和周鹤洋打进八强。八强赛1999年4月在武汉举行，常昊战胜韩国名将刘昌赫挤身四强，周鹤洋则不敌韩国围棋皇帝曹薰铉。另两名四强选手也都是韩国人——李昌镐和崔明勋，日本棋手早早出局，颓势已经难以挽回。

半决赛上常昊苦斗不敌曹薰铉，中国选手全部姿消。另一边李昌镐击败崔明勋，曹李师徒会师决赛。

决赛在南京举行，三局激战，曹薰铉2比1力克李昌镐，赢得首届春兰杯，延续了战神传说。而常昊再负崔明勋，只列第四名。

春兰之香流入韩国，中国围棋黯然体味悲伤。

第二届 春兰少年

1999年底，第二届春兰杯拉开战幕。中国八人参赛，他们是：马晓春、常昊、邵炜刚、周鹤洋、丁伟、林朝华、孔杰、彭荃。韩国七名选手为：曹薰铉、李昌镐、崔明勋、徐奉洙、刘昌赫、金承俊、睦镇硕。日本六人出战：赵善津、王立诚、依田纪基、彦坂直人、东野弘昭、森田道博。

这一届比赛留给人们深刻印象的是中国小将孔杰。第一轮他遭遇当时的日本本因坊赵善津，力战过关，第二轮再克第一届季军崔明勋，勇闯八强。其他中国棋手也表现抢眼，尤其是马晓春淘汰苦手李昌镐令中国棋界上下为之一振。另一员小将彭荃同样不声不响以粘劫收后将刘昌赫扫荡出局，加上周鹤洋、常昊，中国队五人名列八强，形势一片大好。

八强战上孔杰继续强势，爆冷击败上届冠军曹薰铉，一举挺进半决赛，“春兰少年”的美誉从此戴在了他的头上。同样取胜的是马晓春，他们两人在半决赛上分别迎战王立诚和依田纪基。韩国棋手遭遇沉重打击。无人进入四强。

半决赛的中日之争平分秋色，马晓春和王立诚携手决赛。决赛三番棋，马晓春在先下一城的大好形势下遭到王立诚的顽强反扑，决胜局只输半目，与冠军遗憾地交叉而过。

这一届春兰杯中国队虽然有花无果，但让我们看到了中国围棋的希望。

第三届 突然崩盘

第三届春兰杯2000年12月在春兰集团总部江苏泰州开幕。中国队俞斌、常昊、周鹤洋、杨士海、刘菁、王磊、刘小光、罗洗河和打进上届前三名的马晓春、孔杰出战，规模空前。

第一轮中国棋手表现一般，两胜三负，但第二轮上掀起狂飙，五胜一负！尤其是小将孔杰再度发威，这次他淘汰的是世界第一人李昌镐，春兰杯果然是他的福地。

五人打进八强，而且这五位都是当时中国最出色的棋手，看来将这一届春兰杯纳入囊中已经是板上钉钉的事情了。但是谁也预料不到的大崩盘突然降临……

八强战上，中国棋手遭遇惨败，马晓春不敌曹薰铉、俞斌受制王立诚、孔杰遭刘昌赫淘汰，只有王磊在“内战”中击败周鹤洋晋级四强。

半决赛王磊被刘昌赫扫荡出局，决赛成了日韩争霸——王立诚对刘昌赫，刘昌赫表现出良好状态，2比1力克上届冠军王立诚。王磊最终名列第四。

这一届春兰杯中国棋手的失败方式最让人郁闷。

第四届 李氏王朝

2002年5月，第四届春兰杯在北京开幕。参赛的24名选手为：中国的常昊九段、马晓春九段、孔杰六段、俞斌九段、罗洗河八段、周鹤洋九段、丁伟八段和胡耀宇六段；韩国的李昌镐九段、曹薰铉九段、刘昌赫九段、李世石三段、朴永训三段、崔明勋八段；日本的王立诚九段、羽根直树九段、赵治勋九段、林海峰九段、张栩七段、结城聪九段；中国台北的周俊勋一品、彭景华五品；美国的迈克雷蒙九段；欧洲的汉斯四段。

这是中日韩三国势均力敌的一届对抗。中国队前两轮没有像前两届那样大放异彩，但打进前八的三人常昊、罗洗河、周鹤洋都是中国棋界的代表人物。前三届比赛一直未能夺冠，这对李昌镐来说是很难得的事情，这届他与师父曹薰铉携手八强。日本也创造历史最好成绩，张栩、羽根直树、结城聪三人晋级八强。

八强战仍是难分轩轾，常昊、罗洗河、李昌镐、羽根直树分别闯关，三国大战愈演愈烈。半决赛由中国双骄对抗日韩双雄，结果非常令人遗憾，常昊、罗洗河双双败退，成全了又一次日韩大战。

决赛没有悬念，李昌镐2比0完胜羽根直树，首夺春兰杯，世界围棋的李氏王朝不可动摇。

三四名的“安慰赛”上，罗洗河战胜常昊，中国围棋继续积蓄着力量。

第五届 中韩争雄

2003年底，第五届春兰杯如期开幕，春兰集团对中国围棋无怨无悔的支持令人感动。

中国队九员大将登场：罗洗河、周鹤洋、常昊、古力、孔杰、王 磊、俞 斌、彭荃、胡耀宇，几乎全是少壮派，战斗力达到历届顶峰。韩国队只有五人参赛：曹薰铉、李昌镐、刘昌赫、李世石、宋泰坤，但这是当时韩国最强的五人，绝对不可小视。

前两轮中国棋手全面爆发，周鹤洋、彭荃、胡耀宇、古力、常昊、王磊六人打进八强，创下春兰杯新纪录。八强中另两人是韩国最强的李昌镐和日本最强的张栩，这让我们仍不敢轻言夺冠。

八强战胡耀宇力擒张栩，但常昊未能阻拦李昌镐。猛虎出笼，谁与争锋？半决赛胡耀宇也在石佛阵前折戟，决赛济公斗石佛。

周鹤洋在先胜一局的大好局面下被强大的李昌镐连扳两局，1比2，中国棋手再度与春兰杯交错而过。但这一年中国围棋的总体表现值得称赞，春兰杯决赛前不久，常昊拿下应氏杯，中韩围棋进入争雄时代。

随后就是我们正在经历的第六届春兰杯扬眉吐气。六人进八强、包揽四强，这是中国围棋史上最辉煌的一刻。春兰花开，中国围棋年华锦绣！

第十九届富士通杯世界职业围棋锦标赛

2006年4月至7月举行，中国周鹤洋打入决赛，不敌韩国朴正祥，屈居亚军。

赛程与对阵：

第十九届富士通杯第一轮

时间：2006年4月8日

地点：日本棋院

山下敬吾九段(日本) 执白中盘胜　赵汉乘八段(韩国)

赵治勋九段(日本) 执白14目半胜　斯塔因初段(欧洲)

结城聪九段(日本) 执白中盘胜　俞斌九段(中国)

张栩九段(日本) 执白中盘胜　洛佩斯业余6段(南美)

朴正祥五段(韩国) 执白9目半胜　江鸣久七段(美国)

朴永训九段(韩国) 执黑中盘胜　山城宏九段(日本)

周鹤洋九段(中国) 执白中盘胜　高根台四段(日本)

周俊勋九段(中国台北) 执黑中盘胜　高尾绅路九段(日本)

第十九届富士通杯第二轮

时间：2006年4月10日
地点：日本棋院

崔哲瀚九段(韩国) 执黑1目半胜　张栩九段(日本)
李世石九段(韩国) 执黑中盘胜　赵治勋九段(日本)
朴正祥五段(韩国) 执黑2目半胜　羽根直树九段(日本)
朴永训九段(韩国) 执白中盘胜　罗洗河九段(中国)
李昌镐九段(韩国) 执白2目半胜　山下敬吾九段(日本)
周鹤洋九段(中国) 执白1目半胜　刘昌赫九段(韩国)
常昊九段(中国) 执白中盘胜　周俊勋九段(中国台北)
结城聪九段(日本) 执黑中盘胜　古力七段(中国)

第十九届富士通杯八强赛
时间：2006年6月3日
地点：中国棋院

周鹤洋九段(中国) 执黑半目胜　朴永训九段(韩国)
崔哲翰九段(韩国) 执白中盘胜　结城聪九段(日本)
李世石九段(韩国) 执白4目半胜　李昌镐九段(韩国)
朴正祥六段(韩国) 执白中盘胜　常昊九段(中国)

富士通杯中日友谊赛
时间：2006年6月4日
地点：中国棋院

聂卫平九段(中国) 执白中盘胜　藤泽秀行九段(日本)

第十九届富士通杯半决赛
时间：2006年7月1日
地点：日本东京

朴正祥六段(韩国) 执白中盘胜　崔哲瀚九段(韩国)
周鹤洋九段(中国) 执白中盘胜　李世石九段(韩国)

第十九届富士通杯三、四名决定战
时间：2006年7月3日
地点：日本东京

崔哲瀚九段(韩国) 执黑中盘胜　李世石九段(韩国)

第十九届富士通杯决赛

时间：2006年7月3日

地点：日本东京

朴正祥六段(韩国) 执白中盘胜　周鹤洋九段(中国)

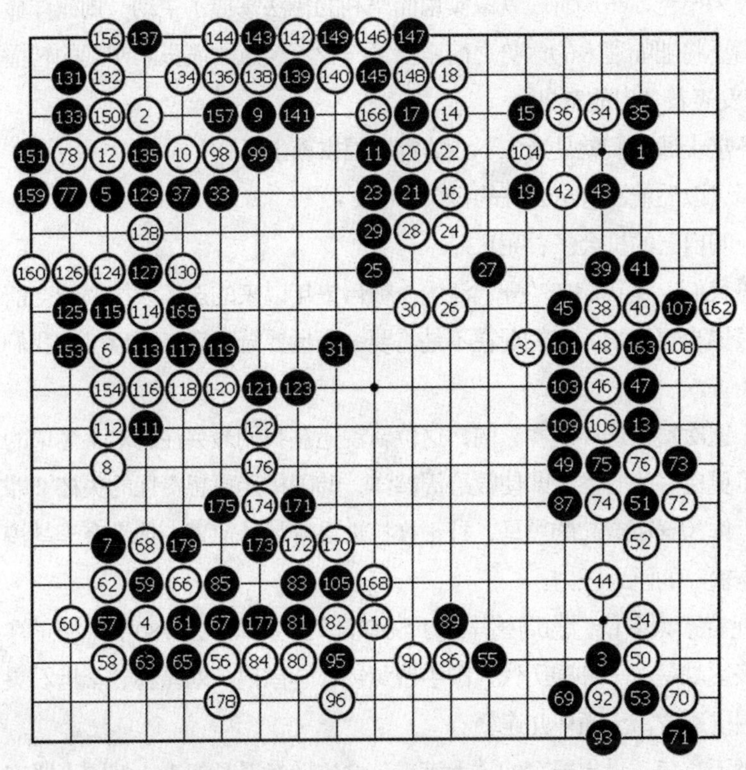

64 = 57　79 91 97 102 = 51　88 94 100 = 76

152 158 164 = 146　155 161 = 149　167 = 127

169 = 114　180 = 59

决赛棋谱

黑：周鹤洋　九段

白：朴正祥　六段

共180手

白中盘胜

胜负不过一局棋

荷兰输了，阿根廷输了，连五星巴西也输了，对于很多球迷，这一届世界杯已经提前结束。

也好，可以一心一意欣赏周鹤洋在富士通杯中的表演了。半决赛完胜李世石让我们对鹤洋夺取个人第一项世界冠军的前景充满乐观情绪，何况他的对手是还属于新锐级别的朴正祥。等待欢呼吧，用楸枰之上的荣耀一扫足球场上的郁闷。

作为目前最规范的职业世界大赛，富士通杯一直被很多顶级棋士看重，但是中国棋手只有马晓春在1995年马踏雄关，夺取过这顶灿烂王冠。浮云一别后，流水十年间，世界棋坛苍云白狗，中国围棋几番浮沉，终于迎来百花争艳的季节，此时以一座具有象征意义的富士通金杯为“中国时代”的全面开启剪彩，不是正合其时吗？

几乎没有谁在赛前持悲观论调，大家一致看好鹤洋将修成正果。这是中国围棋底蕴日渐深厚的表现，至少在心态上，我们已经接近王者。

料不到的是朴正祥发挥极为出色，布局阶段就以实用而犀利的招法掌握了主动。周鹤洋显然有些心理准备不足，在韩国小将咄咄逼人的气势之前露出了一丝不经意的慌张。网站的转播室中、QQ群里，无数棋迷在发表着各自的意见：

“打破韩国八连霸，拿下富士通我们就是当仁不让的世界围棋霸主了！”

“周鹤洋这盘棋要是输了，以后就没有这么好的机会了吧？”

“未必，输了又如何？证明自己的机会多着呢！”

这一次，是韩国人在冲击我们，是我们在“守”江山。被自去年以来的连续大捷燃起空前热情的中国棋迷心气高了，眼界也更开阔。我们现在不是需要一个世界冠军来证明自己，我们是要去捧起“理所应当”的荣誉。

朴正祥完全进入了状态，这次富士通杯决赛之前，这位新锐还在我们最关注的对手名单的边缘游移，这倒是让他拥有了更良好的心态。即使败给周鹤洋，韩国棋迷更想责怪的失杯“罪臣”还是李世石与崔哲瀚吧？作为异军突起的黑马，朴正祥打进决赛就是惊喜，他没有李昌镐那样“我代表韩国，我绝不能输”的巨大压力。

在扳倒李世石的战役中耗费了太多精力的周鹤洋终于没有觅到逆转良机，180手，朴正祥赢了，用时下最流行的语言表达就是——韩国历代大国手曹薰铉、李昌镐、刘昌赫、李世石灵魂附体，小将朴正祥为韩国围棋达成富士通杯九连霸。

中国棋迷的失望与失落溢于言表，世界冠军的“大满贯”之旅陡然漫长起来。韩国人坚守住了最后的阵地，他们没有全面溃败，他们仍是强者，是与我们互相砥砺，携手前行的好对手。

一局棋的胜负可以反映很多东西：中国围棋未到歌舞升平之时；韩国新锐的上升势头依然强劲；各国围棋的顶尖水平越来越接近，过得了大李小李的关隘，未必就不栽在新人手底……

一局棋的胜负其实也很单纯：今天朴正祥发挥得更好，周鹤洋不在状态。如果再下十局，相信鹤洋胜率可在六成。围棋就该是下得漂亮的一方取胜，半决赛周鹤洋不也是公认的下风棋取得完胜吗？

给自己一个轻松的心态，不要太拘泥于一城一池的得失，今天的中国围棋应该有这样的胸襟。我们没到“守”江山的时候，但我们也不必为一次失利过分沮丧。一局棋的胜负决定不了中国围棋的发展大势，留一点余地也好——2007年，我们可以有更高的目标。

第十一届LG杯世界围棋棋王战

2006年4月开始预选赛，中国六名棋手打进本赛。5月本赛，中国胡耀宇一路打进决赛，另一位决赛选手是中国台北周俊勋。决赛于2007年进行，胡耀宇1比2不敌周俊勋，中国台北本土选手第一次获得世界冠军。

赛程与对阵：

第十一届LG杯世界棋王战第一轮

时间：2006年5月15日

地点：韩国首尔

高尾绅路九段(日本) 执黑中盘胜 王雷五段(中国)

山下敬吾九段(日本) 执白2目半胜 尹峻相四段(韩国)

河野临八段(日本) 执白半目胜 朴升贤五段(韩国)

金东熙二段(韩国) 执白1目半胜 丁伟八段(中国)

李昌镐九段(韩国) 执白3目半胜 黄奕中六段(中国)

高根台五段(韩国) 执黑中盘胜 王檄五段(中国)

洪旼杓五段(韩国) 执黑1目半胜 周鹤洋九段(中国)

李世石九段(韩国) 执白中盘胜 常昊九段(中国)

赵汉乘九段(韩国) 执白6目半胜 赵治勋九段(日本)

陈耀烨五段(中国) 执白中盘胜 崔哲瀚九段(韩国)

胡耀宇八段(中国) 执白5目半胜　曹薰铉九段(韩国)

古力九段(中国) 执白中盘胜　朴永训九段(韩国)

俞斌九段(中国) 执白9目半胜　崔明勋九段(韩国)

谢赫六段(中国) 执白中盘胜　陈时暎二段(韩国)

林至涵七段(中国台北) 执黑3目半胜　苏耀国八段(日本)

周俊勋九段(中国台北) 执白中盘胜　黄翊祖七段(日本)

第十一届LG杯世界棋王战第二轮

时间：2006年5月17日

地点：韩国首尔

胡耀宇八段(中国) 执黑3目半胜　山下敬吾九段(日本)

陈耀烨五段(中国) 执白中盘胜　金东熙二段(韩国)

古力九段(中国) 执黑中盘胜　高根台五段(韩国)

谢赫六段(中国) 执白中盘胜　李世石九段(韩国)

李昌镐九段(韩国) 执黑1目半胜　河野临八段(日本)

洪旼杓五段(韩国) 执黑3目半胜　林至涵七段(中国台北)

赵汉乘九段(韩国) 执白11目半胜　俞斌九段(中国)

周俊勋九段(中国台北) 执白中盘胜　高尾绅路九段(日本)

第十一届LG杯世界棋王战八强赛

时间：2006年10月30日

地点：韩国首尔

周俊勋九段(中国台北) 执黑中盘胜　谢赫六段(中国)

赵汉乘九段(韩国) 执白6目半胜　陈耀烨五段(中国)

第十一届LG杯世界棋王战八强赛

时间：2006年10月31日

地点：韩国首尔

洪旼杓五段(韩国) 执白5目半胜　古力九段(中国)

胡耀宇八段(中国) 执白中盘胜　李昌镐九段(韩国)

第十一届LG杯世界棋王战半决赛

时间：2007年2月12日

地点：韩国光州

胡耀宇八段(中国) 执白1目半胜 赵汉乘九段(韩国)

周俊勋九段(中国台北) 执黑2目半胜 洪旼杓五段(韩国)

第十一届LG杯世界棋王战决赛第一局

时间：2007年3月19日

地点：韩国首尔

周俊勋九段(中国台北) 执黑中盘胜 胡耀宇八段(中国)

第十一届LG杯世界棋王战决赛第二局

时间：2007年3月21日

地点：韩国首尔

胡耀宇八段(中国) 执黑半目胜 周俊勋九段(中国台北)

第十一届LG杯世界棋王战决赛第三局

时间：2007年3月22日

地点：韩国首尔

周俊勋九段(中国台北) 执黑半目胜 胡耀宇八段(中国)

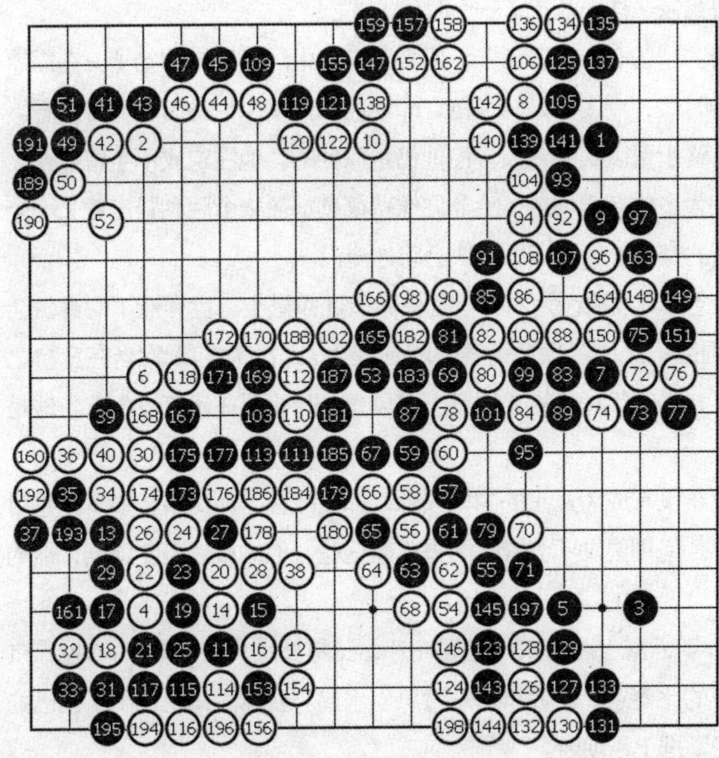

决赛第三局棋谱

黑：周俊勋 九段

白：胡耀宇 八段

共198手

黑胜半目

站在世界之颠仍是孤独的旅者

“周俊勋赢了！”消息传来，有点猝不及防的感觉——一个新的世界冠军就这样诞生了？而且，登临巅峰的是号称“世界围棋第四极”的中国台湾棋士，这天下真的乱了。套用一句被引用得泛滥的经典台词：“我猜到了这开头，但我没有猜到这结局。”

胡耀宇与周俊勋携手本届LG杯决赛之后，“围棋史上最弱世界大赛决赛组合”之说一时风行。其实以当时的实力、状态论，第二届应氏杯决赛的徐奉洙对大竹英雄、2005年富士通杯的朴正祥对周鹤洋组合与此次情况大抵相当，只是周俊勋闯进决赛实在太过醒目。他的特殊身份令广大中国棋迷难得的立场摇摆不定——小胡胜自然欢欣鼓舞，阿勋胜则不仅为台湾围棋的发展注入强心剂，更是对他惊人毅力的最好回报。

胜固欣然，败亦可喜，或者说是胜也怅然，败也遗憾。胡耀宇延续了祖国大陆棋手在世界大赛决赛中逢台湾棋手不胜的传统，不过此前与他有同样遭遇的聂卫平、马晓春、俞斌都成为中国围棋的代表人物，小胡正值盛年，他还有很多机会证明自己的“中华英雄”称号绝非幸致。而周俊勋做到的不仅是传承，他是实际意义上第一位拿到世界冠军的台湾本土棋士，他并不比万人景仰的前辈林海峰、王立诚，珠玉在前的同辈张栩更强大，他的夺冠之路也谈不上如何荆棘遍布、惊心动魄，但他顽强地向世人证明——依靠个人的奋斗一样可以迈上最高的台阶，某些意义上，他与当年的曹薰铉一样，开创了一个时代。

为阿勋感动，赞叹他的执着。“苦心人天不负”，无数人脑海中浮出这样的句子。在需要英雄振奋我们日渐麻木的神经的时代，周俊勋破马长枪，即使在万马军中，身影也显得萧瑟。他成功了，终于抛尽胸中块垒，终于可以长啸对天。但他仍是孤独的，他注定成不了曹薰铉。飞驰如电的时代步伐抛下了我们太多的怀旧情绪，除非你像费德勒那般一个胜利紧连着又一个胜利，不然如浪潮汹涌而至的新的赛事、新的英雄很快会将你淹没。

凭借LG杯冠军，周俊勋已经足可以被评为2007年度棋界最优秀棋士。世界冠军的身份会让他获得更多人的青睐，比如围甲，比如各项邀请赛，阿勋成为人们受欢迎人物当在意料之中。但这一切也许只属于2007年，2006年朴正祥登顶富士通风光一时，现在还有多少人当他是世界顶尖高手？

成为世界冠军的周俊勋毕竟还没有成为真正的围棋大师，即使战胜了胡耀宇，很多高手对他的评价仍是“实力并非最强”。但周俊勋不会有时间去琢磨这些，他的旅途还要延续，他的孤独也不会改变。

1996年是世界大赛频繁的一年，富士通与东洋证券杯外，三星杯世界公开赛和LG世界棋王赛相继创办，加上又是应氏杯的比赛年，世界棋坛一时风生水起。台湾围棋也迈出了自己的重要一步，将生于1980年的周俊勋推上了前台。

当时为六品的周俊勋已经在台湾岛内技压群雄，他对围棋的执着与热爱使他的成就超越了前人。事实上台湾一向不缺乏天才少年，赴日留学的不论，当年施懿辰与夏衔誉都是让人称羡的棋才，可惜他们都没有将学弈之路坚持到底。周俊勋则从选择围棋开始就没打算过回头，这一年他参加了三项世界大赛：应氏杯、LG杯、东洋证券杯，开始了自己在世界级高手阵前的碰壁锤炼之旅。

周俊勋的运气并不好，三项大赛他没有遇到一个弱手，东洋证券杯被柳时薰淘汰；应氏杯本已经将江铸久的大棋擒住，却走出了价值超过百目的失着致败；LG杯更是遭遇李昌镐，152手即被中盘击溃。初出茅庐寸功未建，可是周俊勋开阔了眼界。他知道了台岛之外的世界是多么辽阔。失败没有让他意志消磨，却更增强了他的斗志——我还年轻，我以后的机会很多，我会一一击败他们!

有了年轻的周俊勋，台湾围棋也不再暮气沉沉。某种意义上，周俊勋的艰难前行之路就是台湾围棋的跋涉与奋进之路，这之后的世界大赛周俊勋成了台湾的当然代表，他成功与否完全标志了台湾围棋的明暗。1997年周俊勋在东洋证券杯上败给后来打进四强的韩国青年金荣桓，LG杯不敌大陆的邵炜刚，但是他在第十届富士通杯首轮执白淘汰了日本老牌超一流大竹英雄。虽然一盘棋有着很多偶然性，虽然第二轮周俊勋负于武宫正树未入八强，但这一胜利无疑如同给周俊勋，给台湾围棋打了一针强心剂。不靠运气靠实力也能和世界一流高手斗得势均力敌，多年在无边黑暗中的漫漫跋涉终于露出了一丝曙光。

更大的突破在第二年，第三届LG杯周俊勋连挫韩国新锐赵汉乘和上届冠军王立诚闯入八强，四分之一决赛再次遭遇李昌镐才停止了前进的步伐。在周俊勋不断奋进的感召中，出战首届春兰杯的林圣贤也以半目之优拿下了日本著名九段工藤纪夫。此时的台湾棋士虽还未令大陆与日韩的一流强豪高度警觉，但已经没有人会把抽到周俊勋当成上上签了，要赢得别人的尊敬，首先得自己强大起来。

此后周俊勋又有了战胜李世石和打进世界大赛四强的实绩，他的成长稳健踏实。一个人的力量很单薄，可一个人的奋斗有时可以改变整个局面。二十年前的韩国围棋不也只有曹薰铉一个人在苦苦支撑吗？那时料他并不能预见今日韩国棋界的姹紫嫣红，但责任所在，只有一往无前，哪里顾得上什么将来盛景?

同样的责任在周俊勋肩上，稍微夸大一点，他就是台湾围棋，台湾围棋就是他。历史的发展有其规律性和必然性，但这规律与必然总要假手于具体的某个人来完成，周俊勋适逢其会，他既然选择了围棋就无以推脱。

曾经和阿勋有过一些交流，他言谈中表现出的单纯和责任感令人不得不心生敬意。他并不只是在意自己的个人成绩，对台湾围棋的整体发展一样有忧思有憧憬。他待人接物礼貌而真诚，心态阳光健康。包括林海峰老师在内的许多大人物对阿勋充满期待，预言他必将成功，或许他们从阿勋身上看到了成功人士必备的素质。

拿了世界冠军的周俊勋算不算成功呢？或者说，世界冠军就是他的终极目标吗？路还长，答案永远在人生的前头，泪水与鲜花都甩在身后。他还会是那个孤独的旅者，为了一名棋士的责任，为了一个男人的担当，奋然向前。

第五届CSK杯亚洲围棋团体赛

2006年5月举行，中国队三战全胜获得优胜。

赛程与对阵：

第五届CSK杯亚洲围棋团体赛第一轮

时间：2006年5月1日

地点：日本大分

丁伟八段(中国) 执白中盘胜　王立诚九段(中国台北)

谢赫六段(中国) 执白半目胜　陈诗渊五段(中国台北)

孔杰七段(中国) 执黑中盘胜　王铭琬九段(中国台北)

潘善琪七段(中国台北) 执白中盘胜　常昊九段(中国)

张栩九段(中国台北) 执黑5目半胜　古力九段(中国)

崔哲瀚九段(韩国) 执黑中盘胜　河野临八段(日本)

高根台五段(韩国) 执白中盘胜　结城聪九段(日本)

李世石九段(韩国) 执白9目半胜　高尾绅路九段(日本)

朴永训九段(韩国) 执黑中盘胜　山下敬吾九段(日本)

依田纪基九段(日本) 执白2目半胜　李昌镐九段(韩国)

第五届CSK杯亚洲围棋团体赛第二轮

时间：2006年5月2日

地点：日本大分

朴永训九段(韩国) 执白中盘胜　王立诚九段(中国台北)

高根台五段(韩国) 执黑中盘胜　陈诗渊五段(中国台北)

李世石九段(韩国) 执白中盘胜　王铭琬九段(中国台北)

李昌镐九段(韩国) 执黑中盘胜　潘善琪七段(中国台北)

张栩九段(中国台北) 执白中盘胜　崔哲瀚九段(韩国)

河野临八段(日本) 执黑中盘胜　丁伟八段(中国)

谢赫六段(中国) 执白1目半胜　结城聪九段(日本)

孔杰七段(中国) 执黑11目半胜　依田纪基九段(日本)

常昊九段(中国) 执白3目半胜　高尾绅路九段(日本)

古力九段(中国) 执黑中盘胜　山下敬吾九段(日本)

第五届CSK杯亚洲围棋团体赛第三轮
时间：2006年5月3日
地点：日本大分

山下敬吾九段(日本) 执黑2目半胜　王立诚九段(中国台北)
依田纪基九段(日本) 执白中盘胜　王铭琬九段(中国台北)
河野临八段(日本) 执黑中盘胜　潘善琪七段(中国台北)
结城聪九段(日本) 执白4目半胜　陈诗渊五段(中国台北)
张栩九段(中国台北) 执黑中盘胜　高尾绅路九段(日本)
孔杰七段(中国) 执黑中盘胜　高根台五段(韩国)
古力九段(中国) 执黑中盘胜　李世石九段(韩国)
谢赫六段(中国) 执白14目半胜　崔哲瀚九段(韩国)
朴永训九段(韩国) 执白半目胜　丁伟八段(中国)
李昌镐九段(韩国) 执黑中盘胜　常昊九段(中国)

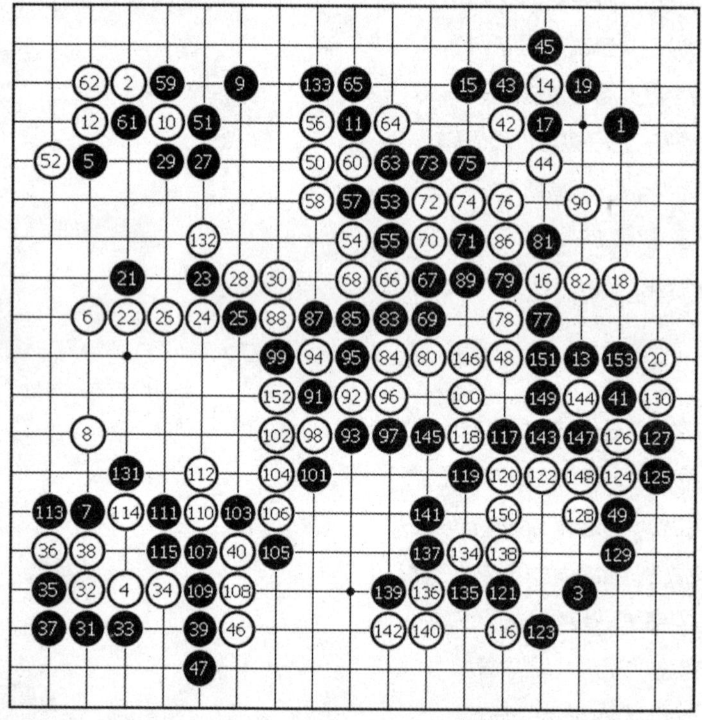

第三轮
中国队VS韩国队

黑：古　力　九段
白：李世石　九段
共153手
黑中盘胜

第十八届亚洲快棋锦标赛

2006年8月举行，中国王檄决赛战胜韩国李昌镐，夺得冠军。

赛程与对阵：

第十八届亚洲杯电视快棋赛第一局、第二局

时间：2006年8月8日

地点：韩国首尔

王檄五段(中国) 执黑14目半胜 刘昌赫九段(韩国)

李昌镐九段(韩国) 执黑6目半胜 今村俊也九段(日本)

第十八届亚洲杯电视快棋赛第三局、半决赛

时间：2006年8月9日

地点：韩国首尔

羽根直树九段(日本) 执黑中盘胜 罗洗河九段(中国)

王檄五段(中国) 执黑中盘胜 张栩九段(日本)

第十八届亚洲杯电视快棋赛半决赛

时间：2006年8月10日

地点：韩国首尔

李昌镐九段(韩国) 执白2目半胜 羽根直树九段(日本)

第十八届亚洲杯电视快棋赛决赛

时间：2006年8月11日

地点：韩国首尔

王檄五段(中国) 执白中盘胜 李昌镐九段(韩国)

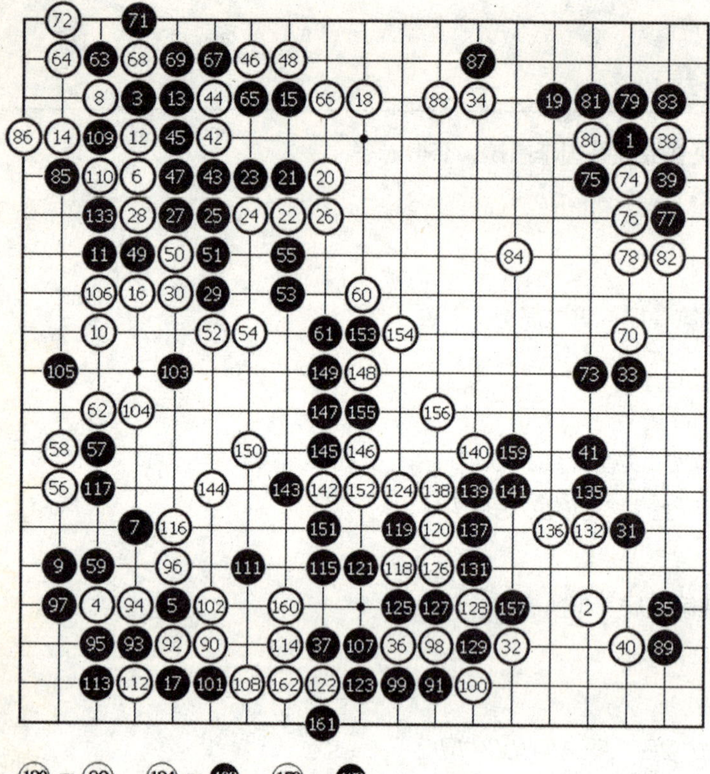

130 = 98　134 = 109　158 = 129

决赛棋谱

黑：李昌镐　九段

白：王　檄　五段

共162手

白中盘胜

第十一届三星杯世界围棋公开赛

2006年8月开始预选赛，中国队七人出线。本赛中国常昊打入决赛，与韩国李昌镐决斗于巅峰。2007年1月，常昊2比0战胜李昌镐，为中国围棋蝉联三星杯。

赛程与对阵：

第十一届三星火灾杯第一轮

时间：2006年9月6日

地点：韩国大田

徐奉洙九段(韩国)　执白中盘胜　张维五段(中国)

朴永训九段(韩国)　执白中盘胜　芮乃伟九段(韩国)

崔哲瀚九段(韩国)　执黑中盘胜　河野临八段(日本)

高根台五段(韩国)　执黑中盘胜　赵治勋九段(日本)

李昌镐九段(韩国)　执黑中盘胜　胡耀宇八段(中国)

白洪淅四段(韩国) 执黑中盘胜 金秀俊七段(韩国)
李世石九段(韩国) 执白11目半胜 范蔚菁初段(中国)
俞斌九段(中国) 执黑2目半胜 金炯佑初段(韩国)
常昊九段(中国) 执黑中盘胜 安达勋七段(韩国)
古力九段(中国) 执黑中盘胜 朴正祥九段(韩国)
王垚六段(中国) 执黑中盘胜 曹薰铉九段(韩国)
朴文尧五段(中国) 执白中盘胜 刘昌赫九段(韩国)
罗洗河九段(中国) 执白中盘胜 尹峻相四段(韩国)
陈耀烨五段(中国) 执黑中盘胜 姜东润五段(韩国)
周鹤洋九段(中国) 执白中盘胜 裴俊熙初段(韩国)
山下敬吾九段(日本) 执黑3目半胜 赵汉乘九段(韩国)

第十一届三星火灾杯第二轮
时间：2006年9月8日
地点：韩国大田

常昊九段(中国) 执黑中盘胜 朴永训九段(韩国)
俞斌九段(中国) 执黑中盘胜 高根台五段(韩国)
王垚六段(中国) 执白中盘胜 李世石九段(韩国)
朴文尧五段(中国) 执黑3目半胜 山下敬吾九段(日本)
徐奉洙九段(韩国) 执白中盘胜 陈耀烨五段(中国)
崔哲瀚九段(韩国) 执白半目胜 古力九段(中国)
白洪淅四段(韩国) 执黑5目半胜 罗洗河九段(中国)
李昌镐九段(韩国) 执黑中盘胜 周鹤洋九段(中国)

第十一届三星火灾杯八强赛

时间：2006年11月8日

地点：韩国大田

常昊九段(中国) 执白3目半胜　崔哲瀚九段(韩国)

白洪淅五段(韩国) 执黑10目半胜　俞斌九段(中国)

第十一届三星火灾杯八强赛

时间：2006年11月9日

地点：韩国大田

李昌镐九段(韩国) 执黑中盘胜　朴文尧五段(中国)

徐奉洙九段(韩国) 执黑中盘胜　王垚六段(中国)

第十一届三星火灾杯半决赛第一局

时间：2006年12月5日

地点：韩国大田

常昊九段(中国) 执黑中盘胜　徐奉洙九段(韩国)

李昌镐九段(韩国) 执白中盘胜　白洪淅五段(韩国)

第十一届三星火灾杯半决赛第二局

时间：2006年12月7日

地点：韩国大田

常昊九段(中国) 执白中盘胜　徐奉洙九段(韩国)

李昌镐九段(韩国) 执黑中盘胜　白洪淅五段(韩国)

第十一届三星火灾杯决赛第一局

时间：2007年1月22日

地点：中国上海

常昊九段(中国) 执白中盘胜　李昌镐九段(韩国)

第十一届三星火灾杯决赛第二局

时间：2007年1月24日

地点：中国上海

常昊九段(中国) 执黑3目半胜　李昌镐九段(韩国)

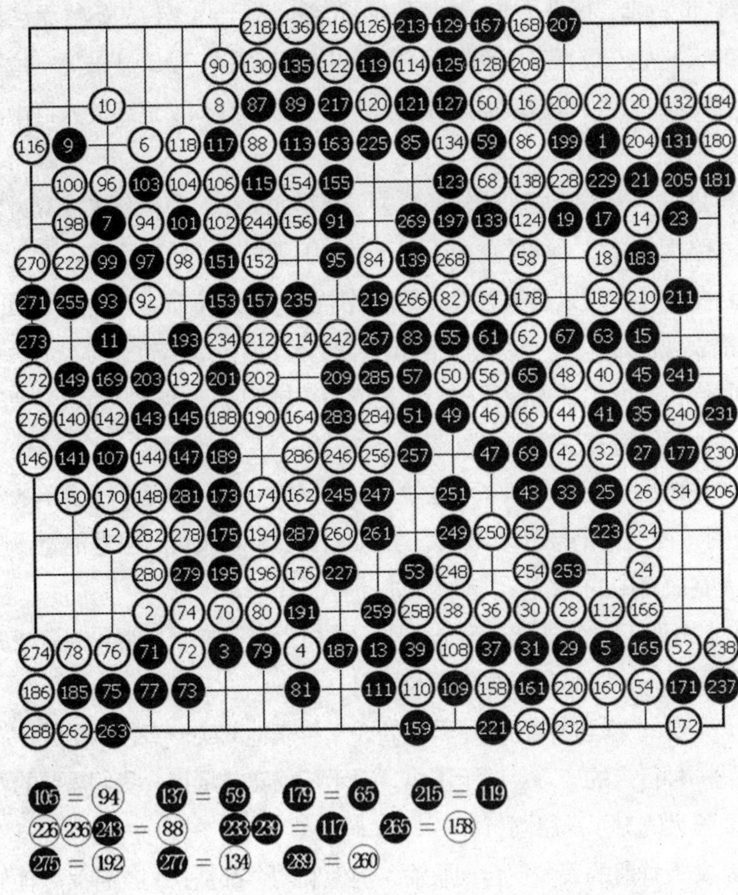

决赛第二局棋谱

黑：常　昊　九段

白：李昌镐　九段

共289手

黑胜3目半

十年孤剑沧海盟

心底蓦地升起这七个字来，伴随着一种沧桑而茫然的情绪。

常昊拍下最后一颗棋子，李昌镐凝神想了一会，平静认输。三星杯冠军在这一瞬间决定，紧随李昌镐身后苦苦追逐十年的常昊终于挥去心魔，冲天而起，在棋界之颠拈花微笑。

山，李昌镐是一座巍峨的山，没有飞鸟能从他的头上穿越。对这句话体会最深的中国棋手，先是马晓春，后是常昊。年长李昌镐十一岁的马晓春可以以岁月为理由淡看胜负，比李昌镐还要小一岁的常昊却痛到骨髓也无人诉说。知道一片长得漂亮非常的叶子见到一朵盛开的花时的感觉吗？自小就顺风顺水尝尽荣耀滋味的常昊在这位似乎永远表情木讷的异国青年面前遁无可遁，根本无法相提并论的战绩和惨不忍睹的交手胜负比让他从来就不愿承受"绝代双骄"的并称。

从1996年连续在东洋证券杯和富士通杯决赛上击败马晓春、真正登临世界棋坛巅峰，李昌镐雄霸天下整整十年。在高手辈出、英豪云集的当代，他创造了惊人的传奇。常昊在1997年的中韩天元战上初次冲击这尊旷世石佛，屡仆屡起，顽强得叫人心惊乃至心疼，却始终无法追上石佛扎实的步伐。四届中韩天元战连败，三次世界大赛决赛折戟沉沙，一位天才被另一位更出色的天才折磨得心力交瘁，十年时光，李昌镐孤剑独往来，常昊渐渐在众多追逐的人群中淹没。

人在陋巷不改其志方为英雄。尽管不断涌现的新星掩去了常昊的光芒，可他从未放弃过梦想。2005年的应氏杯，常昊一路闯关夺隘，神勇登顶，昭示着中国围棋新一轮的腾飞。而立之年将至的常昊终于抛尽胸中块垒，终于可以长啸对天。他仍是中国围棋的掌旗者，他是中国围棋的英雄。不一定要每一刻都表现良好，但一定要有非常闪亮的爆发点，这样的人物才是大众期待的领袖。在最需要你的时候挺身而出并力挽狂澜，这是成为英雄的不二选择。勇于坚持的常昊做到了，唯一遗憾的是，他还没有在决赛中击败李昌镐。

在最高处屹立太久的石佛也感到了疲倦，2006年是他走下神坛的一年，三星杯决赛不敌罗洗河，农心杯被依田纪基击倒，神话一个接一个破灭，李昌镐已经回归人间。但是他还要坚持，他要等待与常昊在世界大赛决赛中的一战，了却两人的十年恩怨。

2007年1月24日，围棋史上将记下这个日子。第十一届三星杯决赛第二局，常昊中盘战胜李昌镐，以2比0力克强敌，笑傲天下。冠军！冠军！！冠军！！！

而常昊是不是能再开启一个新的英雄时代已经不再重要，十年来他其实一直在与李昌镐同行。追赶与超越，实际上都是一种行走的姿态。对于围棋，对于任何竞技项目，我们需要的不仅是自己的辉煌，我们也需要强大的对手一路同行。

三天前，丁俊辉在奥沙利文天神般的表演下含泪服输，但他们两个都是我们的钟爱。他们未来的发展会如何呢？就像常昊与李昌镐，三星杯决赛之后他们仍要面对各自的世界。答案总是在人生的前面，疑问都留在身后。这一刻我们只想与常昊一道静静享受胜利的喜悦，也和李昌镐共同品味那无悔的青春。

第十届中韩天元对抗赛

2006年8月举行，韩国高根台2比1战胜中国古力获得优胜。古力在这项对抗中的三连胜终止。

赛程与对阵：

比赛地点：韩国首尔

第十届中韩天元对抗赛第一局

时间：2006年8月18日

古力九段(中国) 执黑7目半胜　高根台五段(韩国)

第十届中韩天元对抗赛第二局

时间：2006年8月20日

高根台五段(韩国) 执黑中盘胜　古力九段(中国)

第十届中韩天元对抗赛第三局

时间：2006年8月21日

高根台五段(韩国) 执黑中盘胜　古力九段(中国)

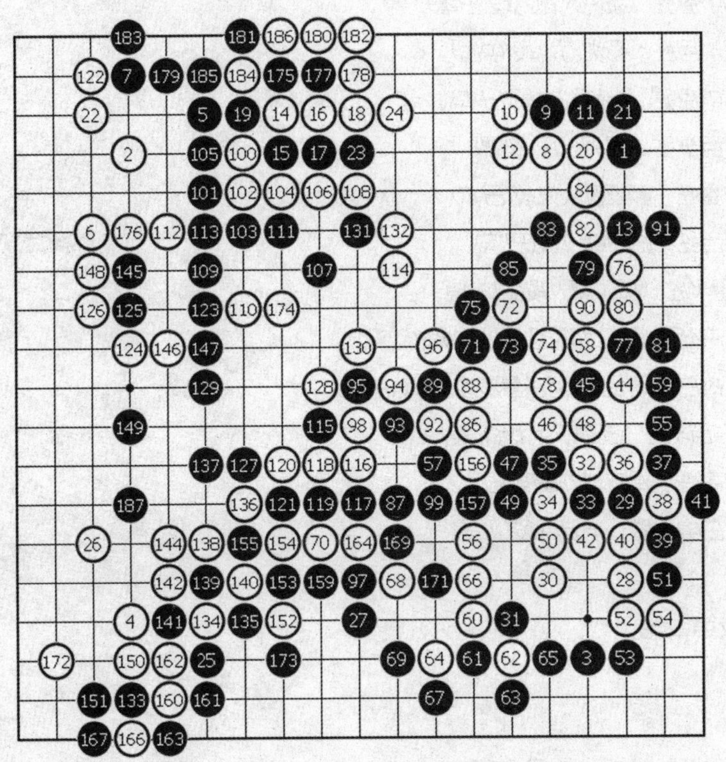

43 = 38　143 = 134　158 168 = 140　165 170 = 155

决赛第三局棋谱

黑：高根台　五段

白：古　力　九段

共187手

黑中盘胜

第三届丰田杯世界职业围棋王座战

2006年8月举行，中国棋手无人打进四强，韩国李世石与日本张栩会师决赛。2007年决赛三番棋，李世石反败为胜，2比1蝉联丰田杯。

赛程与对阵：

第三届丰田杯世界王座战第一轮

时间：2006年8月26日

地点：日本东京

朴正祥九段(韩国) 执黑中盘胜　高尾绅路九段(日本)

李昌镐九段(韩国) 执白中盘胜　阿列克谢初段(欧洲)

赵汉乘九段(韩国) 执黑5目半胜　依田纪基九段(日本)

崔哲瀚九段(韩国) 执黑5目半胜　陈耀烨五段(中国)

朴永训九段(韩国) 执白中盘胜　濑户大树六段(日本)

高根台五段(韩国) 执黑半目胜　罗洗河九段(中国)

李世石九段(韩国) 执白中盘胜　结城聪九段(日本)

彭荃七段(中国) 执黑14目半胜　郭娟五段(欧洲)

孔杰七段(中国) 执白中盘胜　彦坂直人九段(日本)

常昊九段(中国) 执黑半目胜　林海峰九段(日本)

古力九段(中国) 执黑1目半胜　柳时熏九段(日本)

杨士海八段(亚澳非) 执白4目半胜　西克西那业余6段(欧洲)

周俊勋九段(中国台北) 执白2目半胜　阿基鲁尔业余6段(南美)

赵善津九段(日本) 执黑3目半胜　江鸣久七段(北美)

张栩九段(日本) 执黑中盘胜　周鹤洋九段(中国)

羽根直树九段(日本) 执白中盘胜　丰云九段(北美)

第三届丰田杯世界王座战第二轮

时间：2006年8月28日

地点：日本东京

常昊九段(中国) 执黑4目半胜　朴正祥九段(韩国)

孔杰七段(中国) 执白中盘胜　周俊勋九段(中国台北)

彭荃七段(中国) 执黑中盘胜　崔哲瀚九段(韩国)

李昌镐九段(韩国) 执黑中盘胜　古力九段(中国)

朴永训九段(韩国) 执白中盘胜　杨士海八段(亚澳非)

李世石九段(韩国) 执白5目半胜　赵善津九段(日本)

张栩九段(日本) 执白中盘胜　赵汉乘九段(韩国)

羽根直树九段(日本) 执黑中盘胜　高根台五段(韩国)

第三届丰田杯世界王座战八强赛

时间：2006年8月30日

地点：日本东京

李世石九段(韩国) 执黑中盘胜　羽根直树九段(日本)

李昌镐九段(韩国) 执白2目半胜　彭荃七段(中国)

朴永训九段(韩国) 执白中盘胜　常昊九段(中国)

张栩九段(日本) 执白中盘胜　孔杰七段(中国)

第三届丰田杯世界王座战半决赛

时间：2006年9月1日

地点：日本东京

张栩九段(日本) 执黑中盘胜　朴永训九段(韩国)

李世石九段(韩国) 执黑中盘胜　李昌镐九段(韩国)

第三届丰田杯世界王座战决赛第一局

时间：2007年1月6日

地点：日本东京

张栩九段(日本) 执白半目胜　李世石九段(韩国)

第三届丰田杯世界王座战决赛第二局

时间：2007年1月8日

地点：日本东京

李世石九段(韩国) 执白中盘胜　张栩九段(日本)

第三届丰田杯世界王座战决赛第三局

时间：2007年1月9日

地点：日本东京

李世石九段(韩国) 执白中盘胜　张栩九段(日本)

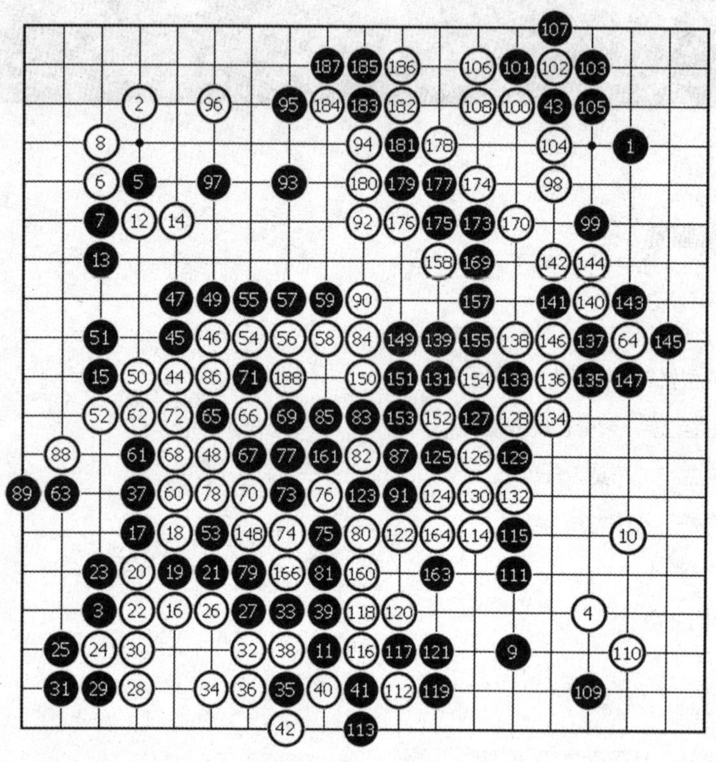

决赛第三局棋谱

黑：张　栩　九段

白：李世石　九段

共188手

白中盘胜

第八届农心杯世界职业围棋团体赛

2006年9月开战。中国队前面表现强势，彭荃取得五连胜，最后形成孔杰与古力二人围攻李昌镐的有利局面，但是李昌镐再度发挥出“铁门”雄风，连下两城，为韩国队第七次捧得农心杯。

赛程与对阵：

第八届农心杯三国擂台赛第一局

时间：2006年9月12日

地点：中国北京

羽根直树九段(日本) 执白1目半胜　王磊八段(中国)

第八届农心杯三国擂台赛第二局

时间：2006年9月13日

地点：中国北京

羽根直树九段(日本) 执白半目胜　曹薰铉九段(韩国)

第八届农心杯三国擂台赛第三局

时间：2006年9月14日

地点：中国北京

彭荃七段(中国) 执白3目半胜　羽根直树九段(日本)

第八届农心杯三国擂台赛第四局

时间：2006年9月15日

地点：中国北京

彭荃七段(中国) 执白3目半胜　崔哲瀚九段(韩国)

第八届农心杯三国擂台赛第五局

时间：2006年11月22日

地点：韩国釜山

彭荃七段(中国) 执黑中盘胜　今村俊也九段(日本)

第八届农心杯三国擂台赛第六局
时间：2006年11月23日
地点：韩国釜山
彭荃七段(中国) 执白3目半胜 元晟溱七段(韩国)

第八届农心杯三国擂台赛第七局
时间：2006年11月24日
地点：韩国釜山
彭荃七段(中国) 执白3目半胜 山田规三生九段(日本)

第八届农心杯三国擂台赛第八局
时间：2006年11月25日
地点：韩国釜山
朴永训九段(韩国) 执黑1目半胜 彭荃七段(中国)

第八届农心杯三国擂台赛第九局
时间：2006年11月26日
地点：韩国釜山
朴永训九段(韩国) 执黑2目半胜 高尾绅路九段(日本)

第八届农心杯三国擂台赛第十局
时间：2006年11月27日
地点：韩国釜山
朴永训九段(韩国) 执黑2目半胜 陈耀烨五段(中国)

第八届农心杯三国擂台赛第十一局
时间：2007年2月6日
地点：中国上海
朴永训九段(韩国) 执白1目半胜 依田纪基九段(日本)

第八届农心杯三国擂台赛第十二局
时间：2007年2月7日
地点：中国上海

孔杰七段(中国) 执白中盘胜　朴永训九段(韩国)

第八届农心杯三国擂台赛第十三局

时间：2007年2月8日

地点：中国上海

李昌镐九段(韩国) 执白中盘胜　孔杰七段(中国)

第八届农心杯三国擂台赛第十四局

时间：2007年2月9日

地点：中国上海

李昌镐九段(韩国) 执黑1目半胜　古力九段(中国)

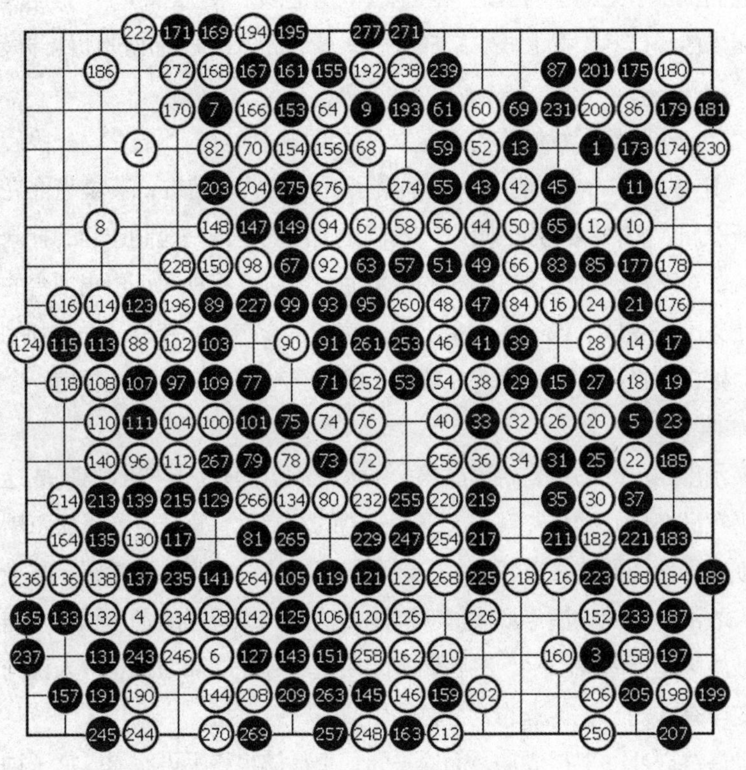

第十四局棋谱

黑：李昌镐　九段

白：古　力　九段

共277手

黑胜1目半

古力未洗农心八年风霜　昌镐苦胜再铸铁血传奇

满座衣冠似雪，一时多少豪杰。农心杯，棋坛斗士的战场。

与其说我们期待着古力用一场酣畅淋漓的胜利为中国围棋再一次证明盛世来临，不如说我们想确认李昌镐是否还有能力在棋界巅峰屹立。意气风发的热情古力，面带茫然的疲惫昌镐，战局未开，我就知道这一回的结局无论胜负如何一定是再一次的悲怆——或者中国错失三国擂台赛最佳登顶良机，或者，一位不世英雄彻底沦为平庸。

八载农心杯演绎无数风云变幻，不变的只有主角。李昌镐静静端坐于这擂台之上，任对面英豪走马灯般你方唱罢我登场，他只需要用冷静冷峻乃至冷酷的招法在“胜利者”一方签下自己的名字。

但真正的英雄都是要以悲情落幕，从项羽到拿破仑，从体操王子李宁到球王马拉多纳，他们能够战胜每一个对手，可他们赢不了无情岁月。这一年是石佛出道以来最低迷的一年，连续的打击让他头顶的光环几乎褪尽色泽，其中第七届农心杯决胜局被老虎依田纪基击溃让他“最可信赖”的称誉摇摇欲坠。

一个长达十年的英雄时代，一个陪伴了我们飞扬青春岁月的英雄时代。一段长路，一段疲倦之旅。无论是场上的英雄，还是场下的呐喊者，我们都累了。时代飞速前进，英雄也许在追忆中才更显可贵。所以，新一届农心杯战至最后阶段，我们更关注的是谁来遏制连胜的朴永训，他身后一言不发的李昌镐，对不起，你已没有绝对的威慑力。所以，将朴永训击出擂台的孔杰已经是新的英雄，他的任务已经完成，没能一举拿下李昌镐并不影响我们夺取最后胜利的信心。我们还有古力，其实，把古力换成常昊，换成胡耀宇，换成王檄都一样，我们相信，今日的李昌镐不再是不可突破的屏障。

气势如虹的古力早早就展示出自己的力量，将李昌镐一条大龙满盘追杀。即使没有完成这“不可能完成的任务”，他仍然满怀信心地与“官子天下第一”的石佛大斗官子。昨天快意屠龙的李昌镐今天显得有些狼狈，虽然他的空一直好一些，但观战者始终对古力抱以希望，与当年李昌镐哪怕落后不少仍无人敢说他要输的情形形成鲜明对比，让我们想起赵治勋本因坊十连霸征程中的一年，3比1领先被片冈聪扳为3比3平，决胜局中即使是赵领先的局面，也有人议论“被扳平了的赵本因坊似乎变得有些弱”，英雄的无奈总是相似……

那一次本因坊决赛赵治勋最终以4比3卫冕成功，而这一回，李昌镐也终于再次显露官子神功，在古力细微失误的“配合”之下，以一目半的微弱优势取胜，农心杯，离我们这么近，离我们又那么远。李昌镐，还在顽强坚持着自己的使命，他没有倒下，他竭力昂起头，说：我还是我！

八年风霜仍在延续，但我们已非当初凄凉情绪。再度成为韩国英雄的李昌镐手心冷汗涔涔，他知道，这样的胜利已经不似当年可尽在掌控之中。所有的荣光都只是虚名，人生最后留下的不过是一路风尘，而他现在的努力更多是为了自己的热爱，即使终被时代抛弃，他也无愧一生的梦想。在中国围棋已经收获了相当丰硕果实的日子里，我们也期望着对手的成长与坚持。李昌镐的胜利让我们有一点痛，但我们还是要为他鼓掌，棋界需要这样的英雄，李昌镐仍是我们的楷模。

感谢古力的努力，感谢李昌镐的执着，感谢每一位爱棋的人，谢谢你陪我走完这段疲倦的旅程。农心杯结束这一年的征战，我们的思想打开新一页的篇章。

首届大理旅游杯世界女子围棋锦标赛

2006年11月举行，韩国朴志恩与金惠敏打进决赛。决赛于2007年进行，朴智恩取胜，成为世界冠军。

赛程与对阵：

第一届大理杯女子围棋赛第一轮

时间：2006年11月25日

地点：中国大理

叶桂五段(中国) 执黑3/4子胜　谢依旻三段(日本)

李赫初段(中国) 执白中盘胜　朴昭炫二段(韩国)

曹又尹二段(中国) 执白中盘胜　万波佳奈三段(日本)

祷阳子五段(日本) 执黑中盘胜　王晨星初段(中国)

第一届大理杯女子围棋赛第二轮

时间：2006年11月26日

地点：中国大理

鲁佳初段(中国) 执白中盘胜　李多慧三段(韩国)

朴智恩六段(韩国) 执黑中盘胜　张璇八段(中国)

芮乃伟九段(韩国) 执黑中盘胜　王祥云初段(中国)

第一届大理杯女子围棋赛八强战

时间：2006年11月28日

地点：中国大理

金恩善三段(韩国) 执白2又1/4子胜　矢代久美子五段(日本)

芮乃伟九段(韩国) 执黑中盘胜　丰云九段(北美)

朴智恩六段(韩国) 执白中盘胜　鲁佳初段(中国)

金惠敏四段(韩国) 执白中盘胜　曹又尹二段(中国)

第一届大理杯女子围棋赛半决赛

时间：2006年11月29日

地点：中国大理

金惠敏四段(韩国) 执黑2又3/4子胜　金恩善三段(韩国)

朴智恩六段(韩国) 执黑中盘胜　芮乃伟九段(韩国)

第一届大理杯女子围棋赛决赛第一局

时间：2007年7月16日

地点：中国大理

金惠敏四段(韩国) 执黑3/4子胜　朴智恩六段(韩国)

第一届大理杯女子围棋赛决赛第二局

时间：2007年7月18日

地点：中国大理

朴智恩六段(韩国) 执黑中盘胜　金惠敏四段(韩国)

第一届大理杯女子围棋赛决赛第三局

时间：2007年7月19日

地点：中国大理

朴智恩六段(韩国) 执黑3/4子胜　金惠敏四段(韩国)

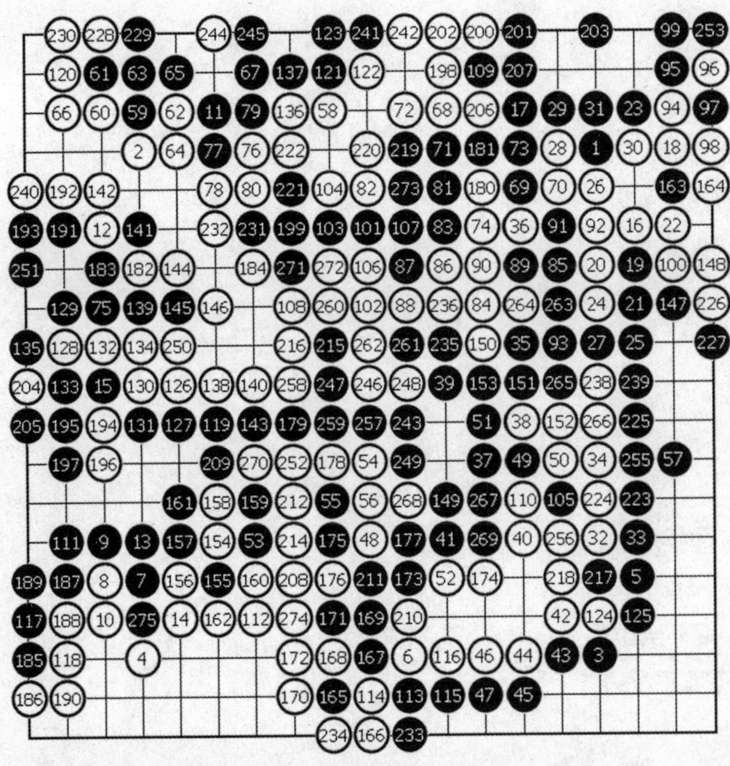

213 = 155　237 = 154　254 = 97

决赛第三局棋谱

黑：朴智恩　六段

白：金惠敏　四段

共275手

黑胜3/4子

第十九届中国围棋名人战

2006年3月开战,小将周睿羊夺得挑战权，但是挑战五番棋遭古力零封，古力达成名人三连霸。

赛程与对阵：

第十九届中国名人战本赛第一轮

时间：2006年3月27日

地点：中国棋院

常昊九段 执黑中盘胜 李康五段

陈耀烨五段 执黑中盘胜 俞斌九段

邵炜刚九段 执白中盘胜 刘小光九段

李喆四段 执白中盘胜 朴文尧四段

第十九届中国名人战本赛第二轮

时间：2006年3月30日

地点：中国棋院

王昊洋四段 执白中盘胜 常昊九段

陈耀烨五段 执白1/4子胜 刘菁八段

李喆四段 执白中盘胜 周鹤洋九段

邵炜刚九段 执白中盘胜 孔杰七段

牛雨田六段 执黑中盘胜 罗洗河九段

第十九届中国名人战八强赛

时间：2006年6月27日

地点：中国棋院

王昊洋四段 执黑中盘胜 邵炜刚九段

牛雨田六段 执黑3/4子胜 陈潇楠三段

周睿羊三段 执黑中盘胜 陈耀烨五段

丁伟八段 执黑3/4子胜 李喆四段

第十九届中国名人战半决赛

时间：2006年6月29日

地点：中国棋院

周睿羊三段 执黑中盘胜　王昊洋四段

牛雨田六段 执白中盘胜　丁伟八段

第十九届中国名人战挑战者决定战第一局

时间：2006年9月27日

地点：河南安阳

周睿羊四段 执黑3/4子胜　牛雨田六段

第十九届中国名人战挑战者决定战第二局

时间：2006年9月28日

地点：河南安阳

周睿羊四段 执白中盘胜　牛雨田六段

第十九届中国名人战挑战赛五番棋第一局

时间：2007年1月4日

地点：中国棋院

古力九段 执白中盘胜　周睿羊四段

第十九届中国名人战挑战赛五番棋第二局

时间：2007年1月6日

地点：中国棋院

古力九段 执黑中盘胜　周睿羊四段

第十九届中国名人战挑战赛五番棋第三局

时间：2007年1月8日

地点：中国棋院

古力九段 执白中盘胜　周睿羊四段

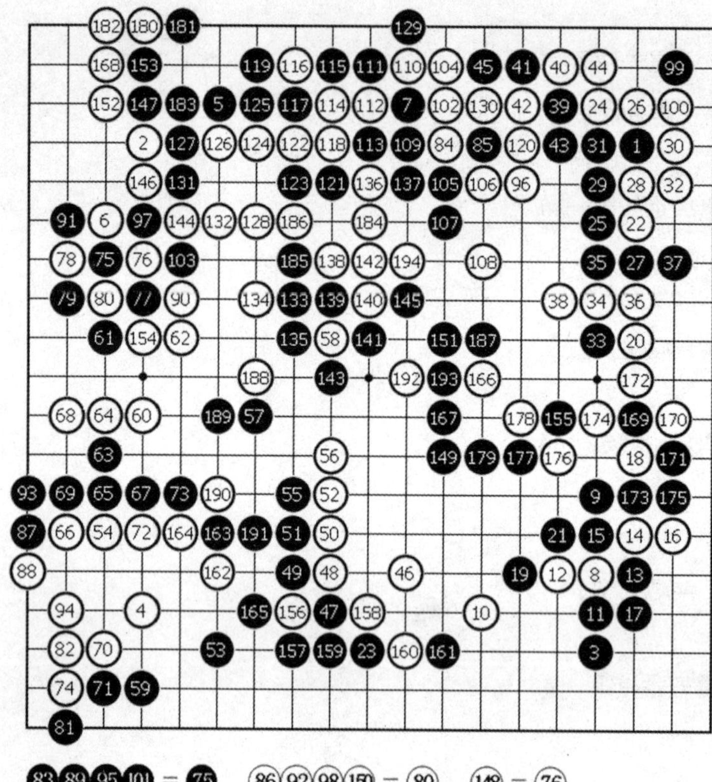

83 89 95 101 = 75　86 92 98 150 = 80　148 = 76

决赛第三局棋谱

黑：周睿羊　四段

白：古　力　九段

共194手

白中盘胜

第二十届中国围棋天元战

2006年1月开战，周睿羊奋勇挑战，并在三番棋决赛中先声夺人。卫冕冠军古力绝地反击，连下两城，以2比1 获胜，达成天元四连霸。

赛程与对阵：

第二十届中国天元战第一轮

时间：2006年1月19日

孔杰七段 执黑中盘胜　聂卫平九段

罗洗河九段 执白中盘胜　李康五段

第二十届中国天元战第二轮

时间：2006年1月21日

王磊八段 执白中盘胜　周鹤洋九段

罗洗河九段 执白中盘胜　王垚六段

第二十届中国天元战八强赛
时间：2006年1月23日
地点：中国棋院
陈耀烨五段 执黑中盘胜　邱峻七段
周睿羊三段 执白中盘胜　王磊八段
孔杰七段 执白中盘胜　彭荃六段

第二十届中国天元战八强赛
时间：2006年1月24日
地点：中国棋院
罗洗河九段 执黑中盘胜　丁伟八段

第二十届中国天元战半决赛
时间：2006年2月17日
地点：中国棋院
孔杰七段 执白中盘胜　罗洗河九段
周睿羊三段 执黑中盘胜　陈耀烨五段

第二十届中国天元战挑战者决定战
时间：2006年2月19日
地点：中国棋院
周睿羊三段 执黑中盘胜　孔杰七段

第二十届中国天元战决赛第一局
时间：2006年5月20日
地点：江苏同里
周睿羊三段 执黑中盘胜　古力九段

第二十届中国天元战决赛第二局
时间：2006年5月30日
地点：江苏同里
古力九段 执黑中盘胜　周睿羊三段

第二十届中国天元战决赛第三局

时间：2006年5月31日

地点：江苏同里

古力九段 执黑1又3/4子胜 周睿羊三段

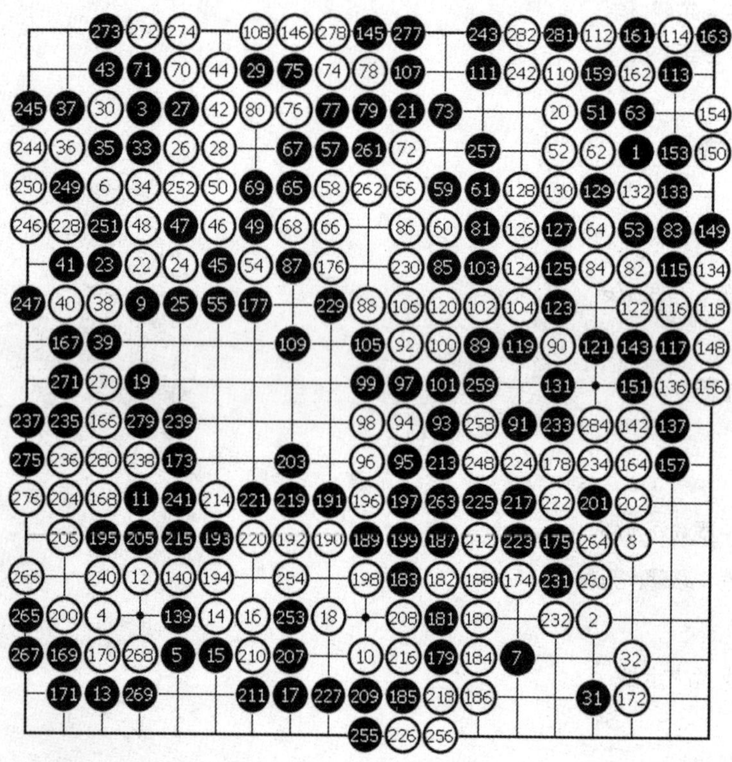

135 141 147 155 160 = 129　138 144 152 158 = 132
165 = 161　283 = 112

决赛第三局棋谱

黑：古　力　九段

白：周睿羊　三段

共284手

黑胜1又3/4子

第十三届中国围棋新人王战

2006年2月6日至11日进行,李喆和王垚打进决赛，李喆获得冠军。

赛程与对阵：

第十三届中国新人王战八强赛
时间：2006年2月6日
地点：中国棋院

周睿羊三段 执黑中盘胜 李劼四段
王雷五段 执白中盘胜 李康五段
王垚六段 执白中盘胜 马笑冰四段
李喆四段 执黑中盘胜 张立二段

第十三届中国新人王战半决赛
时间：2006年2月7日
地点：中国棋院

李喆四段 执白中盘胜 周睿羊三段
王垚六段 执黑中盘胜 王雷五段

第十三届中国新人王战决赛第一局
时间：2006年2月9日
地点：中国棋院

李喆四段 执黑中盘胜 王垚六段

第十三届中国新人王战决赛第二局
时间：2006年2月10日
地点：中国棋院

王垚六段 执黑中盘胜 李喆四段

第十三届中国新人王战决赛第三局
时间：2006年2月11日
地点：中国棋院

李喆四段 执黑中盘胜 王垚六段

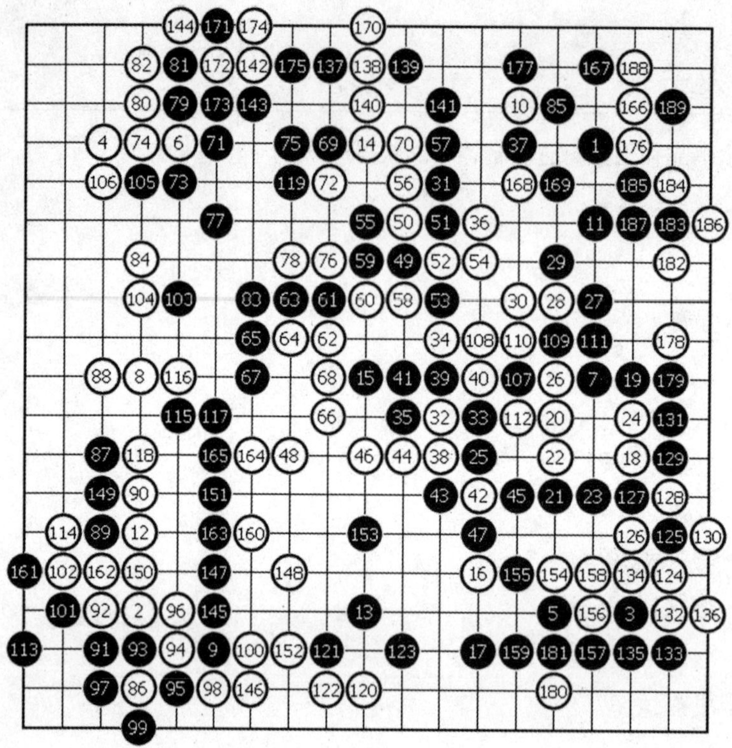

决赛第三局棋谱

黑：李 喆 四段
白：王 垚 六段
共189手
黑中盘胜

第十二届NEC杯围棋赛

2006年4月至2007年1月进行,邱峻在决赛中战胜周睿羊，获得冠军，周睿羊再度屈居第二。

赛程与对阵：

第十二届NEC杯围棋赛第一轮

时间：2006年4月22日

地点：江苏苏州

黄奕中六段 执黑中盘胜　朴文尧四段

周睿羊三段 执黑中盘胜　马笑冰四段

第十二届NEC杯围棋赛第一轮

时间：2006年6月17日

地点：江苏苏州

彭荃六段 执黑3/4子胜　王煜辉七段

邱峻七段 执白中盘胜　王垚六段

第十二届NEC杯围棋赛八强赛

时间：2006年8月19日

地点：吉林长春

邱峻八段 执白中盘胜　周鹤洋九段

周睿羊四段 执白中盘胜　孔杰七段

第十二届NEC杯围棋赛八强赛

时间：2006年10月14日

地点：山东青岛

刘世振六段 执黑2又3/4子胜　彭荃七段

黄奕中六段 执白2又1/4子胜　古力九段

第12届NEC杯围棋赛半决赛

时间：2006年11月4日

地点：广东深圳

邱峻八段 执白3又1/4子胜　黄奕中六段

周睿羊四段 执白中盘胜　刘世振六段

第十二届NEC杯围棋赛决赛

时间：2007年1月13日

地点：浙江杭州

邱峻八段 执白中盘胜　周睿羊四段

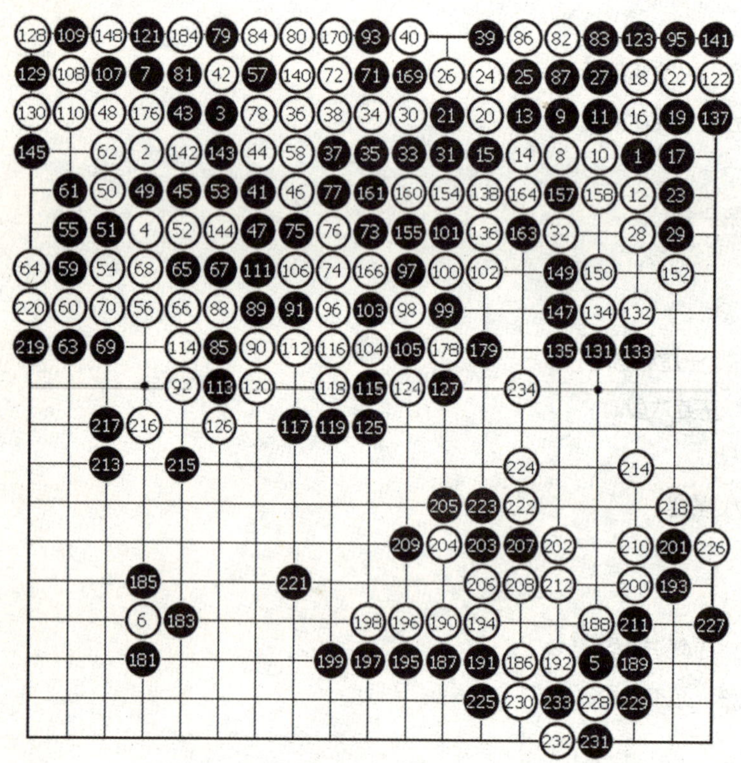

94 = 86　139 = 42　146 156 162 168 180 = 128

151 175 = 109　153 159 165 177 = 129　167 = 98

171 = 71　172 182 = 148　173 = 169　174 = 93

决赛棋谱

黑：周睿羊　四段

白：邱　峻　八段

共234手

白中盘胜

第七届“理光杯”中国围棋国手邀请赛

2006年12月举行，胡耀宇和常昊打进决赛，胡耀宇最终夺冠。

赛程与对阵：

第七届理光杯邀请赛第一轮

时间：2006年12月2日

地点：北京

蓝天三段 执黑3/4子胜　刘世振六段

廖行文初段 执黑中盘胜　王垚六段

檀啸二段 执黑中盘胜　马晓春九段

尹航三段 执白中盘胜　王煜辉七段

朱元豪三段 执白超时胜　刘小光九段

第七届理光杯邀请赛第二轮

时间：2006年12月26日

地点：北京

常昊九段 执白中盘胜　蓝天三段

俞斌九段 执白中盘胜　尹航三段

罗洗河九段 执白中盘胜　柁嘉熹三段

廖行文初段 执白中盘胜　刘星七段

陈耀烨五段 执白1又1/4子胜　朱元豪三段

古力九段 执黑中盘胜　檀啸二段

牛雨田六段 执白中盘胜　周睿羊四段

第七届理光杯邀请赛十六强赛

时间：2006年12月29日

地点：中国棋院

常昊九段 执白中盘胜　廖行文初段

胡耀宇八段 执白中盘胜　牛雨田六段

孔杰七段 执黑超时胜　邵炜刚九段

王磊八段 执白中盘胜　古力九段

周鹤洋九段 执白中盘胜　邱峻八段

俞斌九段 执黑中盘胜　陈耀烨五段

朴文尧五段 执黑中盘胜　罗洗河九段

谢赫六段 执黑中盘胜　彭荃七段

第七届理光杯邀请赛八强赛

时间：2006年12月30日

地点：中国棋院

胡耀宇八段 执黑超时胜　孔杰七段

王磊八段 执白超时胜　周鹤洋九段

朴文尧五段 执白中盘胜　谢赫六段

常昊九段 执白中盘胜　俞斌九段

第七届理光杯邀请赛半决赛

时间：2007年3月16日

地点：中国棋院

常昊九段 执黑中盘胜　王磊八段

胡耀宇八段 执黑中盘胜　朴文尧五段

第二届理光杯职业围棋混双赛决赛

时间：2007年3月31日

地点：中国棋院

周鹤洋/华学明 执白1/4子胜　王檄/唐奕

第七届理光杯邀请赛决赛

时间：2007年4月1日

地点：福建福州

胡耀宇八段 执黑中盘胜　常昊九段

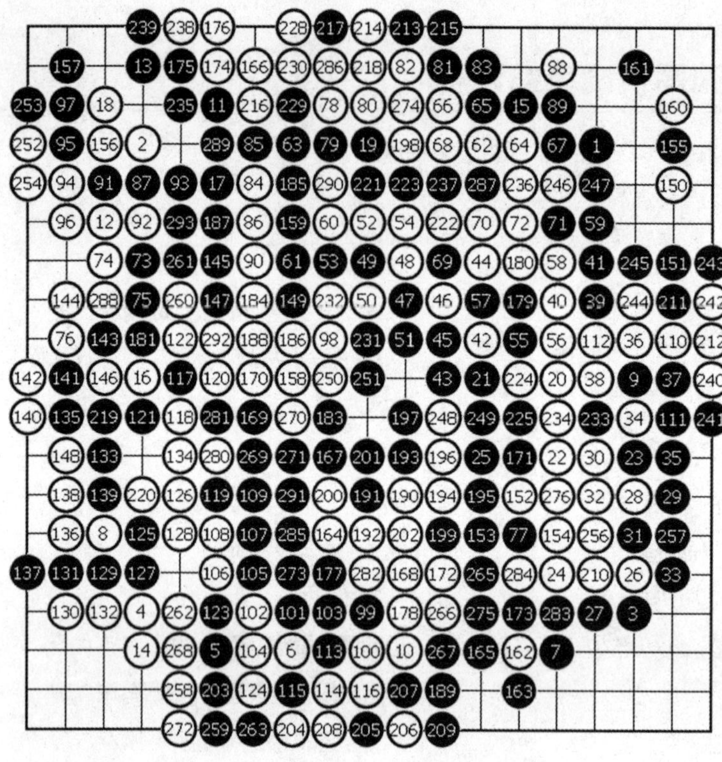

182 = 117　226 = 46　227 = 42　255 = 205
264 = 115　277 = 34　278 = 69　279 = 206

决赛棋谱

黑：胡耀宇　八段

白：常　昊　九段

共293手

黑中盘胜

第八届阿含·桐山杯围棋赛

2006年8月进行，两位快棋高手刘星和罗洗河打进决赛，最终刘星获得冠军，并在中日阿含·桐山杯对抗赛上战胜日方冠军张栩。

赛程与对阵：

第八届阿含·桐山杯快棋赛本赛第一轮

时间：2006年8月3日

地点：中国棋院

刘星七段 执黑中盘胜 邵炜刚九段

周鹤洋九段 执黑中盘胜 孔杰七段

罗洗河九段 执黑4又3/4子胜 俞斌九段

谢赫六段 执白中盘胜 朴文尧五段

陈耀烨五段 执白中盘胜 古力九段

第八届阿含·桐山杯快棋赛本赛第一轮

时间：2006年8月19日

地点：中国棋院

胡耀宇八段 执黑中盘胜 朱元豪三段

第八届阿含·桐山杯快棋赛八强赛

时间：2006年8月22日

地点：江西萍乡

刘星七段 执白中盘胜 陈耀烨五段

彭荃七段 执黑中盘胜 张文东九段

第八届阿含·桐山杯快棋赛八强赛

时间：2006年10月9日

地点：北京延庆

胡耀宇八段 执白中盘胜 谢赫六段

罗洗河九段 执黑3/4子胜 周鹤洋九段

第八届阿含·桐山杯快棋赛半决赛

时间：2006年10月18日

地点：中国棋院

刘星七段 执黑1又3/4子胜 胡耀宇八段

罗洗河九段 执黑1又3/4子胜 彭荃七段

第八届阿含·桐山杯快棋赛决赛

时间：2006年11月6日

地点：江苏南京

刘星七段 执白2又1/4子胜 罗洗河九段

围甲联赛

2006“中国和”围甲联赛最终积分榜

1	重庆冷酸灵队	34.5	59
2	贵州咳速停队	27.5	51
3	山东中国网通队	27	55
4	北京新兴地产队	23.5	48
5	北京海淀队	22.5	41
5	北京大宝队	22.5	41
7	上海移动通信队	21.5	46
8	云南香格里拉队	21	44
9	北京麒麟至诚队	19.5	40
10	武汉华夏学院队	18	42
11	贵州卫视队	17	33
12	平顶山煤业集团队	9.5	28

各队主将胜局排行

1	重庆冷酸灵队	17胜5负
2	贵州咳速停队	15胜7负
3	北京大宝队	14胜8负
4	山东中国网通队	13胜9负
5	北京海淀队	12胜10负
6	武汉华夏学院队	11胜11负
6	云南香格里拉队	11胜11负
8	上海移动通信队	10胜12负
9	北京新兴地产队	9胜13负
10	北京麒麟至诚队	8胜14负
11	贵州卫视队	7胜15负
12	平顶山煤业集团队	6胜16负

个人胜局排行

1.谢　赫 17胜5负

2.古　力 15胜4负

2.常　昊 15胜6负

2.张　维 15胜7负

2.邵炜刚 15胜7负

2.王　雷 15胜7负

3.陈耀烨 14胜6负

3.王　檄 14胜8负

3.孔　杰 14胜8负

3.王　磊 14胜8负

4.彭　荃 13胜8负

4.俞　斌 13胜8负

4.罗洗河 13胜9负

4.李　喆 13胜9负

4.胡耀宇 13胜9负

4.朴文尧 13胜9负

5.周睿羊 12胜10负

5.牛雨田 12胜10负

5.邱　峻 12胜10负

5.陈潇楠 12胜10负

6.周鹤洋 11胜9负

6.王　垚 11胜11负

6.丁　伟 11胜11负

7.时　越 10胜8负

7.张学斌 10胜8负

7.马笑冰 10胜10负

7.张　立 10胜11负

7.黄奕中 10胜11负

7.赵守洵 10胜11负

7.刘　星 10胜12负

7.李　康 10胜12负

7.赵哲伦 10胜12负

7.王昊洋 10胜12负

8.王煜辉 9胜13负

9.付　冲 8胜8负

9.王幼侠 8胜9负

9.邹俊杰 8胜9负

9.冯　伟 8胜13负

9.汪　洋 8胜14负

10.朱元豪 7胜12负

10.岳　亮 7胜13负

11.李世石 6胜3负

11.丁　烈 6胜11负
11.马晓春 6胜13负
11.刘世振 6胜16负
12.张文东 5胜7负
13.檀　啸 4胜9负
14.金承俊 3胜4负
14.钟文靖 3胜6负
14.朱　毅 3胜12负
15.吴新宇 2胜0负
15.朴正祥 2胜3负
15.洪旼杓 2胜4负
15.孙梦厦 2胜4负
15.温昭珍 2胜7负
15.刘　菁 2胜2负
16.彭立尧 1胜3负
16.邬光亚 1胜4负
16.蓝　天 1胜9负
17.张　璇 0胜1负
17.刘小光 0胜2负
17.李　轶 0胜2负
17.王东亮 0胜4负
17.聂卫平 0胜7负

主将胜局排行

1.古　力 15胜4负
2.孔　杰 14胜7负
3.周睿羊 12胜10负
4.李　喆 11胜9负
5.王　磊 9胜4负
6.谢　赫 7胜4负
6.牛雨田 7胜8负
7.李世石 6胜3负
7.周鹤洋 6胜5负
7.罗洗河 6胜7负
8.常　昊 5胜5负
8.王　垚 5胜6负
8.丁　伟 5胜5负
8.王昊洋 5胜10负
8.王煜辉 5胜10负
9.胡耀宇 4胜6负
10.彭　荃 3胜2负
11.朴正祥 1胜3负
11.俞　斌 1胜0负
11.朱元豪 1胜0负
11.王　檄 1胜1负
11.张　立 1胜1负
11.邱　峻 1胜1负
12.聂卫平 0胜1负
12.金承俊 0胜1负
12.黄奕中 0胜1负
12.马晓春 0胜1负
12.檀　啸 0胜1负
12.王幼侠 0胜1负
12.陈潇楠 0胜1负
12.丁　烈 0胜1负
12.岳　亮 0胜1负
12.王东亮 0胜1负
12.朱　毅 0胜1负
12.温昭珍 0胜2负
12.刘　星 0胜3负
12.李　康 0胜5负

2006年中国职业棋手等级分排名

(2006年12月31日为止)

1	古　力	2723
2	孔　杰	2682
3	胡耀宇	2664
4	谢　赫	2663
5	王　檄	2655
5	常　昊	2655
7	王　磊	2635
8	邱　峻	2634
9	罗洗河	2632
10	彭　荃	2610
11	朴文尧	2605
12	周睿羊	2596
13	周鹤洋	2595
14	俞　斌	2593
15	陈耀烨	2582
16	李　喆	2581
17	刘　星	2558
18	牛雨田	2546
18	丁　伟	2546
20	王　垚	2544
21	黄奕中	2535
22	邵炜刚	2533
23	马晓春	2515
23	王　雷	2515
25	古灵益	2501
26	杨　一	2497
27	王煜辉	2496
28	张　维	2493
29	刘小光	2491
30	张学斌	2480
31	刘世振	2475
31	董　彦	2475
33	曹大元	2470
34	时　越	2464
35	李　康	2462
36	刘　菁	2460
37	柁嘉熹	2459
38	李　劼	2457
39	赵守洵	2456
40	王昊洋	2454
41	林朝华	2451
42	邹俊杰	2445
43	聂卫平	2442

44	张　璇	2438
44	马笑冰	2438
46	朱松力	2435
47	张文东	2431
48	林　锋	2429
49	方　捷	2428
50	岳　亮	2426
51	杨士海	2423
52	张　立	2422
53	陈祖德	2416
53	彭立尧	2416
55	赵哲伦	2414
55	张英挺	2414
57	王幼侠	2402
57	段　嵘	2402
59	丁　烈	2401
60	黄　晨	2400
61	余　平	2398
62	汪　洋	2395
63	陈潇楠	2390
64	朱元豪	2383
65	钟文靖	2381
65	黎春华	2381
65	王剑坤	2381
68	毛睿龙	2380
69	叶　桂	2376
70	邬光亚	2373
71	华学明	2372
71	冯　伟	2372
73	朱　毅	2368
74	付　冲	2366
74	郑　弘	2366
74	许书祥	2366
77	曹恒梃	2365
78	李永刚	2363
79	孙梦厦	2362
80	张东岳	2359
81	徐　莹	2357
82	罗建元	2354
82	潘　峰	2354
84	陶　忻	2351
85	吴肇毅	2350
86	孟泰龄	2349

86	吴新宇	2349
88	金渭斌	2347
89	檀　啸	2346
90	韩　晗	2344
90	崔　灿	2344
92	蓝　天	2341
93	陈　瑞	2340
94	于梅玲	2337
95	王海军	2335
96	孟　磊	2332
97	朱燕铭	2331
97	尹　航	2331
99	王　鹭	2328
99	孙　力	2328
101	褚　飞	2326
101	薛　磊	2326
103	李豫川	2324
104	刘　曦	2323
104	李　海	2323
104	江维杰	2323
104	李君凯	2323
108	龚世运	2322
108	陆　军	2322
108	王东亮	2322
108	甘思阳	2322
112	祝励立	2320
113	张　伟	2317
114	袁　曦	2316
115	郭北雅	2315
115	周　波	2315
117	方天丰	2314
118	郑　岩	2312
119	庄　园	2311
120	吴树浩	2309
121	张亚博	2308
122	李华嵩	2307
123	罗德隆	2306
123	周振宇	2306
125	刘　熙	2304
125	杨　晖	2304
127	陈兆峰	2302
127	李　亮	2302
127	吴道明	2302

130	贾小宇	2300
131	金茜倩	2299
132	张 欣	2296
132	王 群	2296
134	鲁 佳	2294
135	严 欢	2293
136	邱继红	2291
136	汪 涛	2291
138	孙 远	2289
138	郭明鑫	2289
140	杭天鹏	2287
140	郑 策	2287
142	李 魁	2285
143	唐 兢	2281
143	杨啸天	2281
145	吴 锴	2280
145	胡跃峰	2280
145	张 蕾	2280
148	范蔚菁	2279
148	桂文波	2279
150	赵兴华	2278
150	吴 麒	2278
150	周 逵	2278
153	曹 呈	2272
154	张 弛	2271
154	宋容慧	2271
156	潘 非	2270
156	郭天瑞	2270
158	王异新	2268
159	廖行文	2267
160	张 涛	2266
161	王 隽	2265
162	王祥云	2263
163	陈慧芳	2261
164	唐韦星	2259
164	方 昊	2259
164	许振宇	2259
167	韩 晔	2256
168	李豪杰	2255
168	孙腾宇	2255
168	陶欣然	2255
171	王一飞	2254
172	荆 上	2252
172	崔 宁	2252
174	李 聪	2251
175	李 轶	2250
176	李 赫	2248
177	武 君	2246
178	白光源	2245
178	娄 玺	2245
178	张斐斐	2245
181	陈博雅	2244
182	杨 潜	2243
183	张 蛟	2241
183	郑淼鑫	2241
183	岳 嵩	2241
186	刘 彤	2240
186	李 祝	2240
186	张宏杰	2240
186	王 硕	2240
186	蒋 蔚	2240
186	李 乐	2240
186	蒋辰中	2240
186	耿文彬	2240
186	马如龙	2240
186	唐 奕	2240
196	朱阿逸	2239
196	吴振宇	2239
198	王 玮	2238
198	王迦南	2238
198	佟禹林	2238
198	涂 清	2238
198	栾秋成	2238
203	王晨星	2237
203	朱剑舜	2237
205	田 舟	2235
205	刘 帆	2235
207	曹潇阳	2230
208	闵 娜	2229
208	潘文君	2229
210	沈 颖	2227
210	丁 明	2227
210	杨 戎	2227
213	施 洲	2226
213	许斐然	2226
215	刘云龙	2225
215	陈栋如	2225
217	吴 天	2223
217	蒋天棋	2223
219	张 森	2222
220	金 磊	2221
221	徐金阳	2219
221	梁雅娣	2219
221	孙明杰	2219
224	张 强	2218
224	杨 冬	2218
226	张 昊	2217
227	尹 廓	2216
227	王 蕊	2216
229	汪 慧	2215
229	王宏伟	2215
229	谢少博	2215
232	陈德龙	2213
232	胡 帅	2213
234	李 莹	2210
235	姚 征	2208
236	韦明瑞	2207
236	孟昭玉	2207
238	袁 泽	2206
238	腾 程	2206
240	王 昊	2205
240	景 石	2205
242	韩 钢	2203
242	秦悦欣	2203
242	苏琪伟	2203
242	唐嘉隆	2203
246	黄 贲	2198
246	黄 佳	2198
246	王伯刚	2198
249	唐 盈	2195
250	张 策	2194
251	董亦沛	2192
252	杨 梓	2191
253	魏子翔	2187
253	王 磬	2187
253	杨 硕	2187
256	卢 笛	2185
257	苏 苏	2183
258	李嘉麒	2180
258	殷 鉴	2180
260	李天竹	2174
260	小李莹	2174
262	蔡碧涵	2173
263	李东阳	2172
264	陶汉文	2170
265	胡 磊	2168
265	韩 恂	2168
267	赵子骥	2167
267	杨 爽	2167
267	李 凡	2167
267	王倪乔	2167
271	晏 宁	2164
271	田 野	2164
273	胡文松	2163
274	唐 莉	2162
275	贾 倩	2156
276	边志文	2149
277	梁博超	2146
277	刘元博	2146
279	毛佳君	2139
280	朱仁坤	2125
280	许 顿	2125
282	袁卫红	2123

283	黎　剑	2120
284	张　瑞	2119
285	陈　盈	2102
286	马清清	2101
287	刘禹欣	2093

未列入名册的有等级分棋手(不活跃棋手)名单：

姓名	等级分
吴淞笙	2502
钱宇平	2483
沈果孙	2480
华以刚	2459
宋雪林	2444
王　辉	2443
黄德勋	2441
雷贞偶	2434
陈明川	2431
陈志刚	2430
车泽武	2426
邵震中	2423
倪林强	2422
黄进先	2420
陈安齐	2415
王汝南	2408
徐荣新	2406
丰　云	2401
陶坚海	2400
程征宇	2400
裘瑜民	2400
梁鹤年	2400
王亦民	2395
阮云生	2392
王　谊	2390
梁伟棠	2389
刘乾利	2389
程晓流	2388
赵　栋	2381
刘　力	2373
季荣强	2373
汪见虹	2369
廖桂永	2368
陈临新	2364
李　钢	2364
谢裕国	2360
容坚行	2359
沈曼蓉	2359
罗建文	2357
中辰光	2357
黄良玉	2357
曾炳权	2354
王　元	2352
洪　艳	2351
马　石	2347
王洪军	2346
鲁　健	2345
施　敏	2344
吴　琪	2342
吴玉林	2341
蒋　峰	2336
庞　延	2336
王冠军	2330
赵余宏	2328
谢　峰	2327
李　星	2327
金生煜	2326
刘青琳	2323
庄玫缤	2320
廖勇夫	2320
黄忠英	2320
高　峰	2320
朱宝训	2320
阎　安	2317
梁志敏	2315
李亚春	2314
叶锦锦	2301
朱菊菲	2295
章文华	2294
姚小敏	2292
唐　毅	2291
张文耀	2291
张成华	2289
黄希文	2284
丁　波	2284
陈晓昕	2280
梅　艳	2280
王　慧	2280
郝明霞	2280
管一昕	2280
任宏宇	2280
黄妙玲	2279
史锦帛	2278
宁　军	2275
杜宇峰	2275
何旭光	2274
谭炎午	2273
葛凡帆	2272
王业辉	2271
刘　波	2270
刘　涛	2270
回敬辰	2264
胡晓苓	2261
余晓丹	2260
陈　佳	2259
彭小峰	2259
朱文馨	2253
孟繁雄	2252
陈倩薇	2251
王　斌	2244
李晨硕	2242
徐中华	2240
张晏秋	2240
苏　磊	2240
郭田农	2240
张　启	2240
许　莽	2240
牛　歌	2223
金　靖	2222
高又彤	2218
樊　麾	2216
陈　为	2214
钱春雷	2212
于　飞	2208
沈　静	2207
孙湛博	2205
沈学文	2202
王　凡	2202
许　鑫	2201
姜志强	2199
帅迎春	2189
王　骥	2184
李　昂	2181
张　玟	2181
梁春晨	2177
付斌芳	2172
王志国	2169
马媛媛	2168
孙　丹	2165
王　程	2162
刘雅洁	2158
顾　平	2156
于　璇	2153
李云生	2150
仇丹云	2149
曹宏宇	2138
张　祺	2136
林雪芬	2114
唐锦潮	2070

日本风云

我有我精彩

——日本围棋的2006

温一壶酒，在冬夜里听一段英雄盛世的传说，豪情如潮，热血如歌，击节赞叹处，谁还能觉出寒风中的寂寞?

但传说的另一个含义就是它已成过往，盛世景象只能追忆，英雄风姿去鸟不归。如果昙花永远只是一个不起眼的花蕊，那它平淡的生活未尝不是一种幸福，可它一旦绽放，绝世的风华就会刺人眼目的痛。没有人忘得掉它曾有的美丽，即使只是一夜。它这一生都将为那一夜而骄傲，也将为那一夜而负累。有一种痛苦叫做美丽，有一种美丽叫做凄清，有一场英雄梦已成昨日，有一枰棋局势已新。日本围棋挥别浮华已经多年，国际战场上的惨淡成绩令他们的优雅棋风无力再成为当代围棋的圭臬，但他们依然微笑，这笑容中有无奈，这笑容也是给自己的精彩鼓掌。2006，虽然外战依然乏力，但日本棋坛仍称得上风云激荡，在自己的庭院内，他们演绎着一场场大戏，各路英雄走马灯般轮番展现着自己独特的风采。

霸者归来

赵治勋、小林光一时代之后，日本围棋还没有真正意义上的王者，有的只是表象上的霸者——我们习惯把这一荣誉冠在棋圣头衔拥有者头上。

最大的棋战最早决出冠军，日本围棋这一惯例颇有“先声夺人”之气概。2006年挑战二连霸羽根直树的是卷土重来的山下敬吾。两年前山下大逆转未成，被羽根夺走棋圣位，刚见萌芽的“山下时代”遭生生扼杀。幸好山下正值盛年，多的是时间再磨利剑，不用担心如当年的小林觉在棋圣位上只是昙花一现。

羽根直树登临棋圣后，因为国际战绩相当不堪，被评论者视为“史上最弱的日本棋圣”，这一次在山下敬吾的复仇烈火之前，他显然已经稳不住阵脚，连失四城，颜面无存地从名义上的“日本第一人”宝座上逊位。

山下敬吾的胜利有点众望所归的味道。从棋风，从战绩，他都更有资格领袖日本群雄重新奋起。棋圣不是山下2006年唯一的收获，他一口气连夺七大棋战中的四项挑战权，年末的王座战他先失一城后连扳三局，从另一位“宿命的对手”张栩手中抢来荣衔。值得注意的是，这是山下连续第三年在王座战上挑战张栩，终于如愿以偿。

另两项挑战赛山下敬吾分别败给了赵治勋和河野临，2比2。考虑到他全部是以挑战者身份登场，可以说是赚了七分，亏了三分。不过与当年小林光一在同一年内出战七大棋战中的六项挑战赛相比，山下敬吾的威势显然还有不小的差距，所以，他现在只能说是日本围棋的霸者，要想称王，路还长。

铁骑踏连营

同样是坐拥两大头衔，而且是三大棋战中的两项，日本围棋史上的第六位名人本因坊高尾绅路却不得不屈于山下敬吾之后。不仅是因为棋圣头衔奖金最高，更因为高尾给人的感觉是“横空出世的张栩克星”，在其他棋战中的表现并不如何夺目。

“新三羽乌”、“平成四大天王”，对高尾绅路的赞誉从来不少，但是与山下敬吾、羽根直树、张栩三位相比，他一直缺乏够分量的大头衔压阵。2005年他出人意料地从张栩手中夺取本因坊，2006年的卫冕战迎来的是山田规三生的挑战。山田虽然曾有过一期王座的实绩，但谁也不能说他已经是日本围棋的顶尖人物，高尾与山田之战很有点类似于当年片冈聪卫冕天元时遇到的对手是淡路修三，谁赢都不意外，但这胜利难免会打些折扣。

顺利卫冕的高尾绅路2006年真正的惊人之笔是名人战上再挑张栩，马踏连营，将酝酿中的“张栩王朝”击得粉碎。凭此壮举，高尾绅路一跃与坂田荣男、林海峰、赵治勋等大豪并立于“名人本因坊”行列之中，只是他的肩膀还显得单薄。当年石田芳夫踩着林海峰的肩膀傲立棋界之颠，之后又飞速坠落，高尾绅路会是下一个石田芳夫吗？

失落的世界

2006日本棋界最郁闷的人非张栩莫属。上半年他还执掌五冠，风头无两，下半年则连连失手，要不是小棋圣战上勇挫依田纪基，他将在七大棋战上一无所获。

以张栩这两年来在国际赛事中的神勇和在国内的高胜率，他应当拥有更多的头衔才合理，但事实恰恰相反，他的很多棋没有“赢在刀刃上”，虽然总胜局领先，但是2005年丢本因坊，2006年失名人，棋圣挑战权也一直可望不可及。对比当年的赵治勋、小林光一，我们可以说张栩的“胜负师气质”还不充足。

快棋赛上张栩还保持着锐利的气势，但是大头衔的失落让他2006交出的答卷只能说是不合格。

对比以前的“四十岁以后才夺名人”，现在是“出名要趁早”的时代，张栩还年轻，但他的脊背应该已有了微微的汗意。

老去诗名不厌低

2006很少有人再提赵治勋了，尽管他手中仍握有第四大头衔——十段。击退山下敬吾的挑战不知能否算是老赵的壮举，第69冠是否只是他登攀道路上的一个台阶？

再用任何词汇来赞颂赵治勋的辉煌都已经多余，他为日本围棋立下的标尺不知多少年以后才有人可以接近。现在的曹薰铉可以说自己下棋是为了享受围棋的快乐，现在的赵治勋却仍是在咬牙奋斗。他更看重的或许不是十段的卫冕，而是从棋圣战循环圈里跌落——如果说他的棋士生涯还有什么不满足的话，那就是未能获得“名誉棋圣”了。

赵治勋的小师弟小林觉现在也是“老将”了，他也一样在奋斗，年底夺取来年的棋圣挑战权，小林觉是否打算像十二年前一样再演一飞冲天的传奇？

更年长的林海峰老师则是默默耕耘，将自己的胜局数提高到1300局以上，常青树依然郁郁葱葱。

踏实前行的河野临，不言放弃的赵善津，他们都为日本围棋的2006增添着精彩的筹码。女子方面，台湾美少女谢依旻头角峥嵘，她会一改日本女子围棋的“花瓶”面目吗？

国际赛事的羸弱不能掩盖国内赛事的多姿，静心观看，2006的日本围棋，其实挺有内容。

2006年日本棋战冠亚军

赛事名称	冠军	比分	亚军
七大棋战			
第30届棋圣战	山下敬吾(挑战)	4:0	羽根直树
第31届名人战	高尾绅路(挑战)	4:2	张栩
第61届本因坊战	高尾绅路(防卫)	4:2	山田规三生
第44届十段战	赵治勋(防卫)	3:1	山下敬吾
第32届天元战	河野临(防卫)	3:1	山下敬吾
第54届王座战	山下敬吾(挑战)	3:1	张栩
第31届小棋圣战	张栩(挑战)	3:0	依田纪基
其他棋战			
第31届新人王战	松本武久	2:1	黄翊祖
第25届NEC杯	赵善津	1:0	小林觉
第47届王冠战	松冈秀树	1:0	山城宏
第53届NHK杯	羽根直树	1:0	今村俊也
第13届阿含桐山杯	张栩	1:0	羽根直树
第15届龙星战	张栩	1:0	结城聪
第3届中野杯U20锦标赛	井山裕太	1:0	谢依旻
第25届女子本因坊战	矢代久美子	3:1	祷阳子
第18届女子名人战	青木喜久代	2:0	小山荣美
第9届女子棋圣战	万波佳奈	2:1	知念熏
第1届广岛铝制杯若鲤战	谢依旻	1:0	李沂修

韩国战事

从“四大天王”到“双雄”

——韩国围棋2006回眸

2006是韩国围棋低沉的一年，国际赛场上他们遭遇中国将士的全面狙击，而韩国现代围棋开拓者赵南哲的逝世也让韩国棋界上下深感沉重。

由于中国围棋的快速崛起，2006年棋迷的目光集中在了国际赛场上的中韩大战之上，以致在相当程度上忽略了韩国国内棋战的纷争。岁末回首，我们意外发现，韩国棋坛格局已经不是记忆中的模样。

崔、朴褪色

韩国围棋一直有罗列“四大天王”的传统，从最初的曹徐刘李，到李世石取代徐奉洙，再到曹薰铉、刘昌赫风光不再，朴永训、崔哲瀚振翅高飞，现在的“四大天王”中最年长的倒成了三十出头的李昌镐。

年轻人的冲劲总是一流，而年轻人的不稳定也让他们总有起落反复。毕竟不是人人都能做不动如山的石佛，顺境时的衔枚疾进还不足以证明一个大棋士的诞生。

2005年还以“李昌镐克星”名目意气飞扬的崔哲瀚随着应氏杯决赛的落败，在2006年陷入低谷。国手战上，连续两年挫败李昌镐的“崔毒”终于遭遇复仇，“从哪里跌倒从哪里爬起”的李昌镐快意恩仇，“打倒崔哲瀚”恐怕比重登国手位让石佛更加开心。

带给崔哲瀚更深创伤的是小李——李世石。GS加德士杯、麦馨杯、KBS棋王战，三项决赛在他们两人之间进行，结果是崔哲瀚三战全败，总比分是1比7，可谓惨不忍睹。曾经被认为将争夺韩国围棋二号人物交椅的两个人交锋出现完全一边倒的局面，这样的打击对小崔而言，比被李昌镐城墙撞翻更痛几分。

探究深层原因，显然，崔哲瀚本身的欠缺是关键。对于一名以“世界第一”为目标的棋士来说，彻底的失败更可以唤醒他内心的精灵，不堪回首的2006如果能让崔哲瀚清醒认识到自己的不足，那么他仍是可以期待的大才。

对比崔哲瀚，朴永训要平和许多。朴永训本就不是个张扬的人，可是他的成绩却一直稳步提升。虽然大家把他列为韩国围棋的第四号人物，但不可否认的是，很多时候他比崔哲瀚乃至李世石都表现得更让人放心，所以有人说他是最接近李昌镐的棋手。

不过2006年的朴永训也表现得差强人意，棋圣战零封安祚永卫冕并不如何瞩目，因为韩国棋圣战的分量与日本棋圣战远不能相比，在韩国各项棋战中只排名在十名开外。新创的十段战上朴永训不敌李昌镐显示出他与顶尖层的差距，尽管联赛等团体赛上他发挥上乘，但围棋毕竟是崇尚个人英雄主义的项目，没有足够分量的头衔在手很难得到足够的尊重。

如果不把朴永训当作“天王”看待，他的2006算得上不温不火，但既然曾经站到了峰顶，总要以更高的标准要求自己，2006年的朴永训和日本的张栩一样，失大于得。

飞扬的小李

崔哲瀚、朴永训缺乏亮点，“四大天王”名不副实，2006年韩国围棋最耀眼的明星无疑是李世石。

从“不败少年”开始，李世石一直是棋界的宠儿。但仔细想来，他的冲天气势大多来自于国际赛场，在韩国国内棋战中他并没有过多少傲人战绩。2006年，这一局面完全被打破。

除了三破崔哲瀚，李世石2006年还在物价情报杯上击败崔原踊，四冠在身，与李昌镐并列第一。他的对局数更是超过110局，胜局数也高居第一位，韩国围棋排行榜上李世石紧追李昌镐，两人把其他人远远甩在后面。所有这一切表明，李世石已经全方位的强大起来。

李世石一直给人“绝对天才，但不够成熟”的感觉，他行事不循常理，快人快语，不照顾别人感受。这样的天才与李昌镐的天才决然不同，可以说是我们传统意义上认同的天才。在李昌镐执掌棋坛权杖十年之后，在我们的“天才观”被石佛不苟言笑的面庞颠覆的差不多之际，李世石“天才归来”，让我们坚信：成才之路决不止一条。

2006年还是李世石的大婚之年，看着他的结婚照，分明就是两个孩子在玩过家家啊！但是小李已经严肃地说出“要为家庭负责任”的话来，懂得负责的男人是个好男人。

昌镐的新体验

2001年，李世石初次在LG杯上冲击李昌镐城堡的时候，就有人提出“昌世期”的说法，五年之后，终于“昌世”并盛。

一般认为，2006是李昌镐失落的一年，诸多神话被打破，头顶的光环撒了满地。但这是基于之前李昌镐孤独地高高在上而论，只看客观成绩，2006年李昌镐发挥尚属正常。

在韩国棋战中我们很少关注李昌镐拿了几个头衔，他夺冠似乎是理所当然。可是2006年，李昌镐迫切地想多戴几顶桂冠，李世石的马蹄声嗒嗒，已经追击到他的中军帐。

王位战、国手战、王中王战、十段战，四个分量非凡的冠军让李昌镐舒了口气，李世石在最后关头失守天元战场，终于使他们以平手姿态走完这一年的竞争。

有多久没遇到这样的竞争对手了？或者说，从一开始，李昌镐就没有过真正的对手。曹薰铉、刘昌赫，他们曾与李昌镐战得热火朝天，但是盘点战绩，远说不上旗鼓相当。

据说一个人高高在上时间太久会在内心产生恐惧感，就像兵器谱排名第一的天机老人。李昌镐也会有孤独的恐惧吗？他的内心世界我们不得而知，我们看到的是他不再独占鳌头。这样的体验也是必须的，李昌镐还在给自己制造提升的空间。

2006的韩国围棋属于二李，他们将一出“双雄”大戏演绎得淋漓尽致。在他们的积威之下顽强昂起头的有力取天元的赵汉乘，有青春气息逼人的朴正祥和白洪晰。就像去年突现峥嵘的高根台、姜东润一样，韩国围棋总有新鲜血液注入高层。

为围棋一生悬命的芮乃伟囊括韩国三项女子大赛桂冠，双雄争霸的背景下，单凤朝阳尤显卓尔不群。

有了大李和小李，不论是低迷还是茫然还是寻求新的突破，2006的韩国围棋总是有“理”。

第四篇

围棋文化

围棋规则分歧的历史由来——概说围棋规则的演变

陈祖源

从2004年至2006年国际围棋界举行了五次围棋规则研讨会，讨论围棋规则的统一，这是一件很有必要的好事，但也是一件很难的事。要研究理论，要考虑实际，要讨论优劣，要顾及传统，方方面面。但我以为有一件事也是十分重要的，甚至是首要的，但却被完全的忽略了，那就是考究一下现在规则分歧产生的原因，了解一下围棋规则演变的历史过程。知因才能辨果，审视分歧的踪迹方能理清统一的思路。

一、《敦煌碁经》——子多为胜

围棋规则的核心，也是当今围棋规则最大的分歧点，就是围棋胜负的计算。中国古代文献中关于围棋规则的记述很少，但关于围棋胜负计什么，应该说历代相传是明确的，那就是数子。现在能见到的最早的明确的表述见于《敦煌碁经》。《敦煌碁经》发现于敦煌，现存于伦敦英国大英博物馆，据考写于北周(公元557－581)，时为中国围棋大发展的南北朝的后期，稍早于围棋传入日本时的唐朝。《敦煌碁经》中有一句话：

“棋有停道及两溢者，子多为胜”

这里说了“停道”和“两溢”两种情况，我们先来看看“两溢”。“溢”，《玄玄碁经》(元朝严德甫、晏天章)注“溢，盈满也”，宋朝著名围棋国手刘仲甫在《论棋诀要杂说》注中说“满而不溢”。“溢”的意思是把棋子下到棋盘上下满，再下就要溢出来。因此它的意思就是：“棋下到双方都把子全部下满，再无处可下为止，这时以子多的一方为胜”。我们知道中国古代围棋是要扣除眼位的，这也即原于“溢”。计算机程序运行到超越定义域时就要“溢出”，围棋如果把基本眼位也全填了那按照定义就死了，死了当然就没有了，不可能数了，溢出了，因此刘仲甫说“满而不溢”，所以要扣眼位。

“停道”的“停”在古文中可表示相等的意思，《敦煌碁经》和《棋经十三篇》中多处使用“停”字来表达相等。“道”即“路”、“目”，中国古代围棋术语，即“空点”。因此它的意思就是：“如果双方空的道数相等，以子数多的一方为胜”。把这空的道数加给双方就是两溢，而加的是“停道”，双方子数差并不变。因此“停道”计数和“两溢”计数效果一样，或者说“停道”是“两溢”实际使用时的一种简化方法。

二、《忘忧清乐集》——路多为胜

虽然围棋比的是在棋盘上生存的子数，即“两溢”下子多为胜，但这在实际操作上有点麻烦，于是就要寻找简化的方法。等空(停道)比子是一种，很自然等子比空也可以是一种，空相等比子即可，子相等比空即可，道理一样,而后者显然更简单。

与等空相比，等子是自然存在的，因为下棋一人一手，双方着数相等，如果不是有棋子被吃掉，一盘棋下完，盘上黑白子数应该一样，如果有棋子被吃掉，那么把死子回填到自己的空里，子数也一样了。因此只要把死子回填，等子就实现了，只要比空就可以了。这种方法在《敦煌棋经》中未见表述，应该认为是在唐朝时开始流行的。宋李逸民编的《忘忧清乐集》是保存至今最古的棋谱著作，其中收集有四局唐宋时完整的棋局，并有文字说明，从中可以看出等子比空法(即所谓的比路法)的实际操作情况。下面以其中一局“金花碗图”为例：

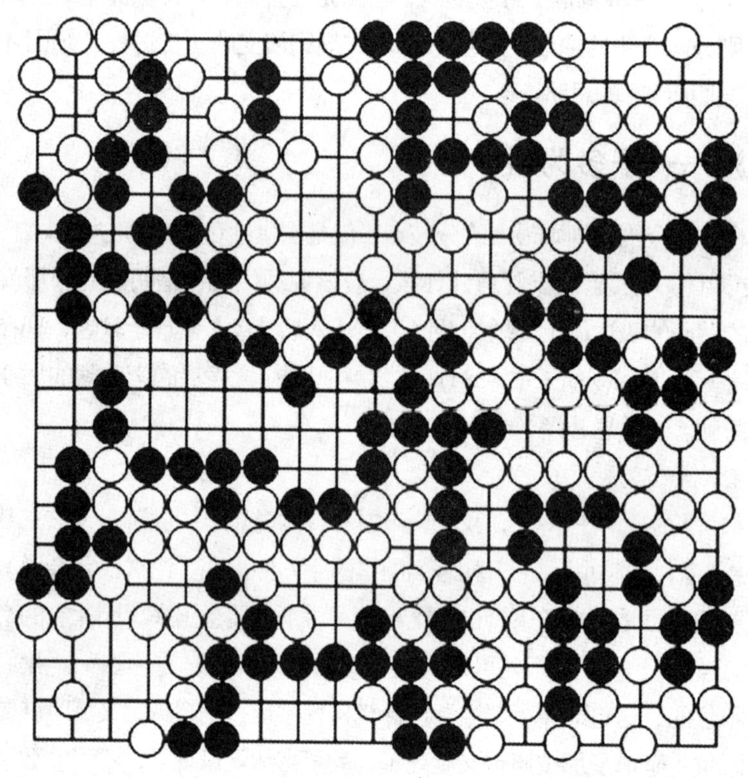

原谱有棋局全过程，本图仅为终局图。有文字说明如下：

“待诏阎景实与顾师言争着金花碗一只，阎景实白先，顾师言黑胜一路。各一百二十二着，黑杀白六子，白杀黑六子，黑有四十路，白有三十九路。”

这里有两点值得注意：一是“各一百二十二着”，而不是一般应该的“共二百四十四着”，而且这四局棋谱均采用此种表达，这应是“等子”之需，即双方着手必须相等；二是具体的路数，提去死子后，黑方的空为52，白方的空为51，各6个死子回填，应该是黑方的空为46，白方的空为45，与文字说明的黑方40白方39不同。原来这里黑白双方各有三块棋，按照“两溢”的原理，每一块棋要扣除2个眼位不计，因此要各扣6路，其他三局棋谱也一样。而且本谱双方都是三块棋，双方都扣6路，扣不扣一样，也照扣，这说明它严格遵守其“两溢”的本质。从以上两点可以看出，唐朝的比路法只是两溢数子规则的一种点数方法，即等子比空法，和《敦煌碁经》对围棋胜负的表述是一脉相承的。

三、明清——归本单方计数法

数路的方法一直沿习到宋元，到明朝时开始有了变化。数路法虽然简单但有缺点，一是要保存死子，而这是常常有可能出现差错，甚至作弊的；二是由于只数空因此单官被忽略了，单官紧气可能产生变化被掩盖了，因此要恢复数子。但由于要扣眼位，而且扣的数是不确定的，因此必须双方都数，很麻烦，于是想到了一种办法：归本单方计数法。

这种方法的道理是如果把双方的要扣除的眼(气)位不扣，全部加起来平分给双方，这样双方的总和就是361了，即归本了，这时只要数一方就可以了，而且只要和中数180又1/2比较就可以了。而由于双方眼位是平分，其效果跟扣除一样，这就是归本单方计数法。需要指出的是方法是不互相排斥的，因为结果是一致的，因此原来的数路法依然平行存在，依然以路来计算官子的价值，来判断形势和胜负，只不过最后确定胜负时以归本数子为准。如此一直沿习到清末。

四、日本规则——比空规则

日本围棋传自中国唐朝，因此采用的是中国唐朝的比路法。但是每块棋扣除2目(路)这样的规定，如果不知道缘由，显然不仅仅是麻烦，更会觉得多余，在原本没有传统的日本也就很自然的渐渐的把它去掉了。如此原本两溢数子的根本也就没有了，等子比空的等子也丢掉了，就只比空了，只保留了一个不说明理由的死子回填。于是有了现在的日本规则。现在的日本规则中还有一些不符合比空原理的规定，如双活无目，不提三目等，让人难以理解，但那恰恰符合“两溢”和等子比空的原理，显然是唐朝规则的遗存，这也从一个侧面反映了日本规则的这个演变过程。

五、现代中国规则——子空皆地

清末与日本围棋交流展开，如何看待日本围棋规则，成了一个现实问题。应该说面对现实中国围棋界是清醒的，他们知道日本规则甚至比唐宋规则问题更多，因此没有采纳日本规则，而仅仅是采纳了废除扣眼位这一点，而在明清规则基础上，这一变动在原理上也是顺理成章的。

明清规则已经是361全计了，因此在形式上它实际已经是子空皆地了，只不过基本眼(气)位是平分，那么只要改成基本眼位也属于本棋块就行了，这也就是空属邻子。于是就有了现在的中国规则。

六、结论

一部围棋规则的演变史，其实是方法和本质之间的关系史。在子多为胜的本质下产生了不同的具体实施方法，方法本来是用来表达本质的，但当方法比本质更为大家所熟悉时，方法有可能渐渐的掩盖了本质，再后来就凌越了本质，于是本质也就变了，就成了另一种规则。

等子比空数路法本来是用比空来代表比子，但比空是表面直接的，等子条件是隐蔽的。表面强于隐蔽，渐渐的也是自然的，单官不收了，眼位也不扣了，等子条件从隐敝到丢失了，于是就成了只比空的现在日本规则了；为了实现单方计数，归本补足到361，于是表面上就成了子空皆地了，基本眼位既然要算，那么平分是一法，空属邻子也是一法，这样就产生了新的中国规则。子多为胜的古代围棋规则产生了两种方法，这两种方法演变出了当今的两种规则：中国规则和日本规则，这就是围棋规则的演变史。

如果把演变的结果与子多为胜的原来规则进行本质比较，日本规则简化掉了两点："两溢"(扣眼位)和"等子"；中国规则只简化掉了"两溢"。事实表明简化掉"两溢"不会带来任何实际问题，而简化掉了"等子"要带来逻辑悖理，产生局终不能提证死子等等的本质性缺陷。

（陈祖源著《围棋规则演变史》已由上海文化出版社于2007年4月出版）

溯源明流 还原数千年围棋演变之轨迹

——评陈祖源的《围棋规则演变史》

张如安

大约在两年前，陈祖源说起他在收集中国古代围棋规则的资料，并约我讨论《敦煌碁经》，我畏其艰难而不敢应承。想不到去夏他来宁波即把一部图文并茂的《围棋规则演变史》书稿送到了我面前。我是探索过中国古代围棋规则的，在拙著《中国围棋史》中，对每一个时期的围棋的棋制棋规也都有介绍。但多是浅述即止，没有其实也是没法有更深入更明确的交代。因为正如陈祖源在书中所说："二千年来，中国古代有关围棋的文献可以说是浩瀚如海洋，其内容丰富，涉及到的不仅仅是围棋的技战术，更有许多延伸到哲学、军事、美学甚至玄学。古人的宏论令人赞叹，但对这'上有天地之象，次有帝王之治'(班固语)的东西到底是什么样的，却语焉不详。我们从古代的棋论中几乎找不到有关围棋的最基本的解说。而最重要的，围棋到底怎么计算胜负的规定，更尤其被忽略了。中国古人喜欢从微言中发现大义，却不屑于把微言先说说清楚，于是当我们现在想要了解一下古代的围棋规则是怎么样时，实在太困难了。"

正因为我曾经关注过，试图研究过，对其困难有深切的体会，因此当这厚厚一叠书稿放在我的面前时，我真正的感受到了它的分量，有一种急于要把它打开一睹为快的冲动。一点点的读下来，那些我熟悉的和不熟悉的历史资料，在作者的细致考证、明辩下，文笔明快的描述下，都变成了有关规则的点点滴滴信息。一直让我迷惑的围棋规则的历史演变过程，渐渐的清晰了起来，一口气读完全书，顿时有一种豁然开朗之感。古今资料典故详集，考证细致入辟入理，理论分析严谨深刻，陈祖源的这部《围棋规则演变史》实在是一部不可多得的好书，相信所有爱好围棋的读者一定会从中增加许多知识，明白许多道理，得到许多收益。

《围棋规则演变史》是一部叙史与明理相结合的典范之作。以我之粗浅体会，其特色至少表现在以下三个方面：

溯源而明流是第一个鲜明特色。既然称之为"史"，自然应该做到溯源明流，脉络清晰，这是史著之基本要求。但是由于围棋规则的研究存在着很大的资料困难，使得溯源而明流的操作难度大大增加。陈祖源集中精力解读《敦煌碁经》和《忘忧清乐集》这两部中国古代最伟大的围棋著作，从中探究中国古代围棋规则的些微线索，他以其敏锐的问题意识，紧紧抓住了不多而极为宝贵的线索，用心思索，并辅之以极为细致而扎实的考证，找到了探索围棋规则演变的关键所在。终于打开了迷宫，复原出古人的规则。

从尘封中走出的《敦煌碁经》产生于北周，作为围棋史上的第一部棋经，虽经过当代学者成恩元先生的整理注释，但仍有很多地方让读者困惑不已。陈祖源先生曾数次向我谈起研读《敦煌碁经》的困难情景，可贵的是他锲而不舍地细细追究，这样中国古代围棋规则才渐渐地现出了历史原形。《敦煌碁经》说："棋有停道及两溢者，子多为胜。"这是迄今为止发现的关于围棋胜负计算的最古老的记述。陈祖源经过细致解读选择了与成恩元不同的诠释："停"表示相等，"道"即"空点"，"两溢"指双方都下满了子到不能再下为止。于是全句即是："棋下完以后，如果双方空的道数相等，或者双方着子一直到把整个棋盘都下满了，以棋盘上子数多的一方为胜。"并进而通过分析指出，围棋规则的本质是比在棋盘上生存的子数多少，"停道"是对"两溢"的一种简化，或者说是"两溢"规则的一种实际操作方法：等空比子，"两溢"下的子多为胜是围棋规则的本源。我以为这样的解释是正确的。

《忘忧清乐集》被陈祖源视作"集到宋朝为止的围棋千年之大成的一部古代围棋的百科全书"。让人钦佩的是，陈先生发现了该书刊印本存在的问题，为求究竟，他走南闯北，广事搜罗，查找到了近二十年出版的共五种本子进行对照，仍难辨清是非，最后从国家图书馆查看了宋本原貌，才将相关问题彻底搞清楚。他通过对《忘忧清乐集》中棋局实例的细致解析，指出唐宋时期的围棋规则采用了等子比空法，这比《敦煌碁经》时代的等空比子法意义更为深远。无论是等空比子，还是等子比空，其本质都是"两溢"，子多为胜可以说是围棋规则的本源。陈祖源的这些考证非常重要，它不但令人信服地解决了南北朝至唐宋时期的围棋规则的悬而未决的重大问题，对围棋史的研究做出了非常宝贵的贡献，而且还为该书设计的未来的"统一之路"打下了精彩的伏笔。

在溯源的前提下，还要明流。第五章《走向分歧的围棋规则》，一方面指出日本规则是中国唐朝规则的变流，并进一步分析了变异留下的隐患——日本规则的悖理；另一方面指出中国围棋到了明朝也发生变异，改为归本计数法，实际上是返回到了唐朝以前的两溢规则。于是中日的围棋规则开始走向分叉。在走向分叉之后的很长一段时间里，中日围棋各自发展，各自运用着自己的规则，相互间缺少对垒、交流的机会。直到清末民初，由于中日围棋交流的频繁展开，中国围棋规则面临了又一次变化，最后在明清规则的基础上演变成新的中国规则。总之，陈祖源先生为我们清晰地勾画出了围棋规则的演变史，达到了溯源而明流的目的。

赋予围棋规则的研究以极为鲜明的理论色彩，这是陈祖源的著作的第二个特色，更是其突出贡献。在现代围棋规则的研究史上，陈祖源认为有两位人物特别重要：一是日本的池田敏雄先生，他是以研究自然科学的思维方式把围棋规则作为科学来研究的第一人，他涉及了围棋规则中的所有疑难问题，令人遗憾的是他的研究主要是罗列式的，什么都涉及到了，但都缺乏更深刻的结果；二是台湾的应昌期先生。应昌期和他所创造的应氏规则具有极为重要的意义。应氏规则是第一部主动设计的围棋规则，它的出现使围棋界第一次真正认识到围棋规则的重要性。应昌期以极为严格、科学的态度对待围棋规则，使得围棋规则的发展进入了理性追求的新时代。陈祖源先生的研究充分吸收了前人尤其是应氏规则的理性、科学的表达思想，试图从弄清围棋的本质入手，处处都从理论上来解释规则的分歧现象。他对古今中外围棋规则的评论，都是以理论为指导。从厘清子、空的概念入手，进行逻辑推衍，充分凸显了围棋的本质意义。从池田敏雄的罗列式研究，到应昌期先生的规则设计，再到陈祖源先生的理论阐释，可以说陈祖源将围棋规则的研究推进到了一个新的境界。

史以致用是陈祖源这部著作的第三个重要特色。陈祖源扎根于历史深处，同时又着眼于未来，不仅是为了探索围棋规则之流变，更主要的是力求通过考史来彰显规则研究的时代意义，并进一步用以解决现实问题，再三致意于求索当代围棋规则的统一之路。第六章《统一之路》毫不含糊地指出："走向叉路的围棋规则总要回归共同的大道才是修成正果。"为了帮助人们深入了解和比较世界各地围棋规则的异同，陈祖源不嫌其烦地翻译了韩国规则和美国规则。面对规则的分歧，他经过长期的思索、研究，提出了统一围棋规则的两条途径，一条是唯理、唯科学，为此他借鉴数学方法，提出用公理化和奥卡姆剃刀作为重新制定规则的理论依据；另一条是面对现实寻求一个折衷的方案，为此他推荐池田敏雄四十年前提出的方案，指出它就是废除了座子和扣眼位的唐朝规则。陈祖源指出，就是这个唐朝规则，传向日本后发生了变异，在中国到明朝时也发生了变化，然后成了现在的中国规则和日本规则这两个分歧的规则，那么当现实的双方不能一致时："回到唐朝去不也是一法吗？"陈祖源提出的两大统一路径都是建筑在理论和逻辑的坚实基础之上，为未来的规则统一指明了行动的方向。不管未来的围棋规则统一之路径如何取向，陈祖源在书本提出的这些观点都是绕不开的。

古代围棋规则有许多人研究过，也曾经有过一些很有见地的见解，但如此全面、如此系统、如此考据细致确凿，如此全景式的还原了围棋的历史演变的过程，陈祖源的著作是一次首创。尤其是它把当今围棋规则分歧的历史缘由，清晰地梳理了出来，为围棋规则的论争和统一，提供了一个全新的背景，更具重要现实意义。因此说《围棋规则演变史》是围棋历史文化研究中的一部扛鼎之作，当非是过誉之论。

国际围棋规则研讨会综述

围棋规则的分歧由来已久，大家都知道这是个问题，但也都深知问题解决之难，因此一谈到规则问题，尤其是在几个大国，往往都是讳莫如深。显然这不仅仅有害于围棋在世界的推广和围棋的国际交流，也有损于围棋自身的形象。2004年9月7日由应昌期围棋教育基金会提议，于应氏杯期间在中国贵阳召开了世界围棋规则研讨会。此后研讨会又于2005年4月2日在上海，2005年7月15日在日本东京，2005年10月24日在中国北京，2006年2月15日在韩国首都首尔，先后一共举行了五次。参加研讨会的有中日韩三国的棋院负责人，还有欧洲、美国、俄罗斯、瑞士、芬兰、新加坡等围棋协会的负责人和规则研究的专家，以及应昌期围棋教育基金会的应明皓、杨佑家等。

虽然总的说来这五次会议并没有取得什么实质性的进展，没有什么具体的结果。在贵阳的第一次会上曾提出成立世界围棋规则委员会，后来也不了了之。但是能够坐下来谈就是一个了不起的突破，尤其是历来不愿意谈规则的日本棋院和韩国棋院都分别作为东道主举办了会议。会议至少是把问题都摊了出来，让各方都更加清楚了解了对方的意见。另外，各方也多少表示了在对方接受自己的观点的前提下愿意接受对方的合理的意见的意向。因此研讨会还是有成效的，如果将来围棋规则的统一能有实在的进展，那这五次围棋规则研讨会也可以说是起到了先期准备的意义。由于五次会议讨论的内容没有太明显的分别，因此下面这个综述一般不区分哪一次会议。

参加会议的各方在原则上都表示围棋规则应该统一。时任中国围棋协会主席陈祖德说：从1960年开始中日围棋就有了正式比赛，1988年开始有了国际比赛，目前世界职业围棋大赛有六个，还没有一个统一的规则确实说不过去，有失围棋的严谨性，也会让围棋界以外的人认为围棋很随意，使围棋得不到应有的认可和尊重。

新加坡围棋协会会长陈丁川先生介绍，在新加坡举办围棋比赛，要看赞助商的意见，如果是日本人赞助，就用日本规则，是中国人赞助就用中国规则，是应氏基金会举办的比赛则采用应氏规则。这使得新加坡要在规则上有自己的主张十分困难。欧美国家也碰到同样的困难，有些国家比如美国已经制订了自己的规则，但在实际使用上常常要服从于比赛的现实。在三种强势规则共同存在的现状下，大部分国家的围棋比赛对规则常常无所适从，更谈不上制订自己的规则。因此非常希望围棋规则能统一，希望中日韩三国能有大局观。日本棋院过去对围棋规则问题是不大感兴趣的，一是老大意识，二是一谈起围棋规则日本总是处于被诘问的地位。但这次不仅参加了，而且还作为东道主，在东京举办了一次研讨会。日本棋院副理事长工藤纪夫也表示世界围棋规则的统一是很有益、很有必要的事情，这实在是一大进步。

但一接触到规则分歧的实质性问题时，各方的争论就十分激烈，有时甚至火药味很浓。首先当然是日本规则的一直来收到责难的强判死活问题，这就像是一个紧箍咒，令日本棋界非常难受。日本棋院常务理事酒井猛九段说：日本规则需要判定局部棋形的死活，实际上我们已经解决了所有这些问题(日本规则有一个关于这类问题的很长的附录)。但是他又说，日本规则中的这些硬性规定，比如“盘角曲四”是死棋等其实并没有多少实际价值，可以灵活些处理，他说，他下了几十年棋，还从来没有遇到过需要规则强行判定的情况。明显的表现出了面对日本规则不能实战解决的责难的回避的态度。工藤纪夫副理事长难得的承认日本规则对一些棋形强行判为“死棋”等规定确实有些不合理，但又说因为数百年来日本围棋就是这么进行的，如果一朝改变的话，从习惯上和感情上都很难接受。

酒井猛九段还说到了单官问题：日本一向把围棋作为一种“道”，推崇的是“棋道”。他特地拿出一张棋谱，是三百年前日本第五世本因坊道知在御城棋上对安井仙角的一盘棋，以此为例说，像这盘棋下到盘面没有目的时候，双方都认可是黑棋胜5目，棋也就此结束了，没有收单官的必要。这样才体现的是“棋道”。像那种靠收单官时紧气吃别人几个子的做法，不属于“棋道”的范围。围棋主要比的是双方谁围的地更多，下到一定程度，双方的地都围住了，剩下的单官就没有收的必要了。因为围棋本就是一人下一手，所以双方的手数应该是一样的，最后的单官不该影响胜负。至于收完单官后可能空里会出棋的问题，酒井先生介绍说，在日本棋界约定俗成的做法是，棋局结束时(盘面没有目后)，一方要提醒对方某处需要补一手。

但这最后一点引起了大家的不同意见。杨佑家先生以吴清源对岩本薰和吴清源对高川格的两盘棋为例，认为究竟该不该补棋，有时双方会有不同的意见，容易产生纠纷。而韩国金秀壮九段认为，如果双方棋力有高下之分，一方看出紧气之后对方的空里有棋，而另一方却看不出来，那么，棋力高的一方为什么要告诉对手这里有棋呢？金秀壮先生说，在韩国棋界，遇到这种问题是这样处理的：一方表示没有了，而另一方可以表示“我还要下”，但不必指出是哪里。但是这样仍然有告知对方“你需要补棋”的意思，因此实际上只有收单官才是解决问题的根本。其实这一点日本在比赛中已经接受了，现在日本的比赛是要收单官的。日本媒体也报道过几次下单官出棋而一块棋被杀的事情，并不是“一方要提醒对方某处需要补一手”的。更重要的是由酒井猛九段主持制订的《日本围棋规约》明确规定：有单官的棋不计目，这就强迫要求对局者必须下完单官，而不是“剩下的单官就没有收的必要了”。只是既然自己已经是要求收完单官了，怎么又来说不应该收单官呢？即便是自己迫于现实而作的改变，也都不情愿，那又怎么来接受别人的意见呢？传统观念之强大于此可见。会上大家也提到王铭琬对柳时薰那盘收单官出棋的事在日本棋界引起很大震撼，双方也因此产生疏离。酒井猛对此表示很惋惜，这样的结果对围棋的伤害很大。其实这正是日本传统不重视单官的后果，竞赛是需要完整的法(规则)的，依法办事双方都不会有意见，以“道”治赛，有时候其实是道德杀人，最终反而害了“道”。这就如一个国家归根结底是要依法治国，你可以提倡道，但绝不可以以道而抵制法，这个道理应该是十分浅晰的。

尤其是一些西方的专家，如德国数学家Robert.jesiek,瑞士的Mattisiivola等对于日本规则的理论不清楚表示难以理解，提出了很多问题，引起了广泛的讨论。在讨论中，面对一些具体问题，酒井猛介绍了日本规则的一些新规定，如“终局后劫形只允许提一次”，即打劫规则不再实行；如“两次”终局的概念；如一些棋形的死活的判定。酒井猛等专家的苦心孤诣正从另一个方面反映了日本规则的自我困惑，而这些新创造(包括有单官的棋不计目)不要说是让大家接受，就是让日本棋手接受也并不容易。至于面对追问而答出的“双死”、“双败”的结论，倒也不必太过计较。

在几次讨论会上各路专家摆出了种种棋形，这里选择最引起广泛兴趣的一个例子作介绍。如图是瑞士的Mattisiivola摆出的一个图形。前中国棋院院长王汝南说这个棋形如果用日本规则的话就无法解决，但要是用中国规则实战解决毫无问题。这个对称的图形无论是哪一方先动手，结果都是一边黑杀白，另一边白杀黑。但按日本规则计算目数，谁先动手谁吃亏，差距可达十目以上。(此形的详细解说可参看陈祖源著《围棋规则演变史》第110页。)

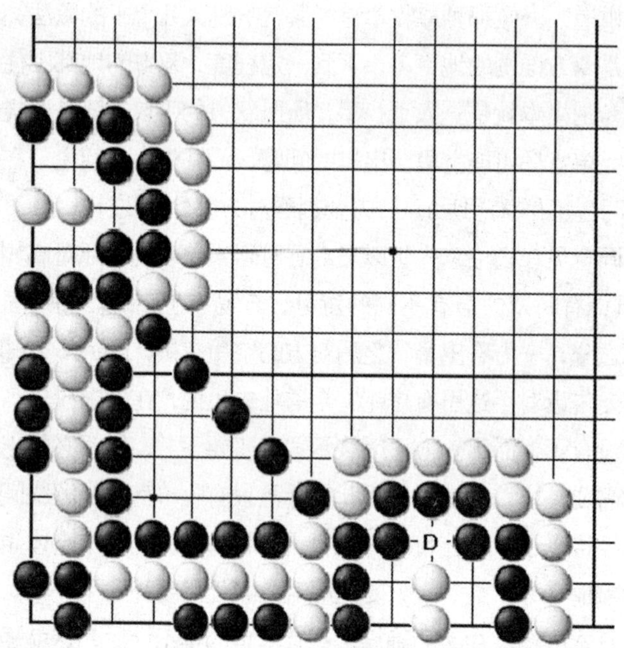

面对具体问题日本规则常处于被动地位，所谓求道、习惯等等毕竟让人觉得有托词的味道，因此包括日本棋院副理事长工藤纪夫和酒井猛等在内的日本和韩国的参会者都多次反复强调日本规则在其他方面的优点，如：简单易懂，便于小孩学棋；局终点数速度快，这一点在会上作了验证。以一个13路棋局试验，比目法用时30秒；应氏规则填满计点用时40秒；中国数子费时45秒。这个结果令应氏规则方大出意外，因为他们一直认为填满计点应该最快。实际上一次试验是不说明什么问题的，棋局不同结果也会不同：手数多的棋空少，数目就快，反之则会慢。但数目应该是一个比较快捷的方法，这是没有疑问的。

另外日本方面还提出日本规则点数不破坏棋形也是长处，而中国规则点数时棋形遭到破坏。但王汝南不同意这个说法，因为所谓破坏棋形并非中国规则之必须，而是为了点数快捷，棋局已经结束棋形破坏与否已无意义，才去调整，如果不破坏棋形非常重要，中国规则一样也可以不破坏。比较起来日本规则必须保存死子才是一个缺点，像不久前发生的“黄金事件”就是一个表现，在中国规则下就不会发生。

另外还有两个相关联的问题：中国规则黑棋收后的公平性问题，和日本规则的胜负差距1目比中国规则1子更精细的问题。这涉及到对公平性的理解问题，各人的看法可能不同，但华以刚指出这类问题中国规则也可以有另外的选择。

Robert在讨论会上提出了池田规则，即日本知名科学家池田敏雄在1969年提出的日本规则的修正案。酒井猛说：我也知道池田规则，将来我会把其中的一部分加入到日本规则中。但池田规则是一个体系，他的修正是原则性的，只要采用池田原则，酒井猛在前面提出的为日本规则所作的种种规定就不可能再存在了，因此“把其中的一部分加入到日本规则中”有点不知所云。

研讨会上应昌期围棋教育基金会应明皓、杨佑家还说到中国规则和应氏规则计数的最大差别是中国规则是赛后数子，应氏规则是赛前数子。但大家认为两者是一回事，三种规则两个体系，应氏规则和中国规则本质一样，因此整个讨论并未专门涉及应氏规则。对于结合应氏规则提出的贴先的多少，限时的方式问题讨论得不多，大家认为那是围棋本身以外的事，不难达成意见。

在充分表达了各自的意见以后，各方也表示了一定程度的姿态。杨佑家强调会议是学术性研讨会，充分讨论两大规则的优缺点后，求同存异，多看看对方的优点，多考虑国际统一规则的必要性。

酒井猛九段提出了一个“大规则”概念，即在三种规则的基础上，再制定出一个“大规则”，原来的三种规则都是其分规则，只准在各自范围内使用，在世界其他地区，则统一使用“大规则”，或者一项大赛使用哪种规则，由主办方确定。虽然大家认为这什么问题也没有解决，但他的意思应该理解为同意制订一个国际规则，但不排斥现有规则，并存。虽然不是统一规则，但毕竟有一个指导性的规则，如果能做到还是很有意义的，事实上规则的统一也许就得这么一步步的来。

对此，韩国的金秀壮九段更明确的指出可以抛开现有规则，完全重新制订一个国际通用的规则，甚至提议可以由中日韩以外的欧美国家的围棋协会来起草。其实这也是一个很好的思路，他们来做没有传统的包袱，能更客观一些，而且作出来以后不必一定要中日韩也使用，但中日韩应该尊重，在他们那里组织比赛使用他们的规则。如此也不失为围棋规则走向统一之一法。

对于具体问题各方也表现出了一定灵活。工藤纪夫说如果去除了“黑棋收后”的因素，那么中国规则的“实战解决”还是很合理的，一些硬性规定的死活问题都可以通过实战得到解决。华以刚指出对于“黑棋收后”问题中国规则也可以有另外的选择，例如把黑棋多下的一子还一半给白方。虽然不能说他们这两位说的话就可以代表中日两国围棋界的意见，但两位主要负责人的灵活的态度为围棋规则解决的前景揭示了一线光明。

最后有一个小插曲，在2006年2月1日韩国首都首尔的研讨会上，以日本方面代表参加会议的国际围棋联盟秘书长重野由纪说：国际围棋联盟将向国际单项体育联合会提交围棋进入奥运会的申请，但任何一个项目进入奥运会的前提是有统一规则，联盟届时提交的将是日本规则。重野表示"此前联盟不知道围棋规则研讨会，这个研讨会也从来没有得到国际性机构认可，因而缺乏合法性。" 国际围棋联盟是一个总部设在日本东京的一个组织，每年举办一次世界业余围棋锦标赛，据说有60多个成员，是目前世界上唯一的围棋国际组织。但它与职业围棋没有关系，说不上是一个被认可的围棋界权威组织。

研讨会是一个学术性讨论会，并不决定什么，因此当然不需要谁认可，也没有合法性之说。而"联盟届时提交的将是日本规则"，那倒实实在在是缺乏合法性的。围棋参加奥运会看不到有现实的可能，作为一种替代，世界智力运动会委员会确定每四年一次在举办奥运会的城市同时举办世界智力运动会，就如残疾人奥运会。这大概就是围棋、国际象棋、桥牌等加入奥运会的一种替代方式了。第一届世界智力运动会已经确定2008年在中国北京举行。如果届时不能有一个参加者都能接受的规则，那么按照围棋国际比赛的惯例，在中国举行由中国主办的比赛就只能采用中国规则，或者由北京世界智力运动会组委会指定采用一种规则。这使我想到，围棋规则的统一如果没有一个外力大概是永远都不可能的，现在有了世界智力运动会，现实强迫我们必须对围棋规则有一个交代。在坐而论道之后，我们必须要有一个选择。

（陈祖源根据各媒体报道综合）

世界华人围棋联合会与“炎黄杯”名人围棋邀请赛

世界华人围棋联合会

世界华人围棋联合会是由前中国围棋协会主席陈祖德、泰国围棋协会会长蔡绪锋以及中国台湾清华大学原校长台湾“中华围棋协会”理事长沈君山发起的公益性、联谊性的围棋团体，其目的旨在弘扬中华文化，探索、开发围棋对人类智慧的作用；推动世界围棋活动，扩大围棋的国际影响；加强各国(地区)围棋组织的交流与合作；增进世界华人与各国围棋爱好者之间友谊的。2003年10月13日世界华人围棋联合会在泰国曼谷成立。泰国正大集团副董事长蔡绪锋当选为会长，前中国围棋协会主席陈祖德九段当选为联合会副会长，同时尊奉吴清源为荣誉主席，并请沈君山担任荣誉副主席。

世界华人围棋联合会总部设于曼谷。联合会实行个人会员与团体会员相结合的会员制，现在已经有泰国、马来西亚、新加坡、美国、澳洲、法国、德国，以及国内和港、澳、台等国家和地区的众多会员。

成立大会同时举办了第八届亚洲大学生围棋锦标赛和第五届“炎黄杯”名人围棋邀请赛。并确定以后“炎黄杯”名人围棋邀请赛由世界华人围棋联合会主办。

世界华人围棋联合会会长蔡绪锋简介：

蔡绪锋1952年生于广东潮州，幼年移居泰国，毕业于泰国法政大学(THAMMASAT UNIVERSITY)。现任泰国正大集团副董事长；正大商业集团公司董事长；正大易初莲花连锁购物中心、正大7-Eleven连锁有限公司董事长兼首席执行官。他主管的正大商业在中国大陆有广泛的投资。蔡绪锋以其坚韧不拔的毅力在泰国推广围棋，在他的努力下泰国的围棋爱好者人数已经过百万，被尊为泰国围棋之父。现任泰国国棋协会会长。

“炎黄杯”名人围棋邀请赛

1998年，聂卫平和台湾“中华围棋协会”理事长沈君山，相聚于风光秀丽的云南丽江古城，面对玉龙雪山的壮美雄姿，沈君山先生提议齐聚海内外华人各界名流于此下棋联谊以不枉此胜景。此年聂卫平、沈君山又联络著名旅日棋手林海峰和香港著名作家金庸，联合发起“炎黄杯”围棋名人邀请赛，并于1999年5月21日至24日在云南丽江举行。“炎黄杯”围棋名人邀请赛现在已经成为一个海内外华人围棋联谊的传统活动，每年举行一次。

以后2000年至2002年，“炎黄杯”围棋名人邀请赛分别在贵州黄果树、新疆天山天池和重庆长江三峡举行。2003年世界华人围棋联合会在泰国首都曼谷成立，正式接手主办“炎黄杯”围棋名人邀请赛。第五届“炎黄杯”名人围棋邀请赛在世界华人围棋联合会成立同时在泰国曼谷举行。至2007年已经举行了九届。经蔡绪锋先生提议，2006年开始又举办了面对世界华人少年儿童的“炎黄子孙杯”围棋邀请赛。第一届“炎黄子孙杯”围棋邀请赛在武汉举行。

附：历届“炎黄杯”围棋名人邀请赛

1999年 5月第一届 云南丽江

2000年 8月第二届 贵州黄果树

2001年 8月第三届 新疆天山天池

2002年11月第四届 重庆三峡

2003年10月第五届 泰国曼谷

2004年 6月第六届 陕西华山

2005年 9月第七届 北戴河

2006年 6月第八届 福建武夷山

2007年 7月第九届 青海西宁

附：“炎黄子孙杯”围棋邀请赛

2006年 8月第一届 湖北武汉

2007年 8月第二届 香港

棋道与东方CEO之道

——记蔡绪锋先生

何云波

“正当西方人努力探索东方法则之际，我们东方人却盲目地追随西方，跟到精疲力竭的时候，回过头来才发现，我们跑到了祖先们曾经立足的地方，也正是我们一直努力逃避自己的地方。”

这是蔡绪锋先生在他的著作《东方CEO》中说的一段话。“东方CEO”，顾名思义，他是企业的首席执行官，而其文化身份，又是“东方”的。当大家都把目光投向西方的时候，蔡绪锋先生，这位泰国正大集团的副董事长，却一次次地强调，我们祖先曾经立足的地方，其实就有许多丰富的宝藏，等着我们去发现、开掘。

而围棋的黑白子，同样蕴涵着东方文化的智慧。蔡绪锋先生痴迷于围棋，他又从围棋中领悟了东方管理之道。当他想将他的这份领悟与人分享，他同时又成了一个思想者、传道者。

围棋的拓荒者

1959年，正是中华大地风起云涌的时代，7岁的蔡绪锋随父母离开广东潮州，来到泰国，成了一位文化的漂流者。独在异乡为异客，泰国属于印度文化圈，那时中泰之间的往来也很少，中国传统文化的血脉仍然在蔡先生身上流淌着。当他学会读书写字时，他既接受着西式的教育，又对中国的《论语》、《老子》、《孙子》有着特殊的喜爱。同时，来自印度的佛教文化，那种对人的心性的修持的强调，也在他身上打上深深的烙印。这大约都是成就日后的“东方CEO”的种种文化因素吧。

而在日常生活的游戏中，蔡先生首先接触到的是来自中国的象棋，并很快成为一名业余象棋好手，达到当时的名手让二至三先的水平。但是，当他有一天接触到黑白子，象棋的魅力顿时大减。如果说象棋与围棋都是中国文化的产物的话，象棋这类游戏总让人觉得对现实人生的模拟过于直接，兵对兵，将对将，楚河汉界，两军对垒，你死我活，几乎没有回旋余地。围棋一方面更简单，更接近自然本身，同时又更抽象，更复杂，更多丰富的韵味。日后，蔡先生谈到围棋与象棋，他说，象棋更多局部的战斗，围棋则更着眼于全局。象棋以消灭对方的兵力为目的，围棋比的是谁更多地创造财富。这大约就是蔡先生喜“新”厌“旧”、弃“象”就“围”的原因吧！

在蔡先生看来，围棋是一种很好玩的游戏，是一种很美的东西，同时你也可以从中领悟许多人生与管理之道。26岁，蔡先生才从书上认识了黑白子。一旦学会围棋，他便再也放不下了。这么好的东西，没有人分享，岂不可惜。他开始在泰国那片围棋荒漠上一心一意地推广围棋，并把它当作了一种事业的追求。1993年泰国围棋协会成立，作为会长，他无偿地举办各种围棋培训班，从泰国总理的儿子，到残疾人学校的孩童，都曾接受过蔡先生的围棋教育。培训班里，最大的学棋者，已是82岁高龄。蔡先生还与泰国其他一些大企业联合发表申明，只要年轻人有业余初段证书，就可以保证他可以在这些企业找到工作。正是通过种种努力，如今，泰国的棋迷从无到有，由少到多，现在已发展到上百万人。而在正大集团内部，也有好几千员工会下棋。蔡先生也由此被称为“泰国围棋之父”。

而今，蔡先生又不再局限于泰国，而是把眼光放在了全球。他积极促成了世界华人围棋联合会的成立。2003年，世界华人围棋联合会在曼谷举行了成立大会，蔡绪锋先生担任会长，副会长是中国围棋协会前主席陈祖德先生和台湾清华大学前校长沈君山先生。世界华人围棋联合会成立伊始，就把工作重心放在围棋在世界各地的推广、传播上。而其中一个重要举措就是接过“炎黄杯”的接力棒。“炎黄杯”名人围棋邀请赛由金庸、沈君山、林海峰、聂卫平共同发起。这项赛事从1999年在云南丽江拉开序幕，每年举办一次，贵州黄果树、新疆天池、重庆三峡的客轮上，分别留下了来自世界各地的华人围棋爱好者的身影。2003年，世界华人围棋联合会正式接过了“炎黄杯”。此后，“炎黄杯”又分别在陕西华山、北戴河、武汉、福建武夷山举行。第八届“炎黄杯”名人围棋邀请赛，又增加了一个“炎黄子孙杯”，第一届在江城武汉举行。围棋从孩子抓起，“炎黄杯”这个炎黄子孙们的围棋的节日，也就有了更广泛的参与性。而2007年第九届“炎黄杯”在青海西宁举行。当年文成公主西行的行囊上，也许就有棋盘棋子，围棋也就在青藏高原上扎下了根。而今，世界各地的华人聚会于此，在西行的火车上，且行且走，将围棋的火种一路撒播开去，也许将留下许多新的“丝路棋迹”的佳话。

除了一年一度的“炎黄杯”名人围棋赛，给世界各地华人提供了一个交流的舞台。另一方面，蔡绪锋先生又积极筹划、推进围棋申报世界文化遗产。为此，蔡会长四方奔走，到处呼吁，在北京邀请有关专家、学者进行研讨，给体育总局的领导写信，阐述围棋的文化价值与意义，与福建武夷山市政府合作，谋求围棋共同申报世界文化遗产，并在那里建立了世界华人围棋联合会的常驻基地——围棋文化传播公司。围棋申遗无论成功与否，申报的过程，就如同万里长征，其实也就是宣传、推广围棋的历程。

为了配合“申遗”，蔡先生牵头，还做了一系列的围棋文化的发掘、推广工作。如编辑出版“中国围棋文化丛书”。丛书包括20世纪中国围棋史，中外围棋交流史，围棋与中国哲学、美学、思维及东方管理，围棋规则研究，中国历代棋论选、诗文选等。现在人们更多地把围棋看作一种体育竞技，围棋技术类书籍也很多，对围棋文化的研究、发掘却很不够。丛书力求全面地多方位地发掘围棋的文化底蕴，展示围棋的独特魅力。丛书由世界华人围棋联合会和中南大学围棋文化研究中心共同组织编撰，蔡绪锋、陈祖德先生任主编，拟先出四本，《围棋与东方管理智慧》、《围棋思维科学论》、《围棋心理学》、《黑白之旅》，以后陆续推出其他选题。丛书的出版，相信将在中国围棋史上，留下浓墨重彩的一笔。

CEO的围棋智慧

中国古人把围棋看作是仙家养性乐道之具，同时，一阴一阳之谓道，围棋在某种意义上又包含了深厚的中国传统智慧。蔡先生在探索管理之道的过程中，他不仅从东方哲学中吸取养分，还有一样东西使他受益良多，他把它称为“老师”，这就是来自中国的古老的围棋。

确实，蔡绪锋先生作为CEO是成功的。还在政法大学经济系修业时，为了不给家里增添负担，他就一边学习一边工作，学以致用，在别的同学毕业后刚开始熟悉社会、适应工作岗位时，他已经是一个部门的老练的经理。自1973年加入正大集团，28岁就成了正大集团下属四家公司的总裁。如今，他已是正大集团副董事长，上海易初莲花连锁超市、上海正大友谊企业发展有限公司董事长。而作为正大7—11连锁便利店有限公司的首席执行官，他可以在短短的一年内让这个面临困境的企业扭亏为盈，并蓬蓬勃勃地发展起来，如今连锁店已达到3000家，并且每天还在不断地增长，这种业绩可以说是惊人的。

蔡绪锋先生的成功，在他看来，又是他长期以来尝试着将中国文化的精髓融入到现代企业管理之中的结果，人们称之为东方管理模式。这种模式的核心就是以人为本，和谐竞争，无为而胜。在蔡先生看来，这恰恰也是他从围棋中领悟出来的道理。一个企业就像一座大厦，要由地基、地砖、柱子构建起来，而在各种要素中，最重要的是，如何搭建一个合理的班子，就像围棋中的布局谋篇，如何把每个子放在合理的位子上，充分发挥其效率，至关重要。企业内部最重要的是团结，团结才会有力量，有力量才有利益，就如围棋，子与子之间相互协作最重要。

蔡先生把这叫做企业管理中的“人件”，企业的硬件、软件固然重要。而“人件”更是决定其成功与否的关键。蔡先生强调，在技术全球化的时代，东方的企业应该走管理本地化的道路，不要迷信西方的管理模式。公司不以追求利润最大化为最高目标，而要追求企业的最高力量。团结产生力量，大家和谐、快乐地相处，才能产生最大的能量，这可以称之为一种遵循快乐原则的人性化管理模式。学习西方的管理模式、制度是必要的，但不能背离自己的文化传统。企业的底蕴来自于背后的文化的精神的力量，这是企业的立身之本，所谓以制度来约束，以文化来引导，才能构建理想的企业管理模式。现在人们学管理，过于注重技术化、技巧性的东西，MBA成了一种管理之技，而作为CEO，更应该把目光放在管理之道上。道与技，便决定了管理者的不同的境界。管理如此，棋亦然。

蔡先生把围棋称作“一门高深的谋略学”。他在《东方CEO》中谈到：“围棋是唯一一门把不同的整体格局浓缩呈现在同一个小小棋盘上的策略艺术，教人懂得相互影响和长远效果的‘整体意识’，围棋教我们重视评估对手的能力，以及每一次胜利所付出的代价，围棋叫我们懂得有谋略、有原则的去生活”。当企业发展到一定的时候，会出现许多问题，就如围棋下到中盘，要懂得转折，懂得取舍，不能样样都顾及到，要懂得弃子。有的摊子，抢救不回来，看不到回生的希望，就要把它弃掉。有所失才会有所得，这对一个企业向更高的目标发展和迈进很重要。

围棋里包含着谋略，但更重要的体现的是一种精神，一种和谐的精神。围棋强调和谐竞争，看谁围的地多，不以消灭对手为目的，黑白双方可以共活，只要比对手多围出一目地就是胜利。而企业的竞争也是这样。企业应该把有限的人力资源组织起来，提高基本素质和工作效率，以超越竞争对手，而并非去消灭对方。

"真正的胜利，是达到工作目标，而不是战胜对方，不为争赢而取胜，这是看不见的哲学"。

这也正是无为而胜的哲学。"急于想要取胜另一方的人，往往会成为失败者，没有争胜心态的人，反而自然会成为胜利者"。这是老子哲学的精髓，也是蔡先生所理解的棋道与东方管理之道。

风景这边独好

《圣经》中写到许多使徒，为传播上帝的福音，到处奔走，历尽艰辛。蔡先生给人的感觉，仿佛也是围棋上帝派来的围棋的传道者。不过，他坦言，他从中感到的不是辛苦，而更多的是欣慰，是成就感，正所谓因为围棋，所以我快乐。

初识蔡绪锋先生，是2001年的贵阳国际围棋文化节。在"围棋之道·名人论坛"上，我和他都是被邀请演讲的嘉宾。但我是上午，他是下午，我们并未谋面。那天他讲了些什么，我都模糊了，依稀记得是谈围棋与管理的关系。

真正认识蔡先生，已经是很晚了。2006年5月，身为世界华人围棋联合会会长的蔡先生，牵头弄一套中华围棋文化丛书。也许是因为我写过《围棋与中国文化》，把我找去，协助做一些选题的策划工作。因为这一机缘，便不断有机会接触蔡先生，在各种不同的场合，听他雄心勃勃地谈种种推广围棋文化的设想，陪他下棋。真正感受到他对棋的那份热爱与痴迷。

蔡先生一直强调，一个人一辈子工作的时间，有四十年，它占据了人生最美好的时光。如何快乐地度过这四十年，而不是被工作压得抬不起头来，是每个人面临的问题。企业不应以追求利润的最大化为唯一的目标，人生也是这样，要善于合理安排自己的生活。这除了有一个好的工作环境，和谐的团队，围棋就是最好的缓解人生压力的游戏了。

经常有人问蔡先生：你工作任务这么重，怎么还有那么多时间下棋。他说，一个好的CEO，就像一个人事总管，善于调动周边的人的积极性，信任他们，充分放权，自己自然轻松了许多。CEO明白可以不做什么比你自己去做什么更加重要。而他下棋都是在工作之余，就在公司，得闲时下几盘。此时，下棋时的胜负也就变得不重要了。而公司又因为他的有所不为反而运转得非常好。

由此想起谢安弈棋退敌的故事，那份淡定与从容，这大约就是蔡先生的无为之道吧！既对公司的业绩了然于心，又从围棋中获得极大的精神满足。正所谓快乐工作，快乐围棋，快乐人生。

蔡先生希望每个人都能如此快乐地工作着、活着。所以他会在各种场合，都不遗余力地向人们宣传下围棋的好处。他戏称，经商是他的副业，围棋才是主业。所以，推广围棋也就成了他的工作。2005年，因为《东方CEO》一书在北京大学出版社出版，蔡先生应邀在北大、清华、复旦、武汉大学、四川大学、青海大学、厦门大学、深圳大学等高校巡回演讲，谈棋道与东方CEO的管理之道。“每一名CEO都希望成功，但成功只属于谋略者，学会围棋，将是步入谋略境界的第一级台阶。”《东方CEO》中如是说。在演讲中，蔡先生自然时时离不开围棋。有时围棋甚至喧宾夺主，成了大家关注的焦点。

在几所大学演讲时，蔡先生每次都会让台下的听众举手，看多少人会下围棋。面对那些还不会下棋的听众，他会劝他们，赶快学棋吧，围棋是一种最好的智力游戏，一种很美的东西，当生活走到终点的时候，如果还不会围棋的话，会留下终生的遗憾的。在北京经济管理干部学院，当那些来自企业的头头们没有一个举手表示会下棋时，他说：那就赶快学吧，学会了肯定终生受益。亡羊补牢，犹未为晚，泰国一位83岁的老人还在学棋呢。他倡议，等他们学会了围棋，可以成立企业家围棋俱乐部，与泰国的企业家围棋俱乐部定期开展对话、联谊活动，开辟商贸往来的新的渠道，岂不两全其美。在演讲中，蔡先生在阐述他的管理理念时，也经常会以围棋来做例证，强调棋道与管理之道的相通之处。

在《东方CEO》的新书发布暨记者见面会上，来自“围棋报道”、“天元围棋频道”、“弈坛春秋”、《围棋天地》、《围棋报》等电视与报刊平面媒体的记者来到现场，他们提了许多与围棋相关的问题，几乎占据了整个记者提问的大半部分内容。而在复旦大学的演讲，学生有感于蔡先生对围棋的挚爱，提的许多问题也经常是把围棋与管理牵挂在一起。当想提问的太多，有的学生为得到话筒，甚至主动申明，提的问题一定与围棋相关，引起一片善意的笑声。不明真相的人，还会以为这是一次纯粹以围棋为主题的聚会。

有记者问蔡先生，你觉得自己是什么样的人？蔡先生沉思一会，说：像一本书。过了一会，又补充：一本哲学书。大约，在这“哲学”里，便包含了他大半生的人生体验，他的东方管理理念，他对棋道的孜孜以求。蔡先生就像一个围棋文化的使者，走到哪里，就会在哪里掀起一股围棋的热潮。而围棋又是中国文化的精粹，包含着深厚的东方智慧。蔡先生在大学讲坛，在记者见面会上，在与人对话的会议室，在餐桌上……到处谈棋道，谈东方管理与文化，这时的蔡先生，就像一个布道者，在传播他的独特的人生与管理之道。他似乎在商场之外，又找到了体现自己人生价值的另一个途径。最上乘的剑术，是“看似无形胜有形”的心念合一的境界，最美好的人生，是既有事业的成功，又拥有独立的思想、精神的富足。先生想把他对人生的这一份领悟与更多的人分享，于是，他不断地奔波在路上。在这条路上渐行渐远，虽然辛苦，却又其乐无穷。众里寻他千百度，蓦然回首，会心处，人生也就有了另外的一种境界。

——原载《围棋天地》2005年第11期

2007年6月修订

在拯救与逍遥之间
——《弈境：围棋与中国文艺精神》序

陆建德

我和云波是1997年秋认识的，当时我们一同在苏州大学参加一次外国文学研讨会。此前，我曾读过云波发表在《外国文学评论》上的论文，对他的学识很是佩服。那一年，云波才34岁，刚出版了他的专著《陀思妥耶夫斯基与俄罗斯文化精神》，意气风发。会上同事告诉我，这位年轻的湖南学者嗜爱围棋，出差在外也不忘带上棋具。经过《世界文学》编辑部主任李政文先生的撺掇，我和云波摆开了棋局。从此我们结为契(棋)友，每次见面都要手谈一番。

说来惭愧，我的棋龄已近40年。大概是在1966年春节，二哥湄江回杭州建德村探亲时教我下棋。后来沈良斋和任旭园两位老先生先后把他们珍藏的《围棋》月刊和一副相当不错的棋具送给我，进一步激发了我的兴趣。“文革”期间，我常去杭州柳浪闻莺公园茶室观棋，运气好的时候能看到张礼源、董文渊等名手对弈。我感到不大习惯的是高手下棋时竟然盘外招用得很多，形势占优了就会盯住对手唱起京剧《沙家浜》中“指导员”的台词来：“这时的心情不难体谅。”公园里的棋手，大都自信好强，经常出言不逊。我不敢在这样的环境下经风雨，于是只能退回建德村，与同伴交手。

我虽然喜欢围棋，但只是把它视为逞能争胜的游戏，可以宣泄不良情绪。好友间偶尔失态，可以得到原谅。与陌生人斗气，是很难为情的。20世纪80年代后期，我读到一篇关于国际象棋的文章，写得非常有趣。这位英国作者说，棋类运动是心理战，其残酷的程度比拳击有过之而无不及；棋手的一招一式都以侵害、制服对手为目的，种种恶毒的办法都想得出来，手段高明者实为“像苏格拉底一般聪明的恶棍”。从20世纪90年代中期开始，我们的围棋刊物爱用一些赞美围棋并把它与修身养性相联系的文字。出于一种自嘲的精神，我向《围棋》月刊推荐那篇英国散文。这是败兴之举，杂志编辑部自然不予理睬。由于对棋既爱又恨，加上天资不足，我的棋艺久不见长。每次对弈，下半盘总是松松垮垮，还要搬出唐寅的诗句做借口：“懒算输赢信手棋。”其实，不长棋就和苏格兰小说家巴里笔下的男孩彼德·潘拒绝长大一样，也很快活。

云波的棋龄，恐怕不及我一半。他学棋晚，进步神速。每次与他对局，我都意识到他的棋力日强。勉强招架之余，我深知自己很快就不是他的对手。对此我倒欣然。苍天有眼，无怨无悔的爱棋人应该得到眷顾。云波曾说，陀思妥耶夫斯基小说中有一种为俄罗斯文学所特有的沉重、热狂和悲怆，这个世界对他而言十分遥远，值得敬佩而无法亲近，即使陀氏遥指一个美好的天国，他也会在天国前却步。我想，云波这番话表明，在拯救与逍遥之间，他宁取逍遥；在陀思妥耶夫斯基和围棋之间，他选择围棋。他的书房取名“潇湘听弈庐”，这就是明证。跟了魅力无限的“木野狐”上天入地，他也认了。前几年，我听说云波决定攻读比较文学博士学位，很为他高兴，但当我得知他将从比较文化的角度来研究围棋时，我还是略感惊讶。作为我国“围棋博士”第一人，云波已出了《围棋与中国文化》(人民出版社，2001年)和《棋行天下》(湖南文艺出版社，2004年)两本著作，还编选了围棋文化散文集《天圆地方》(人民文学出版社，2003年)。本书是在他的博士学位论文的基础上改就的，与《围棋与中国文化》一书形成一种互补的关系。云波研究围棋文化，成就斐然。作为比较文学专业的教授，他还在探究19世纪俄国小说中的城市形象。他的才气和精力确实令人钦佩。

读了云波几本关于围棋的著作，我也有些感想。围棋的本质究竟是什么，这不是我的关心所在。对阴阳八卦之类的语言，我历来敬而远之。我们如何看待围棋，也许更值得关注。下棋有助于思维，这应该没有疑义。诚如范西屏在《桃花泉棋谱》的序言中所说，“心之为物也，日用则日精。”但是我不相信发明或喜爱黑白世界的民族具有特别的智慧。同时也要看到，日本进入江户时代(1603−1868)后，对围棋的发展和推广贡献最大。打本因坊道策的棋谱就会发现，我国清代国手对围棋的认识，还稍逊一筹。座子制加上布局时的陈陈相因大大局限了中国棋手的想象力。现在韩国执围棋世界牛耳，个中原因是值得我国文化研究界认真检讨的。

指南针可用于看风水，也能用于航海。在不同的文化氛围中，围棋的意义和用途是全然相异的。20世纪80年代，我们把围棋与国运和民族精神联系起来，个别棋手几乎成为中华复兴的象征。这或许说明，我们当时还是有自卑情结，竞技场上每一次胜利，都要做足文章。“弈”本为“小道”，哪里担负得了政治的重任？围棋在那时让人变得太忙太闹，而古人则说“棋令人闲”。中国历史上闲云野鹤式的逸致经常是文人吟咏的对象，但是“闲”错了地方也会贻误大事。在晚清官员中，曾国藩之子曾纪泽名声还算不错。我们在他的《出使英法俄国日记》中发现，这位大清国的外交官精通“琴棋书画”四艺，对围棋尤其痴迷，出任公使后依然在围棋上耗费大量时间，有时一日下棋达五局之多。我有时觉得他体弱多病，智识活力不足。面对一个全新的世界，他显得缺乏应有的兴趣与热情，不去描述，无力描述，于是围棋成了他寻求慰藉的避风港。当时欧美外交官和传教士(如已回英国的威妥玛和还在中国的李提摩太)何等勤奋，他们了解认识异文化的热情以及对文化交流的实际贡献远非围棋爱好者曾纪泽能比。

我们还要看到，在很多民间高手中，围棋是设赌的工具，带来具体好处的手段，古今皆然。《二刻拍案惊奇》中的《小道人一着饶天下，女棋童两局注终生》就是一个例子。云波在分析这故事时强调了中国文化“世俗”(他直接用了“俗”字)的一面。与“世俗”的围棋观对立的，是日本小说家川端康成在作品《名人》里所着意刻画的棋道。1945年8月6日，广岛遭原子弹袭击，然而核爆炸居然未能中断桥本宇太郎与岩本薰正在进行中的本因坊决战。这两位九段视荣誉高于一切，进入了物我两忘的境界，他们所表现的或许就是棋道的极致了。我相信，如有必要，两位棋士还会毫不犹豫地以死来达致生命之美，围棋之美。云波在陀思妥耶夫斯基的天国前却步，棋道也是一种值得敬佩而无法亲近的精神吗？

今秋有望去长沙。我已在想象中做客“潇湘听弈庐”，茶一杯，棋一局。“一枰坐对，万虑俱清。”逍遥的人生观也有可取之处，它比较宽容，颇合人道。然而，要使我们的生活张弛有度，逍遥是不能胜任的。我愿意以此与棋友们共勉。

——2005年8月26日于北京东郊

载《围棋天地》2006年第13期

（《弈境：围棋与中国文艺精神》，何云波著，北京大学出版社，2006年1月第1版，2006年7月第2次印刷)

陆建德：中国社会科学院外国文学研究所副所长、研究员、博士生导师

中国围棋棋具的历史、现状与发展展望

苏兆祥

中国围棋棋具的历史

古代棋具

棋具是围棋对弈时的重要用品，主要指围棋子、围棋盘、围棋盒。

围棋发明于中国，迄今已有几千年的历史，在原始的、生产力极其低下的时代，围棋是一种智力游戏，其棋具也最简单、最易就地取材使用，人们在地上画几条线，摆几粒天然石子，就可进行这种游戏了。

棋子古时又称“棋石”：在魏晋以前，“棋”本写作“碁”，说明早期围棋的“棋石”确实是石质所制，“棋”是近现代的书写习惯。而受中华文化影响的日本，至今仍沿用了“碁”的使用。

东汉班固《弈指》一书记述的棋石为“黄黑阴阳分也”，说明当时的棋石是自然之物，以天然石材的颜色分为二种不同颜色的棋石，尤于黑白最易区别。

棋盘在原始的古代，就是在地上选一平的地方临时画出，或在石板上刻划出棋线，作为棋盘使用。随着人类进化及生产力的发展，陶土制品的发明，出现了由陶制的棋具；由于铁器的发明，出现了木工制作的木制棋盘。

棋子材质的沿革及制作工艺的演变

山西省陵川县据研究是中国围棋发祥地之一，当地的棋子采用山上的天然“棋石”，有一面凸或两面凸的扁圆形状，是至今文献中记载的天然棋子石。

古代的棋子材质最初是使用木材和石材，木材由于保存不下来，目前出土的多为石质，如在1984年陕西凤翔唐墓和1987年西安太平坊遗址出土的围棋子，都是石制的。

陶土瓷器的出现，形成宋朝后流行瓷制棋子，宋朝的官窑围棋子(1000年左右)，1985年四川省邛崃市的北宋邛窑遗址出土的围棋子均是陶瓷所制，直径2厘米、厚度0.6厘米左右；1990年杭州凤凰山窑址发现的南宋修内司官窑的围棋子，直径1.9厘米、厚度0.9厘米,系黄胎米黄釉。

元明以后琉璃料器烧制工艺成熟，也用来制造围棋子，最有代表的是“云子”，也称“永子”。“云子”明初已有生产，明清间为贡品，清光绪十一年刻本《永昌府志》卷六十二：

“永昌之棋甲子天下。棋制法以玛瑙石合紫瑛石研为粉，加以铅硝，投以药料，合而煅之，用长铁蘸其汁，滴以成棋。”从上述史料可见，古云子的制作是硅酸盐材料在以三氧化二铝为主成份的粘土成型制作陶瓷材料干法烧结工艺基础上向以二氧化硅(石英)等多元组份的低熔点熔融玻璃液体采用自然滴料法依靠液体表面张力而成形的熔液滴料工艺的转变。

除此之外，古代围棋子还有采用天然的水晶、玛瑙、玉石等天然宝玉石材料，按棋子规格研制而成。

棋盘材质的沿革及制作工艺的演变

除无法考证的古代地面上划棋盘之外，到目前为止发现最古老的棋盘是2000年西安出土的西汉阳陵阙门遗址的一块陶制棋盘残片，两面均为棋盘，阴刻直线、手刻。整块棋盘推断为17道棋盘，边长33厘米；比上述晚100年的咸阳甲M6墓址出土的15路围棋盘是石质棋盘。1954年河北望都出土的东汉棋盘也是石质棋盘，是一个有四个脚的棋桌，高14厘米、宽69厘米，盘面纵横为17道。

1999年西藏墨竹贡卡县发现的石制棋盘，是一块厚18厘米、长117厘米、宽55厘米的石板上，中央刻长宽各44厘米、纵横各17道的棋盘，石板的两端角上，还有两个直径11厘米、深5厘米的碗状石槽，这是古代密芒棋盘实物。

唐朝的围棋盘出土的代表有重庆万州冉仁才(隋唐间人公元650年)墓出土的一块青瓷冥器19道围棋盘，边长11厘米，高3.2厘米，阴刻棋盘线。

1973年，在新疆的吐鲁番境内，考古发掘出一具完好的木质围棋盘，此棋盘系19道棋盘，边长18厘米，带方形底座，底座内是掏空的、颇为讲究，棋盘表面磨制得十分光滑。此棋盘的年代为唐初，约在公元700年左右。

从上述史料可见，古代棋盘的制作工艺经历了用石板刻制棋盘的天然石材向陶瓷成型刻线烧制工艺的转变，并与用木材精制棋盘木制工艺并存。

双面凸围棋及四足棋盘(棋墩)的制作最早起源于中国。

双面凸围棋除最早源于天然的形状自然形成(山西棋子天然棋石)外，1975年山东邹城西晋刘宝墓出土的一副用黑白卵石磨制的围棋是双面凸人工研制工艺制作的围棋。而四足棋盘的记载上述河北望都出土的东汉四足棋桌已有证明，也可追朔到宋代，见苏轼《东坡志林》。

从上述史料证明，双面凸围棋及四足棋盘的制作、使用源于中国，其后经由朝鲜传入日本，日本、韩国至今沿用了双面凸围棋子及四足棋盘，目前世界上广泛使用的双面凸围棋及木制围棋盘工艺最早源于中国。

中国围棋棋具的现状及问题

一、新中国成立以来围棋棋具的主要变化沿革。

1. 20世纪50年代的围棋棋具主要使用普通玻璃棋子及牛皮纸制棋盘。

2. 20世纪80年代云南围棋厂采用仿古云子的滴料法工艺研制成功云子面市，云子与人造板棋盘及塑料布棋盘被广泛使用；之外又在单面云子的基础上研制成双面凸围棋，丰富提高了中国围棋子品种及水平。

3. 20世纪90年代河南洛阳双元围棋厂研制机械化干粉冷压烧结工艺成功制成精瓷(单面)围棋，首次在国内形成工业化、生产精确尺寸的围棋子，实现了围棋子实用、经济、规模化生产，有利于围棋的推广普及。

4. 20世纪90年代，用机械研磨工艺制作的双面凸玛瑙等天然材料围棋面市。

5. 21世纪初，河南群星棋具厂规模化生产经济、实用的薄型1.8 厘米以下的复合木质棋盘，有利于围棋的教育普及。随后云南昆明的实木棋盘、四足棋墩，福建等地的竹制棋盘、四足棋墩，山东的楸木棋盘、浙江的木制棋盘等相继研制上市，极大地丰富了中国的围棋棋盘的品种和水平。

二、中国围棋棋具生产及消费呈现普及教育型及艺术收藏型两大类型。

1. 普及型产品多元化、产量及消费均是全球第一。

从中日围棋擂台赛开始出现中国围棋热以来，一直到21世纪初三棋进校，中国围棋棋具在围棋普及教育的带动下，需求带动了生产，近十年来围棋棋具在品种上出现多元化，目前广泛用于娱乐教育普及型的围棋子有：木制、塑料制、普通玻璃制、陶瓷制、塑料及金属合成、磁力围棋等，其年生产及消费总计在100万副以上。

围棋盘有：塑料布、人造革、复合人造木制薄板、复合竹制简易棋盘、实木棋盘等。

围棋盒有：塑料盒、纸板盒、草编盒、木制简易棋盒、竹制简易棋盒等。

中国目前已成为普及型围棋棋具的最大生产国、消费国、出口国。

2. 艺术收藏型棋具受到欢迎，高档棋具进口问市、棋具专卖及网上直销成为新趋势。

中国进入改革开放以来，随着人民生活水平的提高及对外开放，棋友对围棋棋具的品质追求不断提高，在原有的棋子基础上，出现的精品云子、玛瑙围棋、贝壳围棋等与传统围棋相对应的艺术收藏型围棋，四足棋墩也相继问市。

2006年北京本手棋道、上海蛤石公司相继由日本引进品质更为优良的蛤碁石、榧碁盘等高尚棋具，为酷爱艺术收藏型棋具的棋友提供了更高档次的选择，弥补了中国围棋棋具高端产品供给不足的局面，得到棋友欢迎。

2005年以来，双龙棋具首先在上海、深圳等多个城市设立了棋具专卖店，标志着棋具消费向品牌化、高端化发展。

与此同时，网络上开设了多家销售棋具网店，以普及型棋具为主的有：双元棋具、云子棋具、双龙棋具、双林棋具、361棋具、古滕棋具等；高端艺术收藏型的主要有：上海蛤石棋具、北京名人棋具、北京本手棋道等。在阿里巴巴网上直销围棋棋具的商家及个人在50家以上，在淘宝网上直销围棋棋具的商家及个人有30家以上。

进入21世纪以来至2007年末，中国围棋棋具的生产、引进、消费、出口呈现出历史上的最繁荣景象。

三、中国围棋棋具生产、流通中的问题。

1. 棋具行业企业规模较小，棋具生产对原料及能耗的依赖度高，企业多数长期微利运行，普及型棋具生产产能供大于求，局部地区过度竞争，品质良莠不齐。

中国目前专业生产围棋棋具的主要厂家分布在云南昆明、河南洛阳、福建绍武、浙江温州、义乌、丽水、上海、江苏，约二十家，但没有一家在围棋棋具生产上达到销售收入人民币500万元，其企业规模都较小。

随着原材料价格的上升与传统工艺的局限，现有云子围棋生产及精瓷围棋生产都面临成本上升、微利运行的局面。同时，还面临环保、节能的严峻挑战，局部地区出现多家生产同一类产品，产能盲目扩大，严重供大于求的过度竞争局面，导致围棋棋具在局部地区出现品质良莠不齐。不及时纠正，将有害于中国围棋棋具国产产品的品质形象。

2. 围棋棋具的生产发展长期缺乏规划、统筹协调，棋具规范及标准长期缺乏统一，从新中国建国以来，围棋棋具由于规模过小其生产企业在体制、行业归属方面缺乏规划发展。

进入社会主义市场经济时期以来，又缺乏行业协调规划，形成任由市场自由竞争的局面。但由于长期以来一直没有围棋棋具的品质标准、商品检测、市场准入、知识产权等方面的宏观规范的市场机制，使企业在品牌、商标、品质上得不到公平竞争，造成以劣充优、以次充好的情况时有发生，这不仅给品牌领头企业及新品研发企业带来伤害，也给消费者带来权益受损。

3. 棋具的制作、选购、鉴别的基本知识宣传普及不足。

长期以来，由于商家、媒体对围棋棋具从材料选择、品质规范制作工艺等宣传不足，而加上中国目前还没有关于围棋子、围棋盘等棋具的国家标准及商品商检体系，是中国围棋棋具健康发展所面临的主要问题之一。如四足棋墩，其材料是什么木材，其干燥工艺是自然干燥还是人工干燥、干燥几年、干燥后的重量、制作的工艺，木纹的取材等不同，其品质及价值相差几倍甚至几十倍。

网络上标注的贝壳围棋，如果不详细说明是人工养殖珍珠贝，还是一般海洋贝，还是墨西哥的条纹贝，不说明其商品厚度，是整体单片商品、还是人工复合双层围棋，其品质及价值也是天壤之别。

加之缺乏产品品质标准及品质鉴证部门，不仅给消费者选购、使用造成困惑，也为个别以次充好商家提供欺骗消费者可乘之机。

对中国围棋棋具的发展展望

一、普及教育型棋具应在轻便、经济的基础上，加强安全性及提高质量。

二、选择天然材料或代用材料生产资源节约、能源节约、环境友好的棋具，是今后棋具发展的方向。

三、艺术收藏型棋具会愈来愈受到棋友的欢迎，并促进向中国棋具消费商品多元化发展。

四、引进国外资源及技术，提高棋具制作水平以满足消费者高端化的需求。

五、由有关机构或组织牵头，组织棋具的发展规划、统筹协调的相关机制和制定产品标准及检验、监督机制，以保证中国棋具长期健康发展。

一位宣传部长眼里的围棋
——张建光访谈实录

谢红灿

很早就知道南平市委宣传部部长张建光酷爱围棋，对围棋的普及工作非常支持，而且棋艺水平不低，对围棋的理解也颇有独到之处，只是苦于一直没有机缘当面向他讨教。直到有一天，偶然在一个赛事上与他不期而遇。其时，他全神贯注于棋盘之上，一招一式，十分紧凑，俨然浸淫其间多年的市制和。趁着比赛间隙，笔者就围棋的话题与他聊了起来。遇同道中人，他的话匣子一下就打开了。

围棋是我不离不弃的伙伴

说来我确实与围棋有缘。初识围棋是在20世纪70年代，那时刚刚恢复高考，我进入了一所师范类大专。有一天去同学寝室串门时，见一位同学一个人拿着本书，有滋有味地在摆弄黑白分明的棋子，当时并不知何物，大感好奇，坐在一旁相询，才知道那就是传说中的围棋，不曾想就此与围棋成为不离不弃的伙伴。

当时会下围棋的人极其难得一见，靠着多方找来的几本书，跌跌撞撞地入了门，之后就到处找旗鼓相当的对手。现在还记得听说中文系有一位同学是省围棋队下放的知青时，非常兴奋，迫不及待地找他请教，被让数子却每每铩羽而归且每次都带着不可置信的心情。就这样，围棋伴着我度过了难忘的大学时光。

围棋既然称手谈，在我转入行政工作后，下围棋便成为工作之余与同事之间交流沟通的一个重要方式。通过围棋，我还结识了许多志同道合的良师益友。1987年，我在省委党校学习，想不到一个班的同学里，有不少棋迷，下围棋便成了我们在学习之余的主要消遣方式。在工作中，我有个习惯，遇到暂时无法解决的事情，有时就下下棋调剂情绪，等到心情平复后，再寻找解决办法，这样往往很有效果。

1996年，我调任南平市下辖的武夷山市担任市政府主要领导，正好时任武夷山市委书记的陈祥龙同志也是个铁杆棋迷，下班后办公室成为我俩的“战场”，就是出差时也总不忘记带上一副围棋，一有空就厮杀一番，很是过足了棋瘾。陈祥龙同志调省城的前夜，我与他泡上一壶醇香的武夷山岩茶，痛痛快快地下了一局棋，以此作为告别。

武夷堪比烂柯山

我在武夷山工作了九年，因为爱好下棋的缘故，不免探究起武夷山与围棋的渊源以及武夷文化与围棋文化内在的联系来。我惊奇地发现，在与围棋的渊源关系上，武夷山实堪与围棋名山烂柯山相比肩。

在世界自然和文化双遗产地武夷山，有个景点和桃源洞，四面环山，欲达其间，须先沿溪涧边的小径前行约一里，可看到巨石相依的小洞口。小洞口仅容一人通过，穿过小洞，辗转进入石门，豁然开朗，石门上镌刻“桃源洞”三字，两旁一副石刻对联，曰：“喜无樵子复观弈，怕有渔郎来问津”。这里有个流传已久的传说：有个年轻的樵夫，酷爱看人下棋。某日上山打柴，路过桃源洞，见有两位鹤发童颜的老人，端坐在石盘两侧下围棋，便驻足观看。当他发现老人走错了棋，就大声叫起来。于是老人邀请他对弈一局。双方杀得难解难分，直到日头快要落山，樵夫才意犹未尽地告别老人，挑起柴禾下山。回到家中，一切都变了，家门落锁，门框布满蜘蛛网，房前屋后一片荒芜。邻人告诉他，你一走就是三年，妻子以为你葬身虎口，便带着儿子回娘家去了。樵夫知道自己遇到了仙人，随即沿原路找去，却再也不见仙踪，但见石门上多了副对联，似乎是仙人不喜自己打扰他们雅兴的意思。如今我们在那里还可以看到传为当年仙人对弈的大石盘，称为仙弈台。

这个传说，有几分像陶渊明的《桃花源记》，与衢州烂柯山“王质遇仙”的故事更是十分神似。烂柯山因为一个传说而成为围棋名山，烂柯甚至成为围棋的代称，武夷山却不能以棋名世，颇为奇怪。

我觉得，在武夷文化与围棋文化之间，确有颇多契合之处。武夷山作为世界文化遗产地，武夷文化的核心朱子理学即发轫于此。朱子理学倡导行事方正，处事圆融，与围棋棋盘棋子的天圆地方之理不谋而合；朱子理学主张天人合一，主张人与自然的和谐，这与围棋大师吴清源提出的“21世纪围棋”理论何其相似乃尔，吴清源认为，“现在的围棋是‘只要我好，不许你好’，而21世纪的围棋应该不是这样，是和谐的。‘天一生水，地六成泽’，就是相辅相成啊。”朱子的道德观强调“格物、致知、诚意、正心、修身、齐家、治国、平天下”，而围棋作为高雅文化，具有修身、养性、怡情、教化的功能，所以下围棋在很大范围内被称为“君子之所为也”。

我曾经抄录过朱熹的一首《游烂柯山》：“局上闲争战，人间任是非。空教采樵客，柯烂不知归”，作为对武夷山有着很深感情的我，一直企图找到朱熹写武夷山与围棋有关联的诗，可惜这位在武夷山生活了50余年的一代大儒，就是没有让我如愿。

所幸的是，如今的武夷山，不仅有着为数不少的围棋爱好者，更有一批热衷于举办围棋活动的热心人。从1999年以来，武夷山几乎每年都要举办或承办一次全国性的围棋赛事，就在2006年6月武夷山还承办了第八届“炎黄杯”名人围棋邀请赛和两岸围棋元老赛。围棋申报世界文化遗产，作为围棋的故乡，中国当仁不让，武夷山积极响应，已经成为围棋世界遗产申报地。

围棋是我体悟人生的老师

围棋还蕴涵着深刻的哲理。在我看来，围棋就是哲学。中国人包括东方人的思维和智慧造就了它，因而具有方法论的普遍意义。都说人生如棋、世事如棋，生活和社会的种种现象，抽象后可以说就是一局棋。

读读那些定式，体味那些围棋口诀，莫不折射出哲理的光辉。围棋是人生。顺利时，春风得意马蹄疾。攻城掠地，下子如飞，手筋频放，棋形如花；低迷时，喝凉水也塞牙，直至四面楚歌，大龙愤死，速速脆败。围棋千古无同局，每一步都是选择判断的结果，一着不慎就不容弥补，只能留下深深的遗憾。不管你打多少谱，倒背如流多少定式，如果你不懂具体问题具体分析，不会见着拆着，那也难免败局。围棋是世界，纵横十九道，三百六十一个交叉点，演绎出几多喜乐哀愁的活剧，检测出几多贤愚高低的智商。

围棋是一位可以给人以启迪的老师。有人写了用围棋战术指导商战的专著，我觉得在日常工作和生活中也可以多多获益于围棋。譬如，我们常说一个高明的领导者，要识大体顾大局，这不就是围棋吗？相传为唐代国手王积薪所做的“围棋十诀”，寥寥40字，是棋理，更是深刻的哲理，面对“围棋十诀”，我每每反复咀嚼，陷入深思。就说“不得贪胜”吧，下围棋必有胜负，怎么又说不得贪胜呢？我的理解是，下棋要把握好分寸感，就是过犹不及的道理。再说“弃子争先”，在围棋里，这是一种高明的战术，送给对方一些利益，以争取全局的主动权。在生活中，那些受贿者之所以被人牵制，就是中了别人“弃子争先”的着数，最终付出很大的代价，真是可悲。还有“舍小就大”，道理也很浅显，做起来却并不容易，人心总是不易满足，并不是人人都能做到先舍后得。引申到生活中，就是说我们要善于判断权衡以决定取舍。

陆游说“功夫在诗外”，那么对于棋手来说，应该就是功夫在棋外了。决定围棋这项竞技活动胜负的，决不仅仅是技战术，还包括心态、意志力，甚至人格人品方面的东西。在这些方面，我们在培养棋手时是不是有所欠缺，值得引起思考和重视。我是主张和赞同棋手吸收多方面营养，提高个人素质的。已经有人在报刊上发出了这样的疑问——一个缺乏文化底蕴支撑的棋手到底能走多远？话说得有些尖刻了，可细细一想，难道不是这个道理吗？

贵州围棋的热心人——辛维光

辛维光，男，山东省栖霞县人。生于1954年7月27日，1980年毕业于贵州大学哲学系。1990年担任中共贵州省纪律检查委员会秘书长，1991年至2003年曾任中共贵阳市委常委、市委秘书长、副市长、市委副书记。2003年任中共六盘水市委书记至今。由于对围棋事业的贡献突出，辛维光于2002年和2006年两次当选为中国围棋协会副主席。

由辛维光组织并领导的重大围棋组织活动暨赛事活动有：

1998年举办了中国四代棋王参加的“1998中国贵阳围棋四强争霸赛”。

1999年举办了“第十五届应氏杯世界青少年围棋锦标赛”。

2000年筹建的“贵阳棋院”落成，并举办了中国贵阳“公交杯”围棋国手对抗赛。

2001年举办了盛大的“首届中国贵阳围棋文化节”，规模空前，堪称围棋界的一大盛事。各种围棋比赛共八项，高手云集。尤以2001盘棋阵4002人对弈之举，创造了世界吉尼斯纪录，并获得2001年中国国际公共关系协会颁发的“第五届中国最佳公共关系案例大赛银奖”。

2001年，与中国棋院签署了2001年到2005年在贵阳共同举办“中国国家少年围棋队选拔赛”的协议，为培养少年围棋国手提供了有力的支持。

2001年、2002年两次举办了“中国第四届、第五届乐百氏杯”围棋分区赛。

2002年6月举办了“中国苗姑娘杯”中韩围棋超霸赛，邀请韩国棋手李昌镐与中国棋手常昊举行对决赛。

2003年9月协办了中国围棋协会与日本NEC电气公司主办的“第九届NEC贵阳赛区围棋赛”的重大国际比赛。

2003年，主持编写了《围棋基础知识》教材，并于当年在贵阳市小学五、六年级学生中广泛使用。此项活动是为了贯彻国家教育部、体育总局联合下文关于“三棋进课堂”的指示，着力于学生素质教育而举行的一个重大举措。

2003年，辛维光调任六盘水市委书记，于同年10月举行“水城县政府乔迁庆典围棋赛”。

2004年举办了“澳特来杯中国围棋甲级联赛”第十四轮贵州卫视队——上海移动通讯队的赛事。

2004年9月协办了“第五届应氏杯世界职业围棋锦标赛(贵阳赛区)”半决赛的重大国际比赛。

2005年举办了“澳特来杯中国围棋甲级联赛”第十八轮贵州咳速停——重庆建设摩托车队的赛事。

2005年、2006年举办了两届“福鼎堂·重视传媒杯”黔渝业余高手对抗赛，不仅提高了棋手的棋艺，更增进了两省间的文化交流。

2006年举办了中国凉都六盘水消夏文化节“景新花园杯”围棋国手对抗赛。

2007年7月举办了中国凉都六盘水消夏文化节“六枝工矿杯”全国围棋邀请赛。

2007年8月举办了“2007中国贵阳(清镇)第三届红枫湖旅游节建桥杯国际城市围棋邀请赛”。

辛维光主持编纂的图书“围棋三部曲”的《围棋·国棋》(贵州人民出版社，2001年)、《棋理·哲理》(贵州人民出版社，2003年)、《棋品·人品》(贵州人民出版社，2007年)，可读性强，说理至深，备受读者喜爱。

桥与棋

周星增

我平生最喜欢两个字。一个是“桥”，桥梁的桥；另一个是“棋”，围棋的棋。桥、棋两个字，代表了我的人才观。桥，是指核心理念，思想素质，一个人成才，要以善为本，永怀感恩之心；棋，是指战略战术，指实践中的应用技巧，即：继承、学习与创新。

我出生在浙江温州农村，我家前面就有一条小河，河上面有一座石桥，桥的那一头就是我小时候读书的学校，几乎每天我都要从桥上走好几个来回。有一年端午节赛龙舟，很多人挤上去看热闹，这座桥突然塌了，死了很多人。桥断了以后，只有一河之隔的学校变得那么遥远，只有十几米宽的小河也变得那么难以逾越，这个时候我才体会到桥的作用：桥是帮助我们跨越障碍，克服困难，到达彼岸的重要工具。

大学毕业后，我学会了打桥牌，进一步了解到“桥”还有沟通、理解和支持的意思。每个人，从此岸到彼岸，从现实到理想，要经过很多的艰难险阻，当遇到强大的障碍与鸿沟难以通过时，总是盼望前面能出现一座桥！在我们的人生道路上，离不开许许多多前人为我们造好的桥梁，更离不开别人理解、支持、帮助我们成功的无形桥梁。现在无论走到哪里，我对桥都有一种感恩的心情。

我在国家恢复高考制度后考上了江西财经大学，当时，是村里唯一的大学生。1992年乘改革开放的春风，我辞职下海，创业致富。致富后，我和几个朋友一起，投资5个多亿，到上海办大学，取名建桥学院；办企业，取名建桥集团。我们想尽最大的努力，创造条件搭建平台，建好三座桥：第一座桥，为学生成才而建；第二座桥，为员工展现才华、实现事业理想而建；第三座桥，为社会培养有用人才而建。建桥集团一直实践桥文化，把“感恩、回报、爱心、责任”八个字作为企业理念。这几年，我们为社会公益慈善事业先后捐资1500多万元，已经在山东 、江西 、安徽 、浙江等省建成13所希望学校，设立了各种奖助学金，帮助300多名失学孩子重返校园。

我所说的，一个人要有感恩之心，这既是一种生活观念，也是一个人身心健康、全面发展的很重要的心理素质。现在我们处处听到，凡事都讲“以人为本”，人又应当以什么为本呢？我认为，人应当“以善为本”。一个人只要常有感恩之心，他就懂得了珍惜，他与周围的人、事、物就会和谐共处，自然就具有善良、正直、宽容等优秀品质，他与人为善，团结协作，乐于奉献，敢于负责，走到哪里都会受到欢迎。做人是这样，办企业也是这样。

第二个字，围棋的棋。

我是读大学时学会下围棋的，现在最大的业余爱好还是下围棋。围棋是中国人独创的，围棋思维对我影响很大。

比如说，下围棋要有全局观、大局观，对形势与机遇要有敏锐的判断力。特别在布局时，看似表面分散、互不关联的棋子，其实，隐伏着未来的联系，而这种联系又可能时时发生变化。这就需要具有快速应对各种变化、解决实际问题的能力，要善于驾驭错综复杂的变化，把不利因素转化为有利因素。

1999年6月，第三次全国教育工作会议指出，鼓励社会力量以多种形式办学，大力发展民办教育。办教育是利国利民的大好事，也是我的最大理想，得知这个消息，我认为中国民办教育将迎来一个大发展的春天。于是卖掉了温州的厂房股份，到上海办大学。当时还没有一家外地企业到上海办大学。我一边向上海市政府申报，一边就先投入了1亿多元，从确定校址，征购土地，规划设计到办学答辩，督工建造，建桥学院实现了“当年建成，当年招生”的超常规速度。很多人说我胆子特别大，敢冒风险，其实，我认为这是基于对形势、机遇的一种判断与把握。在建桥学院之后，很多企业进入民办大学领域，但因为建桥是第一家，所以得到了社会各方面更多的支持与关注。

比如说，围棋中的单个棋子没有独立性，无足轻重，这个棋子的地位和作用看它与其他棋子的关系而定。这种情况又很像中国书法，分开一笔一笔，看不出好坏。甚至有时候少写一笔，多写一点也无关紧要，但它讲究总体的气势神韵，它的美感与力量在于整体的组合与协调，这就像我们企业管理中特别强调团队协作的集体力量。

下好围棋还要善于处理“舍”与“得”的辩证关系。下围棋不孤立地考虑一块地盘的得失，也没有固定的攻击目标，只要能在棋盘上任何一处夺取地盘即可。为了达成最后的胜利、最大的成功，经常会舍弃眼前的、局部的小利益。

我曾经应邀在北京大学、复旦大学等高校，与大学生作交流，最常见的一个问题是：怎样才能快速致富？快速成功？我觉得当前不少人心态比较急躁，不甘脚踏实地，急于求成，经常被眼前的物质利益所迷惑，轻易放弃了自己的目标与理想。围棋中的“舍”与“得”关系的处理，是一对时时考验我们的命题。

我们办建桥大学没有赚钱，这是因为教育的公益特性，决定了办教育不是一个产业，而是一项事业。但它对建桥集团的贡献主要体现在无形资产的增值上。建桥学院通过努力，在短短五年内就获得政府批准，成为本科院校，品牌价值评估为4个多亿，从而使得建桥集团旗下其他产业受益无穷。集团其他产业实现了赢利，就有可能加大投入，把大学办得更好，从而形成了一种良性的可持续发展。

中国优秀传统文化是值得我们每个中国人学习不尽的宝库。我们建桥集团尽自己的绵薄之力，多次赞助中国新人王围棋赛、中韩新人王围棋赛、建桥杯中国女子围棋公开赛，举办了全国中国式摔跤冠军赛，支持昆曲在高校演出，赞助了上海国际象棋队、清华大学射击队。现在，中国国际象棋全国冠军林卫国、全国围棋冠军叶桂夫妇还担任了建桥学院的专职教师，围棋事业在建桥正蓬勃发展。

烂柯山考

谢昌智

王子去求仙，丹成入九天。

山中方一日，世上已千年。

这是一首相传自后魏时期就已流传的民谣。

仙界一日内，人间千载穷。

双棋未遍局，万物皆为空。

樵客返归路，斧柯烂从风。

惟余石桥在，犹自凌丹虹。

唐代著名诗人孟郊的诗和流传久远的民谣都描述一个美丽又神奇的传说——王质遇仙，也记载了烂柯山与围棋这一史实。美丽的故事，神奇的传说，吸引了许多文人骚客，晋代的虞喜；南北朝的任昉；唐代的孟郊、白居易、刘禹锡；宋代的王安石、苏东坡、朱熹、陆游；元代的马可波罗；明代的徐渭、徐霞客及近代的郁达夫、吴晗、邓拓等，有的亲临，有的留下脍炙人口的诗文。烂柯山已收入《简明不列颠百科全书》、《辞源》、《辞海》、《中国地名大辞典》等名典，名声远播海内外。由于烂柯山远播的名声和传说本身的自由，神州大地上称烂柯山或有烂柯传说的地方甚多。仅凭笔者从网上搜索和有关资料查找，全国有烂柯山及烂柯传说的就有十余处。如山西陵川棋子山，河南洛阳新安的烂柯山，广东肇庆（端州）高要的烂柯山，四川西昌（雋州）、达州、福建延平、陕西洛川、江苏吴县、山西沁县（武乡）的烂柯山，成都的烂柴山、山东莱芜的棋山，武夷山的仙弈台等都有类似的传说。且大都以正宗自居。那么古籍中的“王质烂柯”究竟指的是何处烂柯山呢？“围棋仙地”又到底在何方呢？对此众说纷纭，连近版《辞海》对烂柯山的今址也作了回避，《中国历史文化悬案总览》则将其列入，称烂柯山有六座。

翻开浩如烟海的古籍，可以看到，最早记载此一传说的主要是晋·虞喜（公元281~356）《志林》：“信安山有石室，王质入其室，见二童子方对棋。看之，局未终，视其所执伐薪柯已烂朽，遽归乡里，已非也。”南朝梁·任昉（公元460~508）的《述异记》这样写道：“信安郡石室山，晋时王质伐木，见童子数人，棋而歌。质因听之，童子以一物与质，如枣核，质含之不觉饥，俄顷，童子曰：‘何不去？’，质起，视斧柯尽烂。既归，无复时人。”

从以上两处记载可以看出，“烂柯”这一美丽的传说主要有两个要点：“一是地点在信安，山名石室；二是主人公是王质，主要内容是观棋烂柯”。根据以上两个要点，我们来分析判断一下全国各地烂柯山及有相似传说的地方吧。符合这一传说的主要有浙江衢州、河南洛阳新安、广东肇庆高要的烂柯山和山西陵川的棋子山。先从地点上分析，浙江衢州自西晋太康元年（280年）改名信安，历经晋、南北朝、隋，直至唐咸通年间（860~873）方改为西安；广东肇庆的高要，南北朝时为高要，隋初（581年）改为端州，隋炀帝（605年）改为信安，到唐（618年）又改为端州，宋后改为肇庆，高要现属肇庆。浙江衢州称信安有600多年，而广东高要仅十余年。浙江衢州晋时称信安，而广东高要晋时并未设。广东肇庆高要烂柯山又名腐柯山，浙江衢州烂柯山则名石室山等。河南新安县旧称东垣，北周时改名新安，唐移新址至今，名未变。它不象浙江衢州虽自东汉初平三年（192年）置新安县，但到太康元年（280年）即已改名为信安。山西的陵川，隋时设立，一直未更名。翻阅《中国古今地名大辞典》，旧称信安的除衢州、高要外，还有湖北麻城、四川彭城、浙江常山及广东开平县东、北京霸县东，这些则无烂柯山及烂柯传说。

再从主要内容上分析，浙江衢州烂柯故事主人公是王质字子仙，俗称王子，家有老母及弟王贵，王质以采樵为生。中间的故事同史书上记载，结尾是王质观棋不解，正待请教，童子（少年）已不见，回身抄斧，发现斧柄已烂尽。归家后，人事物非，家都不存在了。经打听，人们说当年王质上山砍柴，一去不复返，至今已百余年了。后王质重返烂柯山，得道成仙而去。广东肇庆高要烂柯山主人公也是王质，神仙则为南、北两斗仙翁（一说为赤松子），王质吃的是蟠桃，余则差不多。而河南洛阳新安的烂柯山，主人公则是王乔，有人误认为王乔是王姓樵夫之误，实则不同。王乔是道教崇奉的神仙。杜光庭《王氏神仙传》云："王乔有三人，有王子晋王乔，有叶县令王乔，有食肉芝王乔，皆神仙，同姓名。"更能说明问题的是王乔仙洞前有一块诗碑，题目是《奉题河南府烂柯山铁斧诗》，头两句"我生江南山水间，尝闻王□有柯山"，就表明了烂柯山应位于江南，而非中州之地。而山西陵川棋子山，有学者证其为围棋发源地，山又称箕子山、谋棋山，山名本就不同，烂柯传说虽相近，但主人公却是李忏，神仙是两位老者，故事在箕子洞前。

从以上等地烂柯山及传说的分析，要数浙江衢州和广东肇庆的高要最接近虞喜、任昉的记载了。但要引起重视的是，虞、任两位对石室山（烂柯山）地形、地貌都未作详细描述，距两位最近有此描述的只有前文引用的孟郊诗中曾写到"惟余石桥在，独自凌丹虹"，这首诗名为《烂柯山石桥》，由此可见，跨空石梁（桥）是烂柯山的重要地形、地貌。浙江衢州烂柯山又名石桥山、石室山、悬室坂，主峰如一座巨大石桥，石桥下主洞高10米，东西宽30米，南北深20米。而广东肇庆高要的烂柯山只有烂柯坪、烂柯寺（旧存）等，并无石梁、石桥之类的地形地貌。

另据《隋书·经籍志》、《洞天传》中称"王质者东阳人也（隋信安属东阳）。"宋·张君房《云笈七签》说"烂柯山在衢州信安王质隐处，为天下洞山第三十"。此后典籍大都认为烂柯山在衢州。更可令人信服的是《志林》的作者虞喜是浙江余姚人；《述异记》的作者任昉曾在新安（今浙江淳安西）为太守，唐人孟郊是湖州武康（今浙江德清）人。他们都生活在浙江，对衢州烂柯山的有关记述应是比较可信的。

综上所述，"王质烂柯"的传说最令人信服的地点当属浙江衢州的烂柯山。陈祖德先生称之为"围棋仙地"当是名至实归的。

（作者单位：浙江衢州市文联）

第五篇

围 棋 地 理

安徽近代围棋发展

朱宝训

20世纪初江淮地区的围棋活动，可以说是一片空白。在军阀混战的年代，整个社会民不聊生社会动荡，此时，作为文化瑰宝之一的围棋尚能传承也就很不容易了。在这一时期，安徽当涂县诞生了一位围棋国手。他是20世纪50年代我国中青年一代的代表人物，对安徽围棋的发展起着举足轻重的人物，他就是被称为“江淮神童”的黄永吉。

黄永吉与安徽的围棋发展

黄永吉，字亚斋，1927年出生于安徽省当涂县。当涂县位于长江南岸，那是个物阜民丰的江南鱼米之乡，境内采石矶是观长江天门胜境的佳地，诗人李白晚年就是在这里度过的。他出身于书香门第，祖父是前清的举人。其父黄翊庭是北京大学物理系硕士研究生，在北京读书期间学会围棋，非常喜爱且也有相当水平。正是因为如此，黄永吉六七岁时耳濡目染便开始从父学习围棋了。

黄永吉自幼天资聪慧，学棋进步很快。不久即无敌于乡里，故在当地便有“江淮神童”之称。黄永吉小学毕业后，转到芜湖市的内思中学就读。在五年的时间里，黄永吉一有空就找人切磋棋艺，两年后他的棋艺在芜湖当地便无人与其争锋。1945年，黄永吉到南京就读立信会计专课学校。南京在当时会下围棋的人比较多，他在学校是上午上课，下午多到白下路内桥茶馆下棋。当时南京围棋高手陆曙轮、陈嘉谋、范德明等都与其多次交手，使他的棋艺逐渐得到提升。在南京也曾向刘棣怀、董文渊等一流高手请教，逐渐名声大噪，1948年在南京国际俱乐部举行的全国知名棋手比赛上，黄永吉战胜了几位重要的争夺者一举获得第一名。当时在江南一带，当涂小黄被誉为“江南无敌手”称谓。

江淮是当年新四军的所在地，陈毅元帅是新四军军长，在陈老总的带动下新四军的不少干部喜欢围棋。安徽干部里有不少是原新四军的，在这些干部里有一些喜欢围棋的，如原省委副书记张凯帆、原省政府副秘书长曾昭生等。当时科普协会秘书长许道珍和政协副秘书长章嘉乐，特别积极予以大力支持。1956年，国家把围棋划归体委管理。而当时的省体委也正值白手起家的阶段，而围棋对于一般人来说还是比较陌生，若马上进体委还必须有一个过程。就在这个当口，科普协会许秘书长伸出了有力的手，把黄永吉调人科协工作。这一年的下半年，省政协邀请了当时省城和省内知名的高手如：王太朴、万选初、万亮初、吴绍良、刘敬炎等进行了一次规模较大的围棋交流。黄永吉由于棋艺水平明显高出他们一筹，在半个多月时间里尽管连续下了27局棋而无一失手，让领导与众家都刮目相看。当时黄永吉虽在科协工作，但工作的内容就是提高自己的围棋水平。

1957年，黄永吉由科协正式转到省体委专门从事围棋工作，成为安徽省棋队开山元老。进了体委后其生活条件也改善了，工作性质也起了根本性的变化，黄永吉成为安徽省第一位围棋专业运动员。黄永吉从事围棋工作可谓久旱逢甘霖，到北京、上海不停的寻师访友，结识了上海顾水如、魏海鸿，北京过惕生、金亚贤、崔云趾等围棋界的老前辈。向他们学习和他们切磋，丰富了自己的知识，提高了棋艺水平。1957年上半年第一次参加华东区比赛，战胜了最具盛名的“刘大将”而获得冠军；同年下半年第一次参加全国赛，获得第五名的好成绩；1958年全国比赛获得第六名；1959年第一届全国运动会上，为安徽赢得围棋铜牌。1960年，是黄永吉围棋生涯最辉煌的一年，10月16日至11月13日在北京举行的全国棋类锦标赛上，黄永吉在上海、北京众多一流高手围追堵截之下，脱颖而出登上冠军宝座。

这一年比赛还设了少年女子表演赛，学围棋仅仅四个月的王汝南和女少年吴传穗也参加了比赛。比赛规程规定表演赛录取前八名，而参加表演赛的只有8人，王汝南获得第六名，吴传穗获得第八名。

陈祖德九段在他《无极谱》回忆第一次参加这一比赛，评注与黄永吉的比赛时写到：黄不愧是一员大将，每战必兢兢业业，比赛每方四个半小时总用得足足的，显示了中年棋手的充沛精力和沉稳干练。十六轮比赛后，黄以14胜2负的成绩荣登冠军宝座，“南刘北过”的时代从此动摇了。当月的体育报在评论此次比赛时，也称赞黄永吉夺冠是一个时代的信号。

当年中国围棋处在刚刚起步阶段，在开始的中日围棋友谊赛中，黄永吉成为中国队当然的主力队员。1960年日本围棋代表团首次访华，6月6日首战就派黄永吉与日方团长濑越宪作名誉九段对阵，在一度优势明显就要拿下来的情况下，官子出现小失误弈成和棋。这对刚刚起步的中国围棋，是一个不小的鼓励。1961年黄永吉以第二主力迎战小山靖男七段，比赛是一对一，五盘对抗赛，黄永吉在第二局中盘获得胜利。是当年我国棋手能够战胜的，日本最高段位的棋手，也是黄永吉参加国际比赛最好成绩。

由于黄永吉在全国比赛和国际比赛取得的辉煌成绩，安徽省体委开始加大对省棋队的建设。

省棋队成立与发展

安徽围棋真正的全面发展，应该是从省棋队成立为起点。尽管1957年黄永吉已经将关系调入体委，可真正完全转到体委上班已是1958年的7月了。这一阶段黄永吉主要是忙于北上和南下，抓紧时间找高手切磋棋艺，只有有了好成绩才会引起领导的重视。

棋队的框架应该是1958年的下半年搭起来的。当时体委直接过问棋队建设的是常务副主任伍群。6月，从体院调沈光星来队担任辅导员，负责安排进队运动员的事务和管理工作。围棋的胡懋林、朱金兆，象棋的麦昌幸、徐和良，国际象棋的姚伯华、朱训义等就是此时先后进队的。省棋队真正成为一个有规模的队，那是1960年黄永吉获得冠军以后。当年7月，陈毅副总理对时任安徽省委书记曾希圣说：安徽是徽文化的发源地，徽文化与围棋密切相关，安徽历史上出过许多围棋国手。你们应该为我国多培养些围棋人才，安徽有希望。听了陈老总的指示，曾书记当即电令省政府通知体委着手选拔人才。由于棋类运动员也要从小抓起，上海队已经先走了一步，1960年围棋少年陈祖德、吴淞笙能够打进前三名和象棋胡荣华一鸣惊人获得冠军就是成功的先例。特别是年底黄永吉打败了"南刘北过"取得冠军，就又是一个证明。

这一年的暑假，安徽省体委发文要求举办全省棋类培训班。棋队从全省选拔了近50人进入培训班集中训练，历时一个月。培训结束后，随即进行了省级的少年棋艺比赛，为省棋队选拔人才。其中围棋的王汝南、国际象棋的周永进就是这一期培训班的学生。

1960年年底前，省棋队已扩充到近30人，加上当时阜阳专区被列为安徽省棋类重点发展专区，成立了由15人编制的专业队，到省棋队代训(象棋的高华特级大师、国际象棋的李成义大师及笔者都是来自当时的阜阳专区棋队)。一时省棋队规模可谓空前，出操训练达到近50人，可见非常壮观。在这一批人当中，后来最突出、最有成就的就是前中国棋院院长王汝南八段。

当时只有围棋可以打开日本的国门，为了配合国家的外交方针，1962年起体育部门加大了对围棋的发展力度。那一年国家当时尽管处在自然灾害时期，经济困难生活也非常艰苦。国家体委决定11月在北京，全额增加了一次六城市少年儿童、女子锦标赛。陈毅副总理非常关心这一比赛，比赛期间多次接见小棋手，并现场观看比赛。我们省棋队作为合肥市代表队，按照规程规定全额报了名。男少年组：王汝南、朱宝训、史克恒。女少年组：吴传穗、魏昕、王玲玲。儿童组：刘传礼、袁强虎。结果：王汝南获得男子少年组冠军，吴传穗获得女子少年组冠军，魏昕获得女子少年组亚军，王玲玲获得女子少年组第五名，刘传礼获得男子儿童组第六名。可以说是一次不小的胜利，这在安徽围棋的历史上绝无仅有。凯旋归来后，合肥市赵凯市长接见了全体队员并合影留念。

省棋队从1960年起棋队人员逐年在减少，比赛成绩逐年下滑。1965年随着国家队减员缩编，象棋被砍。1966年省棋队围棋运动员最多，领队是王万俊，教练是朱金兆，运动员王汝南(国家队)、朱宝训(国家队代训)、刘传礼、王业辉、魏昕、王玲玲。这在当时与其他省市相比，这么几个人只是维持常规比赛而已。1970年省棋队被撤销。成立了13年之久的省棋队没有了，安徽的围棋从政府行为的发展，又回归到民间自生自灭的自发状态。

1973年，停滞了多年的围棋运动在周恩来总理的关怀下得以新生。为了配合国家的外交方针的需要，廖承志将率中国大型民间代表团访日，总理点名要有围棋运动员的代表。这一年在北京工人体育场，组织了最大规模的全国围棋集训。安徽省除原国家队王汝南外，还有朱宝训、刘传礼、魏昕三人参加了这次恢复性集训。为了推动地方围棋的发展，当年6月省棋队组织人员分东西两路作巡回表演。安徽省合肥、芜湖地区是这次巡回表演的重点城市，为迎接国家围棋集训队来皖巡回表演，促使省体委也做了必要的恢复围棋项目的准备。

1974年7月国家体委决定在成都恢复举行全国棋类比赛。这一年，省体委也作了恢复省棋队的决定。4月，下放在怀宁农村的朱金兆老师第一个调回，接着朱宝训、魏昕也由工厂调回体工队。这年的6月，为迎接7月在成都举行的全国比赛，基本上召集了原省棋队老队员和经内部专业人士介绍的上海下放知青，三项棋集训了近20人。这一年只有王汝南取得了个人第四名。

1975年，国家将要举办第三届全国运动会。这在体育的各个项目中，都是最好的发展契机。从省棋队的历史来看，这一年也是比较兴旺，成绩也是比较突出的。年初就开始着手集训，围棋除已经进队的朱宝训、魏昕外，原省队王业辉，合肥市的胡世侠，上海知青韩启宇、朱弘、徐福樟、魏国瑞等参加了这次集训。由于这一年全国运动会的比赛第一次设团体，领导显得也格外重视。全运会分两个阶段进行，第一阶段预赛6月10日至30日在上海进行。团体选出八个队进决赛，个人录取前十二名进决赛。我们省团体和王汝南个人，都进入了决赛。全运会决赛9月12日至28日在北京举行。安徽三项棋参加决赛的队伍有12人之多，在这届全运会参加决赛的队伍中，安徽是名副其实的棋类大省。

围棋的个人赛，我省王汝南与河南罗建文和四川雷贞倜及福建的赵之云在一个组。小组循环赛后王汝南与罗建文、雷贞倜三人无法区分小组名次，经最后加赛王汝南才幸运的以小组第一名进入决赛。决赛与聂卫平的那盘棋，眼看就要赢了，官子出了毛病才屈居亚军。王院长后来在回忆这次比赛时诙谐的说："如果我赢了聂卫平，将会扼杀一个巨星的成长"。聂卫平也正是从此之后，逐步成长起来的一代巨星。安徽只是团体不幸，小组被挤出前三名无缘决赛。那一年全运会是省棋队成绩最好的一次，王汝南取得围棋个人银牌，蒋志梁获得象棋个人银牌，俞顺秀取得国际象棋女子铜牌。在这届全运会上，安徽棋手为江淮人民争了光。

1976年之后，省棋队开始考虑充实队伍和培养少年及女棋手。围棋调了王业辉回队，招韩启宇进队。由于进人需要劳动指标，1977年原本体工大队给了三个指标。由于象棋急需补充新生力量，两个给了象棋，围棋一个指标准备调合肥孙乃经的，因种种原因临时决定改调芜湖田小农入队。第二年，合肥黄丽萍、陶坚海也同时进了队。1979年，再进车泽武、李星、黄小牧和女棋手宁军。

当时省棋队领队是刘知湘，教练是朱金兆、黄永吉，笔者当时负责进队的少年训练工作。在20世纪70年代培养的这批人中，比较突出的是车泽武。他1982年定为四段，1989年升为七段，国家队队员。1991年在第五届“富士通杯”世界职业围棋锦标赛中，连胜韩国李昌镐九段和日本小林光一九段，进入前八名。

1983年省体工大队面临体制的变化，省体委打报告成立安徽棋院得到上级的批准。尽管条件完全不成熟，省棋队也不得不脱离省体工大队，转移到省体委刚刚接收的三里街老机场另立门户了。这就是安徽棋院的前身，之后的安徽棋院才成立，只是形式的变化。省棋队在三里街独立过了两年，体制又有了大的变化。省体委决定在三里街老机场成立体工二大队，省棋队原本就不是独立的棋院建制，重新划归体工二大队领导。三年两大变的体制，省棋队莫要说成绩与发展，在这样的变迁中就是拖也被拖垮了。省棋队在体工二大队中，勉强维持到1986年第六届全运会后，由于自身没有成绩必然遭到削项减编的待遇。队内围棋只维持了几个编制，除车泽武在国家队外，其他队员都被迫退役了。

时间到了20世纪90年代，改革开放之风吹进了棋界，各地纷纷成立棋院。安徽在当时省委副书记、中国围棋协会副主席徐乐义的关心下，省体委决定用好徐书记给解决的部分经费，在办公楼的西则建造一个两层楼房把安徽棋院恢复起来。1994年10月18日，安徽省棋院召开了隆重的恢复成立大会。新的安徽省棋院第一任院长由当时的省体委副主任谷庆堂兼任，丁晓峰任常务副院长。1998年王荣仁调任第二任院长，丁晓峰任副院长。2002年何新德调任第三任院长，丁晓峰任分管竞赛财务的副院长，王兆银任院长助理至今。由于安徽省棋院由全额拨款事业单位已逐步改变为自收自支的事业单位，现今除了完成省体育局交给的一切任务外，最为重要的还得找回养活自己的经费。

在2005年第十届全国运动会结束之后，省体育局在布点和结构上作了重大调整。新成立了社会体育指导中心，安徽省棋院虽然独立挂牌但划归了社体中心管理。今后我省围棋的发展，将在社体中心的领导下有大的举措。

中国棋牌的一代掌门人——王汝南

王汝南1946年9月16日生于安徽肥东县。自幼天资聪慧，善于观察事物喜欢动脑筋。1960年暑假期间，参加全省棋类培训班，跟随当时培训班胡懋林启蒙围棋。由于是假期的一种免费活动，再加上围棋对孩子比较陌生，虽经近一个月的启蒙，有的还是没有学会。可王汝南真的给迷上了，尽情的在十九路棋盘上演义着吃子和围地的技巧。在接下来比赛中，王汝南突出的表现给省棋队的黄永吉老师留下非常深刻的印象，推荐他参加了当年全国锦标赛的少年女子表演赛。比赛之后，就进了省棋队当上了专业围棋运动员。

进了省队王汝南如鱼得水，在优越的生活环境里非常珍惜来之不易的机会，所以学习格外用功。黄永吉老师是当时安徽的重点队员，目标是保证比赛成绩，领导不允许他做教练工作。只能是抽空对他喜爱的队员进行个别辅导。王汝南正是在黄永吉老师的教授下，使他在那个时代能够很快成长起来。1962年，全国棋类锦标赛在合肥举行。王汝南作为后起之秀表现非常突出，分组赛打进了第三组，并在第三组中名列前茅。这为第二年参加全国集训，积累了足够的筹码。1963年在北京经过九个月的集训，王汝南的棋艺水平有了质的飞跃，在1964年杭州举行的全国围棋锦标赛上，取得第五名的优胜成绩。同年作为中国围棋代表团第一次访日，取得4胜5负成绩，在中国团取得的20胜中占据重要的一席。第二年再次访日，战胜石井邦生六段、石缚郁郎五段等日本青年职业棋手并取得4胜2负1和的好成绩。由此之后，我国棋坛形成了以陈祖德、吴淞笙和王汝南为代表的新一代的代表人物。1965年11月，王汝南正式入选国家围棋队，肩负更重要的国际比赛的任务。

从1975年国家围棋队恢复后，王汝南开始在队内从事教练和部分管理工作。1986年，国家体委任命王汝南出任日本商界援建的中日友好围棋会馆馆长。1988年，王汝南任国家体委棋牌管理中心副主任，中国棋院筹建组副组长。2004年，陈祖德退休，王汝南接任中国棋院院长，担当起我国棋牌领域的又一代掌门人的重担。

王汝南的棋风以擅长持久战著称，全局应变能力极强，善于后半盘官子收束。在多年的中日围棋比赛中，友好的日本棋手爱称汝南“顽强的王君”。在处人处世中，亲疏多与人保持一定的距离。走上领导岗位后，处处以身作则，又特别注重廉洁、廉政的形象。

安徽的赛事及协会建设

任何一种胜负游戏的诞生，必须伴随着有吸引力的竞技手段，才能够得以生存和发展。围棋自发明尽管经历了四五千年的历史，自身具有丰富的文化内涵和哲理，又具备无穷无尽的变化；依然是要在竞技杠杆的指导下，围棋的自身才能得以提高和发展。

由官方举办的围棋比赛，最早始于1959年安徽省的第一届省运动会棋类比赛。由于是全省运动会，那次比赛围棋参赛单位并不多，9月在合肥举行。代表合肥参赛的黄永吉，获得冠军。当时参赛的只有六安朱金兆、芜湖韩雪、徽州郑葆荣、蚌埠席凤和、安庆胡懋林等。那时侯下围棋真是一项阳春白雪的游戏，全省也难能找出几个。

1960年，全省棋类比赛在有象棋之乡之称的亳县举行。参加围棋比赛的状况并没有得以改善，特别是举办比赛的东道主，几乎找不到会下围棋者。冠军依然被黄永吉获得。

1961年初，全省棋类比赛在蚌埠市举行。由于省里开始着手培养青少年，这一年围棋的参赛情况有很大的改善。黄永吉这一年没有参加，朱金兆获得冠军。之后，由于国家处在自然灾害时期，除了1964年夏天在省队举办过一次少年赛外，全省棋类比赛就停止了。直到1974年，安徽省要举办第三届运动会省赛才得以恢复。第三届省运会参赛单位比较多，十六个地市都派队参加了。比赛结果，代表滁县参赛的上海知青徐福章获得冠军。

安徽省棋类运动协会成立于1980年，主席由时任省体委副主任的仰柱担任，副省长张凯帆等任名誉主席。安徽省棋类运动协会是管理围棋、象棋和国际象棋三棋的社会团体。

1987年，安徽省棋类运动协会在安徽省总工会、安徽省体育总会的支持下，创办了省棋协杯的比赛。经过省总、省体总的扶持，省棋协杯分别在合肥、蚌埠、亳州、黄山、铜陵、芜湖、青阳、六安等城市举办过，对各地棋类的普及，对我省棋类的提高，对我省三棋的发展起到巨大的推动作用。省棋协杯虽说从最早的象棋、围棋发展到国际象棋，但比赛始终只设团体与成年组。省棋协杯一直坚持举办，成为安徽棋赛的一个传统品牌。

属于社会办棋赛的，在我省还有一个更早并成为传统的就是“庐阳杯”围棋比赛了。“庐阳杯”围棋比赛始于1980年，当时担任省体委竞赛处长的李明杠是个围棋迷，也是我省围棋的倡导人之一。在受北京1979年创办“陈毅杯”群众性围棋比赛的启发，他力主在春节期间活跃合肥地区广大群众的文化体育生活，通过他掌管体育记者协会的联络，举办一个由省城各新闻单位主办的围棋比赛，定名“庐阳杯”合肥地区春节围棋比赛。这就是“庐阳杯”围棋比赛的来历。

第一届“庐阳杯”围棋比赛的经费是由主办单位出，参赛者不但不需要报名费，还可以得到新闻单位赠送的小纪念品。1月24日，开幕式在体育馆里举行。那天天气很冷，时任安徽省委第一书记的张劲夫来到了比赛现场，就创办“庐阳杯”围棋比赛表示支持，就下围棋的好处发表了自己的见解，并对安徽围棋的发展表示自己的关心。“庐阳杯”围棋比赛一直是安徽和合肥地区的传统赛事，延续到1995年安徽省棋院的恢复成立。安徽省棋院接办后考虑到全方位发展，“庐阳杯”扩展成为三项棋的比赛了。“庐阳杯”围棋比赛自创办时就考虑到培养少年，设有少年组和儿童组。由于“庐阳杯”比赛是在特定时间的一次文化体育活动，每年到时间就会有爱好者找上门来。现今参加“庐阳杯”比赛的主力，是少年儿童棋手。

安徽的围棋从20世纪90年代开始走下坡，对此，王汝南院长非常关心。多次建议是否能够将原省棋类协会，分别设立为省象棋协会和省围棋协会。这样，可以调动更多的社会力量对我省三项棋类事业予以支持。2004年4月24日，经过精心筹备的安徽省围棋协会成立大会召开了。副省长田唯谦、省政协副主席方兆本、中国棋院院长王汝南、中国围棋协会顾问徐乐义任名誉主席，省公安厅长、中国围棋协会副主席崔亚东任主席，安徽棋院院长何新德任常务副主席，笔者任副主席兼秘书长。安徽省围棋协会成立一年多来，创办了两届高奖金的安徽省业余围棋名人赛，在合肥举办了第十二届中国围棋新人王赛，在黄山举办了第八届中韩新人王对抗赛。安徽省围棋协会的成立使沉寂多年的局面得以复苏。

2005年12月3日至2006年1月3日，安徽围棋协会会同合肥市城投房产有限公司、合肥晚报共同主办了“龙居山庄杯”系列围棋活动。第一阶段是业余公开赛，活跃了我省岁末文化体育生活。第二阶段是“龙居山庄杯”中国围棋最强赛，请来了“应氏杯”冠军常昊九段和2005年三冠王古力七段为我省爱好者在安徽大剧院作现场快棋比赛，中国棋院院长王汝南八段现场讲解。在省城合肥引起非常大的反响。2006年1月2日上午11时，省委书记郭金龙在明珠大酒店接见了王汝南院长及其一行。“龙居山庄杯”的系列活动，为2006年开了个好头，展现了我省发展围棋的美好前景。

安徽省围棋协会副主席兼秘书长：朱宝训

广西围棋概述

陈志萍

20世纪初，围棋泰斗吴清源在北京摆擂台的时候，唯一打败他的是一位姓雷的全州人,他当时正在北京读书。可惜此人隐没在乱世中，如流星一现，连名字都未曾留下。此后，桂林人汪振雄异军突起，独霸一方，与刘棣怀、顾水如、王幼宸、魏海鸿、过惕生等齐名。他出身世家，受过高等教育，文章写得极好，毛笔字亦属上乘，对诗词有很深造诣。一日，汪振雄与少年赵之云下棋，适逢倾盆大雨，弈毕他欣然赋诗相赠。诗云：

小赵围棋又几番，老夫胜败总开颜；

何须暴雨疑龙斗，野战楸枰最壮观。

汪振雄抗战时在桂林主持围棋研究社，新中国成立之后，担任当时全国唯一一份围棋刊物——《围棋》月刊副主编。

南宁老棋手魏壮，是交通厅的工程师，学问好，人品好，谁向他请教，都笑眯眯的答应，不管让上多少子。他在全国比赛曾获前几名，很有名气，陈毅元帅每次到广西，都请他去下棋。南宁市稍后还出了彭东东、寿国香等棋手，独步一时。

20世纪60年代，桂林人黄进先入选国家队，作为和陈祖德同批的国手，曾两次代表中国队出访日本。1975年，黄进先获第三届全运会围棋个人赛第八名，1982年黄进先定为五段，1983年升为六段，著有《劫争知识》一书。曾任中国围棋协会副主席，《中国围棋年鉴》编委，现任河南省棋队总教练，总管围棋、国际象棋、中国象棋，培养出了刘小光、丰云等一批优秀围棋选手。他虽身在河南，但时刻关心家乡的围棋事业。黄进先主持的河南围棋培训中心，就接收过不少广西围棋学员。唐盈在参加2002年全国个人赛获得冠军之前，曾在河南围棋培训中心训练过很长一段时间。

比起其他围棋活跃地区，广西围棋一直停滞不前，属于“老少边穷”地区。1987年，时任广西自治区人民政府副秘书长季桂明出任广西围棋协会会长后，重组了广西围棋协会，要来了20个编制，主要投放在桂林和南宁，广西围棋才重新焕发活力，开始了新的篇章。

20世纪80年代，聂卫平在中日围棋擂台赛上横扫日本超一流高手，引起学棋高潮。老聂曾在20世纪80年代末到南宁与当地的棋手们举行车轮战，以一敌十，全部让三到四子，大获全胜。生性直率的老聂脱口就说：“你们棋手的水平，与南宁的首府地位不相符。”让南宁的棋手们惭愧不已，于是勤练棋艺，逐渐提高了广西的围棋水平。

1990年，广西成立了专业围棋队，队员有吴肇聪、黄才进、关卫海、王立国、陆源、尹春琳。而围棋基础较好的桂林市，大胆从河南引进王洪军七段和其夫人刘雅洁二段为教练，为广西培养出有职业段位的棋手有七人，整体提高了广西的围棋水平。季老先生在任期间，还成立了岭南棋社，举办了各种比赛，接待了陈祖德、王汝南、聂卫平、马晓春等围棋高手。为广西围棋创建了良好的氛围，带动各地市围棋活动的发展，涌现了一批棋艺高超，风采各异的业余高手。早期的白起一、邓双陆、吴肇聪、王民学、唐良锦、潘世兰、吴之华，现在的广西棋王严剑刚，王立国、方灿、黄才进、莫云龙、莫云虎兄弟，关卫海、钟文洪、梁俊等。

严剑刚，柳州人，9岁学棋，进步很快。一次，他与父亲对弈，非常优势的棋，就因为走了一个随手棋输掉了。小严剑刚呆呆的坐着，又气又急，终于忍不住大哭起来，家人怎么安慰劝解都没用。哭完后，他擦干眼泪，又把爸爸拉到棋盘前，开始新的一盘棋。努力勤奋的严剑刚很快在市里比赛崭露头角，还得到广西冠军唐良锦的指点，棋力飞长。1993年，严剑刚终于获得全区围棋赛冠军，一鼓作气获得1996年、1997年、1999年的广西第一名；1998年至2000年连获西南五省三连冠，名震广西。

1998年，17岁的桂林小将邹俊杰在全国“新人王”比赛中一举夺冠，广西棋手第一次在全国大赛中夺金摘冠，为广西围棋实现了零的突破。2001年，邹俊杰一路杀退诸多高手，再次入围全国个人赛三甲，只是近年少有佳绩。邹俊杰现加入围甲联赛，效力于贵州咳速停队。

广西的三大城市，南宁，柳州，桂林。地域相近，高手众多，如战国时三国演义，互有短长。三地棋迷棋手都不满足于小规模的对抗和交流，于是，首届“甲天下杯”广西三城市围棋对抗赛于1999年9月在柳州饭店落子，每场皆由职业七段高手王洪军大盘讲解，广西各大媒体每天都跟进报道，轰动一时。数场激战后，拥有专业围棋队的桂林队凭借雄厚的实力，荣获团体冠军，而代表柳州出战的严剑刚夺取了个人第一。

2000年1月，为了庆贺新广场的落成，桂林市举办了体育大联欢活动，请来刘小光九段在桂林市中心广场举行车轮大战。刘小光当时身患重感冒，仍然冒着严寒，和139名围棋爱好者切磋技艺。早上九点，比赛开始。广场上139张棋桌摆成一个约150平方米的方形，刘小光每走一圈，都要十几分钟。每个参加比赛的棋手都很珍惜这次比赛机会，直下了四个小时后，才有人投子认负。比赛进行到晚上八点，还有20台没有结束。裁判长数目后，刘小光胜123盘，让子棋负5盘，让先棋负11盘的成绩大获全胜。整个比赛创下了新的吉尼斯纪录，并得到了上海大世界吉尼斯总部的当场认可。

2000年7月，首届桂柳围棋擂台赛举办，由桂林和柳州组队以擂台赛的形式对抗，上演了一场精彩纷呈，惊险刺激的好戏。桂林女将唐盈在这场演出中一鸣惊人，连连斩落五名柳州高手，而且基本上都是屠龙得手，一度让柳州队的高手们谈盈色变。柳州主帅严剑刚临危受命，挺身而出，过五关斩六将，一个同样精彩的五连胜让柳州队笑到了最后，成功夺冠，成了柳州棋迷们心目中的英雄。同年，严剑钢还在广西围棋“棋王战”中五战全胜，成为毫无争议的广西棋王，而“八桂女棋王”的称号由唐盈获得，男女第二、第三名分别为王立国、关卫海，周结凝、柳帅书。

2001年，广西围棋协会召开了第二次理事会，会上季桂明主席肯定了围棋协会几年来的工作成绩，订出了“在中国棋坛占有一席之地”的目标。

广西的围棋水平，一直处于落后状态，在历届晚报杯和全国大赛上，成绩乏善可陈。2000年10月，“中国联通杯”第三届全国业余围棋赛在南宁开幕，来自全国10多个省市，共76名业余界的高手展开激烈的厮杀，为广西的棋迷献上一道丰盛的围棋大宴。一场场惊心动魄的大战后，广西荷花味精队幸运的挤进六强，为历届难得的好成绩。紧接着的2001年的晚报杯上，严剑刚，王立国，关卫海组队参赛，成绩不是很理想，好在随后的“斯壮杯”全国业余围棋大赛上，三位高手再次披甲出征，主场作战，在家乡棋迷们的支持鼓励下，为广西光大银行队争得第六名的好成绩，严剑刚也获得个人第六名，实现了广西棋手在全国大赛的突破。赛后，广西围棋协会主席季桂明认为，这次比赛对广西的围棋起了很好的推动作用，为今后的围棋普及教育创造了很好的氛围。

广西城市之间的对抗赛越来越火爆。2001年2月，广西四城市围棋对抗赛火爆上演，南宁、柳州、桂林、北海，四路人马齐聚邕城，三国演义变成四方争霸。桂林队再次赢得胜利，南宁队第二，柳州队第三。2002年，港澳台桂围棋联谊赛开战，参加比赛的棋手均为业余5段以上，辗转南宁、柳州和桂林三地比赛，广西队三战全胜，捧得金杯。广西棋坛与周边城市和地区的围棋交流蔚然成风，不但交流了棋艺，也促进了经济和文化等多方面的交流。

2002年，对广西棋坛来说是不寻常的一年。2月，银荔杯广西棋王赛横空出世，引来广西群雄龙争虎斗。这次比赛不分业余和职业，潘峰(职业三段)、唐兢(职业二段)、赵子骥(职业初段)的加入让整个比赛更加精彩刺激。比赛一开始就爆了个大冷门，业余5段唐韬居然把夺冠大热门潘峰斩落马下，让他早早失去争冠的机会。15岁的桂林女将黎念念脱颖而出，连克唐兢和曾三获广西业余冠军的老将邓双陆，4胜2负排名第五；老棋王严剑刚面对职业棋手的强大攻势，沉着应战，力擒唐兢、赵子骥，并幸运的避开了潘峰，以六战全胜的战绩，一骑绝尘，直奔第一。

9月24日，一个爆炸性的新闻传来，广西业余女棋手唐盈5段破纪录的夺取2002年全国围棋个人赛女子冠军！这是业余棋手第一次在全国女子个人赛中夺冠，实现了零的突破。

唐盈7岁学棋，师从黄文老师，后进入市围棋队师从白起一老师进行系统训练，1992年进入广西围棋集训队。训练的日子单调而枯燥，在最后的一年时间里，集训队只有唐盈一名队员，出现了三个教练带唐盈的“庞大阵势”。当时14岁的唐盈突然感到困惑了，她开始对围棋产生厌烦的情绪，这一年9月，唐盈回学校读书。2001年6月，唐盈从桂林师范学校毕业，再去河南省围棋队接受专业训练。2002年刚过20岁，两次冲段未果的唐盈黯然回到家乡桂林，参加了全国围棋个人赛，开始了她传奇般的夺冠历程，并凭着这一桂冠，取得职业初段的资格。多年的盼望在无数次失望后，以最意想不到的方式开花结果。

2003年，中日韩女子围棋对抗赛在广西的百色市举行，唐盈漂亮的以二连胜挑落日本女子冠军加藤启子四段、韩国玄味真二段，荣获第一，充分证明了自己的实力。谁说女子不如男？广西女子有着不亚须眉的能力和豪气。2003年，广西华蓝女子围棋队成立，队员有唐盈、黎念念、周结凝等队员，是一支非常年轻的队伍，平均年龄18岁，正式队员平均年龄23岁，作为后备力量的集训队员平均年龄仅11岁。2004年4月，在山西晋城举行的2004年度全国围棋团体赛上，广西华蓝女子围棋队经过七轮拼搏，战胜多位国内著名好手和实力雄厚的省市代表队，由乙级队晋级为甲级队，率先实现了跨入全国围棋先进行列的目标。

同年，广西业余围棋名人赛诞生，参赛的选手均是各地市围棋协会推荐的高手，男棋手16人，女棋手8人。女名人由桂林周娅获得，严剑刚四战全胜，将“名人”称号笑纳怀中，加上原来的“棋王”身份，成为广西业余围棋界名副其实的双冠王。名人战罢棋王赛又呼啸而至，上次铩羽而归的职业棋手们憋足了劲要一洗前耻。御林军与绿林军谁能笑傲江湖，整个比赛激烈充满悬念。一番较量后，潘峰、严剑刚、唐盈三骑并驱，严剑刚与潘峰的对垒引来各大媒体的争相报道。严剑刚在职业三段咄咄逼人的攻势下终于失守，潘峰登顶成为新一代广西棋王。

2004年的晚报杯在桂林举行，代表柳州晚报出战的9岁小棋手廖行文得到媒体和棋迷们的广泛关注。廖行文4岁时就师从广西女子冠军刘玫女士学棋，很快就表现出他在围棋上惊人的天赋。陈祖德、王汝南和日本著名九段宫本直毅和小廖下让九子棋的时候，就发现了他的与众不同之处，时任中国棋院院长的陈祖德一语惊人，预言广西将会出现一个伟大的棋士，对小小年纪的廖行文寄予厚望。

2005年1月的晚报杯上，10岁的廖行文力克美罗杯全国业余大赛冠军李天罡，引起全场轰动；同年广西棋王赛中，廖行文击败了职业二段赵子骥，显示出他不俗的实力。9月，廖行文代表中国参加第二十二届世界青少年围棋锦标赛，发挥出色，勇夺少年组冠军，这是广西围棋选手首次夺得世界大赛的桂冠，被称为广西围棋的“希望之星”。2005年的定段赛中，廖行文和另两名广西小棋手唐崇哲、刘宇并肩作战，18个定段名额，三人排在20、21、22位，刚好与职业棋士的称号擦身而过。

2005年7月，广西三城市围棋对抗赛再次在龙城柳州拉开战幕。桂林、柳州九大高手同台较量，桂林队技高一筹，以7比2的比分大胜。不久，桂林队移师南宁，进行第二阶段的较量。不巧的是，南宁两员大将王立国、安航因故缺席，南宁队处于不利地位。大战后清点战绩，本次比赛唯一的女棋手、南宁女将周结凝5段执黑以三目半的优势，把著名的桂林老将白起一5段挑落马下，为比赛增添了一抹亮色，南宁队整体以3比6败北，成全了桂林队的两连胜。

第三阶段的比赛接踵而至，桂林队坐镇主场迎战由南宁、柳州、梧州及北海的围棋强手组成9人的广西联队。面对职业棋手助阵的桂林队，高调出征的广西联队以2比7败下阵来，其中，柳州棋手梁俊两次生擒桂林第一业余高手莫云龙，赢来“杀手”称号。一场自以为胜利在望的比赛，差距怎么这么大？广西联队了解到，桂林自前两年开始，自发的成立了围棋研究会，棋手在每周都能和水平相当的对手交流，而且，桂林早年的专业队也给桂林留下了宝贵的财富，年轻棋手的数量远远多于其他各地，取胜是理所当然的。自此，各地的围棋协会纷纷举办了研究会，争相促进本地棋手的水平。

广西是个沿边省份，地处祖国南疆，南临北部湾，面向东南亚，西南与越南毗邻，东邻粤、港、澳，北连华中，背靠大西南。是西南地区最便捷的出海通道，也是中国西部资源型经济与东南开放型经济的结合部，在中国与东南亚的经济交往中占有重要地位。2004年起，中国和东盟10国政府经贸主管部门，及东盟秘书处共同主办的国家级、国际性经贸交流盛会，中国——东盟博览会，每年定期在中国广西南宁举办。

2005年8月20日，第一届中国南宁——东南亚国家围棋邀请赛在南宁开战。作为中国——东盟博览会活动的一部分，广西以围棋为桥梁，连通东南亚各国在地理上、文化上、风俗上的共同点，使围棋不再仅仅是一门高雅的艺术，阳春白雪，高山流水，而是日常交际中相互交流、欣赏、理解和认同的途径。以棋会友，让广西与东南亚国家继续深化经贸往来与合作之外，文化、体育、经济的交流与合作也得到进一步加强。当年的乒乓球外交让中美关系展开了新的一页，围棋外交也发挥了独特的作用。

比赛为期五天，东盟国家除了文莱、缅甸和老挝外，其他国家都派出了代表队。此次比赛云集了40名以上的业余围棋高手，其中新加坡、泰国棋手最具冲击力，印度尼西亚、菲律宾、越南等国的棋手也都是本国业余围棋界的佼佼者。 广西华蓝队的棋手黎念念在此次比赛中十分抢眼，在首轮比赛中就先声夺人战胜商务部代表队的张岩培，接着连胜日本的明田克行和韩国的金真焕，并在关键的第四轮中执白中盘战胜岛村胜二七段，和另外一名广西棋手关卫海会师决赛。势不可挡的黎念念执黑中盘战胜对手，以全胜战绩赢得个人冠军，关卫海位居次席，广西棋手同时占据了团体前三中的两席，韩国棋手郑铉燉、金真焕实力平均，获得团体第二，日本大阪队获得了团体第四。

2005年11月20日，由中国围棋协会、NEC主办的第十一届NEC杯围棋赛的两场四分之一决赛在广西人民会堂举行，这是该赛事举办以来首次在南宁亮相。为了迎接比赛，南宁还举办了少儿MEC围棋赛，各幼儿园、学校参加的小棋手高达三千多人，盛况空前。比赛由古力七段对阵朱松力六段，常昊九段对阵刘世振六段，由中国棋院院长王汝南和著名女棋手徐莹五段，为1000多棋迷们进行现场挂盘讲解。

广西的棋迷比例在全国不算高，但对围棋的热爱和积极参加的态度却可名列前茅。南宁棋迷们的热情和关注让徐莹惊喜之情溢于言表，称这是NEC杯举办到现在为止观众最多、反响最热烈的一站，希望明年的NEC杯还能来到南宁。12月6日，第二届倡棋杯中国职业围棋锦标赛半决赛第二和第三局的角逐在南宁拉开战幕，由孔杰七段对周睿羊三段，周鹤洋九段对谢赫六段。高水平的比赛对围棋运动在南宁的推广起到良好的促进作用。

2006年，一年一度的广西少儿围棋赛在北海举行，有来自南宁、柳州、桂林、梧州、钦州以及北海等地500多名小棋手参加。其中，南宁、柳州、桂林三地的棋手和随行的家长、教练员有800人之多，三地棋协索性合包了一趟专列，浩浩荡荡的从南宁直达北海。这趟专列为全国围棋比赛之罕见，引来媒体的纷纷报道，使围棋比赛的影响超过了围棋界。

举办这次比赛的北海围棋协会会长林如海，不但是个成功的商人，还是个成功的围棋活动家。在他的积极活动下，这次比赛得到了贝因美集团的赞助和支持，把住宿的地点和比赛场地都放在四星级的大酒店，舒适周到的服务，宽敞明亮的比赛场地，就是职业棋赛也不过如此。广西能举办如此盛大高规格的围棋赛，标志着广西围棋的推广和普及，迈上了一个新的台阶。

7月24日，全国围棋定段赛上传来令人惊喜的消息，11岁的廖行文成功定段，成为柳州第一位职业棋手。更让人赞叹的是，廖行文在同年12月的理光杯围棋赛上，爆冷击败2006年三星杯八强之一王垚六段，次轮又将NEC冠军刘星七段淘汰出局，闯入十六强成为一匹引人注目的小黑马。第一次登上职业舞台的廖行文有如此精彩的表现，充分证明了陈祖德老先生的先见之明。

11月9日，来自全区各地的围棋人士在广西围棋协会第三届理事会上，为广西围棋的发展出谋划策。理事会上，再次连任协会主席的季桂明介绍了第二届理事会五年以来的工作。这五年间，围棋协会举办了100多次比赛，其中影响广泛的大中型赛事32次，并承办、协办了多次全国、国际赛事。围棋协会还在围棋的推广和普及上做出了巨大的努力和贡献。全区有20万人参加过围棋基本知识讲座，2万多人进入围棋兴趣班，2千人进入各地的围棋学校、培训中心和铺导班接受长期训练。南宁、柳州、桂林、梧州、北海、钦州等重点城市的围棋教育，都盛况空前。经系统训练，全区有近800人获得了业余段位，其中，获初段以上的695人，获4段以上的81人，涌现了一批天赋优异、有希望进入专业棋手队伍的好苗子，有的已经崭露头角，在全国赛事中获得冠军头衔和较好名次。

围棋协会选出了新的领导班子，季桂明连任主席，申银皎、盛况伦、于学军任副主席，杭宁任秘书长，副秘书长白起一、刘玫，于学军、王洪军、黄才进、林如海、严剑刚、周结凝等任理事。

广西围棋协会不但积极举办比赛，为了普及围棋，还大力开展各城乡的围棋活动。2001年6月28日防城港市围棋协会在边城东兴正式挂牌，自治区围棋协会和桂林棋院及南宁、钦州等市围棋协会有关领导前往祝贺，同时举办“北部湾杯”围棋团体邀请赛。2007年1月1日，崇左市第一届围棋定段赛在凭祥举行，崇左市七个县市区的棋手们踊跃参赛，南宁棋手关卫海担任比赛裁判长。

2007年4月，严剑刚、莫云龙、黎念念、唐崇哲四人组成的广西华蓝队参加了在西安市举办的全国业余围棋联赛。此次比赛是建国以来首次举办的大规模团体联赛。比赛采用联赛赛制，经九轮角逐后，分出甲、乙队伍各八支，余下均为丙级队伍，从下一届开始实行联赛升降制，仿职业围甲联赛，在全国各地分站进行。大赛聚集了全国各地共三十四支参赛队伍，高手如云，藏龙卧虎。广西队的选手们全力以赴、敢打敢拼，取得了团体第六的优异成绩，成功晋级甲级队。其中，小将唐崇哲以全胜的战绩笑傲全场，为广西队冲甲成功立下赫赫战功。

2007年5月，广西首支职业围棋甲级队——广西华蓝队日前在南宁正式成立，由前中国围棋协会主席陈祖德九段担任总教练，李亚春七段担任教练，队员包括刘小光九段、牛雨田六段、李康五段、张立四段、王幼侠四段以及第二十二届世界青少年围棋锦标赛少年组冠军广西12岁小将廖行文。

广西华蓝集团有限公司是由广西建筑综合设计院改制而来，一直热心支持围棋运动。此次把北京麒麟至诚队购下，易名广西华蓝队，使得这支围甲棋队真正属于广西，从而结束了广西没有职业围棋甲级棋队的历史。此外，由于广西华蓝女队也是全国女子围棋甲级队，华蓝业余棋队也取得了全国业余围棋甲级联赛资格，广西华蓝成为全国唯一一家同时拥有“三甲”棋队的企业。同时，南宁也成为全国唯一拥有“三甲棋队”的城市。 华蓝集团还成立了华蓝围棋俱乐部，由华蓝集团属下棋手，曾获广西女子冠军的周结凝任俱乐部主任，负责整个棋队的运作。

5月2日，“金立手机杯”中国围棋甲级联赛第一轮比赛，广西华蓝队对武汉黄鹤楼队，在首府南宁拉开战幕。虽然广西华蓝队1比3惜败，但众多职业棋手云集广西，同台较量，亦为广西棋坛之盛事。5月19日，广西华蓝队移师广东，转战广州白云国际队，终以3比1取胜，迎来围甲联赛的第一场胜利。5月24日，南宁主场迎战新兴房地产队，小将张立力克世界冠军罗洗河，为华蓝队立了大功。

第十三届NEC杯围棋赛第二轮比赛于5月26日在南宁开赛。赛前照例举行的NEC杯业余比赛，有3100名少儿棋手参赛，场面火爆，取得佳绩者方能获得现场观战的入场券。比赛当日，1300多人涌进大厅，棋迷们打着红旗，拉着横幅，举广西队两位棋手画像，高声为他们加油。广西华蓝队两棋手牛雨田六段、李康五段主场作战，分别战胜王磊八段、李喆五段，双双跻身八强。一连串高规格、高水平的围棋赛事，极大的推动了围棋在广西的知名度和普及率，活跃了广西的围棋市场。

广西围棋协会由1987年到2007年，整整走过二十年的岁月。这二十年中，广西围棋协会从举步维艰到稳步发展，从爱好者寥寥到现在各地都建立了棋协、棋校，学棋的孩子多达数万人，离“在中国棋坛占有一席之地”只有一步之遥。广西围棋的明天会越来越好。

“黄河杯”二十周年回顾

伍爵天

“黄河杯”的创立应分为前后两个阶段。前期定名为“兰州地区业余围棋最强战”，由兰州业余棋手刘长生5段主办，笔者主要负责竞赛和裁判长工作，连续举办了三届。第四届发展到乌鲁木齐、银川、西宁、包头和洛阳等中国西部黄河流域城市。

1990年起为第二阶段，当时由笔者主持协会日常工作，特报请原国家体委棋牌办公室批准，“黄河杯”开始成为全国性赛事，并批准前两名授予业余6段。当年四川、成都、武汉、西安加入“黄河杯”，故也称十省市围棋邀请赛。后来在此基础上又进一步修订完善了竞赛规程，并报请国家体委棋牌办公室批准正式定名为“‘黄河杯’全国城市业余围棋锦标赛”，批准前六名授予6段并顺延至第十二名，成为继 “晚报杯”后国内业余最高的赛事，因而北京、上海、天津、东北、西南、华东、华中……等业余名手纷纷报名参赛，使“黄河杯”真正成为品牌赛事走向了全国。因“黄河杯”十几年来总是在西北举办，局限性较大，加上经费拮据，2001年第一次走出西北和山东联手，使赛事进一步得到发展，收效颇大。王汝南院长当时在济南“中国石化(黄河)杯”开幕式上说：“‘黄河杯’走出甘肃，来到山东，从黄河之首，走到黄河之尾，从条件艰苦的西部，来到经济发达的沿海地区，使赛事知名度大大提高。参赛业余名手之多，小棋手水平之高，在国内都是罕见的。”济南赛事使我们加强了将“黄河杯”走出甘肃，面向全国的决心，因而就有了两届“美罗杯”和一届“群英会杯”的出现。

“黄河杯”冠名“美罗杯”时，在王汝南、华以刚两位院长的直接参与和关怀下，对赛事做了三件重大的变动。一、赛事由甘肃省围棋协会主办改为由中国围棋协会主办，甘肃省围棋协会则以协办身份具体主持竞赛及裁判工作；二、授予冠军为业余7段，使“黄河杯”成为国内第二个可授予7段称号的业余大赛；三、华以刚院长亲自提议简化赛名，将“全国城市业余围棋锦标赛”简化为“全国业余围棋大奖赛”。以上这些改革对提高“黄河杯”知名度，推动“黄河杯”走出甘肃，走向全国起到了决定性的作用。

2006年是“黄河杯”创办二十周年，我们将赛事安排回兰州举办，包括港、澳地区在内的全国近200名棋手前来参赛，盛况空前。对于“黄河杯”今后的发展思路，我们将按王汝南院长的指示，在中国棋院围棋部的指导下，慎重地将“黄河杯”的风格推向全国各地，同时还要培养新的年青人才，使“黄河杯”稳步健康地发展下去。

“黄河杯”的特色

要把一个围棋水平相对落后的边远贫穷地区举办的围棋赛事推向全国，并能吸引众多高手参加，这确非一件易事。因此赛事一定要有它自己的特色，在这方面笔者动了很多脑筋。比如，首先考虑到前来参赛的棋手多为自费，故我们决定：一是扩大奖励面，奖励前十二名；二是每局棋均设对局费，使所有棋手都能得到。对局费从最初的每局15元逐渐提高到20元、30元。这一点确实起到了作用。武汉高手彭时佳开玩笑说：“我参加‘黄河杯’是不带钱的，凭棋力我总能解决吃饭和返程费用”。业余老将韩启宇是早期“黄河杯”的常客，几乎每届都到，他说：“参加‘黄河杯’不论我成绩怎样，奖金和对局费总是可以足够开销的”。看来我们设立对局费对吸引高手还是有一定的成效。后来考虑到前来比赛的低水平棋手，即使一局不胜也拿对局费，似乎不太合理，故将对局费改为胜局费，每局60元。另外为吸引高手组队参赛，我们除设立团体奖杯外，还增设了团体奖金，冠军3000元、亚军2000元、第三名1000元，这对促进高手联名组队也起到了一定的作用。

在赛制方面，我们设立了本赛和挑战赛。本赛冠军奖金5000元，挑战赛为五局三胜制设奖金8000元，胜方6000元，负方2000元。这在当时业余围棋赛事中也是首创，对业余高手更有一定的吸引力。孙宜国7段笑着说：“兰州是我的福地”。他先后力克上海刘轶一6段，江苏李岱春6段等名将，六霸“黄河杯”杯主，创造了奇迹。

由于“黄河杯”参赛棋手水平高，又多为各地名教头，赛事引起各专业培训教练和冲段小棋手的青睐，他们争相参赛，以求磨练。到目前为止，彭荃、王垚、牛雨田、王雷、岳亮……等五十多名专业棋手，都把“黄河杯”当过入段前的练兵场。王院长在济南“黄河杯”上说：“‘黄河杯’将成为中国围棋人才的摇篮”。可以说这一点就是“黄河杯”独有的特色。

“黄河杯”的竞赛和人性化

甘肃省没有专业围棋队，但在竞赛裁判工作方面还是有一定的基础。我们先后举办过1983年国手战；1989年中华棋童杯；1990年元老杯；1993年全国段位赛和1999年全国团体赛，积累了不少组织管理及竞赛的经验。特别是在“黄河杯”赛事上，我们从组织、竞赛、食宿管理、返程票务等方面都精心策划力求做到完美。1993年原国家体委棋牌办公室致函我协会称：“你们主办的‘黄河杯’一向严守有关法规。组织工作和竞赛工作秩序井然，堪为地方业余棋赛之楷模……”。给“黄河杯”以高度评价，全国各路业余棋手对“黄河杯”也有很好的口碑，这一切都使我们感到非常欣慰。

在会务接待方面，我们一贯为前来参赛棋手着想，设立各种档次的食宿费标准，自愿选择，也可以在外自由食宿就餐，从不搞编外加收费用，对家长和棋手一视同仁，并允许家长和小棋手同住一张床，也不再加收任何费用。每届“黄河杯”开赛前，我们都会请棋手团聚一次，家长也多在被邀请之列。我们一心只想让“黄河杯”成为纯洁的围棋赛事，而避免沾染上商业气息。同时在各项收费中作到高度透明，前来参赛的棋手和家长对这些都深有感触。华以刚院长曾半开玩笑的说：“老伍是很讲‘人性化’的”。

怀念王智先生

王智先生是一位酷爱围棋事业的人。他在学生时期经常到我家下棋，我们相处甚密。上世纪80年代他开始经商，后从事房地产业，有一定的经济实力。1989年中华棋童杯和1990年首届元老杯都是他慷慨解囊资助的。他只出钱、不要名，也不愿挂当地围棋协会主席之职。为了甘肃的围棋事业，向笔者表示他愿出钱，让笔者出力，两人联手来开展推动甘肃的围棋活动，并极力劝说笔者提前五年办理了离休手续，下来主持协会日常工作。“黄河杯”能顺利发展扬名，走向全国，成为国内业余大赛，这和王智先生在财力上大力支持是分不开的，但他却不冠名。难怪王汝南院长当时就称王智先生为国内的小“应昌期”，说笔者是业余的专业围棋工作者。

不幸，王智先生于1994年因车祸加疾病，48岁即英年早逝，使甘肃围棋事业遭到重创。“黄河杯”财源断档，只好紧急通知停办了开赛在即的第九届“黄河杯”。此后，“黄河杯”如何坚持办下去，便成了压在笔者身上的一盘重磨，从1995年至2001年，为了每一届“黄河杯”而四处奔波，只要能求得比奖金多一点的五万元经费，就一定举办。重点当然只能从压缩会务费着手，最少时整个比赛连笔者在内只有五个裁判员(兼工作人员)。笔者既是全面负责人、裁判长，也管住宿、伙食，并亲自为棋手们预订返程车票。1999年我们接办全国围棋团体赛(乙级)，既无冠名单位，也未拉到一分钱赞助，全靠棋院拨的几万元支撑赛事，当时华以刚院长说笔者是欧洲人的办会作风，什么事都一个人管。其实主要是经济拮据而被逼如此。就这样“黄河杯”一届一届挣扎过去，后来实在举步维艰，被迫停办了两届。这时笔者才想到了要走出甘肃，为“黄河杯”开辟新天地。之后，齐鲁晚报李思明是第一个救星，他接办了2002年“黄河杯”，而且办得比任何一届都好，影响颇大，使“黄河杯”充满了活力。王汝南院长亲临指导并大加赞赏。此后又有了将“黄河杯”转为“美罗杯”的意向。在悲喜交集的矛盾心理下，当时写了“‘黄河杯’的由来、发展与归宿”一文并发表。令人感慨的是“黄河杯”渡过了千难万险，2006年又回到了兰州庆祝这二十周年大赛。在这喜庆的时刻，我们诚心地缅怀王智先生，并感谢中国围棋协会及各级领导和工作人员对“黄河杯”的关怀和支持，感谢全国围棋界同仁对“黄河杯”的厚爱。在这里笔者要兴奋的告慰王智先生英灵：“黄河杯”回来了，今后它一定会健康腾飞在祖国各大城市，为中国围棋事业的发展作出应有的贡献。

伍爵天

“黄河杯”前六名和授6段棋手

第一届、第二届“黄河杯”本赛第一名均为兰州钱伯初5段；第三届为张伟5段；第四届为西宁刘平房6段。钱伯初、张伟和刘平房、杭承义的挑战均以0比3战败，杭承义四连霸“黄河杯”前期杯主。

1990年走向全国后，当年冠军为成都毛吟龙5段(未挑战)。第二名甘肃杭承义，武汉郝明光和兰州李海鸥并列第三。本届毛吟龙、杭承义晋升6段。

1991年本赛冠军彭时佳挑战甘肃杭承义3比2获胜，成为“黄河杯”第二位杯主。二至六名为：成都蔡恒、毛吟龙、天津寿岷山、甘肃马青川和黄石艾德江。本届武汉郝明光、杨琼晋升6段。

1992年本赛冠军蔡恒6段。挑战赛彭时佳6段弃权。蔡恒为第三位“黄河杯”杯主。二至六名：武汉杨琼、长沙王新宛、武汉郝明光、成都毛吟龙和甘肃杭承义。本届长沙王新宛、北京海亚楠晋升6段。兰州王兰成顺延升6段。

1993年本赛冠军孙宜国7段挑战蔡恒6段3比0获胜，为第四位“黄河杯”杯主。二至六名：武汉彭时佳、成都蓝军、甘肃杭承义、江苏韩启宇和甘肃李海鸥。本届甘肃李海鸥、成都蓝军、西安郭北雅、云南王垚、兰州张伟、河北冯魁晋升6段。

1995年上海刘轶一以十一连胜取得本赛冠军，挑战孙宜国，结果0比3告负，孙宜国二连霸“黄河杯”杯主。二至六名：南昌徐文革、姜磊、成都刘熙、毛吟龙、南昌喻平。本届南昌徐文革、太原的岳亮、南昌姜磊、成都刘熙、海南胡卫东、西安孟昭玉晋升6段。

1996年，本赛冠军成都李建兵6段挑战孙宜国，1比3失利，孙宜国三连霸“黄河杯”杯主。二至六名：武汉彭时佳、江苏韩启宇、杭州孙国梁、太原崔宁和杭州董银奎。本届太原崔宁、成都何四祥、洛阳关宏和平顶山尹建强晋升6段。

1997年本赛冠军沈阳金永焕挑战孙宜国0比3失利，孙宜国四连霸“黄河杯”杯主。二至六名：四川唐晓宏、成都周刃、沈阳王存、成都蓝军和重庆刘正伟。本届太原刘亚莉、郑州潘峰、重庆刘正伟、沈阳金永焕、成都周刃晋升6段。

1998年本赛冠军江苏李岱春挑战孙宜国0比3失利，孙宜国五连霸“黄河杯”杯主。二至六名：江苏韩启宇、安徽沈逢春、北京鲍云、邵光和重庆岳嵩。本届北京鲍云、重庆岳嵩、江苏李岱春、安徽沈逢春、河北崔前进、北京邵光晋升6段。

2001年本赛冠军北京邵光挑战孙宜国1比3失利，孙宜国达成“黄河杯”杯主六连霸。二至六名：成都古灵益、重庆王庆、洛阳孙浩、邯郸张大勇和浙江周叶蕾。本届重庆王庆、温州林胜建、江苏李嘉麒、河北张大勇、洛阳孙浩晋升6段。

2002年，“黄河杯”走向济南，承办方取消挑战赛。本赛冠军为上海刘钧7段。二至六名：上海胡煜清、河南卢宁、江苏李岱春、甘肃马青山和广西严建刚。本届河南卢宁、上海朱元豪、重庆方扬功和大庆陶汉文晋升6段。

2003年在大连举办，冠军胡煜清晋升7段。二至六名：上海刘鋆一、江苏李岱春、北京孙宜国、浙江赵威和天津王异新。本届浙江赵威、北京胡帅、吉林崔福寿、天津王新异、汕头王迦南晋升6段。

2004在鞍山举办，冠军河南李天罡晋升7段。二至六名：天津孙腾宇、浙江赵威、河南卢宁、上海胡煜清和河南李聪。本届天津孙腾宇、河南李聪、江苏张谦、西安张策、贵州唐卫星晋升6段。

2005年在南阳举办，冠军唐卫星晋升7段。二至六名：大庆杨笑天、广西刘宇、汕头王迦南、上海胡煜清、西安张策和沈阳刘舸并列。本届大庆杨笑天、沈阳刘舸、山西张宏杰、洛阳汪涛、武汉潘非晋升6段。

2006年在兰州举办，冠军李天罡7段。二至六名：北京孙宜国、上海胡煜清、武汉刘帆、江苏张谦和平顶山陈啸辰。本届武汉刘帆、平顶山陈啸辰、浙江周贺玺、西安李旭、贵州兰先达晋升6段。

四川省围棋发展概况

杜维新

有史可考的四川围棋活动，出现在公元前一世纪。成都武侯祠费祎塑像的石碑上亦有三国时期蜀将费祎在军营中下围棋的记载。

两晋、南北朝，围棋在宫廷和高门士族中极为流行，以至于晋武帝司马炎之子，被封为王的司马颖常在宫中观棋。

唐代，宫廷有了专业棋手“棋待诏”和“棋博士”。在四川居住了近10年的唐代诗人杜甫，一生与围棋结缘，曾分别在长安、成都、阆州(今阆中县)、夔州(今奉节县)等地写下了《秋兴》、《江村》、《七月一日题终明府水楼二首》等八篇歌吟围棋的诗篇。

宋代，宋太宗赵炅喜好且提倡围棋，这个时期的四川围棋活动发展迅速。宋代著名诗人苏东坡、陆游在四川做官时曾留下了《观棋》、《与闲山居士小饮》、《春晴》、《明日开霁益凉复得长句》等观棋、吟棋的诗篇。

明清时期，喜爱围棋的社会面更为广泛。明永乐一年(1406)、到陕西做河渠提举的唐理，曾与雅州(今雅安市)道士对弈三天三夜，此后，唐理棋艺水平大大提高，并称霸于江苏一带。

可见当时川人的棋艺已有相当水平。清末，在川任县官多年，晚年寓居成都的无锡人邓元鏸喜好围棋，尤爱搜集棋谱、棋书和棋史资料，他刻印的《弈潜斋集谱》是研究中国围棋的重要资料，是四川对全国的重要贡献。

民国时期，成都、重庆下围棋的人只有百余。1922年，邓元鏸在成都与陈复悦、吕书舫等人组织成立了围棋俱乐部，并创办了我国最早的刊物《弈学月刊》。20世纪30年代，刘扶一、黄慕颜等人创成都围棋社于少城公园绿荫阁茶楼，并出版了我国最早的刊物《棋友周刊》。

中华人民共和国成立后，四川喜好围棋者急剧增加，棋艺水平飞速提高，并以成都、重庆为中心辐射全省各地，标志着四川的围棋活动进入了一个新的发展阶段。1950年，成都围棋擂主杜君果翻译出版了日本《围棋定式详解》，这是全国翻译出版的第一本日本围棋书籍，产生了较大影响。

1955年，省体委调集了成、渝两地的黄乘忱、杜君果、孔凡章等围棋好手在成都集训备战第一届全运会，为四川围棋活动开展准备了骨干。20世纪50年代后期至60年代中期，成都市委第一书记廖井丹，根据陈毅副总理的指示，大力提倡棋类活动，对四川围棋运动的发展起到了推动作用。

1958年3月，成都市棋类协会成立；1959年7月，成都市棋艺俱乐部成立；1962年，成都棋校诞生；1973年省围棋集训队组建；1974年，省围棋队建队；1980年9月，省棋类协会成立。

随后，重庆、温江、仁寿、涪陵、内江等一批基层棋类协会亦相继成立。1984年，一年一度的省少年儿童围棋比赛形成制度，全省各地棋类运动空前活跃。1985年，在《成都棋苑》杂志社基础上成立的中国唯一的棋牌专业出版社“蜀蓉棋艺出版社”在成都挂牌，同年，由刘善承主编的中国棋界第一部文献性巨著，围棋百科全书《中国围棋》在成都问世。

由于建立和健全了棋艺事业的组织机构，群众性围棋活动得到了迅速发展。据1981年不完全统计，四川的群众性围棋活动场所达35处，仅成都棋园一处，每天参加活动的围棋爱好者就达700多人次，在全国首屈一指。广泛的群众基础和从青少年抓起的方针，使四川涌现出了黄德勋、宋雪林、孔祥明、王元、郑弘、陈安齐、王剑坤、雷贞僩、何晓任等一批围棋国手。省围棋队在历年的全国比赛中名列前茅，并取得了多次全国团体、个人冠军，部分选手常代表国家出访比赛。改革开放后，四川随着围棋出访的增多，与日本、朝鲜、美国、法国、德国、台湾、香港等国家和地区的棋界亦建立了友好交往关系。

成都市围棋发展概况

杜维新

成都是座历史文化名城。成都市郊出土的汉砖上《六博》的图像，记载了成都棋类运动的发展源远流长。唐代以后，不少诗人留下有“老妻划纸为棋局”、“棋罢常惊日影移”等咏棋的不朽名句和诗篇。清末民初刻印的围棋古谱，20世纪30年代建立的围棋社，20世纪40年代出版的《棋友周刊》、《学棋指南》以及当年活跃在成都棋坛的贾题韬、杜君果和“五虎大将”之称的高佛泉、陈德元等，都记述了成都棋类运动发展的悠久和繁荣的历史。新中国成立后，成都棋类运动进入了一个新的发展时期。从20世纪50年代末创建成都棋园，成立市棋类协会，20世纪60年代成立市青少年业余棋艺学校，20世纪70年代成立省围棋集训队(由成都市代管)，20世纪80年代建立成都棋院，成都棋类运动得到了迅速发展。成都棋坛前后涌现出一大批优秀的出类拔萃的棋类运动员，在国内外重大比赛中，取得了许多优异成绩，成都棋校被誉为“国手之摇篮”，省围棋队被国家体委授予“勇攀高峰战斗队”称号，著名围棋选手孔祥明也被日本棋界誉为“世界最强的女棋手”，著名国际象棋运动员刘适兰被誉为“棋坛上的一颗新星”。

20世纪30年代成都就有围棋社，设在当时少城公园绿荫阁茶楼，社长为刘扶一，只要是围棋社社员都可以去走棋。20世纪40年代，成都创办了专门报道围棋、象棋活动的刊物《棋友周刊》。

民国30年(1941年)，围棋名手杜君果为提倡初学围棋兴趣及增长弈棋技术，编辑有《围棋向导》一书，内容分围棋要诀、布局大意、边角研究、死活问题以及中外名局选评等。此书当时在开明书店及围棋社出售。1949年，提督东街三义庙成都围棋社举办围棋锦标赛，尚有来自穗、渝等地的棋友多人参加，比赛历时一个月。

新中国成立后，成都围棋活动进入一个新的发展时期。1956年，成都市体委为参加全国棋类比赛组织了选拔赛。总府街“五月文化社”茶园是当时棋类活动的中心。1958年3月，成都市棋类协会成立。同年7月，建立成都市棋艺俱乐部。并经市上有关部门批准，将葛袁茶社划归市体委建成棋园。1962年，成立了成都市青少年业余棋艺学校，开设围棋班培训围棋人才。1963年，经市人民政府和东城区人民政府同意，将总府街十四号楼划拨给该校作校址。棋校成立以来，少年儿童棋艺爱好者在棋校得到良好的基础训练。1965年5月，成都市举行少年儿童围棋赛，有十九所学校的82人参赛。男子少年组获得第一名的是五中（现列五中学）学生黄德勋，女子少年组第一名是大墙东街小学陶世英，儿童男子组冠军是新一村小学雷贞倜，女子组冠军是古中寺街小学张成华。同年，在成都举行的全国十省市少年儿童赛上，成都队取得好成绩。黄德勋获得少年男子组第三名，张成华、何晓任、孔祥明获得女子儿童组前三名。

1973年10月，成立了四川省围棋集训队，属省体工队，由市体委代管。1978年7月，扩建省围棋集训队为四川省棋队，编制20人，1980年扩编为30人。省棋队从建队起，担任了代表四川参加全国比赛任务，先后获得三十二项团体优胜名次，四十四项个人优胜名次，其中包括四项全国团体冠军，十二项全国个人冠军。黄德勋、孔祥明、何晓任代表成都市参加全国比赛取得较好成绩。围棋队曾出访十四次、进行友好交流二十多次。孔祥明在1976年、1978年对日本棋手的比赛中还取得过优异成绩。1974年至1989年，四川围棋队代表成都市参加全国比赛达三十次。省围棋队先后向国家集训队输送围棋运动员12人。1975年，国家体委授予四川围棋女队为“勇攀高峰战斗队”。

成都围棋出版物

杜维新

成都出版体育书籍是从棋艺书籍出版开始，并以棋艺书籍出版为主的。《百变象棋谱》是清代嘉庆年间新者人壹览予刊印、祖龙氏编撰的，其刻版藏于新紫霞村一贯士。清末民初，曾任灌县知县的无锡人邓元鏸，以“弈潜斋”之名主持刻印了大量的围棋古谱，如《范施十局》(1881年)、《梁程棋谱十四局》等。《弈潜斋集谱》(1898年)，是他历时三十余年分12册出版的一批棋谱书书籍。此书籍选编了清代著名棋手的精彩对局和大量围棋活动的资料。20世纪初，外来的体育项目传入成都。成都图书馆出版有《小学新体操》等文字绘图兼并的教科书。民国10年(1921年)，成都围棋俱乐部创办《弈学月刊》，它是四川最早的体育刊物，也是中国最早的围棋月刊。20世纪30年代，成都西南印书局出版了当时四川省教育局编辑的《四川省体育设施》一书。到20世纪40年代，《棋友周刊》创办，《新新新闻》等报辟有“象棋精华”等棋艺栏目。

20世纪60年代，体育出版有了新的发展。1960年3月，成都体育学院的院报《成都体育学院报》创刊，到1987年共出45期。1965年，刘善承撰写的《学围棋》《围棋入门试论》等初级围棋书籍出版发行，到1979年，共编印棋艺教材和技术资料52种计30万册。1979年12月改为《成都棋苑》杂志和《成都棋苑丛刊》，在国内公开发行。从1980年开始出书到1985年6月，共出版发行棋艺书刊58种、专刊23种、丛刊35种。1982年,《成都体育》报实行内部发行。

1985年，经文化部批准，蜀蓉棋艺出版社成立，成为国内唯一的一家专业出版棋类书籍的出版社，前后出版了大量棋艺书籍，在国内外影响很大。由刘善承主编的《中国围棋》，全书92万字，是中国棋界第一部文献巨著，被称为围棋的“百科全书”。《围棋》《我的围棋之路》等书籍还获奖。该社成立以来，出版发行了大量的棋类书籍，中共四川省委、四川省政府授予该社“四川省先进出版集体”光荣称号。

《弈潜斋集谱》：编者邓元鏸，是一部综合性的围棋资料汇编。初编成书于1881年。二编成书于光绪二十四年(1898年)，共12册，由弈潜斋刊印出版。它精选了清代著名棋手的精彩对局，汇集了大量历代围棋活动的资料，是研究古代围棋史的重要史料性著作。

《弈学月刊》：四川最早的体育刊物。1922年1月由成都围棋俱乐部邓元鏸、陈复悦等编辑出版，共出12期，中纸线装16开本，内容分为四类：全局、散式、诗文、杂记。是中国最早的围棋月刊。

《棋友周报》：是20世纪40年代末在成都出版的棋类报纸，专门报道国内外的围棋、象棋活动，社长杜君果。

《成都棋苑》：1980年1月创刊，由成都市体委编印，分为杂志和丛刊两种，至1985年出版棋艺书刊58种(专刊23种，丛刊35种)。它是一部为传播棋艺知识，研究棋艺理论，介绍日本围棋技术的刊物，出版后深受国内外读者的欢迎。

《中国围棋》：刘善承主编，1985年7月由四川科学技术出版社和蜀蓉棋艺出版社出版。全书92.8万字，是一部综合性的围棋著作，全书共分六篇，从中国传统文化角度全面系统地介绍了中国围棋发展史、古代围棋文献及当代中国围棋概貌。是中国棋界第一部文献性巨著，被称为第一部围棋“百科全书”。

面纱后的清丽

——现代台湾围棋的发展之路

不久前的中环杯上，中国台湾本土棋士林至涵淘汰了韩国风头正劲的世界亚军宋泰坤，一时众人惊呼“林至涵是谁？”其实林至涵去年就在台湾席卷五冠，是岛内围棋的顶尖人物，对他的陌生表明台湾本土围棋在世界棋坛还没有得到应有的重视。让我们穿越时代的喧嚣，近距离感受一下台湾围棋的风华。

台湾的职业围棋制度创始于1980年，此前的棋士无所谓职业与业余之分，顶级棋士也无法依靠零星的比赛奖金为生，只能混迹于茶馆下彩棋谋取收益，社会地位低下。1965年林海峰在日本夺取“名人”头衔，极大刺激了台湾少年学习围棋的兴趣，成为台湾围棋发展的第一次热潮，经过若干年的酝酿，终于在1980年推出了职业围棋制度，一些职业赛事纷纷创立。几家大报主办的名人战、棋王战等形式类似于日本新闻棋战，职业棋士得以有了自己展现才华的广阔空间。

台湾的围棋组织基本还属于民办性质，两大围棋组织是台湾围棋会和应昌期围棋教育基金会，他们有各自的段位、品位体系，拥有各自的职业棋士。最初叱咤台湾棋坛的是周咸亨、陈永安、陈长清、戴嘉伸、彭景华等人，他们夺取了大部分头衔战的优胜名次，并大力培养后进棋士，为台湾围棋的繁荣奠定了基础。

也是在那个阶段，台湾围棋开始了与大陆棋界的交流，最初的形式颇为“现代”——通过电话传谱进行。那时网络尚未普及，大陆马晓春和台湾彭景华相隔万里，各自独对棋枰下了一盘具有历史意义的对局，结果是马晓春让先取胜。大陆棋界就是从那时开始对台湾围棋的实力有了感性的认识。

1989年10月，台湾围棋界与大陆围棋界联手举办了首届“中环杯”海峡两岸围棋交流赛。台湾方面主要由本土选手组队，当时岛内品位最高的周咸亨和头衔最多的陈长清作为主力，加上旅日的郑铭煌等共十人组成中环队，先后与北京队、四川队、广西队、上海队和浙江队进行了五场比赛，结果中环队胜四川、广西与上海，负北京和浙江，总成绩三比二，获得了本次比赛的优胜。大陆方面主要是以地方选手应战，但在与上海交锋时中环队请来了林海峰先生作为主将，上海队则以钱宇平相抗衡，比赛档次顿时大增。一番激斗林先生半目胜出，大长了中环队的士气。客观说来，那时的台湾本土棋手相当于大陆二流强手的水平，聂卫平在台湾队战胜上海队后评价他们“有(大陆围棋)70年代的水平”，也就是九段让先的程度，这在当时应该是比较切合实际的。

应昌期先生对台湾围棋的发展作出了巨大贡献，嗜好围棋的他不仅在岛内大力扶持围棋事业，更推出了应氏杯世界职业围棋大赛，由此催生了诸多世界大赛的产生，让台湾本土棋士有了与世界一流强豪直接抗衡的机会。

第一个出战世界大赛的台湾本土棋士是陈长清，他在第二届富士通杯上被当时的韩国二号人物徐奉洙的强力压倒，跑了一回龙套。而为台湾围棋获得世界大赛首胜的是彭景华，1991年的第四届富士通杯上他战胜了来自南美的王春发。

显然，这样的胜利只停留在象征意义上，真正的突破需要后来者来实现。1996年是世界大赛频繁的一年，富士通与东洋证券杯外，三星杯世界公开赛和LG世界棋王赛相继创办，加上又是应氏杯的比赛年，世界棋坛一时风生水起。台湾围棋也迈出了自己的重要一步，将生于1980年的周俊勋推上了前台。此时的周俊勋还是六品棋士，但已在台湾棋界头角峥嵘，前一年的第三届中环杯两岸交流赛上他战胜了如今的中国国少队教练吴玉林。

周俊勋的出现使台湾围棋的档次大幅度提高。虽然此前台湾本土也曾拥有天才围棋少年施懿宸和夏衔誉，他们曾在世界青少年围棋锦标赛和世界业余围棋锦标赛上有出色表现，但他们最终都选择了学业。在大学中深造过的施懿宸回身再度参加了台湾职业棋士选拔赛，但形势不容乐观。

周俊勋的成功在于他对围棋如生命般的热爱。1997年的第十届富士通杯上他执白淘汰日本老牌超一流大竹英雄，为台湾围棋注入一针强心剂，次年他又在LG杯上连破韩国新锐赵汉乘和上届冠军王立诚闯入八强，四分之一决赛遭遇李昌镐才停止了前进的步伐。2001年火山更迅猛的喷发，第十四届富士通杯成为台湾围棋的一个图腾，周俊勋一举闯破李世石、睦镇硕、河野临三道雄关直入四强，真正为台湾本土棋士在世界赛场上竖起了大旗。与之对比鲜明的是大陆选手全线溃败，无一人进入四强，颇让人有“今昔何昔”之慨。

在周俊勋的感召之下，台湾本土的年轻棋士迅速崛起，林至涵、黄祥任相继在第一、第二届CSK杯亚洲四强团体赛上出场磨练，少年林宇翔也出现在首届丰田杯的赛场上。他们还经常与日本、韩国的职业精英进行对抗交流，战绩旗鼓相当，台湾的职业围棋已经成为世界棋坛一支不可忽视的力量。

女子方面，台湾的“二张”——张正平(她是王立诚的外甥女，在韩国获得职业初段资格)和张凯馨在女子国际赛事中也有不俗表现，在2002年进行的由中国举办的豪爵杯世界女子围棋锦标赛上，张正平连胜美国的詹尼丝金和大陆的黎春华打进四强，取得了迄今为止台湾女棋手在世界棋战中的最好成绩。而参加世界业余围棋锦标赛的台湾棋士近年来都是少年，他们在取得相当优秀的名次后多数跨入了职业行列，成为台湾围棋新的希望。

今日的台湾棋界，周俊勋的优势仍相当明显，但林至涵、夏大铭、周平强、林书阳等人也都拥有了坚强的实力，他们缺乏的也许只是一个让自己尽情驰骋的舞台。梦想会在岁月中闪光，揭开面纱，台湾围棋的秀丽脸庞在薄雾中渐渐清晰起来。

那些花儿

——旅日台湾棋士的传奇

说到台湾围棋就不能不提其旅日棋士，从林海峰到王立诚、王铭琬再到如今笑傲日本棋坛的张栩，一个“华裔王朝”数十年风华尽显，生生不息。

林海峰初到日本时只有十岁，当然无人可以预期他的未来，十三岁入段也并不是超越前贤的纪录，但拜师吴清源使他受到了更多的关注。1965年林海峰4比2战胜彼时横扫天下如卷席的坂田荣男，登基名人，一举震惊四海，打破了传统的“没有二十几岁的名人”的论断。此后林海峰一共八夺名人、五获本因坊，还在五十岁后有天元五连霸的辉煌，从未自第一线消失，是当之无愧的“常青树”。他在六十高龄勇夺名人挑战权的壮举当使众多“早衰”的中国棋手汗颜。

林海峰的功绩不仅在于他当之无愧的“超一流”身份，更为台湾棋士的发展开辟了道路。追寻林海峰的足迹，很多台湾有天赋的少年漂洋过海，远赴日本学弈，从而在日本棋坛造就了一个强大的“华裔兵团”。

林海峰后最成功的台湾旅日棋士是“二王”——王立诚和王铭琬。他们二位都成名甚早，但在六大超一流多年的威压之下，真正站在巅峰已是不惑之年前后了。王立诚在名人战、本因坊战中相继挑战赵治勋失败后，终于在2000年的棋圣战上一飞冲天，4比2擒下霸主赵治勋，君临日本棋坛。棋圣宝座也是林海峰在日本七大棋战中唯一未染指的头衔，王立诚为前辈一偿夙愿。挟“日本第一人”的威势，王立诚还两夺世界冠军(LG杯和春兰杯)，为外战成绩羸弱的日本围棋维持了颜面。在中环杯世界赛上王立诚再入四强，他将与山下敬吾联手抵御韩国双雄李昌镐和朴永训的合击，期待有新的传奇上演。

王铭琬似乎是棋坛的另类，他的棋风独特，被称为“怪腕”，中原行棋感觉极佳，奔放自如。他夺取过本因坊和王座头衔，打进过应氏杯四强。另一个让王铭琬自豪的纪录是，李昌镐初次征战世界大赛就是折在他的手下，那还是遥远的1989年的第二届富士通杯。

与二王同时代的台湾旅日棋士人数不少，虽然未能夺取头衔，但也都拥有自己的一方天空。杨嘉源曾被视为日本围棋的希望之星，与结城聪共同被期待，不过他最“经典”的战役却是在首届丰田杯上受挫于南美业余5段阿基努尔，令职业棋士的声名受辱。王铭琬的胞弟郑铭煌也曾在第二届应氏杯上露面，黄孟正、杨嘉荣、郑铭琦、郭求真等人则亮点不多，作为中坚力量充实着华裔兵团的厚度。

二王从顶峰跌落后，重新为旅日台湾棋士竖起大旗的就是林海峰先生的高徒张栩了。作为日本棋坛的当红小生，张栩已经在名人挑战赛上将谋求五连霸的依田纪基逼入绝境，再胜一局就可以和师父一样成为荣光无限的“名人本因坊”。刚刚结束的LG杯八强战上张栩又淘汰了刘昌赫，内外开花，这个英俊青年的前途不可限量。

纵观之下可以发现，旅日的台湾棋士个个为人厚道，极具棋士风度，是棋界上下的楷模。这和台湾的本土教育密不可分，他们在儿童学棋之初必先教礼仪和棋品，这样培养出来的棋士自然会有真正的围棋素质和做人素质。

最新引起关注的旅日台湾棋士是美少女谢依旻，她成功晋级职业初段后在日本第三十期棋圣战预选中淘汰了老牌九段久岛国夫。另外，曾连续两届获得世界青少年围棋锦标赛少年组亚军的陈诗渊现在在韩国棋坛打拼，已经有了战胜朴智恩这样强敌的业绩。

台湾旅日棋士在日本成名后都会经常返回台湾，用各种方式回馈台湾棋界。如今张栩是众多台湾少年心目中的偶像，加上《棋魂》在台湾的巨大影响力，台湾围棋放眼望去光明一片。

围城之内外

——台湾围棋观察手记

现在流行说中国台湾围棋是中国大陆、日本、韩国之外的世界围棋“第四极”。自然，相对于欧美等地，台湾围棋的水平明显高出不止一筹，但他们的本土棋士与当今世界顶尖高手争衡显然也还火候未到，即使是周俊勋也还只属于较强的九段，离超一流尚距离不短。

多年的习惯，台湾本土有天赋的少年要去日本棋界进修才能成材，这使得大量好苗子外流。对于棋士个人，这无疑是发展的好途径，但台湾本土围棋水平因此徘徊不前也是不争的事实。他们远赴日本的棋士没有像曹薰铉一样燕子归来，他们的本土又滋生不了徐奉洙那样不屈的野草，台湾围棋一路上饮尽了风尘。

台湾围棋如果不“走出去”，依靠自己闭门造车，很难达到世界顶尖水平，但去而不归同样对自己水平的增长无益。这一矛盾犹如围城，长年困扰着台湾棋界。亚洲四强赛上的台北队事实上仍是旅日棋士代表队。台湾棋院曾提出由自己的快棋冠军参加亚洲杯快棋赛未获通过，主要理由自然是他们的水平尚未得到承认。

随着日本围棋的衰落，台湾棋院的建立，台湾围棋开始了大力度的自身造血。他们的院生制度与日韩相仿，有希望的少年棋士也不断涌现。但目前每年晋升职业段位的棋士中，社会组的实力仍强于院生组，显然没有高水平的竞争环境，水平的大幅度上涨决非易事。这个时候，个人的突破或许成了提高台湾围棋水准的捷径。

一个人的力量很单薄，可一个人的奋斗有时可以改变整个局面。十五年前的韩国围棋不也只有曹薰铉一个人在苦苦支撑吗？那时料他并不能预见今日韩国棋界的姹紫嫣红，但责任所在，只有一往无前，哪里顾得上什么将来盛景？

同样的责任现在在周俊勋肩上，稍微夸大一点，他就是台湾围棋，台湾围棋就是他。历史的发展有其规律性和必然性，但这规律与必然总要假手于具体的某个人来完成，周俊勋适逢其会，他既然选择了围棋就无以推脱。这位“围棋游侠”常年在海峡间穿梭，为了围棋，付出一切而无怨无悔。当他尝尽了失败滋味，也许一位真正的大棋士就将破茧成蝶。同样，林至涵也完全可以承担起当年徐奉洙的担子，一刻不停地“骚扰”周俊勋，让他无法懈怠，同时也将自己锤炼成一代大豪。

等到周俊勋与张栩相视一笑，滋味尽如十年前的曹薰铉与赵治勋之时，禁锢台湾围棋的城墙将轰然倒塌。

足迹

——台湾围棋的对外比赛之旅

起步篇

中日韩三足鼎立是围棋界数十年不变的格局，尽管先有日本领先，后有韩国独秀，他们的发展也有快慢，但此三国的总体水平一直高出其他国家与地区甚多，所谓世界大赛其实也就是中日韩三国的“东亚争霸赛”。

台湾属于中国，台湾围棋的渊源是大陆。但由于历史原因，台湾围棋走的是一条独自发展之路，有天分的少年多数送去日本培养，台湾本土棋手的实力就一直徘徊不前了。

没有世界大赛之前，除了日本围棋的强大为大家所公认，中国包括台湾，与韩国之间对彼此的实力并没有很直观的认识，或多或少存在着认为自己强对方一筹的感觉。1988年应运而生的世界大赛成了检验大家实力的擂台，中国台湾围棋也从那时真正开始了在国际舞台上的跋涉。

筹划的第一项世界大赛其实是应氏杯，但当时身为围棋王国的日本不甘心这项纪录落入别人之手，抢先一步推出了富士通杯。首届富士通杯参赛人数是16人，日本占了7个名额，另外中国4人、韩国3人、欧美各1人。好在由台湾赴日留学而成一代大家的林海峰最后勇夺亚军，台湾棋界上下也将这作为“自己人”的胜利而欢欣鼓舞。

几个月后应氏杯隆重登场，应昌期老先生作为台湾实业家当然想多照顾台湾围棋一些。但他也深知当时的台湾本土棋手尚不具备与世界一流高手争锋的实力，把按地区分派的名额中属于台湾的三个给了林海峰、王立诚和王铭琬。事实上当时的二王也还无法撼动超一流棋手的根基，他们第一轮分别负于小林光一与曹薰铉遭到淘汰，林海峰独进四强让台湾围棋还保留着几分谈资。

第二届富士通杯扩军，参赛人数增加到24人，南北美与欧洲各有一个名额，这样再不给台湾单独名额就有些说不过去了。最后决定分给台湾两个名额，其中由旅日棋手占一个，另一个归台湾本土棋手。这样台湾本土的陈长清就与旅日的王铭琬同时获得了参赛资格，陈长清也就成了真正意义上第一个代表中国台湾出战世界大赛的本土棋手。

那一届比赛陈长清首轮遭遇当时韩国的二号选手徐奉洙，完全被对方的剽悍力量压倒，自始至终没有寻觅到像样的机会，166手即中盘败下阵来，台湾本土棋手的世界大赛处女秀就此告终。显然，他们的实力在当时的中韩至多也不过相当于二流。倒是王铭琬大放异彩，首轮挫败韩国神童李昌镐(这也是李昌镐在世界大赛舞台上首次登场)，第二轮奋勇拿下彼时如日中天的大陆主将聂卫平，一时轰动。不过八强战中王铭琬也栽在徐奉洙手下，台湾棋迷比大陆棋迷更早体会到了韩国围棋的强悍。

有了开头就要一步一步踏实走下去，台湾围棋需要的是不断与强手较量的机会。第三届富士通杯和上届类似，由旅日的王立诚和本土的彭景华代表台湾出阵。有趣的是，这一回是由彭景华遭遇李昌镐，或许他还当这是盘好菜，但不再怯场的李少年执白仅114手就中盘快胜。粉碎了台湾本土棋手“零的突破”的愿望。另一边的王立诚力克坂田荣男后负于林海峰，表现正常。

应氏杯与富士通杯红火举办的同时，韩国国内的东洋证券杯也开始国际化，1990年开始的第三届邀请了来自六个国家和地区的选手参加，代表台湾的除了林海峰还有彭景华。很明显，主办者虽然为台湾保留了席位，但这些席位实际是为台湾旅日棋手准备的，他们的战绩不代表台湾围棋的水平，赵治勋也曾以“汉城棋士”的身份代表韩国参加世界大赛，情况类似，这是围棋界一种特殊而有趣的现象。第三届东洋证券杯首轮彭景华不敌韩国当时的四小天王之一尹盛铉，但林海峰一路淘汰曹大元、淡路修三和赵治勋闯入决赛，与李昌镐的五番棋分别厮杀于台北和韩国，引起台湾棋界极大关注，成为台湾围棋发展的催化剂。

1991年的第四届东洋证券杯台湾除了林海峰与彭景华又增加了一名选手林圣贤。但第一战彭景华不敌大陆中坚棋手陈临新，林圣贤被韩国金哲中淘汰，台湾围棋要依靠这批本土棋手翻身显然难度很大。

第二届应氏杯大陆选手因故退出，台湾本土的彭景华得以入围。能屡屡成为台湾围棋的代表，彭景华当时在宝岛棋坛的地位可见一斑，但总是难求一胜说明台湾围棋水平几年内并没有质的飞跃。这次将彭景华斩于马下的是刘昌赫，韩国棋界新秀辈出，台湾围棋要想有所突破也必须培养新人了。

前几届富士通杯、应氏杯与东洋证券杯尚处在各国棋手的“试应手”阶段，几番较量，彼此的强弱已经大致了然于胸。台湾围棋水平的滞后已经是不容置疑的事实，要想追赶日本，与大陆、韩国一较短长，他们的路还很长。好在，毕竟他们起步了，下面的路是渐趋平坦呢还是愈发坎坷?

跋涉篇

世界大赛的陆续创办与发展确实让围棋在世界越来越多的角落发芽开花，尤其，它成全了韩国围棋。

1991年，世界大赛的历史进入第四个年头，屡仆屡起的台湾本土棋士继续如夸父一般追逐着那灿烂的太阳。第四届富士通杯台湾本土得到两个参赛名额，他们派出了彭景华与陈长清。

得益于前一届王立诚的打进八强(这一届王已经成为日本队的主力，最后获得第三名)，台湾获得了一个轮空名额，这样陈长清不战即进入了第二轮。另一面彭景华也抽到好签，对阵来自南美的王春发，结果彭景华抓住了机会力战过关，为台湾围棋赢得了具有象征意义的一局棋。

不过这意义也只能是象征性的，毕竟这样级别的对抗根本入不了众高手的法眼。第二轮陈长清遭遇日本“曾经的贵族”石田芳夫，很轻松败下阵来。彭景华则再次好运，抽上了八位种子选手中除陈长清外最弱的迈克雷蒙——当时的彭景华、王春发和迈克雷蒙三个人中必定要有一个进入八强，另一个八分之一区的李昌镐、马晓春、武宫正树却要拼个你死我活，这实在是有点喜剧意味了。可惜的是即使是面对来自美国的迈克雷蒙，彭景华也无力闯关，他的翻身落马成全了一位西方人第一次打进职业世界大赛八强。迈克虽是纯正的西方人，但他是日本棋院院生出身，显然这样的资历已经足以令自我摸索的台湾棋士无从下手。

取得象征意义上的突破可能只需要一点运气，而要真正让高手把你当成对手，绝对还是需要自己具有坚强的实力。台湾棋士既然已经开始在富士通上赢棋取得了“量”的突破，那下一步就是“质”了——看他们能赢什么样水平的对手。两年后的第六届富士通杯彭景华不敌天煞星加藤正夫，林圣贤则再胜南美选手王森峰后被大竹英雄淘汰。这一年韩国年轻棋士刘昌赫连过石田芳夫、王立诚、大竹英雄、淡路修三、曹薰铉五道雄关，打破了日本棋手对富士通杯的垄断首次加冕，韩国围棋已经全面进入了与日本围棋的抗衡时代。敌进我反退，台湾围棋愈显孤单。

再过一年，第七届富士通杯台湾的陈国兴首轮力挫大陆强豪刘小光爆出大冷门，一时赛场轰动。但这盘棋的内容实在不容恭维，早早确立优势的刘小光在陈国兴不住的“你真强呀！”、“你们是职业，我们是业余，这棋怎么下！”的唠叨声中迷失了方向，中盘行棋不知所云，终于被翻了盘，说陈国兴的胜利是“盘外招”的战果也不为过。果然，第二轮另一位大陆高手张文东吸取了教训，稳健行棋，没给陈国兴一点机会。

1995年，马晓春独揽富士通、东洋证券双冠，中、日、韩三足鼎立之势实至名归。台湾棋手在这两项大赛中仍是当然的配角，成绩甚至不如有迈克雷蒙和车敏洙助阵的北美，可见，尽管顽强奋斗多年，台湾棋士的实力并没有质的飞跃。

想想也是无奈，当时的台湾围棋绝对代表彭景华、林圣贤等都已经年过30，让他们在缺少顶尖高手领军的台湾再将棋艺拔高一筹甚至数筹谈何容易？所以，台湾围棋的出路还在于——培养下一代。1996年是世界大赛频繁的一年，富士通与东洋证券杯外，三星杯世界公开赛和LG世界棋王赛相继创办，加上又是应氏杯的比赛年，世界棋坛一时风生水起。台湾围棋也迈出了自己的重要一步，将生于1980年的周俊勋推上了前台。

有了年轻的周俊勋，台湾围棋也不再暮气沉沉。某种意义上，周俊勋的艰难前行之路就是台湾围棋的跋涉与奋进之路，这之后的世界大赛周俊勋成了台湾的当然代表，他成功与否完全标志了台湾围棋的明暗。1997年周俊勋在东洋证券杯上败给后来打进四强的韩国青年金荣桓，LG杯不敌大陆的邵炜刚，但是他在第十届富士通杯首轮执白淘汰了日本老牌超一流大竹英雄。虽然一盘棋有着很多偶然性，虽然第二轮周俊勋负于武宫正树未入八强，但这一胜利无疑如同给周俊勋，给台湾围棋打了一针强心剂。不靠运气靠实力也能和世界一流高手斗得势均力敌，多年在无边黑暗中的漫漫跋涉终于露出了一丝曙光。

更大的突破在第二年，第三届LG杯周俊勋连挫韩国新锐赵汉乘和上届冠军王立诚闯入八强，四分之一决赛再次遭遇李昌镐才停止了前进的步伐。在周俊勋不断奋进的感召中，出战首届春兰杯的林圣贤也以半目之优拿下了日本著名九段工藤纪夫。此时的台湾棋士虽还未令大陆与日韩的一流强豪高度警觉，但已经没有人会把抽到周俊勋当成上上签了，要赢得别人的尊敬，首先得自己强大起来。

熬过最冷的寒夜，春将暖，花欲开，但放眼四周，何处不是鲜花遍地？世界棋坛整体水平突飞猛进，新锐棋士层出不穷，仅靠周俊勋一人，台湾围棋能抗衡林立的虎狼之师吗？、

争衡篇

事实上周俊勋取得的成就是因为他的年轻，但对于职业棋手来言，“年轻”是个稍纵即逝的概念，后来者的速度永远超乎你的想象。周俊勋1993年便在大陆的段位赛上获得初段称号，与他同期入段的有一位就是这两年中国外战成绩最佳的胡耀宇。那时的小小孩童转眼就要和世界上最强的棋士抗衡，要是一败再败，根本得不到别人“他还年轻”的宽容，比你更年轻的小孩已经冲上了第一线，你随时会被人遗忘，所以周俊勋用来证明自己的时间并不多，即使对面坐的是超一流棋士他也只有竭力拼争，只是这样要想过关毕竟不易。

1999年底的第二届春兰杯周俊勋先胜大陆颇具实力的林朝华，然后被最终夺冠的王立诚淘汰出局。和周俊勋一起出战的彭景华首战即被韩国金承俊击溃，周俊勋想找一个可以呼应的伙伴看来是不可能了。第四届LG杯首轮轮空的周俊勋第二轮不幸抽到刘昌赫，大败12目半；同年的富士通杯周俊勋第一次抽到好签，将南美的阿萨罗踩在脚下，可是次轮遭遇邱峻，成全了这位“磨王”首次打进世界八强。

此时周俊勋的实力应该是已经踏入了世界一流棋手的行列，但离顶尖水平的距离仍一眼可见。他与一般的九段抗衡胜负大致相当，遇到心态冷静、精神力顽强的超一流就甚难闯关了。2000年周俊勋在世界大赛上遭遇的不是李昌镐、曹薰铉这样的超级天王就是淡路修三这样的强九段，还有元晟溱这样更年轻、更有冲劲的少年，结果周是全面败退，但他几乎可以参加所有的世界大赛，这条件让大陆、日韩的许多大腕级棋手羡慕不已。

同样是接连不断的失败，不过此时情景已经与台湾棋手初登世界赛场时大为不同，因为周俊勋带给那些一流强豪的压力越来越大，他像一名为棋道奉献一切的游侠，渐渐在棋史上为自己刻下了烙印，现在他需要的只是一个契机。

2001年火山终于爆发，第十四届富士通杯成为台湾围棋的一个图腾，周俊勋一举闯破李世石、睦镇硕、河野临三道雄关直入四强，真正为台湾本土棋士在世界赛场上竖起了大旗。与之对比鲜明的是大陆选手全线溃败，无一人进入四强，颇让人有“今昔何昔”之慨。四强中还有

台湾看作“自己人”的林海峰，另两人为韩国的曹薰铉和崔明勋。半决赛周俊勋和林海峰双双折戟，没能再进一步，但这样的成绩已经足以笑对众人了。说实在的，大赛中进四强和进八强虽然只差一局棋，但意义完全不同。进八强或许只需要一点运气，而进了四强就已经是当之无愧的一流高手了。何况此次周俊勋淘汰的对手都是和他一样的青年精英，能在与他们的直接对抗中胜出，周俊勋的实力与信心都被充分证实。

能够与世界最强的棋手分庭抗礼，这是周俊勋本人的极大荣耀。但整个台湾围棋要想也跻身大陆、日韩的第一集团还缺乏说服力，这一点从2002年开始的亚洲四强团体赛可以看出：台湾仍由留日的三大棋星林海峰、王铭琬、杨嘉源作主力(王立诚因有日本国内赛事无法参加)，周俊勋只坐第四台。另外一个引人注目的举措是他们派出了比周俊勋更年轻的林至涵，大概台湾棋界已经意识到，周俊勋一个人的单打独斗只能振奋人心，终究改变不了大局，他们要想真正成为世界围棋的“第四极”就必须不断推出新人。比赛中台北队出人意料地3比2淘汰了大陆队，周俊勋战胜邵炜刚立下大功，这样他们就取得了与韩国争夺冠军的资格。可惜决赛在强大无比的韩国人阵前台北队溃不成军，一枪未响，韩国围棋的发展达到了顶峰。

台湾还在首届丰田杯上推出了少年林宇翔初段，他们的思路已经改变，与其为了一时能取得稍微像样些的成绩不如全力培养后来者，让他们将来有机会成为时代的最强者。

有了周俊勋的一柱擎天，这几年台湾围棋已经将欧美等地抛在了身后。在周俊勋的带领下，台湾棋界逐渐与世界最新潮流接轨，他们将以前的“品级制度”改为了国际通用的段位制，不时有棋手到大陆或者日韩进修。周俊勋参加大陆围棋乙级联赛连挫马晓春、徐奉洙等世界级名将，成了一名非常实用的得分手。

当年曹薰铉凭一己之力代表整个韩国抗衡中日雄兵，一直到李昌镐、刘昌赫、李世石等相继光耀历史舞台，漫漫十五年，回首望去竟只如一瞬。周俊勋没有老曹手中那杆无坚不摧的快枪，所以他要付出更多、更久。也许台湾围棋无论何时都达到不了韩国围棋现在在世界棋坛的高度，可是群雄逐鹿，除了号令天下的霸主也需要随时让他不敢懈怠的诸侯。台湾围棋已经一次次展露了锋芒，他们的未来之路只会越来越宽广。

不一定击倒对手，但一定要赢得对手的尊敬，大陆、台湾、日本、韩国、欧洲、美洲，所有以棋为梦想的人，路都在自己的脚底，足迹如皱纹般有深有浅，但它们一样刻在棋史的额头，留给后人品味。

女流篇

很多年前吴清源大师就有名言传世：教会一个女子下围棋等于教会了三个人。女子围棋普及对于围棋发展的重要性不言而喻，如果你身边的女子都喜欢下围棋，那将是一个多么美妙的世界?

可是事实上的情况远非如此，整个世界范围内女子围棋的发展远远逊色于男子，女子围棋的国际棋战数量既少范围也窄，而且非常不稳定，经常是办了一两届就无声无息了。在各国国内，中国女子围棋已经完全丧失了起初的霸气，危机已经到了眼前；日本的女流棋手基本是男子棋界的点缀，观赏性更胜于竞技性；只有韩国出了朴智恩、赵惠莲这样不让须眉的女流强豪，她们在残酷的竞争中苦苦拼争。职业围棋的开展本就不甚理想的台湾在女子围棋上更是乏善可陈，多年以来只有微微的几丝波澜荡漾。

要说女子围棋的世界大赛创办也有十年历史了，1993年底中国首次推出翠宝杯世界女子围棋赛，当时引来一片叫好声。参赛选手共16人，那时韩国女子围棋尚未崛起，主要还是中日之争。显然中国也是希望能多邀请各个国家和地区协会的选手参加，以增加比赛的影响力，可是女子围棋的弱势令各协会确实无人可出，不要说欧美，中国台湾也没有派人出场，倒是新加坡的陈沁瑜上去跑了趟龙套，也作为第一次女子世界大赛的参与者写进了棋史。

翠宝杯只办了一届就夭折了，还好，第二年韩国推出了宝海杯世界女子职业围棋赛。显然韩国人那时已经意识到了发展女子围棋的重要性，他们不怕买了炮仗被别人放，毅然出资让那些韩国小丫们与中国的顶尖女子高手在世界赛场上过招较量，以求突破。宝海杯一开始就邀请了欧美棋手参与，香港的简莹也从这里涉足国际舞台并在以后的赛事中频频亮相。可惜的是台湾女棋手的身影一直没有出现在宝海杯上，总共五届比赛眼睁睁看着韩国女流们由开始的不堪一击渐渐成长为可以与中国的老大姐们一争高低。

2000年宝海杯结束历史使命，取而代之的是兴仓杯，台湾的张正平初段第一次出现在赛场上，她是王立诚的外甥女，当时不满20岁，颇引人注目。值得一提的是张正平是在韩国参加入段考试成为职业棋手的，她也是当时台湾唯一的女子职业棋士。张正平第一轮击败了代表欧洲参赛的郭鹃五段成为台湾女子围棋的一大亮点。这届比赛最后是芮乃伟(她此时已经代表韩国出战)2比1取胜赵惠莲保持了自己“女流第一人”的身份，但韩国少女的崛起势头已经一览无遗。

2001年兴仓杯台湾棋手再次姿消(这一回是另一个韩国小丫头朴智恩在决赛里对芮乃伟发起冲击)，在中国举办的另一项赛事东方航空杯中张正平一出场即遭遇张璇被淘汰。2001年8月中国贵阳举办的山水黔城杯国际女子赛张正平再负于梅玲，实力显然还无法与一流女棋士抗衡。

2002年底韩国主办的女子世界大赛再次更名为正官庄杯，这次他们没有邀请三国以外的棋手参加，大概是觉得自己的实力已经可以争夺桂冠了。台湾棋手成为看客，但在同年早一些进行的由中国举办的豪爵杯世界女子围棋锦标赛上张正平连胜美国的詹尼丝金和大陆的黎春华打进四强，取得了迄今为止台湾女棋手在世界棋战中的最好成绩。

2002年另一位年轻女孩张凯馨通过台湾职业棋手考试成为首位晋升台湾棋院职业段位的女流棋士，2003她代表台湾出战第二届正官庄杯，并在第一轮执白击败了韩国的金秀真初段，八强战不敌最后的冠军获得者朴智恩而出局。

与男子相比，台湾女子围棋与世界最高水平的差距或许更大，但提高女子围棋水平，做好女子围棋的普及工作不光是台湾棋界面临的问题，整个世界棋坛都有这样的困惑。韩国女子已经在不断的摔打中逐渐与男子开始了全面的抗衡，台湾女子围棋是不是也该开辟一条适合自己的发展之路呢?

业余篇

一个国家或者地区的围棋水平如何不只要看他们的职业棋手在国际上的战绩，业余棋手的表现也占了很大比重。一般来说，职业围棋开展的越好，业余围棋自然也就发展迅猛。反过来，业余围棋普及度越高，职业也就越能拥有自由发展的空间。与职业棋界一样，世界业余棋坛也是中日韩三足鼎立，其他国家与地区除了台湾，很少有真正意义上的职业棋手。台湾业余棋手在世界比赛中留下了何样的足迹呢?

要说世界业余围棋锦标赛的创立可比职业世界大赛早了近十年，1979年第一届比赛就在日本揭幕了。那时中国棋手还没有严格的职业与业余之分，派出国内顶尖的聂卫平、陈祖德等人参赛，顺理成章地压倒日本老牌业余强豪菊池康郎、安永一等包揽了前三名。第一届比赛有十五个国家和地区参加，应该说开端良好，遗憾的是台湾在前几届没有派队参赛，也就无缘与后来在职业棋坛叱咤风云的大陆众英豪在正式比赛中一试身手。

与职业大赛不同，前期的世界业余锦标赛的桂冠虽然一直在中日棋手间轮转(其中中国棋手拿了大多数)，但其他国家与地区的棋手进步很快，到了第二届就有美国和荷兰棋手闯入前八名。这一方面是由于业余比赛开放面广，中日这样的强国参赛名额有限，另一方面欧美棋手在与高手同场竞技中自然开阔了眼界，水平的提高非常迅疾。那时台湾围棋水平虽然不及大陆与日韩，但收拾欧洲、大洋洲的那些大胡子还是不在话下的，他们需要一个参与的契机。

世界业余锦标赛是滋生传奇英雄的地方，刘昌赫就是在第六届比赛中力压日本名将平田博则获得亚军(冠军是中国的王群)后决心投身职业棋界的。下一年的1985年，台湾围棋也终于赢来了自己在世界比赛中的第一个优胜名次——彭景华位列汪见虹、陈嘉锐、菊池康郎之后获得第四名。那时的韩国业余围棋显然还是要弱些，他们的“业余围棋皇帝”金哲中排名居然还在美国和法国选手之后。

隔年的情况却有了意想不到的变化，为了比赛的普及性，那时中国、日本已经与其他国家地区一样，只允许派一名选手参赛，而陈嘉锐移居香港，就可以代表香港出战了。他发挥出色取得冠军，台湾棋手则没了踪影，他们的屡屡缺席使得世界业余大赛上香港的锋芒一时盖过了台湾。

台湾棋手在世界业余锦标赛上的最好成绩于1989年的第十一届上创造，那一年台北的蔡文河与大陆高手车泽武同获七胜一负的佳绩，可惜小分略低屈居亚军。彼时大陆派出参赛的已经不再是国内最高等级的棋手，对日韩和台湾的业余高手没有绝对的优势，谁最终夺魁更多的是看临场发挥。

能稳定出席这项大赛后，台湾业余棋手的成绩一般都可以保持在前六之内，其他几人大致是大陆、香港、日韩和个别欧美选手，业余围棋仍是亚洲优势明显。第十二届台湾苏治浩获得第五名，那一年的冠军是常昊，他也是最后一位代表大陆出阵的职业棋手，从1991年的第十三届起，大陆开始派遣正宗业余棋手参赛。

常昊是历史上年纪最小的业余世界冠军，其实他的纪录第二年就险些被打破，台湾小神童夏衔誉发挥极为出色，将大陆李家庆、韩国朴成均、荷兰修莱帕等强手甩在了身后，可惜没能闯破今村文明的厚壁，台湾棋界再添一亚军。

前人创造的高度愈高，后来者突破的难度就愈大，随后几年的世界业余锦标赛成了中国业余强豪证明自己实力、日本业余高手为“围棋王国”保留最后一份尊严和韩国业余围棋要如职业围棋一般扬眉吐气的竞争舞台，异军突起的朝鲜围棋也偶有不俗表现，台湾业余棋手丧失了最好的机会，只能原地徘徊。周俊勋在1994年的第十四届上已经击败了大陆晚报杯冠军王存，可惜最后不敌日本的平冈聪，又是亚军，莫非真是宿命难破?

此后台湾派出征战世界业余锦标赛的几乎都是年轻棋手，黄祥任、林至涵、周平强都在比赛中获得过名次，更重要的是他们获取了世界大赛的经验，如今他们都已经是台湾棋坛的风云人物。1998年韩国金灿佑夺取第二十届冠军为韩国业余围棋打破零的纪录，而那时韩国职业围棋已经横扫天下如卷席，有了这样的底气，他们的业余棋手登顶世界之颠可谓水到渠成。台湾业余围棋屡屡功亏一篑说到底还是整体围棋水平尚未达到足以傲视世界的高度。

第二十一届赛事俞在星为韩国蝉联桂冠，日本的坂井秀至第二，朝鲜李峰一第三，代表台湾的16岁少年余承睿获得第四，这一阶段业余棋界已经没有绝对的霸主，群雄并起，竞争激烈程度犹胜职业棋士。

职业、业余共同发展才会赢得围棋的兴旺局面。以业余为基础，将业余世锦赛作为锻炼新人的演技场是一种明智的选择。当更年轻的林宇翔也在世界大赛中与李岱春这样的高手同场竞技，台湾围棋的希望之火逐渐明亮起来。

相信用不了太久，台湾棋士就可以在世界业余锦标赛的金杯上刻上自己的名字，而在这广阔绿林中打拼出来的棋手一定会有更顽强的斗志面对职业围棋的坎坷，成为台湾围棋全面发展的柱石。

少年篇

每一个叱咤风云的大英雄都有自己的少年时，少年预示了未来。现今傲视世界棋坛的大棋士们大多在少年时代就已经是众人瞩目的焦点，或被称为“天才”或被称为“神童”，早早就锋芒毕露。回顾那些灿烂的时光，我们如同聆听骏马飞腾的前奏曲。

各个国家和地区都有自己的骄傲少年，他们是自己人心中的希望。但是当这些优秀少年相聚一堂时，彼此间的强弱或许会很分明。毕竟生长的土壤不同，可以作为参照的高度也不相同。就台湾的围棋少年而言，林海峰、王立诚、王铭琬都是少小离家，在日本艰苦修业成为一代豪雄的。不过那时世界上只有日本围棋一枝独秀，其他国家与地区难以望其项背，各国少年的竞争没有被提上桌面。

当中国大陆、韩国的围棋水平稳步提高，已经可以与日本争一日之短长时，各国少年棋士作为未来的希望开始为人们所关注。台湾棋童与大陆棋童的交流始于1986年，当年十月香港中文大学授予吴清源大师荣誉文学博士学位，两岸棋界都派代表前往祝贺。大陆的两位棋童常昊、周鹤洋有幸当面聆听大师教诲，而台湾棋童施懿宸也随恩师沈君山先生赴港，于是众人促成了他们的首次交锋。

施懿宸时年仅11岁，学弈时日虽不算长，但已经有了受五子战胜林海峰先生的佳作，“神童”之誉四起。而常昊与周鹤洋正是当时中国棋童赛的冠亚军，双方代表了两岸少年的最高水平。交手之下，棋风本格稳重的施懿宸显然不太适应大陆棋童在实战中久经磨练的力量，两局棋都是在布局不错时中盘角力不支而落败。当时给人的感觉是：大陆棋童与高手争斗的机会较多，在实战能力上要胜出一筹。

可是这种印象第二年就被扭转。1987年第四届世界青少年围棋锦标赛在香港举行，这次除了海峡两岸少年精英，日本、韩国的棋界骄子也参与盛会，是真正的“世界少年群英会”。

世界青少年围棋锦标赛由应昌期先生出资创办，前三届比赛都在台湾举行，大陆棋童未能参加，冠军全部被韩国少年夺走，其中金荣桓与李相勋如今都是韩国棋界的中坚人物，台湾则由杨嘉源在第一届上获得亚军。

现在回想，第四届比赛实在是精彩纷呈，号称有职业三段实力的韩国崔浩哲和李昊珍携韩国前几届的威风被视为夺标热门；中国大陆派出的是邵炜刚和余平，都已经拥有职业段位；台湾这次参赛的除了施懿宸还有更年幼的夏衔誉，只有九岁，赛前不被看好；另外日本小棋手和美国的陈立德也实力不俗。比赛进程完全打乱人们的预期，韩国两将第一轮就双双落马，大陆与台湾的四位小棋手则衔枚疾进。第三轮的遭遇战上夏衔誉勇克余平，赢得了海峡两岸棋手在正式比赛中首次交锋的胜利。第四轮施懿宸挫败夏衔誉成为全场唯一全胜者，顿时引爆众人眼球。可惜的是最后一轮赛前施懿宸突然闹肚子，状态有所影响，最终以三点之差不敌余平，因小分不足，含泪把即将到手的冠军相让。夏衔誉也是四胜一负名列第三，虽未捧杯，但台湾小棋手的实力得到了充分证明。

此后世界青少年锦标赛辗转于世界各地，规模不断扩大，参赛小棋手的实力也日渐提高。第六届开始分为青年组和少年组，台湾夏衔誉在少年组技压群雄夺冠，终于一偿夙愿，这也是台湾围棋界获得的第一个世界性比赛的冠军，当载入棋史。

第七届夏衔誉升级到了青年组，奋力挫败上届冠军韩国金万树，再夺青年组冠军，显示雄厚实力；同时周俊勋在少年组搏取第二名，台湾少年的棋力已经不弱于三强。另一个亮点出现在1992年的第九届比赛上，林至涵为台湾再获少年组第一，决赛中被他打倒在地的就是今日的棋坛枭雄李世石。

但韩国围棋的崛起是全方位的，他们的成年高手逐渐把持世界棋坛权杖后，少年棋士的力量也在不断增长，从第十届比赛开始，韩国少年狂飙突起，能在决赛中狙击他们的只有中国大陆的少年精锐了。台湾小棋手们不再与冠军奖杯有缘，屡屡苦战，最后最多只能以亚军自慰。

尤其是青年组，中国大陆、韩国派出的棋士都是在国内已头角峥嵘的好手，日本、中国台湾已经不是对手。少年组台湾又添几个亚军，陈诗渊连续两年屈居强悍的韩国对手之下，李汉杰、萧正浩、谢依文、李铉霆也未能冲破最后一关，不知下一个为台湾高举起金杯的将会是谁？

回头看去，在世界青少年锦标赛上一展风流的台湾神童们如今各有归宿，有延续旧路赴日留学的，有放下棋子专心学业的，有仍拼搏在台湾棋坛第一线，并努力向世界棋坛进军的。他们的路向或有不同，但他们为台湾围棋留下的荣誉与汗水将永存。

谁都曾经少年，谁都不会永远年少。在少年层次的争夺上台湾围棋并不明显落后于三强，这也是台湾围棋发达的希望所在。祝愿台湾围棋永远拥有少年的朝气，祝愿台湾的少年棋手成为未来的栋梁。

编外篇

这一章回顾的是台湾棋手在一些团体赛事，包括与大陆棋手的交流赛中的表现，可能与总题“世界大赛”不太符合，但目前的围棋赛事实际上就是中日韩三国的争夺，比赛名称并不反映水平的高低，比如韩国国内比赛的竞争激烈程度与棋谱质量就很可能高过某些世界大赛。

1990年台湾由王铭琬、黄孟正、周咸亨、彭景华、陈永安、杨嘉源、林圣贤、杨志德八人组成中环队，先后在广州、厦门和北京与大陆棋手进行了五场友谊赛，这次他们四胜一负，再获总成绩优胜，台湾棋手的实力开始为大陆棋界所重视。

1990年台湾棋士彭景华和小神童夏衔誉还被特邀参加了全国围棋个人赛，夏衔誉首轮就遭遇大陆神童常昊，两人的对决引起众人的兴趣，最后是更老到的常昊取胜。夏衔誉最终成绩是九轮积8分，而彭景华一路拼杀到底，第九轮力胜常昊，并在最后三轮达成三连胜，以十一轮积14分的成绩最终排名第十六，出乎很多人的预料。

如果照这样的趋势发展下去，台湾围棋的进步可能会很快，毕竟有比自己高一个层次的对手进行交流对水平的提高大有裨益。可惜的是第三届中环杯本计划1991年在台北举行，却由于种种原因被搁浅，一直拖到了1995年才在北京重启战幕。这一次的赛制有所不同，不再进行团体对抗，而是大陆出11人，台湾出5人，进行个人淘汰赛。台湾没有邀请留学日本的棋士援手，完全以本土棋士出战，周咸亨、林圣贤、彭景华、杨志德和初出茅庐的周俊勋代表了当时台湾的最高水平。比赛中台湾棋士发挥正常，第一轮三胜两负。周咸亨胜罗建文、林圣贤胜华伟荣、周俊勋胜吴玉林。第二轮周咸亨力克王元，令人刮目相看。半决赛上周咸亨与最后获得冠军的丁伟杀得难解难分，可惜在已经获得主动权时连出缓手功败垂成。

所谓来而不往非礼也，1995年台湾棋界也邀请大陆棋手吴肇毅、车泽武参加了台湾永大杯围棋赛。这项赛事赛制复杂，经过三个阶段的较量，冠亚军之争在大陆棋手吴肇毅和台湾棋手林圣贤之间进行，结果吴肇毅执黑以六点的优势胜出，捧走了永大杯。

1998年大陆的邵震中九段与王煜辉六段再次参加永大杯，王煜辉在决赛中又是战胜林圣贤捧冠而去，但台湾新人黄祥任力胜邵震中也充分表明台湾围棋决非不堪一击。

除了与大陆棋界交流，台湾棋手也积极参与各项国际邀请赛，与各国棋手一比高低。大陆、日韩基本上是以业余强豪或者二线职业棋手与他们抗衡，台湾棋士在这个层面上的争夺中成绩中上，20世纪80年代在美国进行的北京、汉城、台北三城市对抗赛上他们就力压职业七段张斗轸领衔的汉城队位居第二。

不过要踏入世界顶尖水平就不能满足于在与二流强手的交锋中占据上风。历史总会给你机遇，2002年开始，真正顶级的职业团体对抗赛CSK杯亚洲四强赛登上舞台。台湾当然还需要旅日棋手作为主力才能抗衡大陆、日韩的第一流高手，但他们也会在这项超级赛事中锤炼自己的本土棋手。首届比赛周俊勋与林至涵坐镇第四、五台，在与大陆的交锋中周俊勋力克邵炜刚为台北队3比2获胜立下大功。林至涵虽然连续负与王磊和李昌镐，但这样的经历无疑会使他的棋力飞速增强。第二届CSK杯台湾遣出的本土棋士是黄祥任，他的三连败也是一段难得的成长记忆。到了不久前刚结束的第三届，台湾本土最强的周俊勋擒下日本主将依田纪基，终于有了苦尽甘来之感。相信在这样不断的砥砺中台湾棋手一定可以将自己的实力提高到一个全新的境界。

韩国围棋有留学归国开创时代的曹薰铉，也有留在日本号令日本棋界的赵治勋，他们内外开花铸就今日霸业。台湾围棋现在是花香在外，但本土还缺乏够分量的大棋士。不过随着时代的发展，围棋技艺的提高已经有许多条路可走，也许台湾围棋会超越前人，另辟蹊径，走出自己的广阔天空。相信他们，祝福他们，台湾围棋，加油！

在快节奏中寻求静谧

——香港围棋独特的发展之路

香港是个快节奏的社会，林立的高楼大厦在繁华的表面后也隐藏着深深的压抑。在这里觅一块安静的棋盘并不是件很容易的事，抛开俗务完全醉心于黑白空间的意境几乎是个奢望，所以香港围棋界虽然从来不乏热心人，围棋的推广也逐步深入，但他们一直以来却还没有突出的战绩。

香港围棋的相关记载1949之前就有了，但都很琐碎，不成体系。直到1982年香港的年轻棋友们成立了香港围棋协会，一些公开赛事才陆续推出，香港的围棋发展步上轨道。1984年，香港围棋社社长、香港国际象棋的王者简怀穗先生"客串"参加第六届世界业余围棋锦标赛获得第八名，为香港围棋带来盎然生机。1990年简先生还出人意料地夺取了国内三棋"王中王"赛的第一名，传为佳话。

香港本身地域狭小，很多港人都是从内地辗转而来的，这其中包括了各领域的优秀人才。原广东省围棋队的曾炳辉1980年移居香港，大大提高了香港围棋的水平。他第二年就获得香港公开赛冠军，以后又多次代表香港出战世界业余围棋锦标赛，取得过非常不错的名次。更让香港围棋界为之一振的是在内地棋界已经有相当实绩的陈嘉锐也来到香港发展，并取得代表香港征战世界业余围棋锦标赛的资格。1985年第七届世界业余围棋锦标赛上陈嘉锐勇夺亚军，第二年他更是力压日本的菊池康郎、中国的宋雪林和韩国的金哲中大魁天下，香港围棋界上下扬眉吐气，借此东风香港棋风大盛。可惜的是不久陈嘉锐就远赴日本，加盟关西棋院，成为驰骋日本棋坛的一员猛将，世界业余围棋锦标赛中香港也就不再具有抢冠争亚的实力。

一个地区围棋水平的提高关键还是在少年的培养，香港棋界的少年棋手也在默默成长。1986年第三届世界青少年围棋锦标赛，香港12岁的陈世彦获得第九名。第二年第四届世界青少年围棋锦标赛在香港举行，内地小棋手第一次参加这项赛事，使竞争空前激烈，香港的陈伟杰获得第八名。这次比赛名流云集，闭幕式上，大陆与台湾、香港和日本、美国等各地朋友联袂上演了"百人大联棋"，尽显香港围棋的"场面"。

此后香港围棋与内地"接轨"，屡有棋手来内地学习。简怀穗先生的女儿简莹小姐成为中国围棋协会的职业棋士，并屡次参加中国女子名人战等赛事，成绩逐年提高。简小姐还多次在世界职业女子大赛中出场，与各国女子强豪相互印证，成为香港围棋对外展示风采的一面旗帜。

随着韩国围棋崛起，世界围棋多元化趋势越来越明显。在围棋技术突飞猛进的时代，香港围棋流于表面，深度不足的情况突出起来。毕竟在香港这样的社会环境下，枯坐一天只求觅得一步妙手的人太难得了。但善于吸取他人长处的香港人自有高招，他们巧妙运用起了"拿来主义”——聘请外援，为自己在国内棋界争得一席之地，也就是在围甲中打出一支香港的队伍来。为了这个目标，怪才杨士海来了(他已经是简莹的夫婿)，韩国的“黑骑士”金承俊来了，还有世界亚军崔明勋，还有赵汉乘，还有——曹薰铉！但就是这样的豪华队伍，在中国围乙联赛上竟然屡受挫折，难以突围。直到2004年，曹薰铉、赵汉乘、杨士海、林朝华组成的香港队才惊险地以第二名的身份晋级围甲，香港围棋在国内最高等级联赛的队伍中拥有了自己的旗号。从2005年起，香港队将与上海、重庆等老牌劲旅同场角技，如果他们再创奇迹，那将是典型的“香港式”胜利。

香港棋界自身的完善提高也正在进行中，他们的本地棋手整体实力不断上升，各类赛事层出不穷，在一些由业余棋手参加的国际赛事中成绩斐然。

香港是这个世界的独特风景，香港围棋也用自己独特的步伐前行着。也许他们只是把围棋作为快节奏生活中的一种放松方式，也许，他们会突然爆发出自己的巨大能量。香港这个奇妙的地方，围棋这种奇妙的艺术，谁说得清楚呢?

第六篇

围棋资料

第九届“炎黄杯”名人围棋邀请赛

甘德存

总　结

由中国围棋协会、世界华人围棋联合会、西宁市人民政府主办，西宁市体育局、世界华人文化传播有限公司承办的第九届“炎黄杯”名人围棋邀请赛历时四天，于2007年7月31日在西宁圆满结束。此次赛事为宣传西宁、推动西宁的围棋运动发展，提供了良好的机会。现将赛事工作总结如下：

赛事概况

以“交流、合作、共同发展”为主题的“炎黄杯”名人围棋邀请赛是由棋圣聂卫平、著名作家金庸、旅日华人棋手林海峰、沈君山共同发起，旨在加强世界各地炎黄子孙的团结协作精神，弘扬中华优秀传统文化，以棋会友。赛事每年举办一次。第九届“炎黄杯”名人围棋邀请赛经过市委有关领导关怀，通过半年时间的筹备，于2007年7月27日至31日在西宁举行。本届比赛来自美国、泰国、台湾、香港等国家和地区的华人棋手、嘉宾和国内北京、山东、陕西、甘肃、宁夏等各界棋手和嘉宾共142人，其中棋手54名。本届比赛分炎帝和黄帝两个组别，经过七轮比赛，分别决出了炎帝组前八名和黄帝组前八名。来自台湾的洪启正获得炎帝组第一名，贵州省的范延飞获得黄帝组第一名，青海省棋手陈学庆获得黄帝组第五名。

主要收获

1. 通过第九届“炎黄杯”名人围棋邀请赛的举办，为我市围棋活动的开展和围棋运动交流提供了良好的机会，特别是中国围棋协会顾问陈祖德先生亲临比赛现场，指导和传授棋艺，使每个棋手受益匪浅。

2. 通过此次赛事，使我们更进一步认识到西宁市围棋活动开展的差距，看到了西宁市在围棋活动的推广、普及方面存在的问题。

3. 通过此次赛事，锻炼了队伍，为承办大型赛事，积累了丰富的经验。本次赛事参赛的棋手大多数来自境外，赛事规格高，工作要求周密。赛事的圆满成功，考验了我们的组织能力、协调能力、接待能力和服务质量。为今后举办或承办涉外的大型体育赛事积累了丰富的经验。

4. 此次赛事以体育赛事为平台，促进了体育与文化、旅游的有机结合。赛事期间，参赛

的棋手和嘉宾游览、观光了青海湖、金银滩草原、塔尔寺、藏药博物馆等青海名胜古迹，对青海、西宁的经济、人文地理有了较深的了解，促进了国内外对西宁的了解和认识、开辟合作空间、加强经济文化交流、搭建发展平台，发挥了作用。

存在的问题和发展思路

第九届“炎黄杯”名人围棋邀请赛的成功举办，为西宁市围棋活动的开展和围棋运动交流提供了良好的机会，同时，也看到了西宁市围棋活动的推广、普及方面存在的问题和差距，主要表现在以下方面。

一是西宁市围棋运动水平较低，与其他地区比较有较大差距，特别是青少年中爱好围棋活动的人员不多。

二是西宁市围棋运动基础薄弱，推广和普及的力度还不大。特别是少年儿童师资薄弱。具有围棋基础知识，能够懂得围棋教学的教师比较欠缺。

三是在围棋活动的宣传和组织形式上还有一定差距。

四是在举办大型体育赛事方面经验不足，工作中还存在疏漏和失误。这些问题在我们今后的工作中应当引起重视和加以改进。

针对以上存在的问题，我们将从以下方面加强和改进：

1. 巩固围棋已进入西宁市幼儿园和小学的第二课堂的稳定性。继续宣传小学生学习围棋的益处，逐步扩大围棋进入第二课堂的学校。

2. 抓紧对西宁市围棋教师的培训。

此项工作计划在2007年9月进行。由棋院牵线，西宁市体育局和西宁市教育局共同组织幼儿园教师和西宁市小学围棋基础较好的老师们及学校的管理者，赴西安市围棋项目开展较好的学校，参加学习和培训。

同时，准备与教育局协商，举办西宁市第二期围棋教师培训班，以培养围棋进入小学第二课堂的围棋教师为主。

3. 积极争取将各校围棋教师的教学经费等，列入各校的教学计划中，以保证围棋进入小学第二课堂活动的正常有序地开展。

4. 继续做好西宁市少儿围棋学习、交流、竞赛活动，提高少儿学习围棋的积极性。

定期举办西宁市少儿围棋定级定段赛；西宁市青少年“三棋”赛；西宁市与兰州市少儿围棋邀请赛；经常性地开展围棋知识讲座，来提高西宁市青少年学习的积极性。

5. 继续抓好围棋协会和西宁市青少年围棋集训队训练工作，以此促进西宁市围棋活动的蓬勃开展。

连云港市连弈围棋培训中心简介

连云港市连弈围棋培训中心是江苏省连云港市颇具影响力的围棋培训机构，创办以来培养出大批优秀少儿棋手，在省市各级比赛中取得优异成绩。

连弈围棋培训中心不只重视小朋友们棋艺的增长，更关注他们的综合发展，中心文化氛围浓厚。几位教练王军、曹开、徐胜才都是连云港市围棋界一流好手，教学认真，理论与实战技术水平都相当高，他们的目标是与时俱进，培养出更多的全方位高素质的优秀少年棋手，为连云港市围棋水平的不断攀升和围棋环境的不断优化尽一份力量。

照片说明：宝鸡市围棋协会秘书长雒拓(左)向连弈围棋培训中心负责人王军(右)赠送书法作品

乐在棋中，思驰棋外

——连云港泰乐化学工业有限公司总经理汪大富的围棋情结

近几年，连云港市的围棋产业蓬勃发展，除了棋界人士的不懈努力，也离不开社会各界的大力支持。

连云港泰乐化学工业有限公司是一家欣欣向荣的企业，他们的老总汪大富先生，年富力强，是一名成功的企业家。汪总精力充沛，爱好众多，以事业为重的他对围棋情有独钟。多年来，汪总在企业内部大力倡导围棋文化，带动了公司一批干部员工成为棋迷，泰乐公司的各项围棋活动更是绵绵不绝，让其他单位的棋迷们好不羡慕。

繁忙的工作之余，大富喜欢以棋会友，兄弟企业中会下围棋的他几乎都熟悉，从上层领导到基层员工，他多与之交过手，棋乐融融之中增进了感情，胜负早已不重要。每逢节假日，企业联欢的时候，别人打牌、打麻将，好不热闹，大富则必定是拉上个对手端坐于棋枰两侧，凝神思索，拍下手中的棋子。局后大家举杯痛饮之际，他还会就方才的棋局与对手热烈讨论一番，哪里少围了几目啊，哪里应该早点动手杀对方的大龙啊，执着之态每位棋迷思之都当会心一笑。

热爱围棋，却又不局限于棋盘上的厮杀，作为一名成功的职业经理人，大富的思路显然更加开阔。他不仅将围棋当成自娱自乐的游戏，从中汲取围棋文化与企业管理文化的交融，发自内心愿意为围棋做点事情。2007年，他出资赞助《围棋报》组队参加全国业余联赛，并顺利打进乙级。同时，他有着更多的发展围棋的思路，首先是打算在连云港成立一个围棋俱乐部，吸纳更多有实力的围棋爱好者加入，为连云港围棋的发展打造一个良好平台。在此基础上会推出一系列赛事，并逐步扩大范围，将连云港围棋更密切地融入到全国围棋的大环境中，将围棋事业商业化、产业化，并且更大限度体现围棋的文化气息。大富的理想是，十年之后让连云港市的围棋事业全国闻名，然后再做成全国性、世界性的围棋机构……这是一幅多么美好的蓝图！

精神迷恋棋盘，思想超越纹枰，汪大富的围棋情结令人感动而振奋。我们这些爱棋者怀着同样的梦想，一定会共同努力，争取开创美好的明天。

柳州希望之星围棋学校简介

柳州希望之星围棋学校坐落在柳州市三中路政法大院内，是个交通便利，树木成荫，闹中取静的好地方。

作为柳州市第一座正式成立的围棋学校，学校拥有一批教学经验丰富的老师，师资雄厚。担任学校总教练的严剑刚曾多次获得广西名人、广西棋王和全区运动会围棋冠军，几乎囊括了广西业余围棋赛事的所有第一，是业余围棋界当之无愧的广西棋王。校长刘玫女士曾多次荣获广西围棋女子冠军， 早在十多年前，就开始对幼儿围棋教育的尝试，是围棋教育的先行者。刘玫女士就针对幼儿接受能力差、爱玩、好奇心强等特点，总结出一套行之有效的教育方法，推行快乐的围棋理念，寓教于乐，激发孩子学习的积极性，取得了极大的成功。由她启蒙教育的小将廖行文，4岁学棋，10岁时就代表中国少年棋手参加2005年首届世界青少年围棋锦标赛，力挫韩国、日本各路高手，夺取少年组冠军，是柳州围棋第一个世界冠军。廖行文于2006年11岁时成功定段，成为柳州历史上唯一的职业棋手，12岁升为二段，现在广西华蓝围棋俱乐部效力，征战围棋甲级赛场，被曾任中国棋院院长的陈祖德先生誉为“中国围棋的希望之星。”

自开办以来，希望之星围棋学校每年都举办春秋两季升级定段赛，全市幼儿园围棋兴趣班的寒暑假比赛，不定期的举办本市各单位的高手们比赛，还常带着学校的孩子到南宁、桂林、北海等地兄弟学校交流学习。为了丰富柳州的围棋活动，提高柳州市业余棋手的棋力，严剑刚还成立了柳州市围棋研究会，集合了柳州市的业余高手们共同切磋研究棋艺，取得了良好的效果。

柳州希望之星围棋学校为柳州棋界培育了众多的围棋人才。在2006年“贝因美”杯全区少儿围棋赛上，以希望之星围棋学校学生为主力的柳州市队不畏强手，奋力拼搏，取得了良好的成绩。其中，周政威荣获小学男子组第一名，李姿蓉、苏曼君分获小学女子组第一、二名，韦喆源、陆正元并列B2组榜首，赵越峰获B3组第一名，阙裕民、徐伟程同获C1组冠军，周政威荣升四段。2007年在南宁举办的全区少儿围棋赛上，覃易获小学女子组冠军，柳州希望之星围棋学校培育的罗靖、曹曦元、谢典谷、谢思辰、赵越峰五位小棋手荣升4段，取得国家二级运动员的资格，获得高考加20分的优厚待遇。

柳州希望之星围棋学校优异的成绩和教学质量得到广大家长和学生的认可，学校由开始的100多名学生扩大到300多人，还在各大幼儿园开办了围棋兴趣班，迄今为止，对数千名幼儿园的孩子和在校的学生进行了启蒙教育，为柳州围棋的教育和推广作出了杰出贡献。刘玫女士因此得到社会各界的支持和肯定，2006年广西围棋协会第三届理事会上，被选举担任广西围棋协会理事和秘书长之职，严剑刚担任理事。

随着围棋的逐渐普及，越来越多家长都意识到学习围棋能开发孩子的智力，锻炼孩子的心理承受能力和独立思考的好习惯，纷纷把孩子送到柳州希望之星围棋学校学习棋艺。每天，都有为数众多的孩子端坐在整洁的教室，接受围棋教育和熏陶。孩子们手中那一颗颗黑白的棋子，犹如天上闪亮的星星，指引着柳州围棋的希望之路。柳州希望之星围棋学校将越来越繁荣兴旺。

密云棋院简介

密云县位于北京市东北部，这里环境优美，风景秀丽，有着“京郊后花园”之称。近年来，随着社会经济水平的提高、群众文化需求的增强，以“生态县”建设为依托，为了更好的塑造城市品牌、提升城市文化底蕴，在县委、县政府的高度重视下，在社会各界的帮助和努力下，密云棋院于2007年1月21日正式成立，原中国围棋协会主席陈祖德亲笔题写院名，密云县县长王孝东、北京棋院党委书记窦长明、中国棋院围棋部副主任华学明、北京棋院副院长谭炎午、海淀棋院院长严怀如出席了揭牌仪式。

棋院成立以来，始终把“以人为本、以棋为媒、繁荣密云、共创和谐”作为办院宗旨，以三棋的普及、交流、提高为己任，先后举办了围棋定级定段赛、中国象棋和国际象棋的定级赛、少儿棋类锦标赛，得到了广大棋迷和社会各界的一致好评，在密云把曾经沉寂多年的棋类活动从此又蓬勃地开展起来。同时，我们在县内多所小学、幼儿园开展棋类普及，并常年开设培训班，聘请有丰富教学经验的专业教师常年执教，培养选拔优秀的少儿棋手。丰富多彩的棋迷活动是棋院的另一大特色，“爱好者活动日”每月举办一次，已经成为棋迷朋友相聚手谈的节日；我们还组织了与海淀、延庆等地棋院的交流活动，以及邀请职业高手来我县指导爱好者，以棋会友，增进友谊，提高棋艺，深受爱好者的欢迎。

密云棋院的快速发展离不开领导的关怀和社会各界的帮助。棋院成立以来，县领导多次莅临指导工作，并在硬件设施、人才培养、资金、政策等多方面给予了大力支持。同时还在百忙中抽出时间，多次亲临比赛现场为棋手加油助威，并倡导全县人民积极参与到棋类活动中来。有了领导的支持和帮助，密云棋院必将更好更快的发展。

密云棋院成立以来，虽然取得了一些成绩，但它还像一株幼苗，需要社会各界人士的不断浇灌，才能茁壮成长！我们将一如既往，坚持不懈的推广和发展棋类文化，更好地为精神文明建设服务，为密云生态县建设服务。腾飞中的密云棋院欢迎各界朋友光临指导，切磋棋艺！

做中国一流的围棋推广机构

——青岛晚报围棋俱乐部的创新成长之路

青岛晚报围棋俱乐部由青岛日报报业集团与青岛市少年宫联合组建，成立于2000年。七年多来，俱乐部用不懈的追求和卓有成效的工作，为青岛市的围棋事业作出了贡献，也铸就了青岛围棋的一个闪亮品牌，多次被评为全市最佳、优秀体育俱乐部。

现青岛晚报围棋俱乐部已形成了从入门班、初级班、中级班、高级班和希望之星集训队这样的梯形结构。俱乐部培养出的职业棋手谢赫七段，曾三获全国职业围棋赛的冠军，世界大赛获春兰杯第三名；培养的毛睿龙四段2007年已入选国少队。

我们的理想：让每一个孩子学会围棋

我们的目标：做全国一流的围棋推广机构

我们的口号：聪明孩子学围棋，学了围棋更聪明

我们的定位：围棋教育工作者，围棋知识普及者，围棋精神求道者

我们的理念：学会围棋，终生受益

我们的教育：让孩子们与围棋一起快乐成长

黄焰围棋社

——职业棋手在青岛创办的围棋教室

黄焰围棋社由黄焰职业五段于2004年在青岛创建。黄焰五段曾获中国女子围棋名人战冠军、世界女子围棋名人战亚军，在韩国曾执教过闻名世界棋坛的许壮会围棋道场。

黄焰五段于2004年从韩国来到青岛，本着为少儿围棋普及发展的精神，以一个职业棋手的敬业态度，创建了围棋教室。经过三年多的不懈努力，现黄焰围棋社已经成为青岛市少儿棋手学棋的重要课堂。

图书在版编目（CIP）数据

中国围棋年鉴：2005~2007年版/中国围棋协会编著.
成都：成都时代出版社，2008.8
ISBN 978-7-80705-691-1

Ⅰ.中… Ⅱ.中… Ⅲ.围棋-中国-2005~2007-年鉴
Ⅳ.G891.3-54

中国版本图书馆CIP数据核字（2008）第102375号

中国围棋年鉴2005~2007年版
ZHONGGUO WEIQI NIANJIAN
中国围棋协会 编著

出品人 秦 明
策 划 世华文化传播有限公司
责任编辑 黄 晓
责任校对 廖东航
装帧设计 周 莉
责任印制 莫晓涛

出版发行 成都传媒集团·成都时代出版社（原蜀蓉棋艺出版社）
电 话 (028)86619530(编辑部)
(028)86615250(发行部)
网 址 www.chengdusd.com
印 刷 武汉精一印刷有限公司
规 格 787mm×1092mm 1/16
印 张 20.5
彩 插 8
字 数 450千字
版 次 2008年8月第1版
印 次 2008年8月第1次印刷
印 数 3000册
书 号 ISBN 978-7-80705-691-1
定 价 160.00元